D1923267

Aufgabenseiten

enthalten vielfältige und gemischte Aufgaben zum Wiederholen, Üben und Knobeln. Sternchen kennzeichnen Aufgaben mit höherem Niveau. Aufgaben bei „Nachgefragt“ sollen Fortschritte verdeutlichen. Lösungen dieser Aufgaben befinden sich im Anhang.

Aufgaben

1 Berechne jeweils die fehlende Seitenlänge.

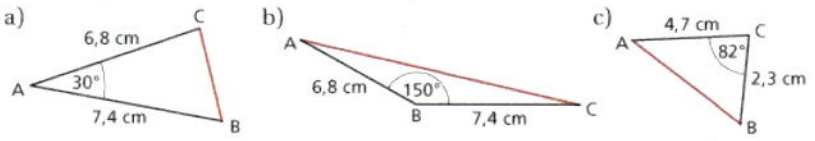

2 Berechne die fehlende Seitenlänge des Dreiecks ABC mit dem Kosinussatz.
a) $a = 6{,}1$ m, $c = 4{,}7$ m, $\beta = 63°$ b) $a = 123{,}5$ m, $b = 134{,}2$ m, $\gamma = 102{,}2°$
c) $b = 17{,}2$ m, $c = 13{,}9$ m, $\alpha = 74{,}32°$ d) $a = 245{,}9$ dm, $b = 3925$ cm, $\gamma = 47°$

3 Berechne die Größen der Innenwinkel des Dreiecks ABC.
a) $a = 5{,}38$ m, $b = 1{,}97$ m, $c = 4{,}75$ m b) $a = 27{,}2$ m, $b = 33{,}9$ m, $c = 35{,}1$ m

4 Zeichne das Dreieck ABC mit A(3; 2), B(9; 4) und C(6; 7) in ein Koordinatensystem und berechne die Seitenlängen und die Innenwinkelgrößen des Dreiecks.

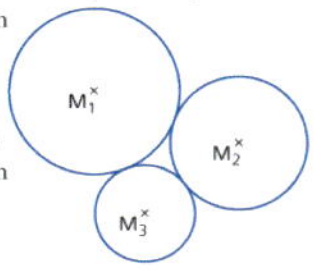

5 Von drei Kreisen berühren sich immer zwei Kreise paarweise von außen. Die Mittelpunkte der Kreise M_1, M_2 und M_3 bilden ein Dreieck. Berechne die Innenwinkel von $\triangle M_1M_2M_3$ für $r_1 = 6{,}5$ cm, $r_2 = 5{,}2$ cm und $r_3 = 3{,}8$ cm.

6 Zwei Straßen kreuzen einander unter einem Winkel von 120°. Vor der Kreuzung soll eine Querverbindung zwischen den beiden Straßen gebaut werden. Berechne, um wie viel Meter sich die Streckenlänge im Kreuzungsbereich verkürzt, wenn die beiden neuen Anschlussstellen jeweils 500 m vom bisherigen Kreuzungspunkt entfernt liegen.

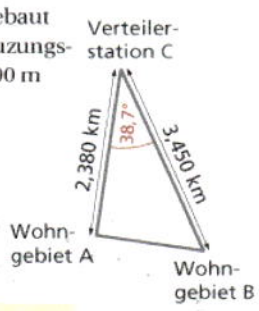

7 Zwei Wohngebiete A und B sollen von einer Verteilerstation C mit Strom versorgt werden.
a) Berechne, wie weit A und B auseinanderliegen.
b) Berechne die Winkelgrößen ∢ CBA und ∢ BAC.

Nachgefragt

1 a) Gib alle Winkel von 0° bis 360° an, für die $\sin \alpha = 0$ gilt.
b) Gib alle Winkel von 0° bis 360° an, für die $\cos \alpha = 0$ gilt.
2 Ermittle auf vier Dezimalstellen gerundet.
a) sin 36,9° b) sin 136,9° c) cos 36,9° d) cos 136,9°
3 Erläutere den Kosinussatz für rechtwinklige Dreiecke.

Themenseiten

bieten Merksätze und Beispiele zum Verstehen.

Wachstumsprozesse untersuchen

Wachstumsprozesse untersuchen

Die Weltbevölkerung wächst voraussichtlich bis 2050 auf rund 9,1 Milliarden Menschen.

Beurteile diesen Wachstumsprozess.

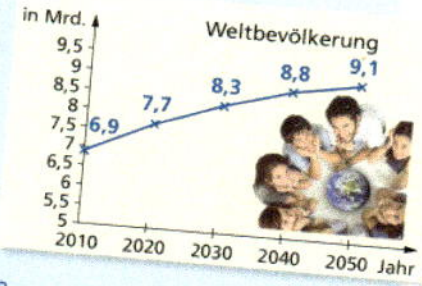

Wenn etwas wächst, wird es mehr, wenn es abnimmt, wird es weniger.

Lineares Wachstum (lineare Abnahme) untersuchen

Lineares Wachstum (lineare Abnahme) liegt vor, wenn eine Größe in gleich großen Zeitabschnitten immer um den gleichen Wert zunimmt (abnimmt). Lineare Wachstumsprozesse können mit linearen Funktionen beschrieben werden. Bei der Funktion $\mathbf{y = f(t) = a + m \cdot t}$ ist *a der Anfangswert, m der Anstieg* und *t gibt die Zeit* an.

Für $m > 0$ liegt ein Wachstum, für $m < 0$ eine Abnahme vor.

Beispiel

Leon bekam bisher 20 € Taschengeld im Monat. Ab Januar wird sein Taschengeld monatlich um jeweils 2 € erhöht.
Wie viel Euro Taschengeld hat Leon im August bekommen?

Lösung:
Zum Zeitpunkt t = 0 beträgt der Anfangswert a = 20 €.
Es erfolgt eine monatliche Erhöhung um 2 €. Der Betrag wächst linear.
Nach acht Monaten sind es:
8 · 2 € = 16 € mehr, also insgesamt 36 €.

Gleichung: $y = f(t) = 20 + 2 \cdot t$

Wertetabelle:

Zeit (in Monaten)	0	1	2	3	4
Taschengeld (in €)	20	22	24	26	28

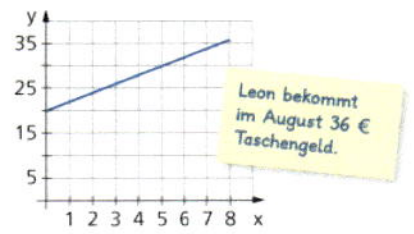

Beispiel

Aus einem Pool mit 30 m³ Wasser fließen pro Minute 1,5 m³ heraus.
Ermittle, wie viel Kubikmeter Wasser nach 6 min noch im Pool sind.
Antwort:
Es sind noch 21 m³ Wasser im Pool.

Lösung:
$y = f(t) = 30 - 1{,}5 \cdot t$
$y = f(6) = 30 - 1{,}5 \cdot 6 = 30 - 9 = 21$

Exponentielles Wachstum (exponentielle Abnahme) untersuchen

Exponentielles Wachstum (exponentielle Abnahme) liegt vor, wenn eine Größe in gleich großen Zeitabschnitten immer mit dem gleichen Wachstumsfaktor zunimmt (abnimmt). Exponentielle Wachstumsprozesse können mit Exponentialfunktionen beschrieben werden.
Bei der Funktion $\mathbf{y = f(t) = a \cdot q^t}$ ist *a der Anfangswert, q der Wachstumsfaktor* und *t gibt die Zeit* an.

Für $q > 0$ liegt ein Wachstum, für $q < 0$ eine Abnahme vor.

Beispiel

Greta hat 5 ct in eine Spardose gelegt. Sie will danach eine Woche lang jeden Abend den doppelten Geldbetrag vom Vortag hineinlegen.
Wie viel Euro muss Greta am Abend des 7. Tages hineinlegen?

Es gilt:
$f(7) = 5 \cdot 2^7 = 5 \cdot 128 = 640$

Antwort:
Am Abend des 7. Tages sind es 6,40 €.

Gleichung: $y = f(t) = 5 \cdot 2^t$

Wertetabelle:

Tag	Geldbetrag
0	5 ct
1	10 ct
2	20 ct
3	40 ct
4	80 ct
5	160 ct
6	320 ct
7	640 ct

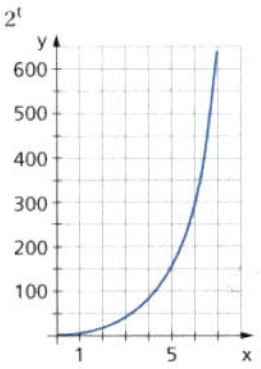

Beispiel

Die Weltbevölkerung wuchs von etwa 6,5 Mrd. Menschen im Jahr 2005 auf etwa 6,9 Mrd. im Jahr 2010.
Berechne den durchschnittlichen jährlichen Wachstumsfaktor für die Jahre 2005 bis 2010.

Lösung:
$y = f(t) = a \cdot q^t = 6{,}5 \cdot q^5$
$q^5 = \frac{6{,}9}{6{,}5}$ $\quad q = \sqrt[5]{\frac{6{,}9}{6{,}5}} = 1{,}01201\ldots$

Antwort: Der Wachtumsfaktor beträgt etwa 1,012 = 101,2 %.

Mathematik – na klar!

Lehrbuch für die Klasse 10
Berlin

[redacted]

Herausgeber
Dr. Wolfram Eid
Sybille Hilmer
Dr. Günter Liesenberg

Dieses Buch hat einen Wert von.............Euro. Bei Verlust oder mutwilliger Beschädigung muss es ersetzt werden.

Ausgabe am	Unterschrift des Schülers	Unterschrift des Erziehungsberechtigten	Rückgabe
	[redacted]		
[redacted]	[redacted]		
[redacted]	[redacted]	[redacted]	

Duden Schulbuchverlag
Berlin

Autoren
Ingrid Biallas
Dr. Wolfram Eid
Sybille Hilmer
Dr. Günter Liesenberg
Ardito Messner
Heike Szebrat

Redaktion Dr. Günter Liesenberg, Ursula Schwabe
Grafik Melanie Groger, Martina Holzinger, Matthias Pflügner, Ute Winkler
Umschlaggestaltung Manuela Liesenberg. zweiband media
Layoutkonzept Schröder Design
Layout Martina Holzinger, cs print consulting GmbH, Berlin
Titelbild Picture Alliance/ZB

www.duden-schulbuch.de

1. Auflage, 1. Druck 2013

Alle Drucke dieser Auflage sind inhaltlich unverändert
und können im Unterricht nebeneinander benutzt werden.

Druck Mohn Media Mohndruck, Gütersloh

ISBN 978-3-8355-1218-4

Inhalt gedruckt auf säurefreiem Papier aus nachhaltiger Forstwirtschaft.

Inhaltsverzeichnis

Wusstest du schon?

Mathe und mehr

Das hast du gelernt

1 Fit in Mathe – ein klares Ziel

Es kann Ansichtssache sein,
was wichtig und was unwichtig ist.

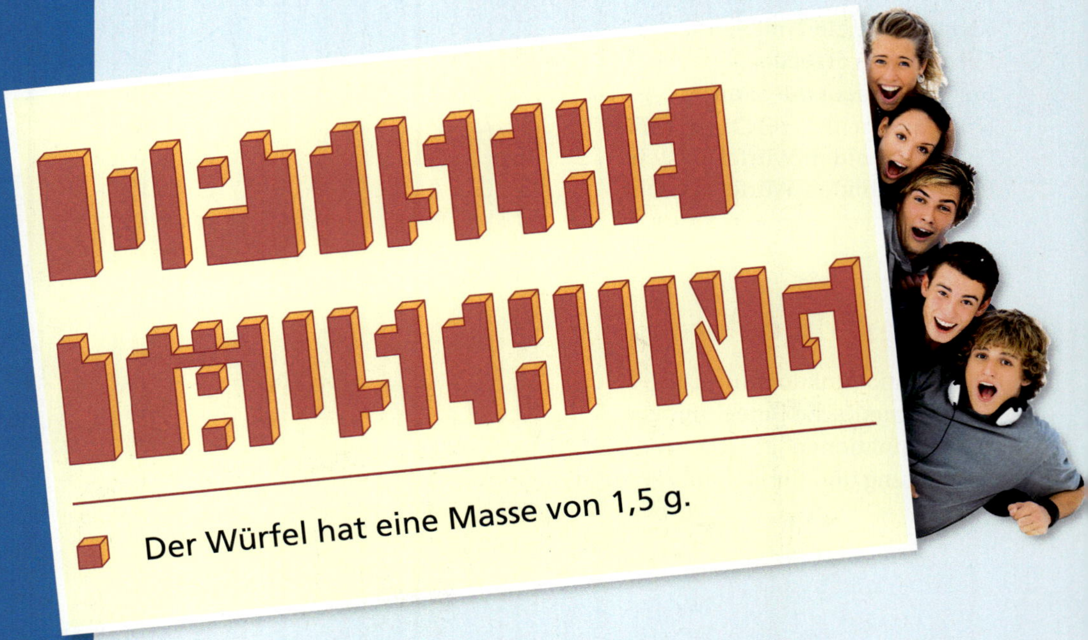

Wie schwer sind alle roten aus gleichem Material bestehenden Körper zusammen? Beschreibt, was ihr beim Betrachten der Seite aus großer Entfernung erkennt.

Vielecke und ihre Diagonalen
Ein Viereck hat immer zwei und ein Fünfeck hat immer fünf Diagonalen. Findet einen Zusammenhang zwischen der Anzahl der Eckpunkte und der Anzahl der Diagonalen bei einem Vieleck.

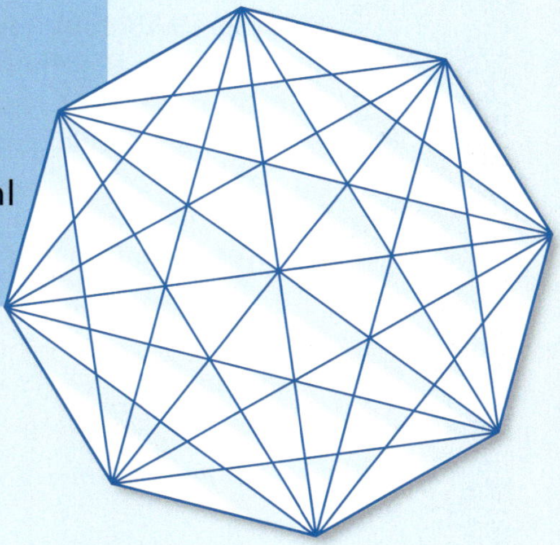

Mehrfache Lösungen
Hier fehlen Rechenoperationen.
Es sollen wahre Aussagen entstehen.
Ihr dürft auch Klammern verwenden.
Prüft, ob es mehrere Möglichkeiten gibt.

Kannst du das?

Umformungsregeln für Gleichungen anwenden

Stelle Gleichungen mithilfe der **Umformungsregeln** um. Nutze zum Vereinfachen **Rechengesetze und-regeln.** Begründe Umformungsschritte. Schreibe die **Begründung** rechts neben die Gleichung hinter einen senkrechten Strich.

Variablen isolieren – Umformungsregeln

- Seiten der Gleichung vertauschen
- Auf beiden Seiten der Gleichung:
  - Gleiches addieren oder subtrahieren
  - mit Gleichem ($\neq 0$) multiplizieren
  - durch Gleiches ($\neq 0$) dividieren

Beispiel

Welche ganzen und welche rationalen Zahlen sind Lösung der Gleichung?

$$x^2 = -1{,}5\,x \qquad | + 1{,}5\,x$$

$$x^2 + 1{,}5\,x = 0 \qquad | \text{ x Ausklammern}$$

$$x \cdot (x + 1{,}5) = 0 \qquad | \text{ Fallunterscheidung}$$

1. Fall $x_1 = 0$

2. Fall $x_2 = -1{,}5$

Für ganze Zahlen $\mathbb{Z}$ *gilt:* $L = \{0\}$ *Für rationale Zahlen* $\mathbb{Q}$ *gilt:* $L = \{-1{,}5;\ 0\}$

Rechengesetze und Rechenregeln nutzen

Vertausche beim **Kommutativgesetz (1)** Summanden (Faktoren).

Verbinde beim **Assoziativgesetz (2)** durch Setzen von Klammern Summanden (Faktoren).

Klammere beim **Distributivgesetz (3)** und bei den **binomischen Formeln (4)** „ein“ oder „aus“.

Beachte die **Vorzeichenregeln** und die Regeln beim **Rechnen mit** gemeinen **Brüchen** und mit Dezimalbrüchen.

Denke auch an die Eselsbrücke:
„In Differenzen und Summen kürzen nur die Dummen.“

Rechengesetze

(1) $a + b = b + a \qquad a \cdot b = b \cdot a$

(2) $(a + b) + c = a + (b + c)$
$(a \cdot b) \cdot c = a \cdot (b \cdot c)$

(3) $a \cdot (b + c) = a \cdot b + a \cdot c$

(4) $(a + b)^2 = a^2 + 2ab + b^2$
$(a - b)^2 = a^2 - 2ab + b^2$
$(a + b)(a - b) = a^2 - b^2$

Vorzeichenregeln

Beträge multiplizieren (dividieren), Vorzeichen setzen:

(+); (+) → (+) (–); (–) → (+)
(+); (–) → (–) (–); (+) → (–)

Aufgaben

1 Fasse möglichst weit zusammen.

a) $x + 2x + 3x + 4x$ b) $2x + 2y - 3x - 3y$ c) $3 + 3x + 5y - 2$
d) $x \cdot y \cdot (-x) \cdot y$ e) $(-5x) \cdot (-3) \cdot (-0{,}1x)$ f) $3(x - 2 - y) - 1$

2 Hier wurden Fehler gemacht. Berichtige in deinem Heft.

a) $3x + 5 = 8x$ b) $2x + x + 5x = 7x$ c) $-(2x - 3) = 2x + 3$
d) $(x + 2)(x + 1) = x^2 + 3x + 3$ e) $(2 + a)(5 + a) = 7 + a^2 + 7a$

3 Formuliere das Distributivgesetz und die erste binomische Formel auf der Seite 10 mit Worten und erläutere an je einem Beispiel, wozu diese Regeln verwendet werden können.

4 Forme mithilfe der binomischen Formeln um.

a) $(3 + a)^2$ b) $(a - 5)^2$ c) $(a + 3)(a - 3)$ d) $(3a + 2)^2$
e) $(3 + 2a)^2$ f) $(3b + 2a)^2$ g) $(2a + 3b)^2$ h) $(2a - 3b)^2$
i) $x^2 + 4x + 4$ j) $x^2 - 6x + 9$ k) $9x^2 - 16y^2$ l) $25y^2 - 25x^2$

5 Löse jede Gleichung und führe immer eine Probe durch.

a) $3(12 - 3a) = 5(2a + 7)$ b) $4(3b - 5) = -3(2 - 5b)$
c) $7(8c + 3) - 8(7c - 3) = 0$ d) $(d + 1)^2 = d(d - 2)$
e) $(2e - 3)(7 + 5e) = (10e - 4)(e - 3)$ f) $(f - 6)(f - 4) = (f - 5)(f - 7)$
g) $(g + 8)(g - 3) - (g + 2)(g - 9) = 0$ h) $(h + 4)^2 = (h - 5)(h + 3)$

6 Löse jede Gleichung. Manche Gleichungen haben zwei Lösungen.

a) $10x + 30 = 0$ b) $x^2 - 4x = 0$ c) $20x^2 = -5x$
d) $6x + 8 = 11x$ e) $(x + 2)(x - 2) = 0$ f) $(3b + 2a)^2 = 0$

7 Prüfe und begründe, ob die gegebenen Lösungsmengen zu den Gleichungen gehören oder nicht.

$8 \cdot 2 + 10x = 8x - 2$
$L = \{9\}$

$3 \cdot x^2 = -2x$
$L = \left\{-\frac{2}{3}\right\}$

(I) $\frac{x + 5}{y - 7} = \frac{4}{3}$
(II) $\frac{x + 2}{y - 5} = \frac{5}{8}$
$L = \{3; 13\}$

8 Beschreibe, wozu die Formel benutzt werden kann.
Stelle dann nach den in Klammern stehenden Größen um.

a) $V = \pi \cdot r^2 \cdot h$ (h, r) b) $A = \frac{(a + c) \cdot h}{2}$ (h, c) c) $\frac{1}{R} = \frac{1}{R_1} + \frac{1}{R_2}$ (R, R_1)

Kannst du das?

Beziehungen an Dreiecken erkennen

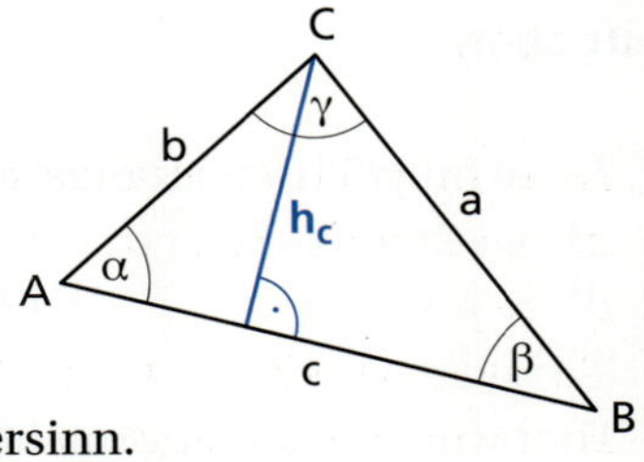

Verwende beim Bezeichnen von Dreiecken für **Eckpunkte Großbuchstaben,** für **Seiten Kleinbuchstaben** und für **Innenwinkel griechische Kleinbuchstaben.**
Die Bezeichnung erfolgt entgegen dem Uhrzeigersinn.

Es gilt:	**Dreiecksungleichung:**	$a + b > c$; $b + c > a$; $a + c > b$
	Seiten-Winkel-Beziehung:	Wenn $a > b$, gilt auch $\alpha > \beta$.
	Innenwinkelsatz:	$\alpha + \beta + \gamma = 180°$

Ordne Dreiecke nach **Winkeln** und **Seiten:**

spitzwinklig (nur spitze Winkel)	rechtwinklig (ein rechter Winkel)	stumpfwinklig (ein stumpfer Winkel)
	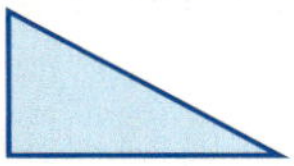	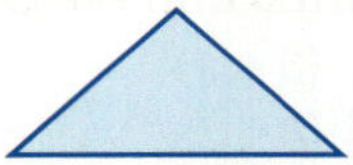
gleichseitig (alle Seiten gleich lang)	unregelmäßig (keine gleich langen Seiten)	gleichschenklig (ein Paar gleich lange Seiten)

Berechnungen an Dreiecken durchführen

Zusammenhang	Alle Dreiecke	Rechtwinklige Dreiecke
Umfang	$u = a + b + c$	
Flächeninhalt	$A = \frac{1}{2} \cdot c \cdot h_c$	$A = \frac{1}{2} \cdot a \cdot b$ $(\gamma = 90°)$
Satz des Pythagoras	gilt nicht	$c^2 = a^2 + b^2$ $(\gamma = 90°)$

Kongruenzsätze von Dreiecken anwenden

Verwende drei **Bestimmungsstücke** zum Konstruieren von Dreiecken.
Entscheide immer, welcher Kongruenzsatz gilt.

sss	sws	wsw	SsW
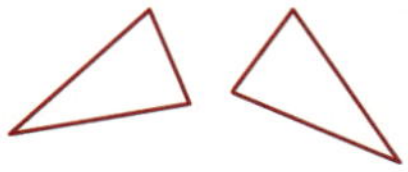	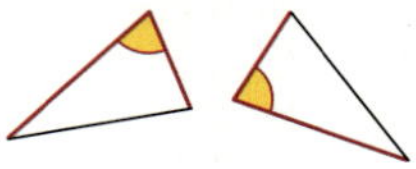	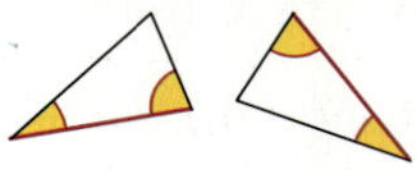	

Aufgaben

1 Berechne die Seitenlänge c im rechtwinkligen Dreieck mit $\gamma = 90°$.
a) $a = 9$ cm, $b = 12$ cm   b) $a = 2{,}5$ cm, $b = 5{,}5$ cm   c) $a = 0{,}6$ dm, $b = 3$ cm

2 Ein rechtwinkliges Dreieck ABC hat den rechten Winkel beim Punkt C.
Berechne die fehlende Seite, den Umfang und den Flächeninhalt des Dreiecks.
a) $a = 6$ cm, $b = 8$ cm   b) $b = 12$ cm, $c = 13$ cm   c) $a = b$, $c = 5$ cm

3 Zeichne die Punkte A(0; 0), B(–3; 2), C(2; 0), D(1; 1,5) und E(1,5; –2) in ein und dasselbe Koordinatensystem.
a) Welche der Punkte könnten Eckpunkte eines unregelmäßigen oder eines gleichschenkligen Dreiecks sein?
b) Verbinde die Punkte A, D und E; A, D und C sowie A, B und D jeweils zu einem Dreieck und schreibe die Dreiecksart dazu.

4 a) Welche Dreiecksart ist es?
b) Berechne von jedem Dreieck den Umfang und den Flächeninhalt.
Entnimm die erforderlichen Maße der Zeichnung.

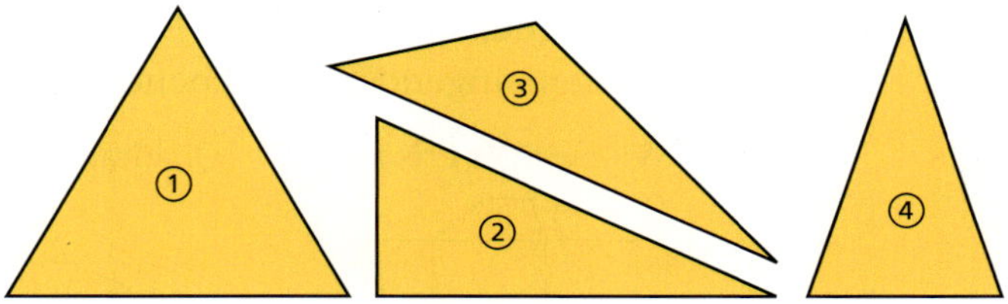

5 Wähle die Maße der rot gekennzeichneten Stücke selbst. Konstruiere dann ein Dreieck und ordne den entsprechenden Kongruenzsatz richtig zu.

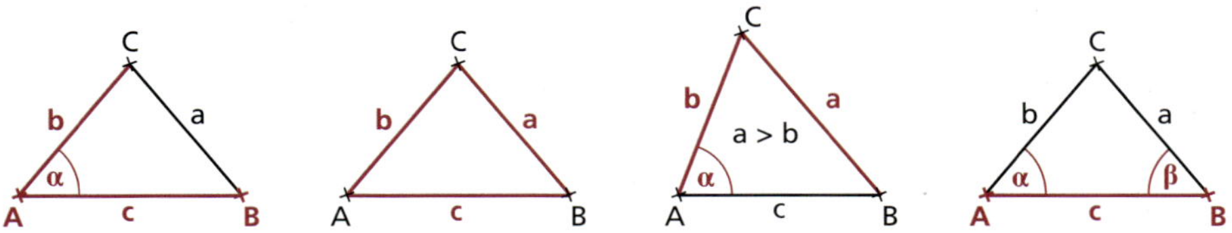

6 Zeichne Dreiecke. Prüfe, ob es mehrere Lösungen gibt.
a) Es soll gleichschenklig-rechtwinklig sein und einen Umfang von 15 cm haben.
b) Es soll unregelmäßig-stumpfwinklig sein und einen Flächeninhalt von 6 cm^2 haben.
c) Es soll gleichseitig sein und eine Höhe von 4 cm haben.

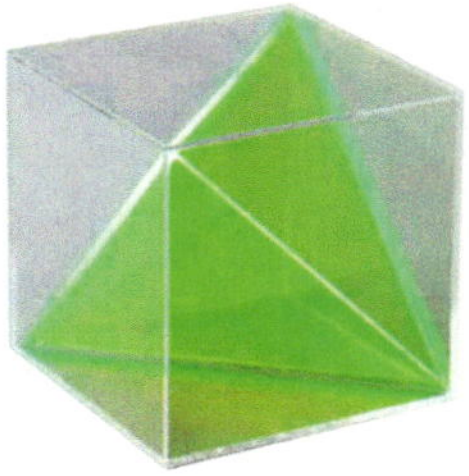

Kannst du das?

Körper vergleichen und unterscheiden

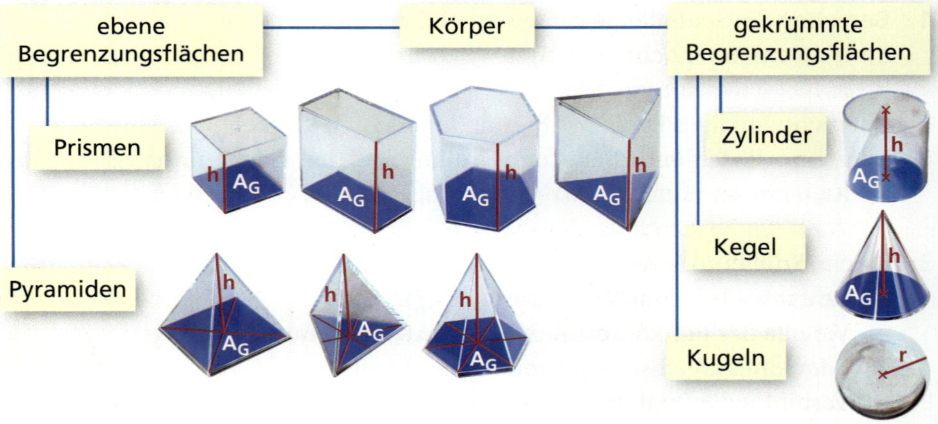

Körper darstellen

Bei **Körpernetzen** werden alle Begrenzungsflächen eines Körpers zusammenhängend in eine Ebene abgewickelt.

Vierseitiges Prisma	Quadratische Pyramide	Zylinder
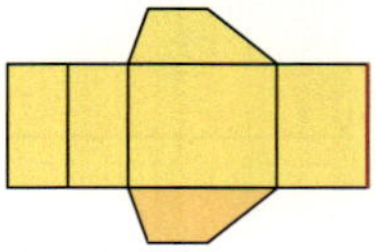	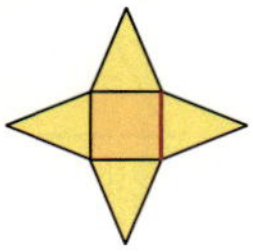	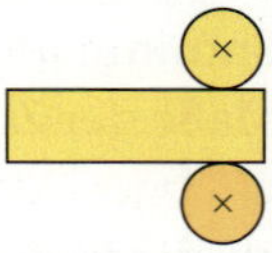

Bei anschaulichen **Schrägbildern** (Kavalierperspektiven) werden **Tiefenlinien** in einem Winkel $\alpha = 45°$ geneigt und halb so lang wie im Original gezeichnet.

Vierseitiges Prisma	Quadratische Pyramide	Zylinder
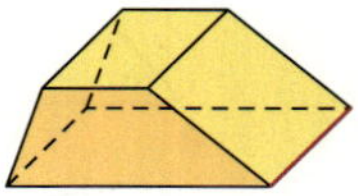	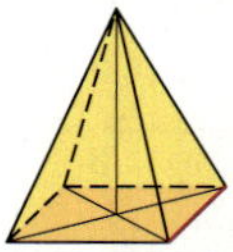	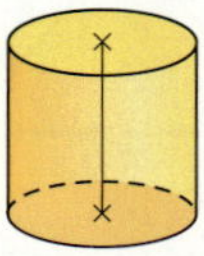

Bei **senkrechten Zweitafelbildern** wird die Ansicht von vorn (als **Aufriss**) und die Ansicht von oben (als **Grundriss**) gezeichnet.

Quadratische Pyramide	Zylinder
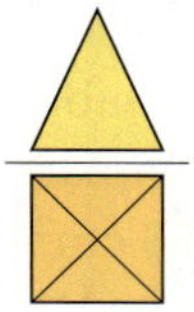	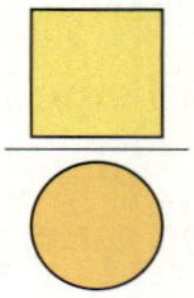

Aufgaben

1 Beschreibe alle auf der Seite 14 abgebildeten Körper. Erstelle eine Übersicht mit den wichtigsten Merkmalen der Körper.

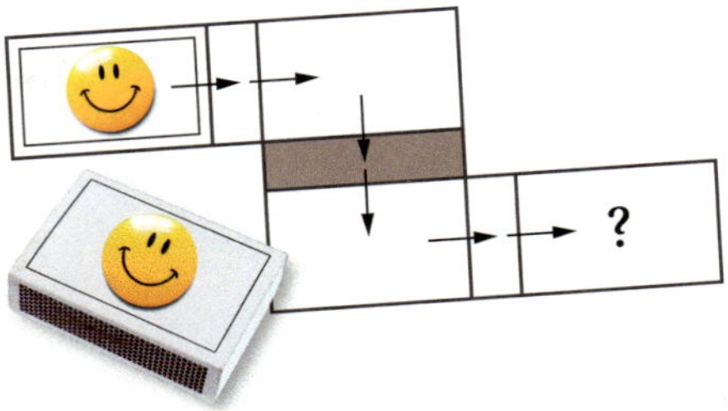

2 a) Die Schachtel wird in der abgebildeten Reihenfolge nach rechts beginnend gekippt. Wo befindet sich nach dem sechsten Kippen der Smiley?
b) Zeichne ein Schrägbild und ein Zweitafelbild der Schachtel. Verwende die Maße einer Streichholzschachtel.

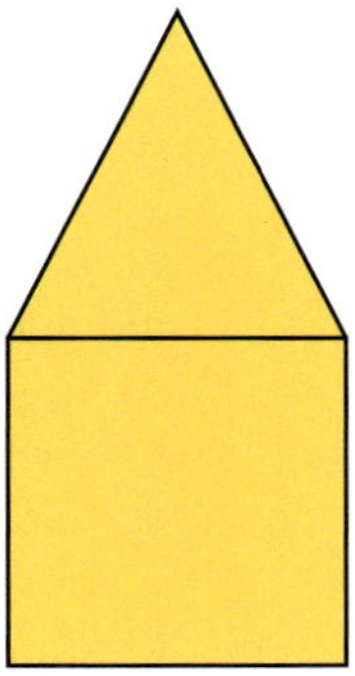

3 Die Abbildung zeigt den Aufriss einer auf einem Würfel stehenden quadratischen Pyramide.
a) Zeichne ein Schrägbild der Pyramide im Maßstab 2 : 1.
b) Zeichne ein Zweitafelbild des Würfels im Maßstab 3 : 1.
c) Zeichne ein Schrägbild und ein Zweitafelbild des zusammengesetzten Körpers im Maßstab 1 : 1.

4 Zeichne von jedem Körper ein senkrechtes Zweitafelbild in der abgebildeten Lage. Entnimm die Maße aus den Zeichnungen.
1 Kästchen hat eine Seitenlänge von 0,5 cm.

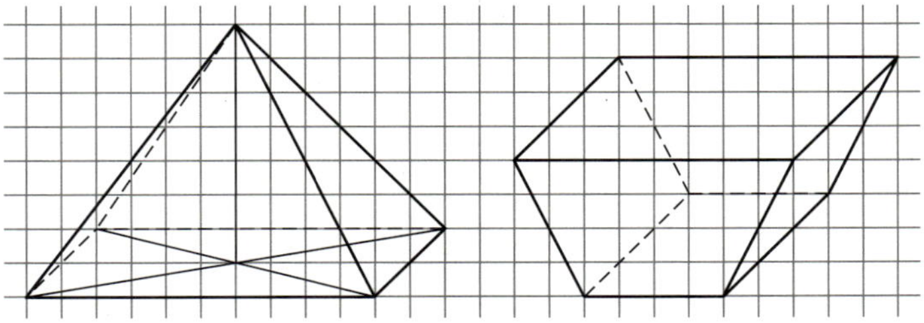

5 Ein Käfer bewegt sich spiralförmig auf dem Glaszylinder vom Punkt A zum Punkt B. Dabei umrundet er den Zylinder genau einmal.
a) Berechne, welchen Umfang die Grundfläche des Zylinders hat.
b) Zeichne die Mantelfläche des Zylinders mit den Punkten A und B in dein Heft. Kennzeichne, wie der Käfer von A nach B kommt.
c) Ermittle, wie viel Zentimeter der Käfer auf seinem Weg von A nach B zurücklegt.

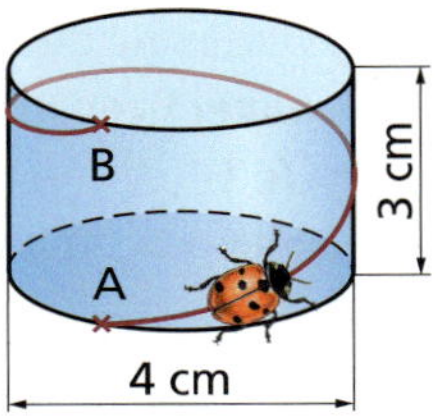

Kannst du das?

Körper berechnen

Der **Rauminhalt** eines geometrischen Körpers ist sein **Volumen V**.
Der **Oberflächeninhalt A_O** ist der Inhalt aller seiner Begrenzungsflächen.

Prismen und Zylinder	
$V = A_G \cdot h$ $A_O = 2A_G + A_M$ A_G und A_D sind bei beiden Körperarten zueinander kongruent und parallel. Die Körperhöhe h ist senkrecht zur Grundfläche.	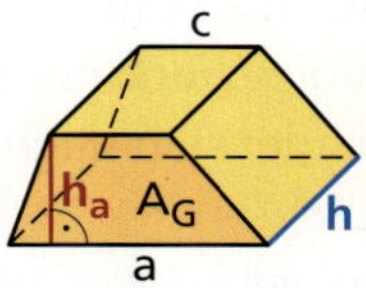 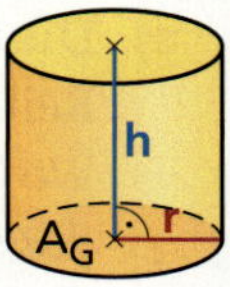
Pyramiden und Kegel	
$V = \frac{1}{3} A_G \cdot h$ $A_O = A_G + A_M$ Pyramiden und Kegel haben eine Spitze. Die Körperhöhe h verbindet den Mittelpunkt der Grundfläche mit der Spitze und ist senkrecht zur Grundfläche.	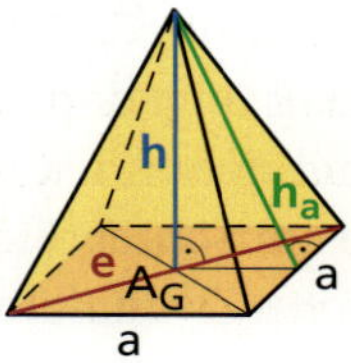 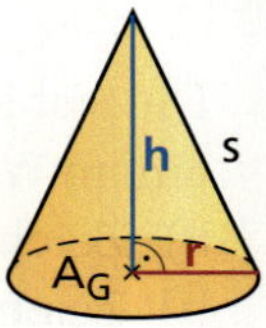

Flächeneinheiten: m^2 ←100→ dm^2 ←100→ cm^2 ←100→ mm^2

$1\ dm^3 = 1\ l$
$1\ cm^3 = 1\ ml$

Volumeneinheiten: m^3 ←1000→ dm^3 ←1000→ cm^3 ←1000→ mm^3

hl ←100→ *l* ←1000→ ml

Oft hilft der **Satz des Pythagoras** beim Berechnen fehlender Stücke weiter.

Berechne das Volumen und den Oberflächeninhalt der Pyramide.

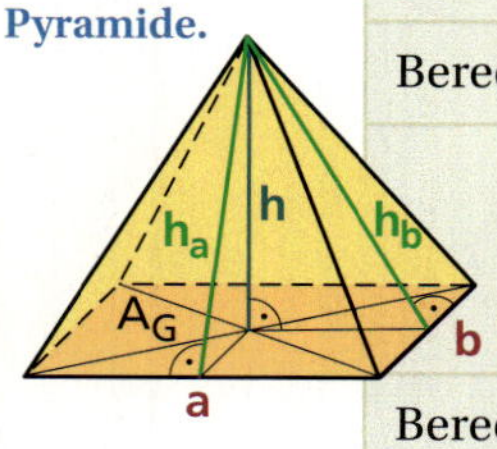

a = 20 cm
b = 40 cm
h = 35 cm

Schreibe Gesuchtes und Gegebenes übersichtlich auf.	*Gesucht:* $V\ (cm^3)$, $A_O\ (cm^2)$ *Gegeben:* a = 20 cm, b = 40 cm, h = 35 cm
Berechne den Inhalt der Grundfläche.	$A_G = a \cdot b = 20\ cm \cdot 40\ cm = 800\ cm^2$
Berechne das Volumen.	$V = \frac{1}{3} A_G \cdot h \rightarrow V \approx 9\,333\ cm^3$
Berechne die Höhe der Seitenflächen.	$h_a = \sqrt{\left(\frac{b}{2}\right)^2 + h^2} \rightarrow h_a \approx 40{,}3\ cm$ $h_b = \sqrt{\left(\frac{a}{2}\right)^2 + h^2} \rightarrow h_b \approx 36{,}4\ cm$
Berechne den Inhalt der Mantelfläche.	$A_M = a \cdot h_a + b \cdot h_b \rightarrow A_M \approx 2\,262\ cm^2$
Setze die Teilergebnisse in die Formel für den Oberflächeninhalt ein.	$A_O = A_G + A_M \approx 800\ cm^2 + 2\,262\ cm^2$ $A_O \approx 3\,062\ cm^2$

Aufgaben

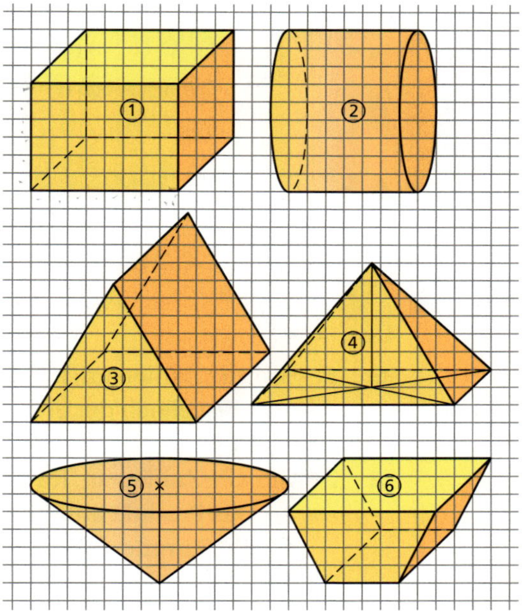

1 Ermittle von jedem der abgebildeten Körper alle Bestimmungsstücke, die zum Berechnen des Volumens und des Oberflächeninhalts erforderlich sind. Entnimm die Maße aus den Abbildungen und berechne benötigte Stücke, die den Abbildungen nicht entnommen werden können. Ein Kästchen hat eine Seitenlänge von von 0,5 cm.

a) Berechne jeweils das Volumen und den Oberflächeninhalt der Körper.

b) Entscheide und begründe, wie sich das Volumen jedes Körpers bei gleichbleibender Grundfläche verändert, wenn sich seine Höhe verdoppelt.

2 In einer Einschubbox aus Pappe sind drei gleich große CDs enthalten. Eine CD-Hülle ist 1,0 cm dick, 12,5 cm hoch und 14,0 cm lang. Berechne den Materialbedarf für die Einschubbox.

3 Eine 35,0 cm hohe zylinderförmige Glasvase mit einem äußeren Durchmesser von 9,0 cm hat nebenstehenden Querschnitt. Die Wandstärke und die Bodenstärke der Vase betragen jeweils 11 mm.

a) Berechne die Masse der Vase, wenn sie zu $\frac{4}{5}$ der Höhe mit Wasser gefüllt ist. Die Dichte von Wasser beträgt $1\,\frac{\text{g}}{\text{cm}^3}$, die Dichte von Glas $2{,}8\,\frac{\text{g}}{\text{cm}^3}$.

b) Berechne, wie hoch das Wasser in der Vase steht, nachdem sich dieser Wasserstand um 15 % verringert hat.

c) Es werden 12 000 solcher Vasen wieder eingeschmolzen und zu 80 gleich großen Würfeln geformt. Berechne, wie groß die Kantenlänge eines solchen Würfels ist.

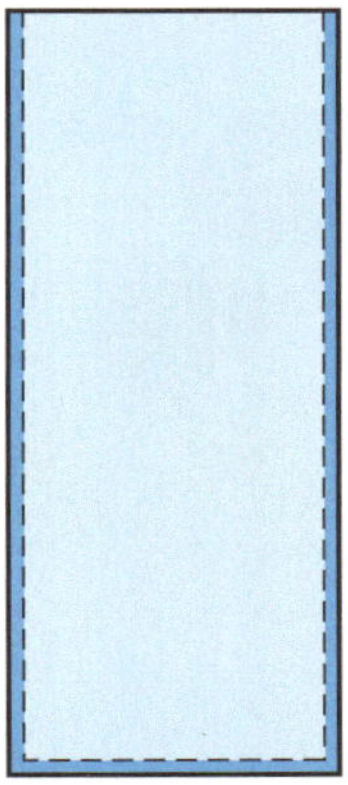

Skizze nicht maßstäblich

Gemischte Aufgaben

Alle neun Punkte sind mit genau fünf geraden Linien verbunden.

Versucht, ob dies auch mit nur vier geraden Linien klappt.

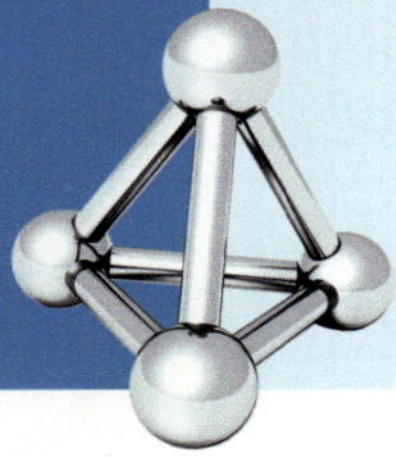

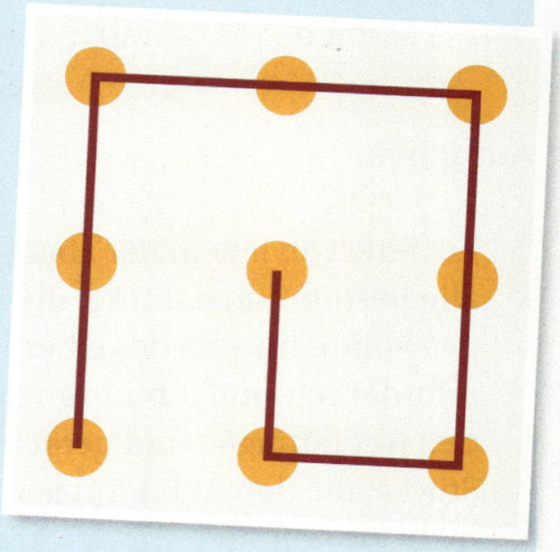

1 Gib alle Zahlen an, für die gilt: Das Quadrat aus der Summe der Zahl und 2 ist gleich der Summe aus dem Quadrat der Zahl und 8.

2 Gib alle Zahlen an, für die gilt:
a) Das Produkt aus einer Zahl und ihrer Hälfte beträgt 162, die Summe aus dieser Zahl und ihrer Hälfte beträgt 27.
b) Das Produkt aus einer Zahl und einer anderen Zahl beträgt 162, die Summe aus beiden Zahlen beträgt 27.

3 Mia, Anna und Lukas kaufen für Ben ein Geburtstagsgeschenk zu einem Preis von 14,50 €. Mia hat 0,50 € mehr als Anna und Lukas 1,50 € mehr als Mia dazugegeben. Berechne, wie viel Euro jeder bezahlt hat.

4 Löse die Gleichung und führe eine Probe durch.
a) $x^2 - (x-2)^2 = 0$ b) $(x-2)^2 = (x+6) \cdot (x-6)$ c) $\frac{3x-9}{6x-1} = \frac{4x-15}{8x-5}$

5 Es sollen 31 Pralinen so auf fünf Kartons verteilt werden, dass jede gewünschte Anzahl von Pralinen (1 bis 31) zusammengestellt werden kann, ohne auch nur einen Karton öffnen zu müssen. Entscheide und begründe, wie viele Pralinen du in die einzelnen Kartons geben würdest.

6 Du sollst aus einer Schüssel mit Eiern die Hälfte und ein halbes Ei herausnehmen, ohne ein Ei zu zerteilen. Überlege genau, ob dies möglich ist. Probiere mit unterschiedlichen Anzahlen und formuliere eine allgemeingültige Antwort.

7 Formuliert zu jeder Zeichnung einen mathematischen Zusammenhang (einen mathematischen Satz).
Formuliert jeweils eine Aufgabe und löst diese gegenseitig.

a)

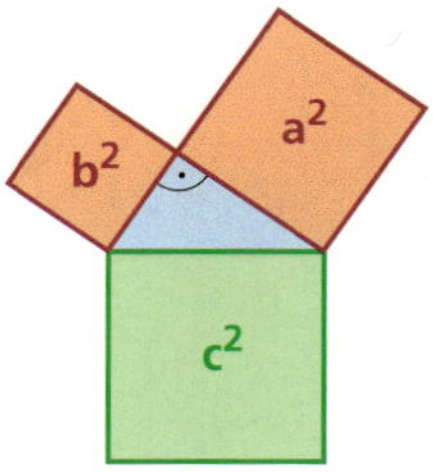

b)

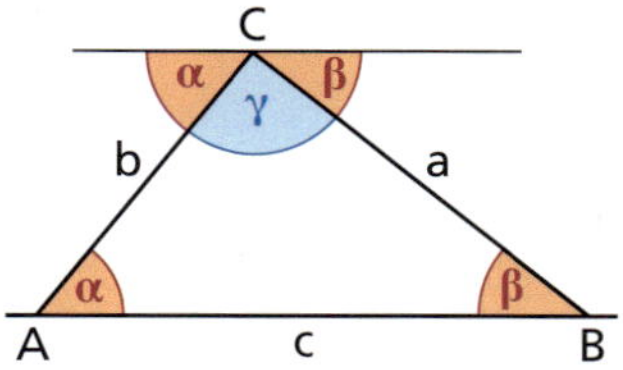

c)

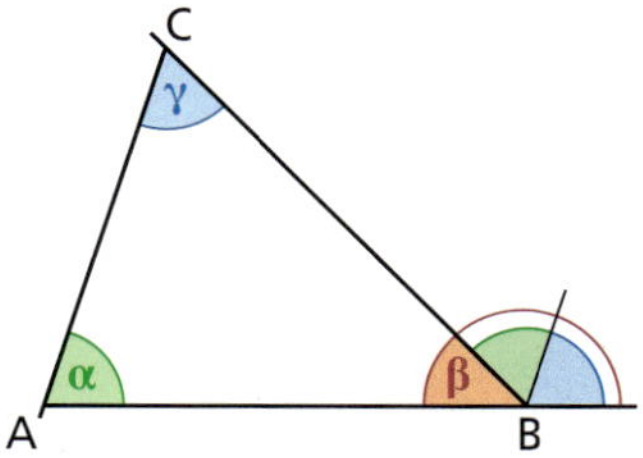

8 Der Querschnitt eines Wassergrabens ist trapezförmig.

a) Zeichne den Querschnitt für $a = 1{,}5$ m in einem selbst gewählten Maßstab. Gib diesen Maßstab an.

b) Berechne die Grabentiefe für $a = 1{,}5$ m.

c) Gib die Tiefe des Grabens in Abhängigkeit von a an.

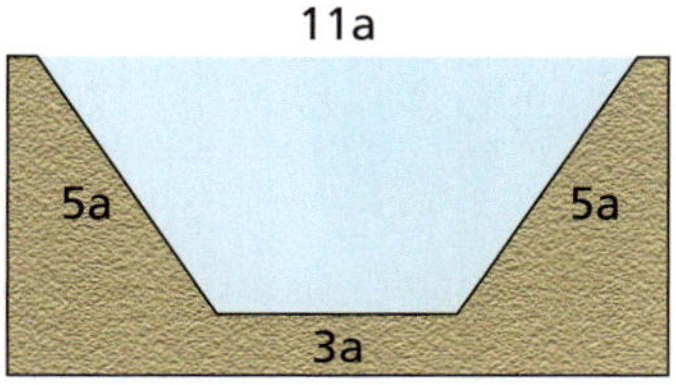

9 a) Beschreibe die Form der abgebildeten Figur. Welche Besonderheiten erkennst du?

b) Berechne den Umfang und den Flächeninhalt der Figur.

c) Zerlege die Figur in vier zueinander kongruente Sechsecke.

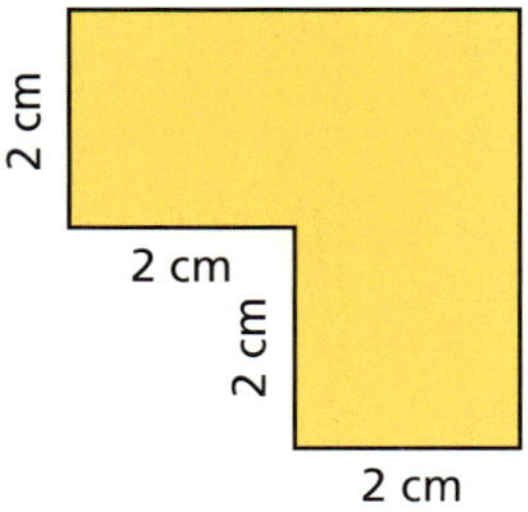

10 a) Gib die Anzahl der kleinen Würfel an, die hier „aufgebaut" sind.

b) Zeichne ein Zweitafelbild der Figur.

c) Berechne die Masse der Figur, wenn ein kleiner Würfel aus Messing besteht und eine Kantenlänge von 1,5 cm hat.
Messing hat eine Dichte von $\varrho = 8{,}4\,\frac{\text{g}}{\text{cm}^3}$.

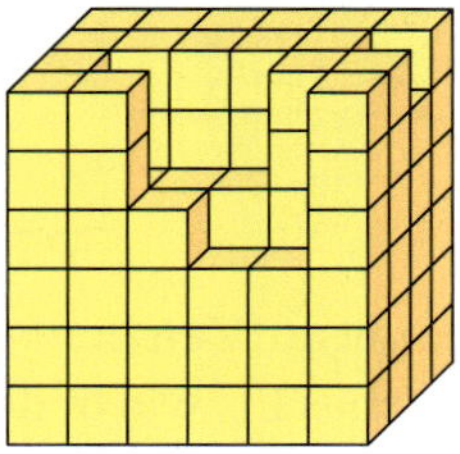

11 Für das sternenförmige Körpernetz einer Pyramide gilt:

① Alle Seitenkanten sind jeweils 7 cm lang.

② Die Punkte B, D, F und H bilden ein Quadrat mit einer Seitenlänge von 5 cm.

a) Zeichne das Körpernetz in Originalgröße mit möglichst wenig Klebefalzen.

b) Schneide das Körpernetz aus, falte es zu einer Pyramide und verklebe sie.

c) Berechne die Höhe der Pyramide. Überprüfe dein Ergebnis am Modell.

d) Berechne das Volumen und den Oberflächeninhalt der Pyramide.

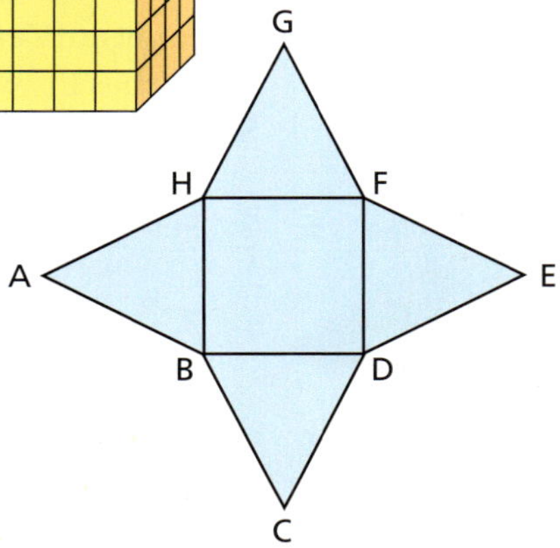

Mathe und mehr

Ein „Magisches Ei" entsteht

Ein magisches Ei, oft auch „Ei des Kolumbus" genannt, ist ein Puzzle, dessen Teile zusammengelegt ein Ei ergeben.

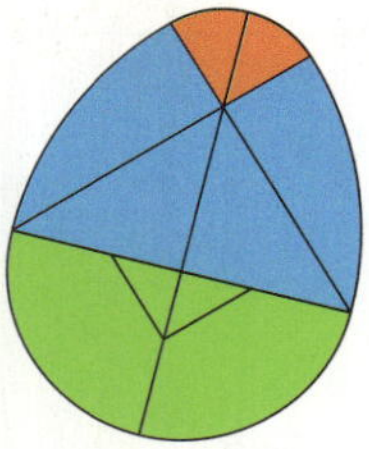

Die Gesamtfigur besteht nur aus Kreisbögen:
- einem (grünen) Halbkreis, der in zwei Viertelkreise zerlegt ist,
  - zwei (blauen) Achtelkreisen, die sich überlappen,
    - einem (roten) Viertelkreis, der in in zwei Achtelkreise zerlegt ist.

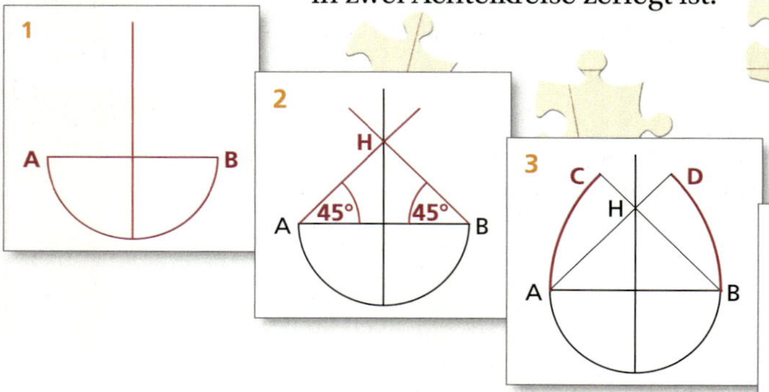

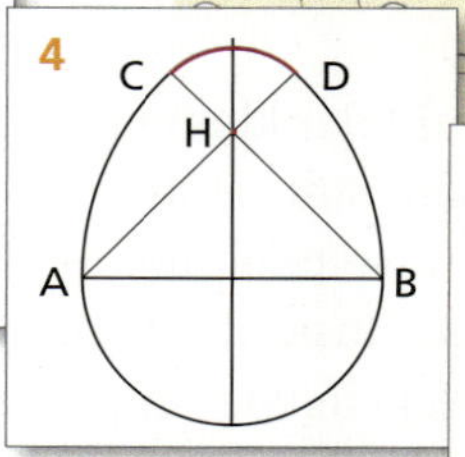

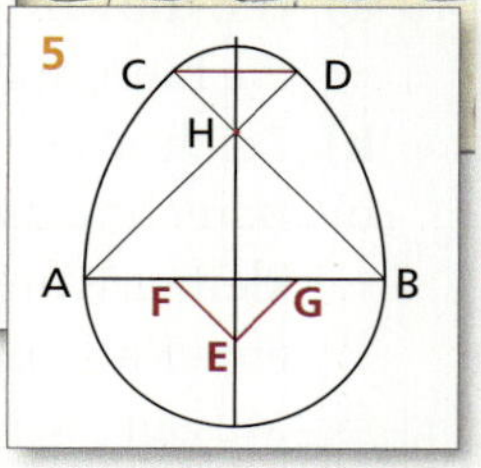

1 Zeichnet auf Zeichenkarton ein magisches Ei , wie in den fünf Schritten gezeigt. Wählt für $\overline{AB}$ = 10 cm.

Das sind die neun Teile.

2 Fertigt eine Konstruktionsbeschreibung an.

3 Schneidet dann die neun Einzelteile aus und beschreibt, welche Formen die einzelnen Teile haben.

4 Stellt mit den Einzelteilen die abgebildete Figur dar und beschreibt diese.

5 Legt mit den Einzelteilen die abgebildeten Schattenbilder.
Was könnten die Schattenbilder eurer Meinung nach darstellen?

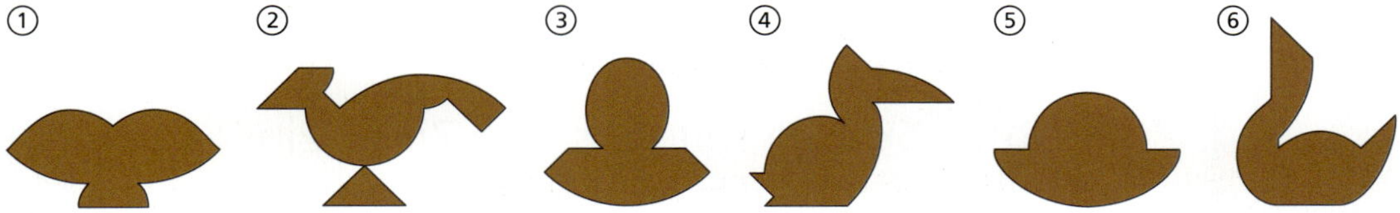

6 Legt sowohl das Schattenbild eines anderen Tieres als auch das Schattenbild eines anderen Gegenstandes aus den Einzelteilen. Zeichnet dann die Umrisse nach. Bildet Gruppen und legt die Umrisse gegenseitig mit euren Einzelteilen.

Die folgende Abbildung zeigt ein magisches Ei in einem Koordinatensystem:

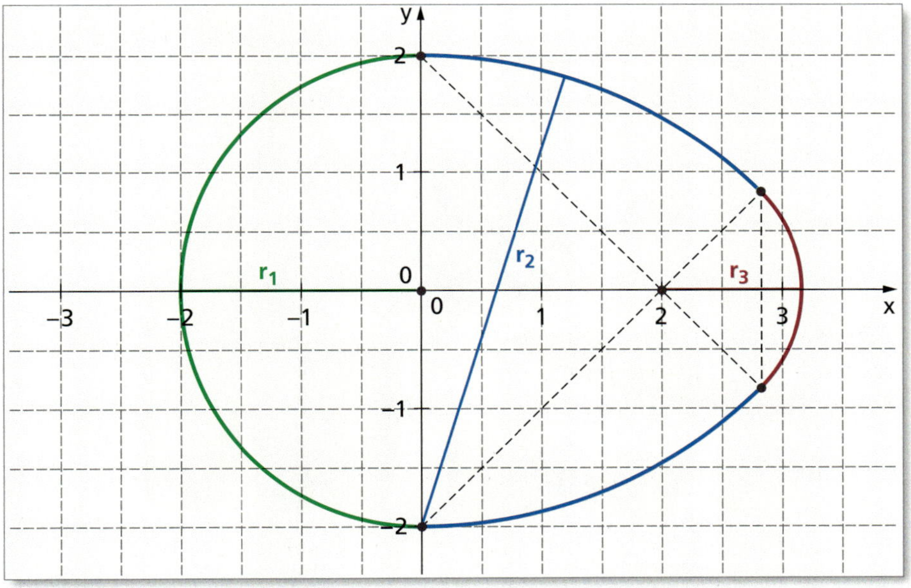

7 Übertragt die Zeichnung im Maßstab 1 : 1 in ein Koordinatensystem und ermittelt, wie groß die drei Radien r_1, r_2 und r_3 sind.

a) Zeichnet die neun Einzelteile farbig in euer Koordinatensystem und berechnet die Flächeninhalte der drei grünen, der vier blauen und der zwei roten Flächen.

b) Gebt den Flächeninhalt der Gesamtfläche an.

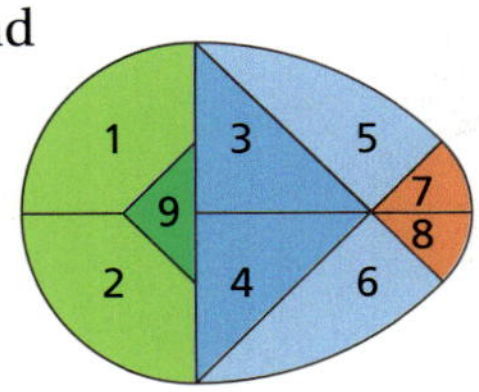

2 Wachstumsprozesse untersuchen

Beim Sparen mit Zins und Zinseszins verdoppelt sich ein bei Kreditinstituten angelegter Geldbetrag nach bestimmten Zeitabständen. Je höher der Zinssatz ist, umso kürzer ist der Zeitraum dafür.

Untersucht, wie lange es dauert, bis sich ein Geldbetrag bei einem Zinssatz von 1 %, von 2 %, von 3 %, von 6 % bzw. von 12 % verdoppelt.

Das Doppelte muss es sein
Rica behauptet:
„Das grüne Quadrat ist doppelt so groß wie eins der beiden gelben Quadrate.“
Prüfe und begründe, ob das stimmt.

Gefälle und Steigung
Das Verkehrsschild informiert über die Steigung der Straße. Erläutere an einem Beispiel, wie sich der Höhenunterschied der Straße bei 12 % Steigung ändert.

Kannst du das?

Funktionen und ihre Eigenschaften

Menge X: Definitionsbereich D
Menge Y: Wertebereich W

Eine **Funktion** $y = f(x)$ ist eine **eindeutige Zuordnung** von Elementen einer Menge X zu Elementen einer Menge Y.
Zu jedem **Argument x** gehört immer genau ein **Funktionswert y.**

Darstellungsformen von Funktionen

Wortvorschrift	Gleichung	Wertetabelle	Graph
Bilde von allen Zahlen x des Intervalls von –1 bis 1 das Dreifache vermehrt um 2.	$y = 3x + 2$ D: $-1 \le x \le 1$ W: $-1 \le y \le 5$	x | y –1 | –1 0 | 2 0,5 | 3,5 1 | 5	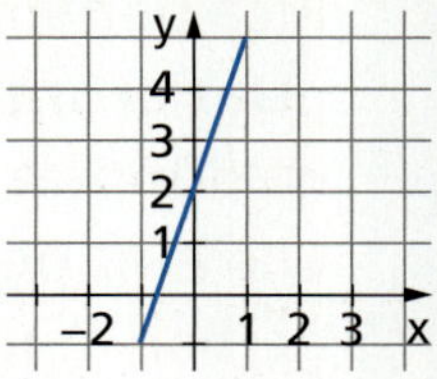

Nullstellen von Funktionen

Ein x-Wert des Definitionsbereichs D, bei dem der y-Wert gleich 0 ist, heißt **Nullstelle.**
Für Nullstellen x_0 gilt immer: $f(x_0) = 0$

Eine Nullstelle ist kein Punkt, sondern eine Zahl.
Eine Funktion kann keine, eine oder mehrere Nullstellen haben.

Zwei Nullstellen	Eine Nullstelle	Keine Nullstelle
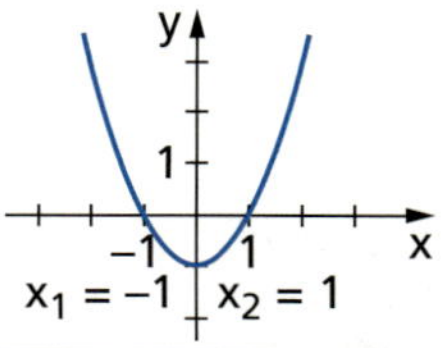	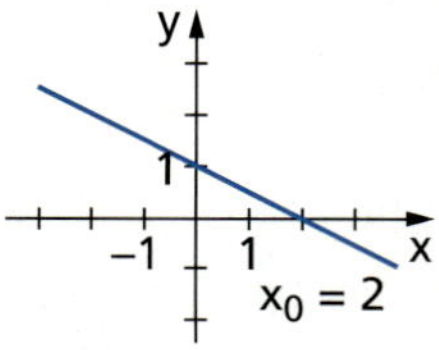	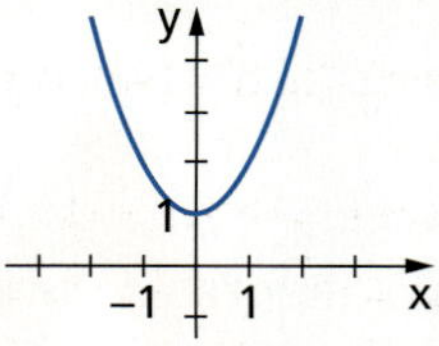

Potenzen und Potenzgesetze

Es gilt: $a^1 = a$, $a^0 = 1$, $a^{-n} = \frac{1}{a^n}$ mit $a \neq 0$; $n \in \mathbb{N}$

Rechenoperation	Gleiche Basis	Gleiche Exponenten
Multiplikation	$a^m \cdot a^n = a^{m+n}$	$a^m \cdot b^m = (a \cdot b)^m$
Division	$a^m : a^n = a^{m-n}$	$a^m : b^m = (a : b)^m = \left(\frac{a}{b}\right)^m$

Potenzieren: $(a^m)^n = a^{m \cdot n}$

Aufgaben

1 Entscheide und begründe, welche Kurve Graph einer Funktion ist.

a)
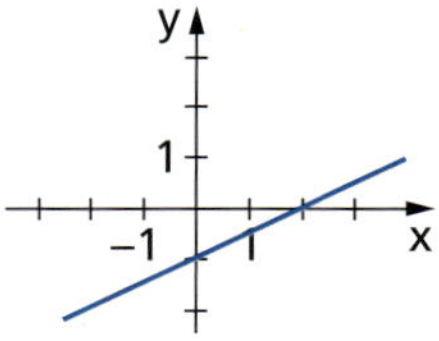

b)
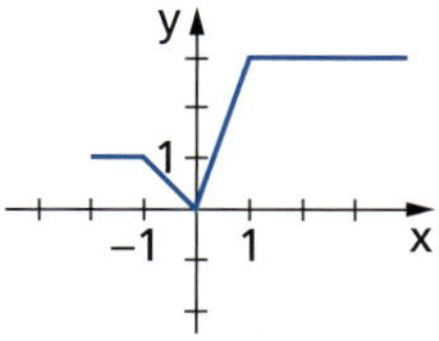

c)
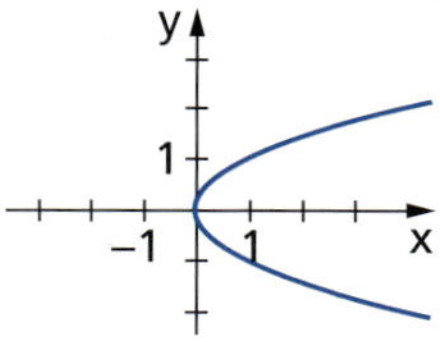

d)
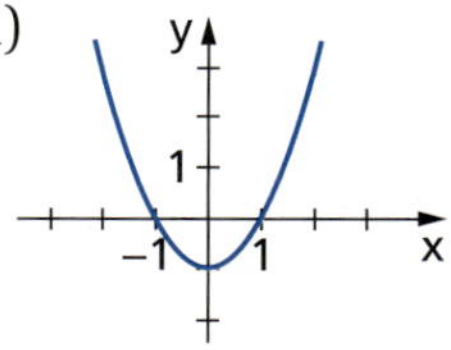

2 Untersuche, welche der Punkte A(0; 6), B(−6; 0), C(2; 0), D(−1; 3), E(−3; −3), F(4; 36) und G(−2; 0) zum Graphen von $y = f(x) = 3x + 6$ gehören.

3 Erstelle für $y = f(x) = -2x + 1$ und $y = g(x) = x^2$ jeweils eine Wertetabelle mit den Argumenten −3; −2; −1; 0; 1; 2; 3; 4 und 5.

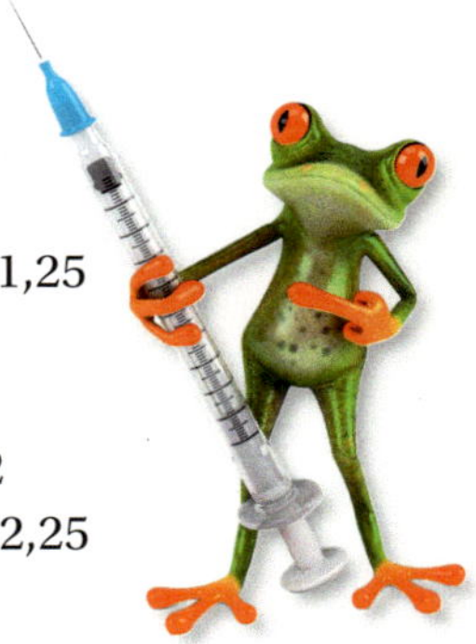

4 Berechne die Nullstellen folgender Funktionen:

a) $y = 4x + 2$ b) $y = -2x + 4$ c) $y = 8x + 12$ d) $y = x - 1$
e) $y = x^2 - 4$ f) $y = -x^2 + 9$ g) $y = (x - 1)^2 - 2$ h) $y = x^2 + 2x - 1{,}25$

5 Zeichne die Graphen folgender Funktionen:

a) $y = x$ b) $y = x + 1$ c) $y = -x + 3$ d) $y = 2x + 2$
e) $y = x^2 - 4x + 4$ f) $y = 3x^2 - 3$ g) $y = (x - 1)^2 - 4$ h) $x^2 + 3x + 2{,}25$

6 Ermittle die Nullstellen der Funktionen aus Aufgabe 5.

7 Zeichne die Graphen der Funktionen $y = f(x) = x + 2$ und $y = g(x) = -x + 2$ im Intervall $-5 \le x \le 5$ in ein und dasselbe Koordinatensystem.

a) Berechne jeweils die Nullstelle und prüfe dann am Graphen.
b) Gib die Schnittpunkte der Graphen mit den Koordinatenachsen an.
c) Erläutere jeweils das Monotonieverhalten der Funktionen.

8 Wende die Potenzgesetze an. Berechne den Potenzwert.

a) $3^3 \cdot 4^3$ b) $28^2 : 7^2$ c) $8^2 : 0{,}5^2$ d) $3^2 : 9^2$

e) $(-1{,}2)^3 \cdot (-5)^3$ f) $6^3 \cdot 0{,}5^3$ g) $\left(\frac{4}{5}\right)^2 \cdot \left(\frac{5}{3}\right)^2$ h) $16 \cdot 2^{-3}$

i) $\frac{4 \cdot 10^2 \cdot 8 \cdot 10^5}{16 \cdot 10^4 \cdot 5 \cdot 10^3}$ j) $\frac{1{,}8 \cdot 10^3 \cdot 2{,}4 \cdot 10^2}{0{,}9 \cdot 10^2 \cdot 0{,}8 \cdot 10^4}$ k) $\frac{0{,}2^3 \cdot (2 \cdot 3)^3}{0{,}4 \cdot 10^3}$ l) $\left(\frac{1}{4}\right)^3 \cdot \left(\frac{1}{16}\right)^3$

Exponentialfunktionen untersuchen

Pia und Paul sollen die Zahlenreihen fortsetzen.

Gib jeweils die nächsten zwei Glieder und eine Vorschrift zum Fortsetzen an.

Die Rechenoperationen mit x legen fest, wie die Funktion y = f(x) heißt.

Eine Funktion $y = f(x) = a^x$ mit $a > 0$ und $a \neq 1$ heißt **Exponentialfunktion.**

Bei Exponentialfunktionen ist die Variable x der Exponent.

Funktion	$y = 2^x$ und $y = 3^x$	$y = 0{,}5^x$
Graph	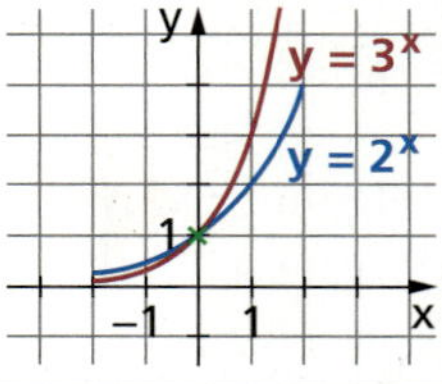	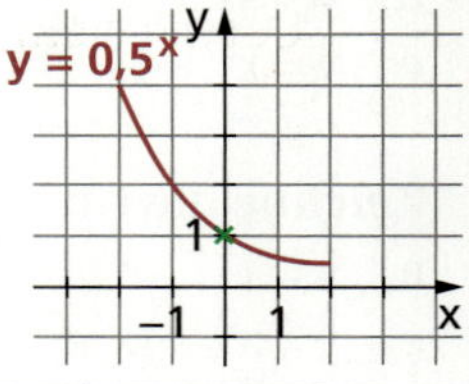
Definitions- und Wertebereich	D: $x \in \mathbb{R}$ und W: $y \in \mathbb{R}$ mit $y > 0$	
Gemeinsamer Punkt der Graphen	(0; 1)	
Monotonieverhalten	für $a > 1$ steigend	für $0 < a < 1$ fallend
Nullstellen	keine	

Beispiel

Skizziere die Graphen der Funktionen $y = f(x) = 0{,}2^x$ und $y = g(x) = 4^x$ im Intervall $-2 \leq x \leq 2$ in ein Koordinatensystem.

Wertetabelle:

x	$0{,}2^x$	4^x
–2	25	$\frac{1}{16}$
–1	5	$\frac{1}{4}$
0	1	1
1	0,2	4
2	0,04	16

Graphen:

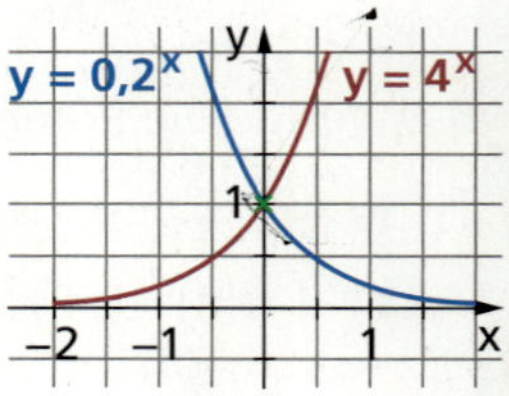

Aufgaben

1 Zeichne den Graphen f der Funktion $y = f(x) = 2^x$ im Intervall $-3 \le x \le 3$. Fertige vorher eine Wertetabelle mit mindestens sieben Wertepaaren an.
a) Gib den kleinsten und den größten Funktionswert für dieses Intervall an.
b) Bestimme mithilfe des Graphen näherungsweise die Funktionswerte für $x_1 = 0{,}8$; $x_2 = 1{,}5$; $x_3 = 2{,}2$; $x_4 = 2{,}8$; $x_5 = 0{,}3$ und $x_6 = -1{,}2$.

2 a) Übertrage die Tabelle in dein Heft und berechne die y-Werte.

x	−4	−3	−2	−1	0	1	2	3	4	5	6
$y = f_1(x) = 2^x$											
$y = f_2(x) = 2^x + 1$											
$y = f_3(x) = 2^x - 1$											

b) Zeichne die Graphen der drei Funktionen im Intervall $-2 \le x \le 2$ in ein und dasselbe Koordinatensystem.
c) Beschreibe den Einfluss der Summanden + 1 und − 1.

3 a) Zeichne den Graphen der Funktion $y = f(x) = 3^x$ im Intervall $-3 \le x \le 2$. Fertige zuerst eine Wertetabelle für die x-Werte −3; −2; −1; 0; 1 und 2 an.
b) Übertrage folgende Tabelle in dein Heft und vervollständige sie:

x	−2,4		0,7		1,8
$y = 3^x$		1		3	

4 Prüfe, welche der vorgegebenen Punkte zur Funktion mit der Gleichung $y = f(x) = 2^x$ gehören. Schreibe den Rechenweg auf.
A(−2; 0,25), B(−5; 0,03125), C(−3; 0,225), D(6; 128), E(8; 256), F(10; 1 024)

5 Die Entwicklung von Bakterienkulturen wird untersucht. Es werden drei verschiedene Proben mit jeweils 200 Bakterien angesetzt. Bei der Probe 1 verdoppelt sich die Anzahl der Bakterien pro Tag, bei der Probe 2 vervierfacht sie sich und bei der dritten Probe halbiert sie sich pro Tag.
a) Erstelle für alle Proben eine Wertetabelle für fünf Tage.
b) Veranschauliche die Entwicklung der Bakterien in einem Diagramm.
c) Stelle eine Gleichung auf, mit der man die Anzahl der Bakterien in Abhängigkeit von der Zeit berechnen kann.

Wachstumsprozesse untersuchen

Die Weltbevölkerung wächst voraussichtlich bis 2050 auf rund 9,1 Milliarden Menschen.

Beurteile diesen Wachstumsprozess.

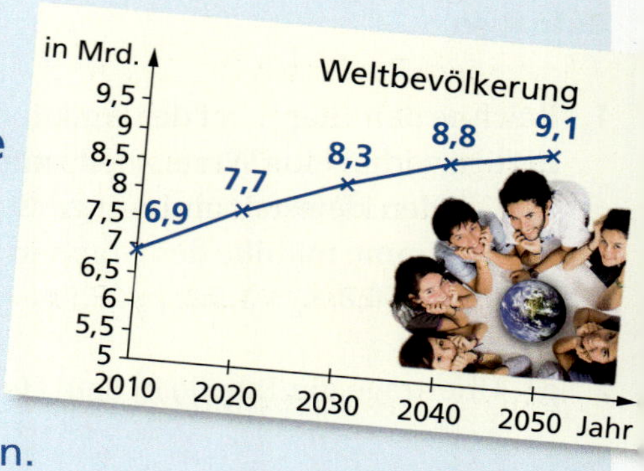

Wenn etwas wächst, wird es mehr, wenn es abnimmt, wird es weniger.

Lineares Wachstum (lineare Abnahme) untersuchen

Lineares Wachstum (lineare Abnahme) liegt vor, wenn eine Größe in gleich großen Zeitabschnitten immer um den gleichen Wert zunimmt (abnimmt). Lineare Wachstumsprozesse können mit linearen Funktionen beschrieben werden. Bei der Funktion $\mathbf{y = f(t) = a + m \cdot t}$ ist *a der Anfangswert, m der Anstieg* und *t gibt die Zeit* an.

Für $m > 0$ liegt ein Wachstum, für $m < 0$ eine Abnahme vor.

Beispiel

Leon bekam bisher 20 € Taschengeld im Monat. Ab Januar wird sein Taschengeld monatlich um jeweils 2 € erhöht.
Wie viel Euro Taschengeld hat Leon im August bekommen?

Lösung:
Zum Zeitpunkt $t = 0$ beträgt der Anfangswert $a = 20$ €.
Es erfolgt eine monatliche Erhöhung um 2 €. Der Betrag wächst linear.
Nach acht Monaten sind es:
$8 \cdot 2$ € $= 16$ € mehr, also insgesamt 36 €.

Gleichung: $y = f(t) = 20 + 2 \cdot t$

Wertetabelle:

Zeit (in Monaten)	0	1	2	3	4
Taschengeld (in €)	20	22	24	26	28

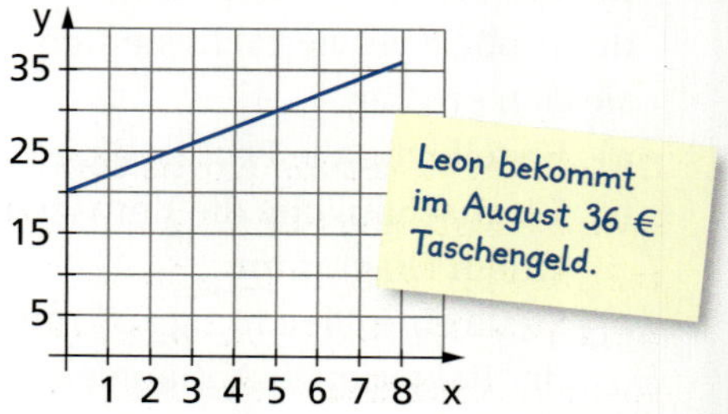

Beispiel

Aus einem Pool mit 30 m^3 Wasser fließen pro Minute 1,5 m^3 heraus. Ermittle, wie viel Kubikmeter Wasser nach 6 min noch im Pool sind.

Lösung:
$y = f(t) = 30 - 1{,}5 \cdot t$
$y = f(6) = 30 - 1{,}5 \cdot 6 = 30 - 9 = 21$

Antwort:
Es sind noch 21 m^3 Wasser im Pool.

Exponentielles Wachstum (exponentielle Abnahme) untersuchen

Exponentielles Wachstum (exponentielle Abnahme) liegt vor, wenn eine Größe in gleich großen Zeitabschnitten immer mit dem gleichen Wachstumsfaktor zunimmt (abnimmt). Exponentielle Wachstumsprozesse können mit Exponentialfunktionen beschrieben werden.
Bei der Funktion $\mathbf{y = f(t) = a \cdot q^t}$ ist *a der Anfangswert, q der Wachstumsfaktor* und *t gibt die Zeit* an.

Für $q > 0$ liegt ein Wachstum, für $q < 0$ eine Abnahme vor.

Beispiel

Greta hat 5 ct in eine Spardose gelegt. Sie will danach eine Woche lang jeden Abend den doppelten Geldbetrag vom Vortag hineinlegen. Wie viel Euro muss Greta am Abend des 7. Tages hineinlegen?

Es gilt:
$f(7) = 5 \cdot 2^7 = 5 \cdot 128 = 640$

Antwort:
Am Abend des 7. Tages sind es 6,40 €.

Gleichung: $y = f(t) = 5 \cdot 2^t$

Wertetabelle:

Tag	Geldbetrag
0	5 ct
1	10 ct
2	20 ct
3	40 ct
4	80 ct
5	160 ct
6	320 ct
7	640 ct

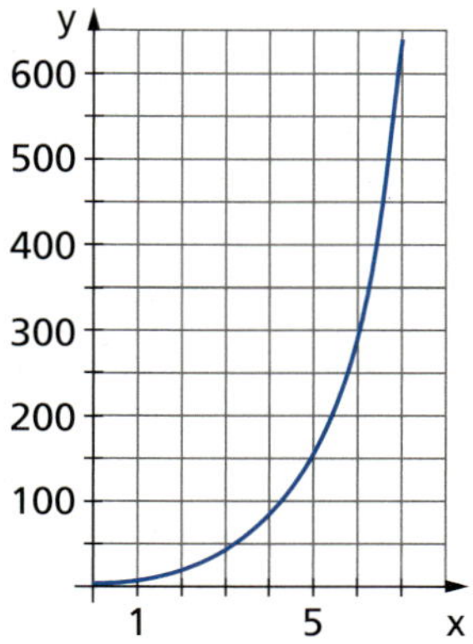

Beispiel

Die Weltbevölkerung wuchs von etwa 6,5 Mrd. Menschen im Jahr 2005 auf etwa 6,9 Mrd. im Jahr 2010. Berechne den durchschnittlichen jährlichen Wachstumsfaktor für die Jahre 2005 bis 2010.

Lösung:
$y = f(t) = a \cdot q^t = 6{,}5 \cdot q^5$
$q^5 = \frac{6{,}9}{6{,}5}$ $\qquad q = \sqrt[5]{\frac{6{,}9}{6{,}5}} = 1{,}01201\ldots$

Antwort: Der Wachtumsfaktor beträgt etwa $1{,}012 = 101{,}2\,\%$.

Aufgaben

1 Die folgenden Gleichungen beschreiben Wachstumsprozesse. Fertige für jeden Wachstumsprozess eine Wertetabelle für die t-Werte 0; 1; 2; 3 und 5 an und stelle die Wertepaare grafisch dar.

a) $y = 3 + 2t$ b) $y = 20 - 3t$ c) $y = 5 \cdot 1{,}2^t$ d) $y = 4 \cdot 0{,}7^t$

2 Gegeben sind die Wertetabellen von Wachstumsprozessen. Entscheide, in welchen Fällen lineares, exponentielles bzw. quadratisches Wachstum vorliegt. Gib in diesen Fällen eine Gleichung an.

a)

t	0	1	2	3	4
y	4	9	14	19	24

b)

t	0	1	2	3	4
y	4	2	1	0,5	0,25

c)

t	0	1	2	3	4
y	10	6	3	1	0

d)

t	0	1	2	3	4
y	15	12	9	6	3

e)

t	0	1	2	3	4
y	$\frac{1}{6}$	$\frac{1}{2}$	$\frac{3}{2}$	$\frac{9}{2}$	$\frac{27}{2}$

f)

t	0	1	2	3	4
y	0	1	4	9	16

3 Das Wasser steht in einem Aquarium 30 cm hoch. Durch Verdunstung nimmt die Wasserhöhe täglich um 0,5 cm ab.
Stelle diesen Sachverhalt in einem Diagramm dar und gib die Gleichung an, die diesen Wachstumsprozess beschreibt.

4 Im Januar 2011 gab es in Sachsen-Anhalt Hochwasser an mehreren Flüssen.
Der Pegel der Saale stieg an einem Messpunkt in der Zeit vom 13.01. bis zum 16.01. (jeweils 8:00 Uhr) von 6,40 m auf 6,67 m.
Am 18.01. erreichte er um 8:00 Uhr einen Stand von 6,81 m.

a) Berechne für die Zeiträume vom 13. bis 16. Januar und vom 16. bis 18. Januar jeweils den durchschnittlichen Anstieg des Pegels pro Tag. Vergleiche.

b) Am 31.01. um 8:00 Uhr hatte die Saale einen Pegelstand von 6,25 m. Es wurde erwartet, dass der Pegel danach durchschnittlich um 3 cm pro Stunde sinken würde. Ermittle unter diesen Voraussetzungen den erwarteten Pegelstand der Saale für den 02.02. um 8:00 Uhr.

5 In einer 100-Liter-Regentonne befinden sich 36 *l* Wasser. Es fängt an zu regnen und durch einen Zulauf fließen nun pro Minute 2 *l* Regenwasser zusätzlich in die Tonne. Ermittle eine Gleichung, die diesen Wachstumsprozess beschreibt, und den Zeitpunkt, zu dem die Tonne gefüllt ist.

6 Ein vom Boden aus wachsender Tropfstein hatte im Jahr 2000 eine Höhe von 0,68 m. Seine Höhe nahm jährlich um 1,5 cm zu. Ermittle die Höhe des Tropfsteins im Jahr 2010 und gib die lineare Wachstumsfunktion an.

7 Entscheide, ob lineares oder exponentielles Wachstum vorliegt. Bestimme jeweils eine Gleichung in Abhängigkeit von der Zeit t.

Zeit t in Zeiteinheiten	0	1	2	3	4	5
Höhe h in Zentimeter	6	10	14	18	22	26
Anzahl der Bakterien	50	100	200	400	800	1 600
Geld in Euro	500	580	660	740	820	900

8 Im vergangenen Jahr betrug die Waschmittelproduktion eines Betriebes 40 000 t. Es wird für das laufende Jahr ein prozentualer Zuwachs von 1,5 % erwartet. Berechne die voraussichtliche Produktionsmenge.

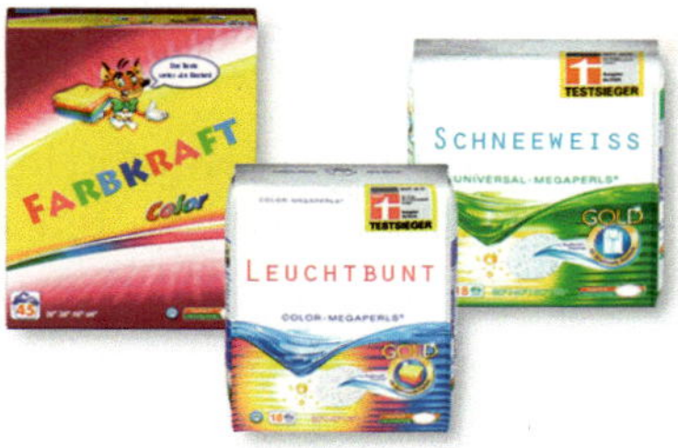

9 Im Jahr 2009 betrug der Holzbestand eines Waldes 52 000 m³. Durch Neuanpflanzungen nahm er in den Jahren 2010 und 2011 jeweils um 2,4 % zu.

a) Gib den jährlichen Wachstumsfaktor an.
b) Berechne den Holzbestand im Jahr 2011.

10 Der Wert eines Pkw sinkt pro Jahr um 20 % des Wertes des Vorjahres. Ermittle den Wert eines Pkw nach vier Jahren, der als Neuwagen 16 000 € gekostet hat.

Nachgefragt

1 Löse folgende Gleichungen:
a) $4(x - 4) = 4$ b) $4 + (x + 4) = 4^2$ c) $4 + \frac{x}{4} = 4$

2 Setze die Zahlenreihe um zwei weitere Zahlen fort, gib die Bildungsvorschrift für die Zahlenreihe mit einem Term an und schreibe auf, wie die einhundertste Zahl der Zahlenreihe heißt.
1; 4; 9; 16; 25; …

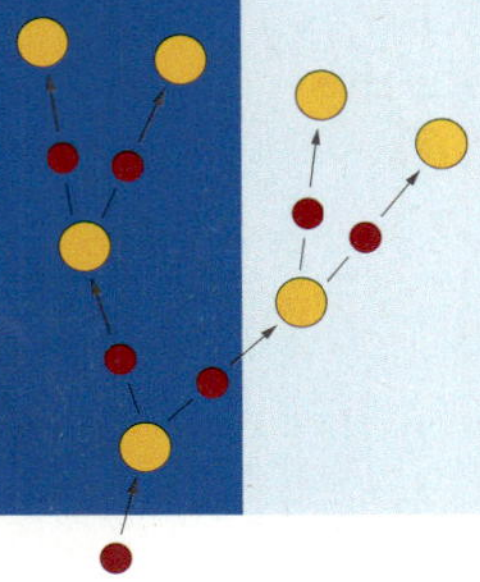

Wachstumsraten ermitteln

Es gibt Bakterien, die sich alle 30 min teilen und somit ihre Anzahl verdoppeln.

Gib an, wie viele Bakterien aus einer Bakterie nach 7,5 h entstanden sind.

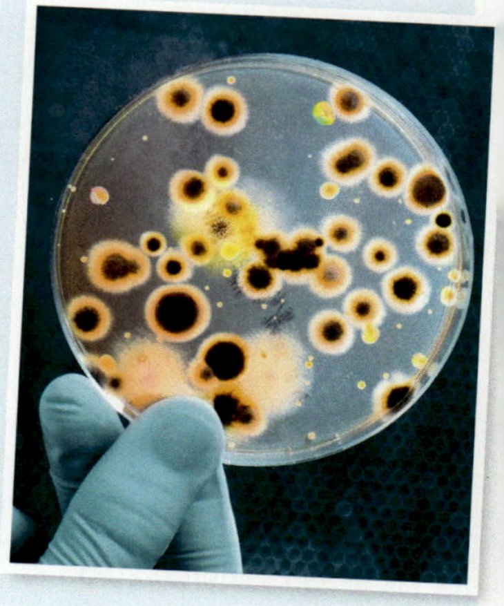

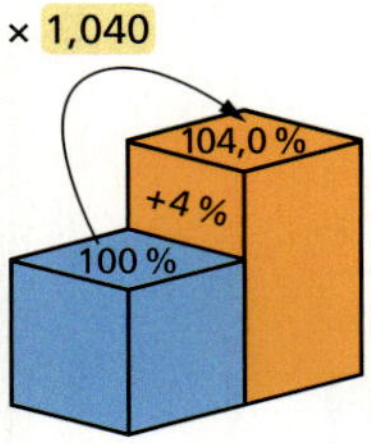

Die **Wachstumsrate** ist die in Prozent angegebene Änderung einer Größe. Bei einer **Vergrößerung** entspricht die Wachstumsrate dem *Anteil über 100 %* **(vermehrter Grundwert).**

Beispiel

Im Jahr 2010 wurden in Berlin 33 393 Kinder geboren, im Jahr 2009 waren es nur 32 104.

Berechne die Wachstumsrate.

Lösung:
Für den **Wachstumsfaktor q** gilt:

$q = \frac{33\,393}{32\,104} = 1{,}0401507\ldots$

$q \approx 1{,}040 = 104{,}0\,\% \rightarrow q = 1 + 4{,}0\,\%$

Die **Wachstumsrate** beträgt **4 %.**

Bei einer **Verkleinerung** entspricht die Wachstumsrate dem *Anteil unter 100 %* **(verminderter Grundwert).**

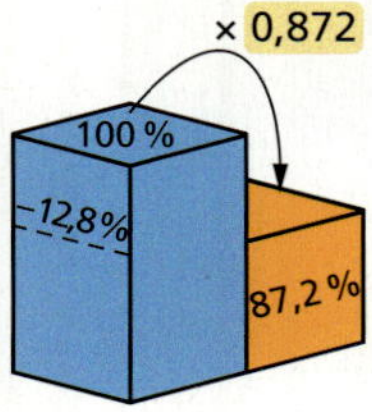

Beispiel

Im Schuljahr 2006/07 gab es in Berlin 26 678 Schulabgänger, im Schuljahr 2007/08 waren es 23 261.

Berechne die Wachstumsrate.

Lösung:
Für den **Wachstumsfaktor q** gilt:

$q = \frac{23\,261}{26\,678} = 0{,}8719169\ldots$

$q \approx 0{,}872 = 87{,}2\,\% \rightarrow q = 1 - 12{,}8\,\%$

Die **Wachstumsrate** beträgt **–12,8 %.**

Allgemein gilt:
Bei **positiver Wachstumsrate p %** (Steigerung) beträgt der Wachstumsfaktor:
$\mathbf{q = 1 + p\,\%}$
Bei **negativer Wachstumsrate –p %** (Senkung) beträgt der Wachstumsfaktor:
$\mathbf{q = 1 - p\,\%}$

Aufgaben

1 Ermittle, wie viele Ur- und wie viele Ururgroßeltern jeder Mensch hat.

2 Die Tabelle zeigt die Entwicklung der Ölpreise in den Jahren 2004 bis 2010:

Jahr	2004	2005	2006	2007	2008	2009	2010
Ölpreis in $ pro Barrel	36,05	50,64	61,08	69,08	94,45	61,06	77,45

a) Ermittle den Wachstumsfaktor und die Wachstumsrate des Preises in den Jahren 2005 bis 2010 im Vergleich zum Jahr 2004.

b) Ermittle den Wachstumsfaktor und die Wachstumsrate des Preises in den Jahren 2005 bis 2010 jeweils im Vergleich zum Vorjahr.

3 Herr Fuchs legt 5 000 € bei einer Bank für sechs Jahre zu einem festen Zinssatz von 2,8 % an. Die Zinsen werden jährlich mitverzinst.

a) Berechne, auf welchen Betrag das Geld nach fünf Jahren angewachsen ist.

b) Löse die Aufgabe a auch mit einem Tabellenkalkulationsprogramm. Gestalte diese Berechnung so, dass Anlagebetrag, Zinssatz und Anlagezeitraum variiert werden können.

4 Für ein Neugeborenes wird ein Sparguthaben von 1 000 € zu einem festen Zinssatz von 2 % angelegt.

a) Berechne, wie viel Euro es nach 14 Jahren insgesamt sind.

b) Berechne das Guthaben, das angelegt werden müsste, wenn bei gleichem Zinssatz zum 18. Geburtstag 4 000 € zur Verfügung stehen sollen.

5 Die Weltbevölkerung ist in den Jahren von 2000 bis 2005 von 6,055 Milliarden Menschen auf 6,477 Milliarden gewachsen.

a) Berechne den durchschnittlichen jährlichen Zuwachs der Bevölkerung in Milliarden.

b) Wie viele Menschen würden 2030 auf der Welt leben, wenn der jährliche Zuwachs so bliebe? Vergleiche dein Ergebnis mit der Prognose im Diagramm auf Seite 28.

6 Eine Algenart verbreitet sich in zehn Jahren von 6 ha auf 38 ha. Berechne die durchschnittliche jährliche Wachstumsrate bei exponentiellem Wachstum der Algenart.

Gemischte Aufgaben

Der durchschnittliche „Jahrespreis" für Superbenzin ist in den vergangenen Jahren meistens gestiegen.

Untersuche den Preisanstieg.

2002	1,051 €
2003	1,078 €
2004	1,124 €
2005	1,214 €
2006	1,278 €
2007	1,336 €
2008	1,387 €
2009	1,261 €
2010	1,396 €

1 Berechne für die Funktion $y = 2^x$ die Wertepaare (x; y), wenn x = 5 und y = 8 sind.

2 Ordne die Punkte den Graphen von $y = 2^x$, $y = 3^x$, $y = 0{,}4^x$ und $y = 0{,}1^x$ zu.
A(1; 0,4), B(2; 9), C(3; 27), D(4; 0,0001), E(2; 0,16), F(1; 3), G(4; 16), H(3; 0,064), J(4; 81), K(0; 1), L(2; 4), M(2; 0,01)

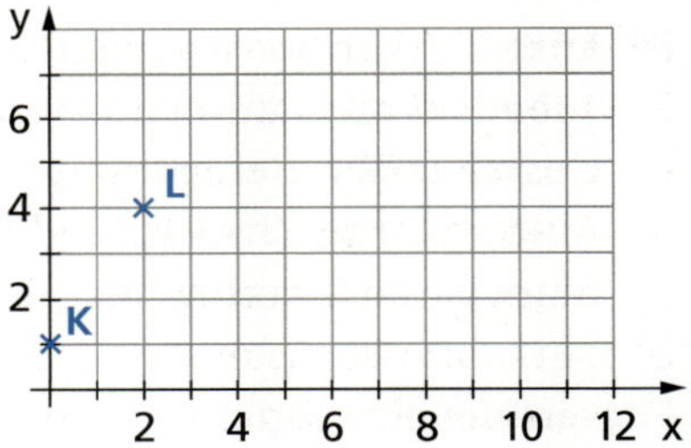

3 a) Erstelle Wertetabellen mit fünf Wertepaaren für die Funktionen $y = f(x) = 3^x$ und $y = g(x) = 0{,}5^x$.
b) Zeichne die Funktionsgraphen.
c) Ermittle den Schnittpunkt der beiden Graphen.
d) Gib den Definitionsbereich, den Wertebereich und das Monotonieverhalten der beiden Funktionen an.

4 Prüfe, welche der angegebenen Wertepaare zur Funktion $y = f(x) = 3 \cdot 2^x$ gehören. Schreibe den Lösungsweg auf.
A(2; 10), B(1; 6), C(4; 48), D(−2; 0,75), E(3; 16)

Nachgefragt

1 Prüfe und begründe, ob das Wertepaar zur Funktion gehört oder nicht.
a) $y = 3^x$; (5; 243) b) $y = 0{,}4^x$; (−2; 6,25) c) $y = 10^x$; (−2; 0,01)

2 Gib jeweils eine Funktion der Form $y = a^x$ an, deren Graph durch P geht.
a) P(1; 3) b) P(1; 2,5) c) P(1; 10) d) P(1; 0,5)

3 Skizziere den Graphen von $y = 2{,}2^x$ und gib seine Eigenschaften an.

5 Frau Gärtner will ab sofort zu den bereits vorhandenen sieben Rosen jedes Jahr zwei neue Rosen in ihrem Garten dazupflanzen.

a) Stelle diesen Vorgang als Wachstumsprozess in einer Tabelle und in einem Diagramm dar.
b) Erkläre, dass es sich hierbei um lineares Wachstum handelt.
c) Formuliere eine Gleichung zur Berechnung der Gesamtzahl der Rosen in Abhängigkeit von der Anzahl n der Jahre.

6 Mathilda spart jeden Monat 10 € in der Sparbüchse, die zu den bereits vorhandenen 380 € dazukommen. Theresa legt 580 € für zwei Jahre zu einem Zinssatz von 3 % fest an.
a) Berechne, über welchen Geldbetrag jede nach zwei Jahren verfügen kann.
b) Fertige jeweils ein Diagramm an und erkläre es.

7 Zu Annas 10. Geburtstag legten ihre Eltern 1 000 € fest auf ein Konto zum Zinssatz von 2,2 % an. Die Laufzeit beträgt zehn Jahre.
a) Fertige mithilfe einer Tabellenkalkulation eine Übersicht über den Wachstumsprozess des Geldes an, aus der du den Kontostand am Ende eines jeden Jahres ablesen kannst.
b) Berechne den Zinssatz, bei dem sich das angelegte Geld in zehn Jahren verdoppeln würde.

Wusstest du schon?

Kredittilgung

Bei der schrittweisen Tilgung eines Kredits über eine längere Zeit vermindert sich mit der Höhe der Schulden auch regelmäßig der zu zahlende Zinsbetrag.

Ratentilgung

Familie Klewer hat einen Kredit über 50 000 € aufgenommen. Der Kredit läuft über zehn Jahre und wird konstant mit 6 % verzinst. Am Ende eines jeden Jahres soll ein Zehntel der Kreditsumme getilgt werden.

	A	B	C	D	E
1	Kreditbetrag:	50.000,00 €			
2	Zinssatz:	6,0%			
3					
4	Jahr	Schuld	Tilgung	Zinsen	Rate
5	1	50.000,00 €	5.000,00 €	3.000,00 €	8.000,00 €
6	2	45.000,00 €	5.000,00 €	2.700,00 €	7.700,00 €
7	3	40.000,00 €	5.000,00 €	2.400,00 €	7.400,00 €
8	4				
9	5				
10	6				
11	7				
12	8				
13	9				
14	10				

Ermittle mithilfe eines Tabellenkalkulationsprogramms den Tilgungsplan mit den jährlich zu zahlenden Gesamtbeträgen. Schreibe die Formeln in den Zellen C5, D5, E5 und B6 so, dass sie bis zur Zeile 14 kopiert werden können. Kennzeichne dabei die konstanten Werte in den Zellen B1 und B2 als feste Zellbezüge.

Annuitätentilgung

Kreditverträge werden oft so abgeschlossen, dass der Kreditnehmer in jedem Jahr die gleiche Gesamtsumme zu zahlen hat. Für den Kredit der Familie Klewer beträgt diese Gesamtsumme 6 793,40 €.

	A	B	C	D	E
1	Kreditbetrag:	50.000,00 €			
2	Zinssatz:	6,0%			
3	Annuität:	6.793,40 €			
4					
5	Jahr	Schuld	Tilgung	Zinsen	Zahlung
6	1	50.000,00 €	3.793,40 €	3.000,00 €	6.793,40 €
7	2	46.206,60 €	4.021,00 €	2.772,40 €	6.793,40 €
8	3	42.185,60 €	4.262,26 €	2.531,14 €	6.793,40 €
9	4	37.923,34 €	4.518,00 €	2.275,40 €	6.793,40 €
10	5	33.405,34 €	4.789,08 €	2.004,32 €	6.793,40 €
11	6	28.616,26 €	5.076,42 €	1.716,98 €	6.793,40 €
12	7	23.539,84 €	5.381,01 €	1.412,39 €	6.793,40 €
13	8	18.158,83 €	5.703,87 €	1.089,53 €	6.793,40 €
14	9	12.454,96 €	6.046,10 €	747,30 €	6.793,40 €
15	10	6.408,86 €	6.408,86 €	384,53 €	6.793,39 €

Ermittle mithilfe eines Tabellenkalkulationsprogramms den Tilgungsplan mit den jährlich gleich großen Gesamtbeträgen.
Im Unterschied zur Ratentilgung muss in der Spalte E die Gesamtsumme übernommen werden, wobei in der Zelle E15 ein Cent weniger anzugeben ist. Die jährliche Tilgung ergibt sich aus der Differenz von Zahlung und Zinsen. Beim Berechnen der Zinsen muss die Funktion RUNDEN mit zwei Dezimalstellen verwendet werden.

Mathe und mehr

Erneuerbare Energien

Die Bekämpfung des Klimawandels ist eine weltweite Aufgabe. Durch Senkung der Treibhausgasemissionen, durch Verringerung des Energieverbrauchs und durch weitere Nutzung erneuerbarer Energiequellen sollen wesentliche Fortschritte erzielt werden.

	Bruttostromerzeugung in TWh	Anteil erneuerbarer Energien
2003	606,7	7,5 %
2004	615,3	9,2 %
2005	602,6	10,2 %
2006	636,9	11,2 %
2007	637,2	13,7 %
2008	637,1	14,5 %
2009	593,2	16,0 %
2010	621,0	16,5 %

Löse mit einem Tabellenkalkulationsprogramm folgende Aufgaben:

1 Erfasse die Daten der dargestellten Tabelle.

2 Berechne in einer weiteren Spalte für jedes Jahr den durch erneuerbare Energien erzeugten Strom.

3 Stelle die Entwicklung der mit erneuerbaren Energien erzeugten Strommengen in den Jahren 2003 bis 2010 grafisch dar.

4 a) Berechne, um wie viel Prozent die durch erneuerbare Energien erzeugten Strommengen in den Jahren 2004 bis 2010 jeweils im Vergleich zum Vorjahr gewachsen sind.
b) Gib jeweils den Wachstumsfaktor an.
c) Ermittle das durchschnittliche Wachstum, wenn für die Jahre 2003 bis 2010 lineares und wenn exponentielles Wachstum unterstellt wird.

5 Stelle in einem geeigneten Diagramm die Entwicklung des Anteils erneuerbarer Energien an der Bruttostromerzeugung dar.

Informiere dich auf der Internetseite der Arbeitsgemeinschaft Energiebilanzen (http://www.ag-energiebilanzen.de unter dem Punkt „Daten“ im Unterpunkt „Sondertabellen“) über weitere Energiedaten. Stelle selbst interessante Entwicklungen zusammen und fertige dazu Berechnungen und Diagramme an. Recherchiere im Internet den Anteil erneuerbarer Energien an der Stromerzeugung in anderen Ländern.

Das hast du gelernt

Exponentialfunktionen $y = f(x) = a^x$

Definitionsbereich: $-\infty < x < \infty$
Wertebereich: $0 < y < \infty$
Nullstelle: keine
Besondere Punkte: (0; 1); (1; a)
Monotonieverhalten:
- für $a > 1$: Graph steigend
- für $0 < a < 1$: Graph fallend

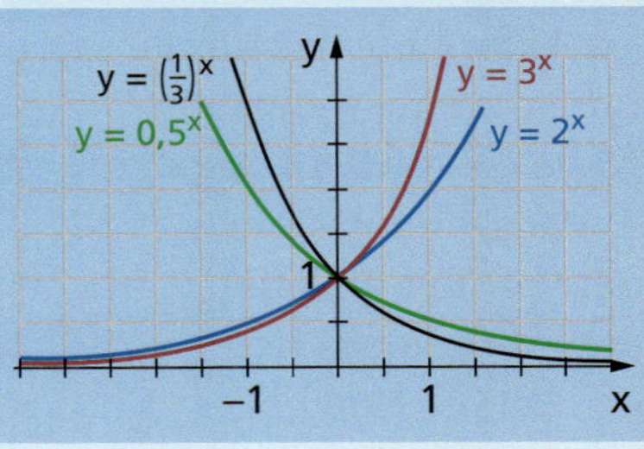

Lineares Wachstum

Eine Größe nimmt in gleich großen Zeitabschnitten immer um den gleichen Betrag zu bzw. ab.
Es gilt: $\mathbf{y = f(t) = a + m \cdot t}$
(Mit *Anfangswert* a, *Anstieg* m, t gibt die *Zeit* an)
Zunahme: $m > 0$; *Abnahme:* $m < 0$

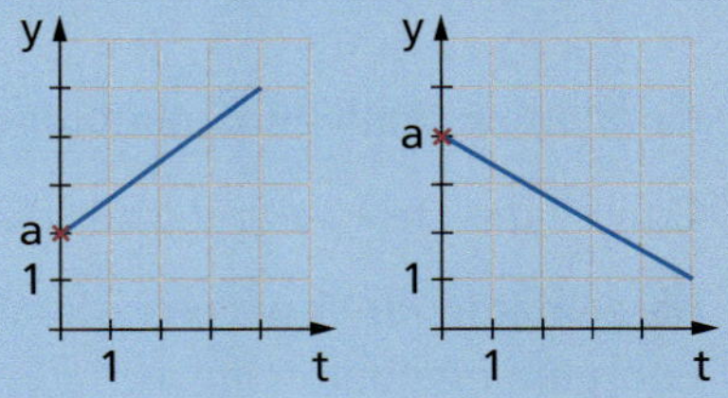

Exponentielles Wachstum

Eine Größe nimmt in gleichen Zeitabschnitten immer um die gleiche Wachstumsrate zu bzw. ab.
Es gilt: $\mathbf{y = f(t) = a \cdot q^t}$
(Mit *Anfangswert* a, *Wachstumsfaktor* q, t gibt die *Zeit* an)
Zunahme: $q = 1 + p\,\%$; *Abnahme:* $q = 1 - p\,\%$

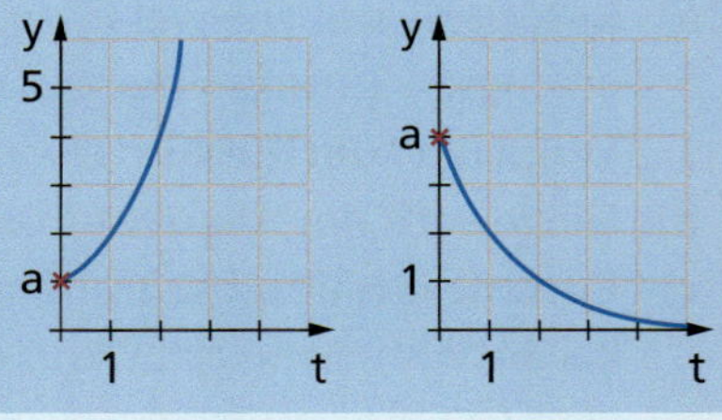

Wachstumsraten

Die **Wachstumsrate** ist die in Prozent angegebene Änderung einer Größe.
Bei einer **Vergrößerung** entspricht sie dem *Anteil über 100 %* **(vermehrter Grundwert).**
Bei einer **Verkleinerung** entspricht sie dem *Anteil unter 100 %* **(verminderter Grundwert).**

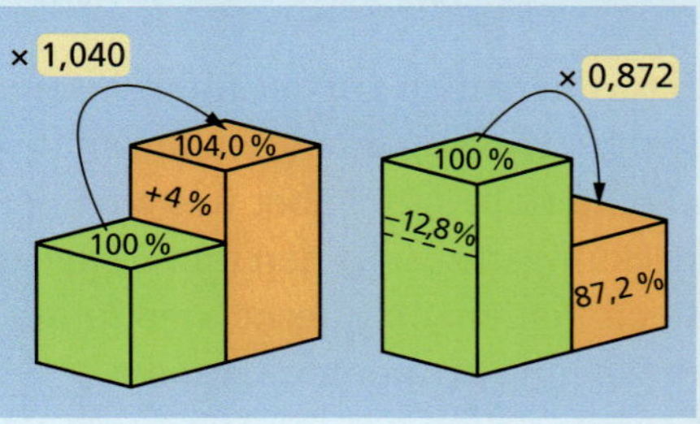

Teste dich selbst 2

1 Überprüfe, ob der Punkt A(−3; 8) zum Graphen der Funktion $y = 2^x$ gehört.

2 Berechne für $f(x) = 3^x$ und $g(x) = 0{,}8^x$ die Funktionswerte für x = 0 und x = 3.

3 Übertrage die Tabelle in dein Heft und trage die fehlenden Werte ein.

x	−4	−2	−1			2
$y = f(x) = 0{,}5^x$				1	0,5	

4 a) Erstelle für die Funktionen $y = f(x) = 2^x$ und $y = g(x) = 0{,}1^x$ eine Wertetabelle mit den Argumenten −2; −1; 0; 1; 2; 3.
b) Zeichne den Graphen der Funktion $y = f(x) = 2^x$ im Intervall $-1 \le x \le 3$.
c) Gib den Wertebereich von beiden Funktionen im Intervall $-2 \le x \le 3$ an.
d) Beschreibe das Monotonieverhalten beider Funktionen.

5 Gib an, für welche x-Werte die Funktion $y = f(x) = 4^x$ größere Funktionswerte hat als die Funktion $y = g(x) = 2^x$.

6 Eine Genossenschaft konnte ihre Rübenproduktion von $19\,\frac{t}{ha}$ im Jahr 2009 auf $25{,}5\,\frac{t}{ha}$ im Jahr 2011 steigern. Berechne, um wie viel Prozent die Produktion gesteigert werden konnte und gib den Wachstumsfaktor an.

7 Entscheide, ob lineares oder exponentielles Wachstum vorliegt.
a) Der Wert einer Sondermünze beträgt zum Zeitpunkt ihres erstmaligen Erscheinens 100 € und nimmt jährlich um 5 € zu.
b) Auf einer Insel leben 100 Kaninchen. Jedes Jahr kommen 10 % der Kaninchen des Vorjahres hinzu.

8 Frau Fröhlich legt 5 000 € bei einer Bank für acht Jahre zu einem festen Zinssatz von 2,8 % so an, dass die jährlichen Zinsen mitverzinst werden.
a) Berechne, wie hoch ihr Guthaben nach vier Jahren und am Ende der Laufzeit ist.
b) Erkläre und begründe, um welches Wachstum es sich handelt.
c) Gib eine Formel für die Zelle B6 an.

	A	B
1	Anfangskapital K_0:	5.000,00 €
2	Zinssatz:	2,80%
3		
4	n	K_n
5	0	5.000,00 €
6	1	5.140,00 €
7	2	5.283,92 €

3 Trigonometrische Berechnungen durchführen

Beim Ermitteln von Grundstücksgrenzen und im Schienen- bzw. Straßenbau sind Vermessungstechniker/-innen unerlässlich.

Informiert euch über den Beruf eines Vermessungstechnikers und beschreibt Einsatzgebiete und Arbeitsaufgaben.

Karten, Karten und nochmals Karten

Der Maßstab einer topografischen Karte beeinflusst ihre Nutzungsmöglichkeit. Ordnet jeder Karte eine typische Anwendung zu.

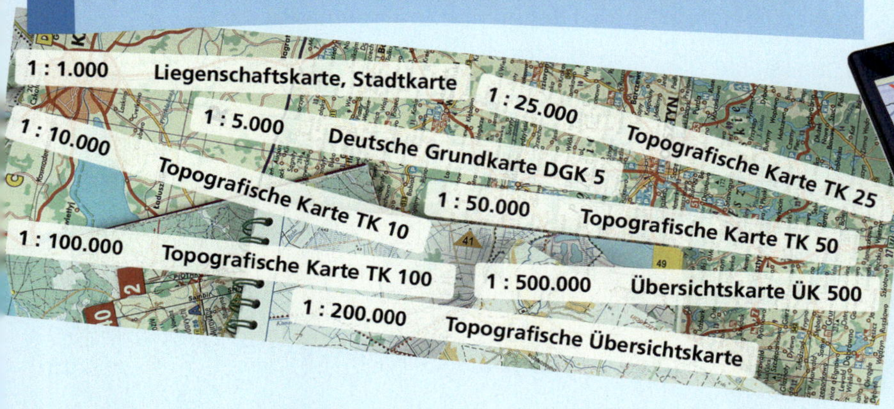

Lasst euch überraschen

Eselsbrücken helfen oft beim Einprägen von Fakten. Was hat die folgende Eselsbrücke mit trigonometrischen Beziehungen zu tun?

(Die Auflösung findet ihr auf den folgenden Seiten.)

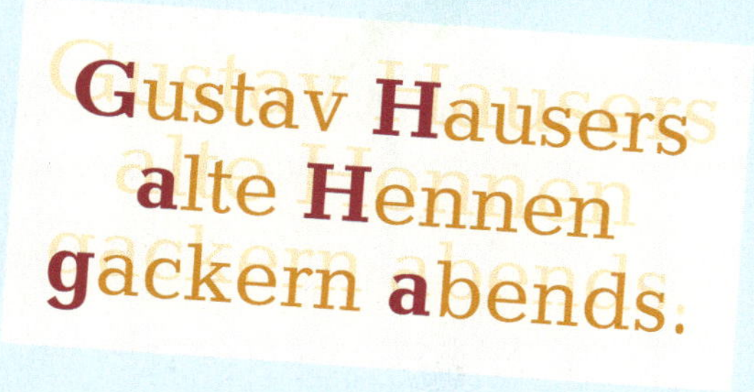

Kannst du das?

Winkelarten

Unterscheide Winkel nach ihrer Größe. Gib Winkelgrößen in Grad an.

Für $\alpha = 0°$ heißt der Winkel Nullwinkel.

Spitzer Winkel	Rechter Winkel	Stumpfer Winkel	Gestreckter Winkel	Überstumpfer Winkel	Vollwinkel
$0 < \alpha < 90°$	$\alpha = 90°$	$90° < \alpha < 180°$	$\alpha = 180°$	$180° < \alpha < 360°$	$\alpha = 360°$

Dreiecksarten

Orientiere dich bei Dreiecken an Seiten und Innenwinkeln.

Unregelmäßig: $a \neq b \neq c$
Gleichseitig: $a = b = c$
Gleichschenklig: zwei gleich lange Seiten

Unterscheidung	Dreiecke		
nach Winkeln	spitzwinklig	rechtwinklig	stumpfwinklig
	alle Innenwinkel sind spitz	ein Innenwinkel beträgt 90°	ein Innenwinkel ist größer als 90°
nach Seiten	unregelmäßig, gleichschenklig, gleichseitig	unregelmäßig, gleichschenklig	

Beachte: Der längsten Seite liegt immer der größte Innenwinkel gegenüber.

Berechnen von Größen an Dreiecken

Für rechtwinklige Dreiecke ABC mit $\gamma = 90°$ gilt: $a^2 + b^2 = c^2$

	Formel	Dreieck
Innenwinkelsatz	$\alpha + \beta + \gamma = 180°$	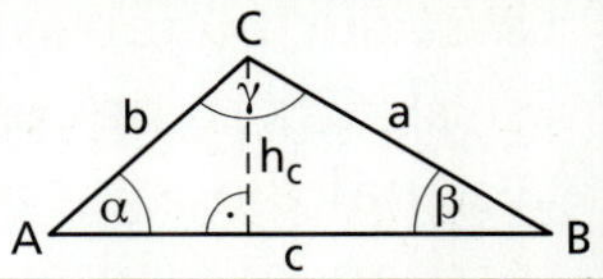
Umfang	$u = a + b + c$	
Flächeninhalt	$A = \frac{1}{2} \cdot c \cdot h_c$	

Wenn für die Seitenlängen eines Dreiecks die Gleichung $a^2 + b^2 = c^2$ gilt, dann ist das Dreieck rechtwinklig mit $\gamma = 90°$.

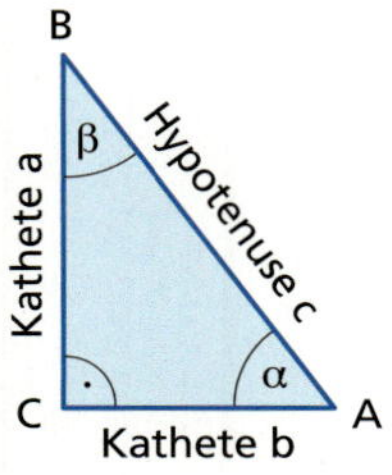

Beispiel

Berechne vom rechtwinkligen Dreieck ABC mit $\gamma = 90°$, $\overline{BC} = 2$ m und $\overline{AC} = 5$ m die Länge der Seite $\overline{AB}$, den Umfang u und den Flächeninhalt A.

Gesucht: c, u (m); A (m²) *Gegeben:* $a = 2$ m, $b = 5$ m

Lösung: $c^2 = a^2 + b^2 \;\rightarrow\; c = \sqrt{a^2 + b^2} \;\rightarrow\; c = \sqrt{4\text{ m}^2 + 25\text{ m}^2} \approx 5{,}4$ m

$u = a + b + c \;\rightarrow\; u \approx 12{,}4$ m $\qquad A = \frac{1}{2} \cdot a \cdot b \;\rightarrow\; A = 5\text{ m}^2$

Aufgaben

1 Gib alle Innenwinkelgrößen im Dreieck ABC an. Entscheide, welche Dreiecksart vorliegt. Unterscheide sowohl nach Seiten als auch nach Winkeln.

a) Rechtwinkliges Dreieck ABC mit $\beta = 65°$
b) Dreieck ABC mit $\gamma = 150°$ und $\alpha = 10°$
c) Dreieck mit $\alpha = 80°$ und $\beta = 45°$
d) Gleichseitiges Dreieck ABC
e) Gleichschenkliges Dreieck ABC mit $\gamma = 74°$

2 Zeige, dass folgende Aussagen wahr sind:
a) Rechtwinklige Dreiecke können nicht gleichseitig sein.
b) Jedes rechtwinklige Dreieck hat zwei spitze Innenwinkel.
c) In einem Dreieck mit $\gamma = 90°$ gilt $\alpha + \beta = 90°$.
d) Es gibt keine stumpfwinkligen Dreiecke, die gleichseitig sind.

3 Übertrage die Figuren in dein Heft und zeichne Hilfslinien so ein, dass Dreiecke entstehen. Kennzeichne in jedem Dreieck eine Seite und die zugehörige Höhe.

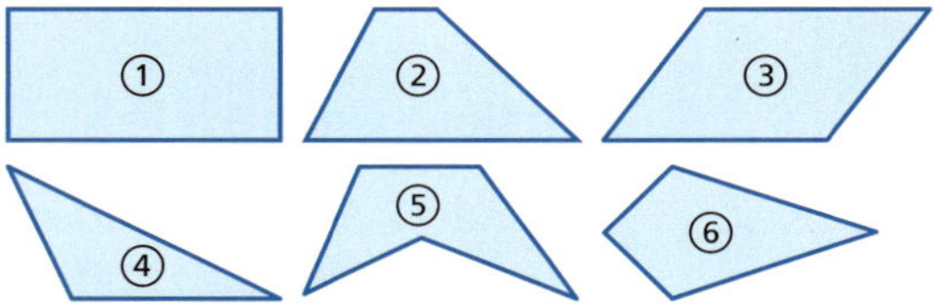

4 Berechne, wie lang die fehlende Seite im rechtwinkligen Dreieck ABC mit $\gamma = 90°$ ist.
a) $a = 22{,}3$ cm, $b = 15{,}5$ cm
b) $b = 15$ mm, $c = 15$ cm
c) $a = b = 12{,}7$ dm
d) $a = 43$ cm, $c = 9{,}9$ dm

5 Berechne sowohl den Umfang als auch den Flächeninhalt von jedem Dreieck aus Aufgabe 4.

6 Untersuche, ob das Dreieck ABC rechtwinklig ist. Erläutere dein Vorgehen.
a) $a = 5$ cm, $b = 7$ cm, $c = 9$ cm
b) $a = 16$ mm, $b = 12$ mm, $c = 20$ mm

7 Zeichne das Dreieck ABC mit A(9; 1), B(1; 7) und C(1; 1) in ein rechtwinkliges Koordinatensystem.
a) Miss und berechne die Länge der Seite $\overline{AB}$.
b) Ermittle die Größen der drei Innenwinkel durch Messen.

8 a) Berechne vom Dreieck HKL die Länge der Seite $\overline{HL}$.
b) Konstruiere das Dreieck nur mit den gegebenen Stücken.

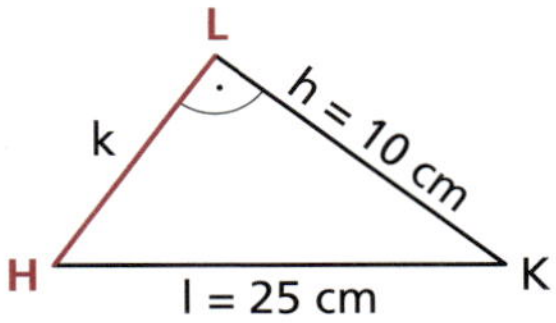

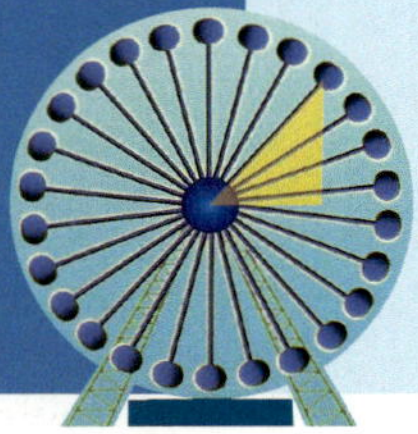

Den Sinus eines Winkels untersuchen

Der mobile Kran kann seinen Ausleger bis zu 30 m ausfahren. Er hat eine maximale Traglast von 20 t.

Erläutere, von welchen Größen seine maximale Hubhöhe abhängt.

$c^2 = a^2 + b^2$
mit $\gamma = 90°$
$\alpha + \beta + \gamma = 180°$

Bei Berechnungen an rechtwinkligen Dreiecken kannst du den **Satz des Pythagoras** und den **Satz über die Innenwinkelsumme** nutzen.
Für rechtwinklige Dreiecke legen die *Kathete, die einem Innenwinkel gegenüberliegt, und die Hypotenuse* einen weiteren Zusammenhang fest.

Der Sinus eines Winkels

Im Dreieck ABC liegt die Seite $a = \overline{BC}$ dem Winkel α und die Seite $b = \overline{AC}$ dem Winkel β gegenüber.

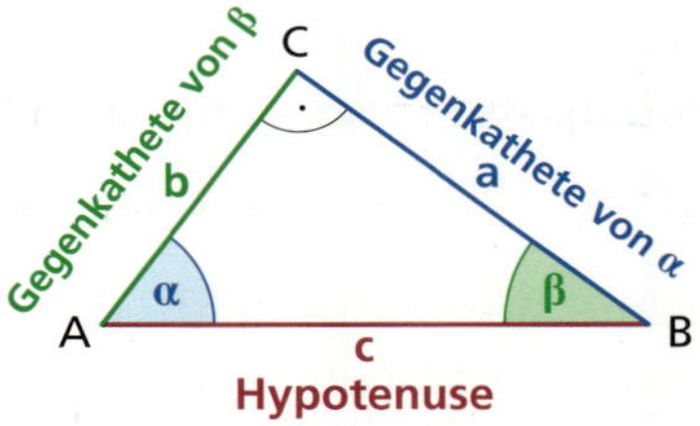

sin α
gesprochen:
sinus Alpha

In jedem rechtwinkligen Dreieck ABC ist das Verhältnis aus der Länge der Gegenkathete eines (spitzen) Winkels und der Länge der Hypotenuse gleich dem Sinuswert dieses Winkels. *Es gilt:*

$$\sin\alpha = \frac{\text{Gegenkathete von }\alpha}{\text{Hypotenuse}} = \frac{a}{c} \qquad \sin\beta = \frac{\text{Gegenkathete von }\beta}{\text{Hypotenuse}} = \frac{b}{c}$$

Somit gehört zu jedem Winkel zwischen 0° und 90° genau ein Sinuswert.

Näherungsweises Bestimmen von Sinuswerten

Ein Einheitskreis hat einen Radius von einer Längeneinheit (LE).

Du kannst den Sinuswert eines Winkels α zeichnerisch am Einheitskreis ermitteln. Zeichne dazu einen Viertelkreis im I. Quadranten eines rechtwinkligen Koordinatensystems. Trage den Winkel α mit dem Scheitelpunkt im Koordinatenursprung an die x-Achse an. Kennzeichne den Schnittpunkt des freien Schenkels von α mit dem Viertelkreis. Zeichne durch diesen Schnittpunkt eine Senkrechte zur x-Achse. Lies den Sinuswert auf der y-Achse ab.

Am Einheitskreis mit einem Radius r = 1 cm gilt:

$\sin 45° = \frac{a_1}{1} = a_1 \approx 0{,}71$ $\quad$ $\sin 55° = \frac{a_2}{1} = a_2 \approx 0{,}82$

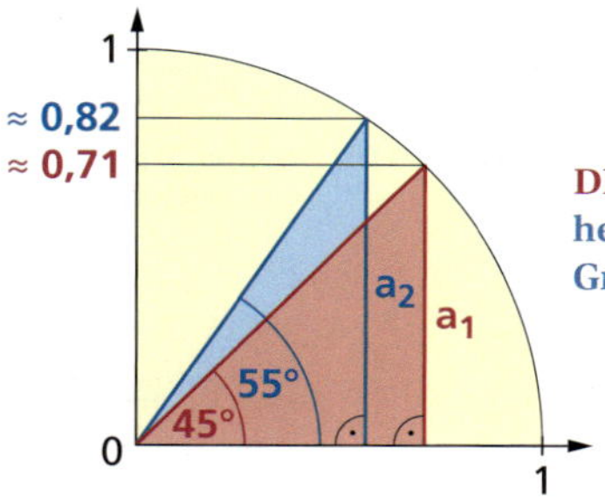

Einen genaueren Sinuswert liefern Taschenrechner. Achte darauf, dass dabei der **Winkelmodus DEG** eingestellt ist.

Tastenfolge: <sin> <45> <Enter> oder
<45> <sin> <Enter>
Anzeige: 0.7071067812
Ergebnis: 0,707 (auf drei Dezimalstellen gerundet)

DEGREE heißt Gradmaß.

Du kannst mit einem Taschenrechner auch umgekehrt einen Winkel von 0° bis 90° berechnen, der zu einem Sinuswert gehört:

Tastenfolge: <Shift> <sin> <0.82> <Enter> oder
<0.82> <Shift> <sin> <Enter>
Anzeige: 55.08479375
Ergebnis: 55,1° (auf eine Dezimalstelle gerundet)

Manche Taschenrechner haben statt der Taste <Shift> die Taste <2nd> und statt der Taste <ENTER> die Taste <=>.

Ausgewählte Sinuswerte:

$\sin 0° = 0$
$\sin 30° = 0{,}5$
$\sin 90° = 1$

Die Sinuswerte von Winkeln nahe 0° sind fast 0.
Die Sinuswerte von Winkeln nahe 90° sind fast 1.

Bestimmungsstücke von Dreiecken berechnen

Kennzeichne gesuchte und gegebene Größen immer in einer Planfigur.

Beispiele

Berechne vom rechtwinkligen Dreieck ABC mit $\overline{AB} = 12$ cm und $\alpha = 30°$ die Länge der Seite $\overline{BC}$.

Gesucht: a (cm)
Gegeben: c = 12 cm, $\alpha = 30°$
Lösung: $\sin \alpha = \frac{a}{c} \quad | \cdot c$
$a = c \cdot \sin \alpha$
$a = 12\text{ cm} \cdot 0{,}5 = 6\text{ cm}$

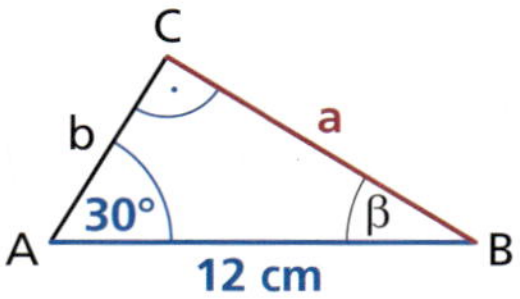

Berechne die Größen der beiden fehlenden Innenwinkel des rechtwinkligen Dreiecks ABC mit $\overline{AC} = 4{,}5$ cm und $\overline{AB} = 10{,}6$ cm.

Gesucht: α, β (Grad)
Gegeben: b = 4,5 cm, c = 10,6 cm
Lösung: $\sin \beta = \frac{b}{c} = \frac{4{,}5\text{ cm}}{10{,}6\text{ cm}} \approx 0{,}42453 \quad | \sin^{-1}$
$\beta = 25{,}1°$
$\alpha + \beta = 90° \quad | -\beta$
$\alpha = 90° - \beta \rightarrow \alpha = 90° - 25{,}1° = 64{,}9°$

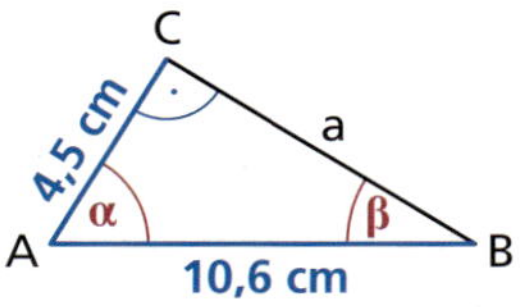

***Tipp:* Nutze den TR.**

Aufgaben

1 Ermittle die Sinuswerte und Winkelgrößen. Runde jeweils auf vier Dezimalstellen. Vergleiche die Ergebnisse. Formuliere einen Zusammenhang.

a) $\sin 5°$; $\sin 175°$
b) $\sin 20°$; $\sin 160°$
c) $\sin 35°$; $\sin 145°$
d) $\sin 58°$; $\sin 122°$
e) $\sin \alpha = 0{,}5446$; $\sin 147°$
f) $\sin \alpha = 0{,}8290$; $\sin 124°$
g) $\sin \alpha = 0{,}9848$; $\sin 100°$
h) $\sin \alpha = 0{,}9962$; $\sin 105°$

2 Ermittle am Einheitskreis einen Näherungswert für $\sin \alpha$ zeichnerisch. Verwende immer Millimeterpapier.

a) $\alpha = 45°$ b) $\alpha = 30°$ c) $\alpha = 60°$ d) $\alpha = 77°$ e) $\alpha = 120°$

3 Ermittle am Einheitskreis einen Näherungswert für den Winkel α zeichnerisch. Verwende immer Millimeterpapier.

a) $\sin \alpha = 0{,}9205$ b) $\sin \alpha = 0{,}3746$ c) $\sin \alpha = 0{,}6691$

4 Gegeben sind drei rechtwinklige Dreiecke ①, ② und ③.

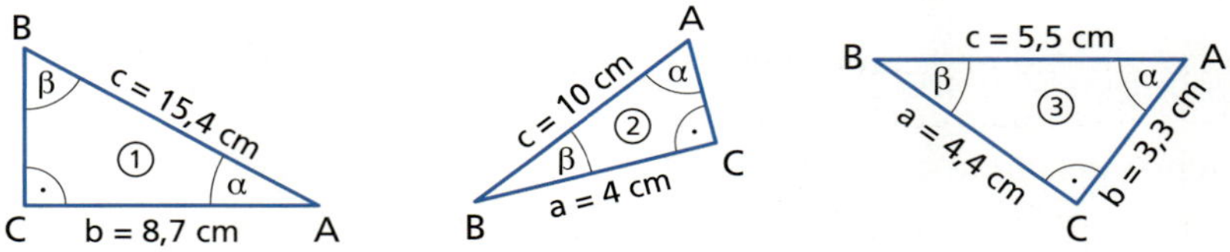

a) Berechne, wie groß α und β jeweils sind.
b) Konstruiere jedes Dreieck. Überprüfe deine Ergebnisse durch Messen.

5 a) Überprüfe mit deinem Taschenrechner.

(1) $\sin 0° = \frac{1}{2} \cdot \sqrt{0}$ (2) $\sin 30° = \frac{1}{2} \cdot \sqrt{1}$ (3) $\sin 90° = \frac{1}{2} \cdot \sqrt{4}$

b) Gib einen spitzen Winkel an, dessen Sinuswert $\frac{1}{2} \cdot \sqrt{2}$ beträgt.
c) Gib eine natürliche Zahl n an, für die $\sin 60° = \frac{1}{2} \cdot \sqrt{n}$ wahr ist.

6 Konstruiere das Dreieck ABC mit $\overline{AB} = 25$ cm und $\sphericalangle BCA = 90°$ für:

(1) $a = 15$ cm (2) $a = 1$ dm (3) $b = 50$ mm
(4) $b = 7$ cm (5) $\alpha = 60°$ (6) $\beta = 65°$
(7) $\alpha = 55°$ (8) $\beta = 20°$ (9) $\beta = 45°$

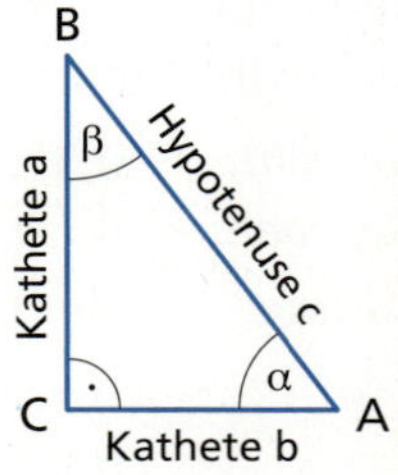

a) Berechne jeweils die fehlenden Seitenlängen und Winkelgrößen.
b) Berechne von jedem Dreieck den Umfang und den Flächeninhalt.

7 Gegeben ist ein Dreieck XYZ mit $\sphericalangle YZX = 90°$, $\overline{XY} = 12{,}5$ cm, $\overline{YZ} = 3{,}8$ cm.
a) Berechne sowohl die Länge der Seite $\overline{XZ}$ als auch die Größen der beiden fehlenden Innenwinkel.
b) Berechne den Umfang als und den Flächeninhalt des Dreiecks.
c) Konstruiere das Dreieck (nur) aus den gegebenen Stücken. Vergleiche die Länge der Seite $\overline{XZ}$ und die Größen der beiden spitzen Innenwinkel und vergleiche mit den errechneten Werten.

8 Übertrage die Tabelle ins Heft und fülle sie für das Dreieck ABC aus.

	(1)	(2)	(3)	(4)
a	3 cm	2,5 cm	4 dm	
b			3 dm	
c		7,5 cm		10 m
α	35°			
β				$\frac{1}{3}\gamma$
u				
A				

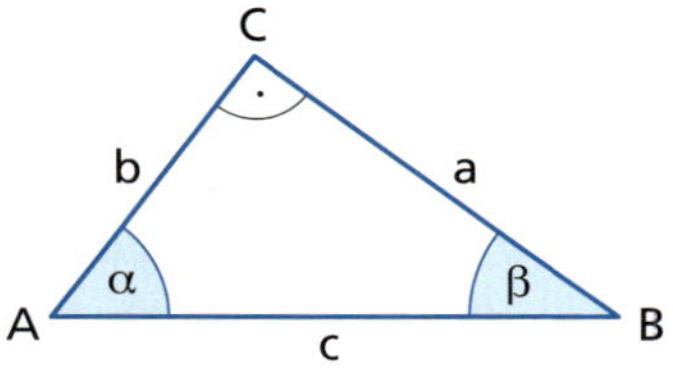

9 Entscheide und begründe, welche Dreiecksart bei den vier Dreiecken in Aufgabe 8 jeweils vorliegt.

10 Ein Drachenviereck ABCD hat die Seitenlängen $\overline{AB} = 7{,}3$ cm und $\overline{AD} = 4$ cm.
a) Berechne die Seitenlängen und die Größe der Innenwinkel der Teildreiecke △ ABM, △ MBC, △ AMD und △ DMC.
b) Berechne den Flächeninhalt des Drachenvierecks.
c) Berechne den Umfang des Drachenvierecks.

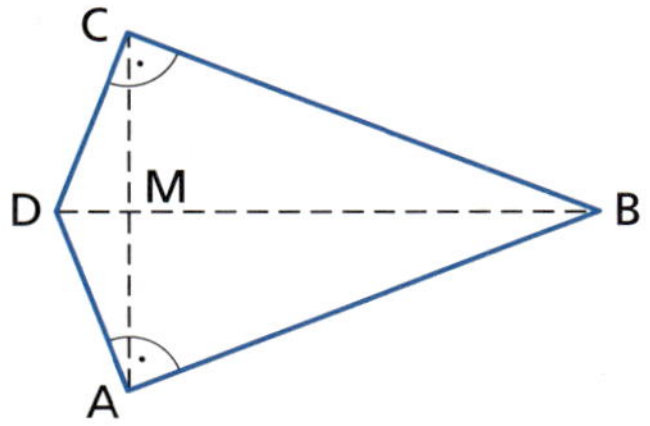

11 a) Begründe, warum es keine Dreiecke geben kann, die einen Innenwinkel von 0° bzw. einen Innenwinkel von 180° haben.
b) Erläutere, warum $\sin 0° = 0$ und $\sin 180° = 0$ sinnvolle Festlegungen sind.

Nachgefragt

1 Entscheide und begründe, wie groß die Innenwinkel eines gleichschenklig-rechtwinkligen Dreiecks sind.
2 Berechne, wie lang die Diagonalen in einem Quadrat mit einer Seitenlänge von 4,5 cm sind.
3 Erläutere den Satz des Pythagoras und seine Umkehrung an einem Beispiel.

Den Kosinus und den Tangens eines Winkels untersuchen

Beide Schatten enden an der gleichen Stelle.

Wie hoch ist der Baum?

Baum:
Schattenlänge = 6,80 m

Sonnenschirm:
Schattenlänge = 2,20 m
Höhe = 2,20 m

Für rechtwinklige Dreiecke wird, ähnlich wie beim Sinus eines Winkels, durch *die Kathete an einem (spitzen) Innenwinkel und durch die Hypotenuse* ein weiterer Zusammenhang festgelegt.

Der Kosinus eines Winkels

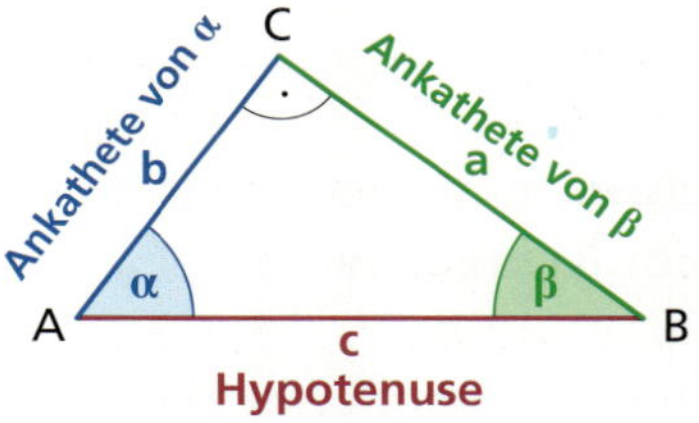

Im Dreieck ABC liegt die Seite $a = \overline{BC}$ am Winkel β und die Seite $b = \overline{AC}$ am Winkel α.

cos α gesprochen: kosinus Alpha

In jedem rechtwinkligen Dreieck ABC ist das Verhältnis aus der Länge der Ankathete eines (spitzen) Winkels und der Länge der Hypotenuse gleich dem Kosinuswert dieses Winkels. *Es gilt:*

$$\cos\alpha = \frac{\text{Ankathete von }\alpha}{\text{Hypotenuse}} = \frac{b}{c} \qquad \cos\beta = \frac{\text{Ankathete von }\beta}{\text{Hypotenuse}} = \frac{a}{c}$$

Somit gehört zu jedem Winkel zwischen 0° und 90° auch genau ein Kosinuswert, den du am Einheitskreis ablesen und mit dem Taschenrechner näherungsweise berechnen kannst. Bei Winkeleingaben im Gradmaß muss dabei wieder der **Winkelmodus DEG** eingestellt sein.

Ausgewählte Kosinuswerte:

cos 0° = 1
cos 60° = 0,5
cos 90° = 0

Beispiel

Berechne cos 55°.

Tastenfolge:	<cos> <55> <Enter> oder <55> <cos> <Enter>
Anzeige:	0.5735764364
Ergebnis:	0,574 (auf drei Dezimalstellen gerundet)

Auch durch die *beiden Katheten* eines rechtwinkligen Dreiecks wird ein Zusammenhang festgelegt.

Der Tangens eines Winkels

In jedem rechtwinkligen Dreieck ABC ist das Verhältnis aus der Länge der Gegenkathete eines (spitzen) Winkels und der Länge der Ankathete gleich dem Tangenswert dieses Winkels. *Es gilt:*

$\tan\alpha = \frac{\text{Gegenkathete von }\alpha}{\text{Ankathete von }\alpha} = \frac{a}{b}$ $\tan\beta = \frac{\text{Gegenkathete von }\beta}{\text{Ankathete von }\beta} = \frac{b}{a}$

tan α gesprochen: tangens Alpha

Bestimmungsstücke von Dreiecken berechnen

Prüfe an einer Planfigur, ob du mit dem Kosinus- oder mit dem Tangenswert eines Winkels zum Ziel gelangst.

Beispiel

Berechne vom rechtwinkligen Dreieck ABC mit $\overline{AB} = 9{,}8$ cm und $\overline{BC} = 5{,}2$ cm die Größe des Winkels β.

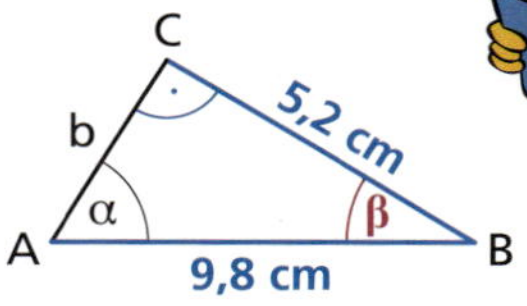

Gesucht: β (Grad)

Gegeben: c = 9,8 cm, a = 5,2 cm

Lösung: $\cos\beta = \frac{a}{c} = \frac{5{,}2\text{ cm}}{9{,}8\text{ cm}} \approx 0{,}53061 \quad \rightarrow \quad \beta \approx 58°$

Hinweis: Zur Kontrolle kannst du das Dreieck ABC mit dem rechten Winkel bei C unter Beachtung des Kongruenzsatzes SsW konstruieren und dann die Größe des Winkels β messen.

Beispiel

Berechne vom rechtwinkligen Dreieck ABC mit α = 47° und $\overline{BC} = 7$ cm die Länge der Seite $\overline{AC}$.

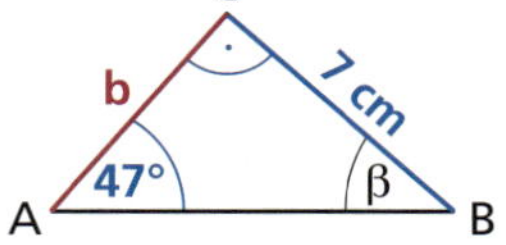

Gesucht: b (cm)

Gegeben: α = 47°, a = 7 cm

Lösung:

$\tan\alpha = \frac{a}{b} \qquad |\cdot b$

$b \cdot \tan\alpha = a \qquad |:\tan\alpha$

$b = \frac{a}{\tan\alpha} \approx \frac{7\text{ cm}}{1{,}0724} \quad \rightarrow \quad b \approx 6{,}5\text{ cm}$

Hinweis: Zur Kontrolle kannst du das Dreieck ABC unter Beachtung des Kongruenzsatzes wsw konstruieren und dann die Länge der Seite b messen.

Aufgaben

1 Ermittle die Kosinuswerte und Winkelgrößen. Runde jeweils auf vier Dezimalstellen. Vergleiche die Ergebnisse. Formuliere einen Zusammenhang.

a) $\cos 10°$; $\cos 170°$ b) $\cos 25°$; $\cos 155°$ c) $\cos 40°$; $\cos 140°$ d) $\cos 86°$; $\cos 94°$
e) $\cos\alpha = 0{,}8090$; $\cos 144°$ f) $\cos\alpha = 0{,}4695$; $\cos 118°$ g) $\cos\alpha = 0{,}6428$; $\cos 130°$ h) $\cos\alpha = 0{,}2588$; $\cos 105°$

2 Ermittle die Tangenswerte und Winkelgrößen.
Runde dann auf zwei Dezimalstellen.

a) $\tan 12°$ b) $\tan 85°$ c) $\tan 17{,}5°$ d) $\tan 16{,}4°$
e) $\tan\alpha = 1$ f) $\tan\alpha = 3{,}4874$ g) $\tan\alpha = 11{,}438$ h) $\tan\alpha = 19{,}081$

3 Vergleiche die Kosinus- und die Sinuswerte von 0°, 90° und 180° miteinander und formuliere einen Zusammenhang.

4 a) Überprüfe mit einem Taschenrechner.
(1) $\cos 0° = \frac{1}{2} \cdot \sqrt{4}$ (2) $\cos 30° = \frac{1}{2} \cdot \sqrt{3}$ (3) $\cos 45° = \frac{1}{2} \cdot \sqrt{2}$
b) Gib einen spitzen Winkel an, dessen Kosinuswert $\frac{1}{2}$ beträgt.
c) Gib eine natürliche Zahl n an, für die $\cos 60° = \frac{1}{2} \cdot \sqrt{n}$ wahr ist.

5 Gegeben sind die Dreiecke ①, ② und ③.
a) Berechne jeweils die Winkel α und β mit der Kosinusbeziehung zur anliegenden Seite.
b) Berechne jeweils die fehlende Seitenlänge mit der Kosinusbeziehung zum anliegenden Winkel.
c) Kontrolliere deine Ergebnisse. Verwende dazu den Innenwinkelsatz und den Satz des Pythagoras.

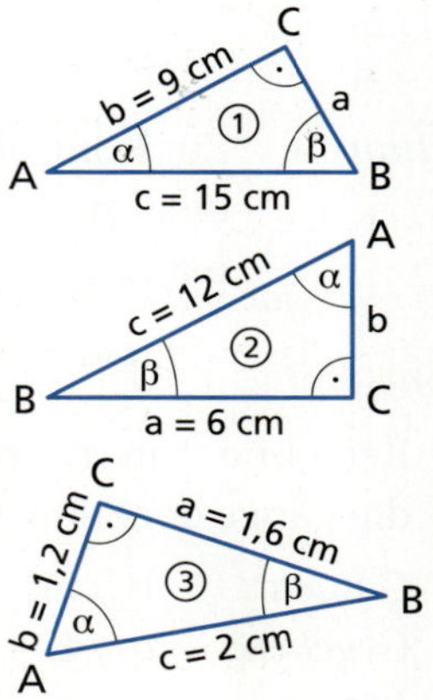

6 Berechne die Winkelgrößen α und β.

a)
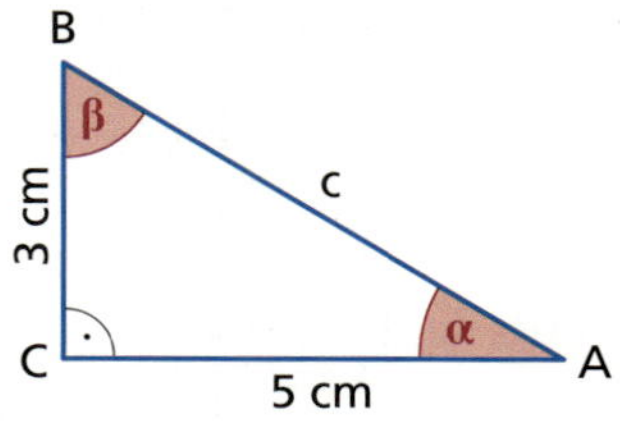

b)
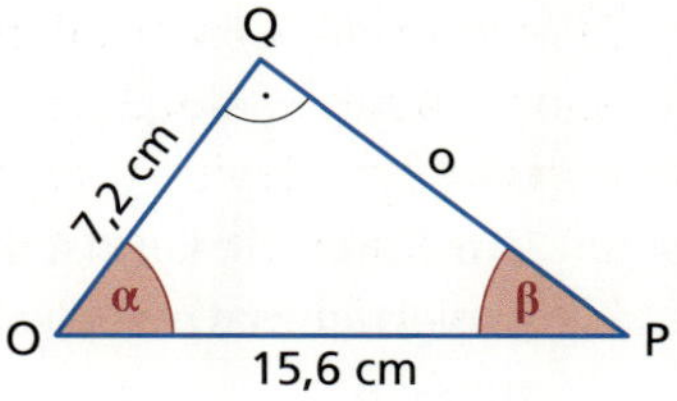

7 Auf Seite 41 in diesem Buch steht eine Eselsbrücke für die Berechnung vom Sinus, Kosinus und Tangens eines Winkels im rechtwinkligen Dreieck.
Erläutere die Eselsbrücke an nebenstehender Tabelle.

Eselsbrücke		
Gustav	alte	gackern
Hausers	Hennen	abends.

SIN	COS	TAN
Gegenkathete	Ankathete	Gegenkathete
Hypotenuse	Hypotensuse	Ankathete

8 Berechne die fehlenden Seitenlängen des Dreiecks ABC. Kontrolliere deine Ergebnisse.

a) $a = 2$ cm, $\alpha = 35°$

b) $b = 4$ m, $\alpha = 40°$

c) $b = 10$ dm, $\beta = 60°$

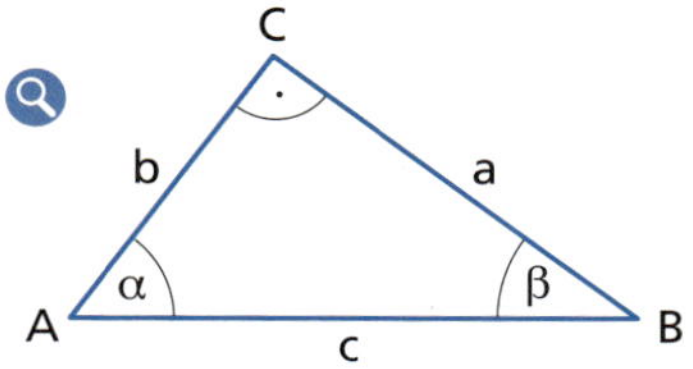

9 Berechne die fehlenden Innenwinkelgrößen des Dreiecks ABC. Kontrolliere deine Ergebnisse.

a) $a = 2$ cm, $b = 5$ cm

b) $a = 4$ cm, $c = 9$ cm

c) $b = 2{,}5$ cm, $c = 7{,}9$ cm

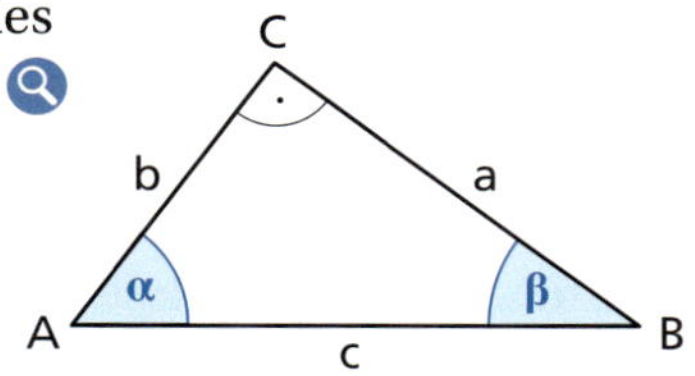

10 Von einem rechtwinkligen Dreieck HKL mit dem rechten Winkel bei K sind die Seitenlängen $\overline{HL} = 8{,}7$ cm und $\overline{KL} = 4{,}2$ cm bekannt.

a) Berechne die Größen der beiden fehlenden Innenwinkel.

b) Konstruiere das Dreieck, miss die Innenwinkel und vergleiche die Messergebnisse mit den berechneten Werten.

11 Der Pkw wird nach einem Unfall über eine Rampe auf einen Lkw verladen.

a) Berechne den Neigungswinkel α.

b) Berechne die Länge der Rampe.

c) Überprüfe deine Ergebnisse durch eine maßstäbliche Konstruktion.

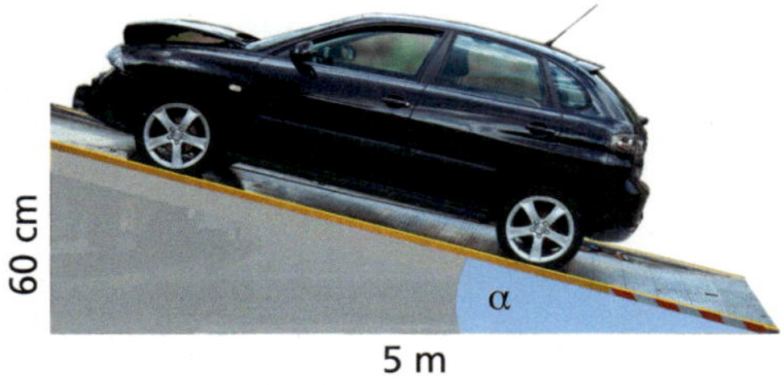

12 Der Schatten eines 1,80 m großen Skiläufers hat eine Länge von 2,70 m.

a) Berechne, in welchem Winkel die Sonnenstrahlen auf die Ebene treffen.

b) Berechne die Höhe des Seilbahnmastes, wenn dieser einen Schatten mit einer Länge von 15 m wirft.

Berechnungen an geometrischen Figuren

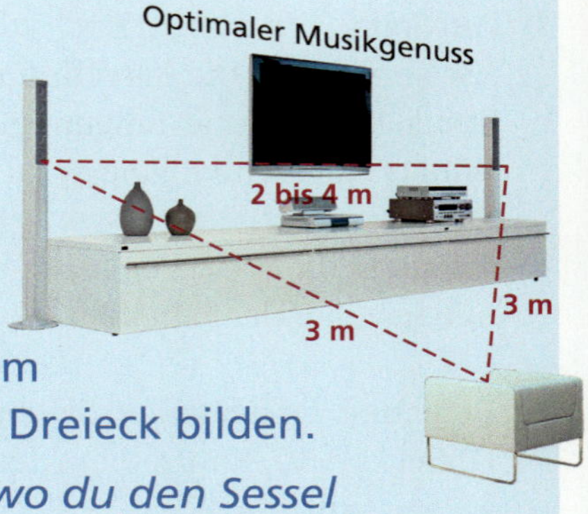

Die Lautsprecher einer Stereoanlage sollten mit dem Hörer ein gleichschenkliges Dreieck bilden.

Entscheide und begründe, wo du den Sessel hinstellen würdest.

Schreibe bei Berechnungen an geometrischen Figuren Zusammenhänge zwischen Größen auf. Erzeuge in Planfiguren mit Hilfslinien rechtwinklige Dreiecke. Nutze bekannte Formeln.

$a^2 + b^2 = c^2$

$\alpha + \beta + \alpha = 180°$

$\sin\alpha = \frac{GK}{Hyp}$

$\cos\alpha = \frac{AK}{Hyp}$

$\tan\alpha = \frac{GK}{AK}$

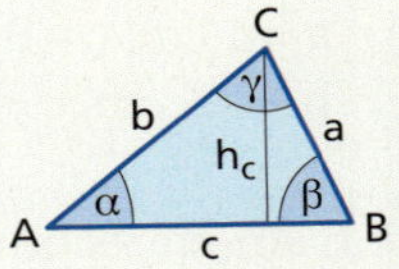

Beispiel

Berechne die Höhe zur Basis c, die Innenwinkelgrößen, den Umfang und den Flächeninhalt vom Dreieck ABC.

Gesucht: h, u (cm); α, β, γ (Grad); A (cm^2)

Gegeben: a = 16 cm, c = 20 cm

Planfigur:

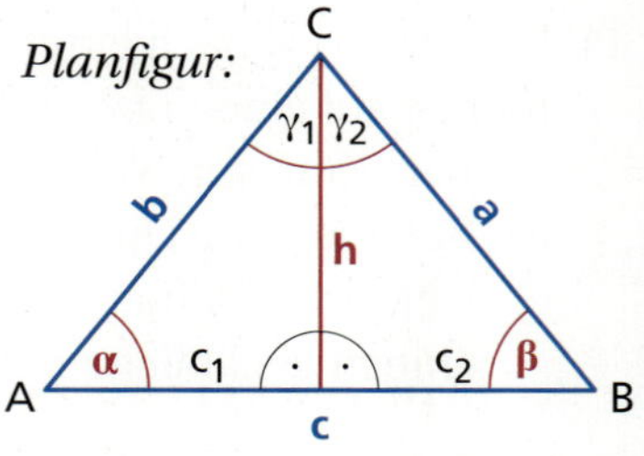

$\gamma_1 = \gamma_2$ $\alpha = \beta$
$c_1 = c_2$ $a = b$

Lösung:

$c_1 = c_2 = 10$ cm

$b^2 = h^2 + c_1^2 \rightarrow h^2 = b^2 - c_1^2$

$h = \sqrt{b^2 - c_1^2} \rightarrow h = \sqrt{356\ cm^2} \approx 12{,}5$ cm

$\cos\alpha = \frac{c_1}{b} \rightarrow \cos\alpha = \frac{10\ cm}{16\ cm} = 0{,}625$

$\alpha = 51{,}3°$, $\beta = 51{,}3°$

$\alpha + \beta + \gamma = 180° \rightarrow \gamma = 180° - (\alpha + \beta) = 180° - 102{,}6° = 77{,}4°$

$u = a + b + c \rightarrow u = 16\ cm + 16\ cm + 20\ cm = 52\ cm$

$A = \frac{1}{2} \cdot c \cdot h \rightarrow A = \frac{1}{2} \cdot 20\ cm \cdot 12{,}5\ cm = 125\ cm^2$

Aufgaben

1 Markiere in einer Planfigur die Bestimmungsstücke des gleichschenkligen Dreiecks ABC mit $\overline{AB} = c$ als Basis.

Dreieck ABC	(1)	(2)	(3)	(4)	(5)
Bedingung	$\overline{BC} = 10{,}2$ cm	$\overline{BC} = 3{,}3$ cm	$\overline{BC} = 6{,}8$ cm	$\overline{AB} = 24{,}6$ cm	$\sphericalangle$ ACB = 60°
	$\sphericalangle$ BAC = 36°	$\sphericalangle$ ACB = 36°	$\overline{AB} = 7{,}5$ cm	$h_c = 12{,}3$ cm	$h_c = 5$ cm

a) Berechne die fehlenden Seitenlängen, die fehlenden Winkelgrößen und (wenn nicht gegeben) die Höhe h_c.

b) Berechne den Umfang und den Flächeninhalt des Dreiecks ABC.

2 a) Konstruiere die Dreiecke (1) bis (5) aus Aufgabe 1.

b) Miss die Seitenlängen, die Innenwinkelgrößen und die Länge der Höhe h_c in jedem konstruierten Dreieck.

c) Vergleiche die Messwerte mit den errechneten Werten.

3 Beim abgebildeten Drachenviereck ist die Diagonale e mit einer Länge von 10,8 cm dreimal so lang wie die Diagonale f. Berechne folgende Größen:

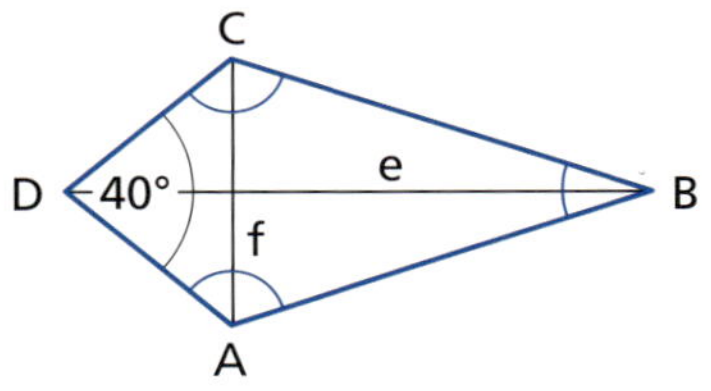

a) die Diagonalenlänge f,

b) die Seitenlängen,

c) die Größe aller Innenwinkel,

d) den Flächeninhalt und den Umfang.

4 Die Diagonalen eines Rechtecks schneiden einander unter einem Winkel von 60°. Jede der Diagonalen ist 20 cm lang. Berechne die Seitenlängen und den Flächeninhalt des Rechtecks.

5 Die Abbildung zeigt einen Würfel mit einer Kantenlänge von 5 cm. Berechne die Größe des Winkels α, den die Raumdiagonale mit der Flächendiagonale der Grundfläche des Würfels bildet.

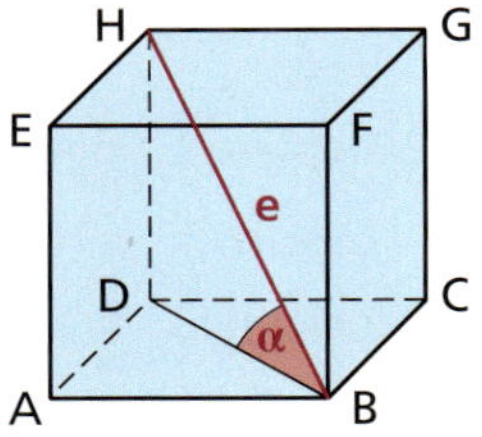

Nachgefragt

1 Erläutere den Innenwinkelsatz für Vierecke.

2 a) Skizziere die Raumdiagonale in einem Würfel mit einer Kantenlänge von 10 cm.

b) Berechne die Länge dieser Raumdiagonalen.

3 Prüfe mit drei selbst gewählten Winkelgrößen die Gültigkeit der Gleichung: $\tan \alpha = \frac{\sin \alpha}{\cos \alpha}$

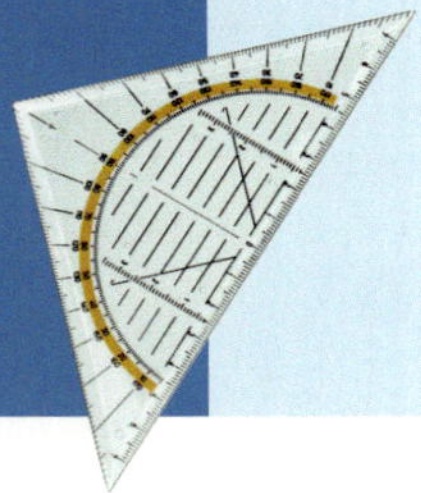

Berechnungen mit dem Sinussatz

Bei der Tangramfigur sind durch Einzeichnen von Höhen und Diagonalen rechtwinklige Dreiecke enstanden.

Prüfe und begründe, ob das bei allen Dreiecks- und Vierecksarten möglich ist.

Der Sinussatz

Bei Berechnungen an rechtwinkligen Dreiecken kannst du bekannte Zusammenhänge nutzen. Einen weiteren Zusammenhang beschreibt der **Sinussatz.**

Innenwinkelsumme im Dreieck:
$\alpha + \beta + \gamma = 180°$
Trigonometrische Beziehungen:
$\sin\alpha = \frac{a}{c}$; $\cos\alpha = \frac{b}{c}$

Sinussatz

In jedem Dreieck ist das Verhältnis zweier Seitenlängen gleich dem Verhältnis der Sinuswerte der Gegenwinkel.

Es gilt: $\frac{a}{b} = \frac{\sin\alpha}{\sin\beta}$; $\frac{b}{c} = \frac{\sin\beta}{\sin\gamma}$; $\frac{a}{c} = \frac{\sin\alpha}{\sin\gamma}$

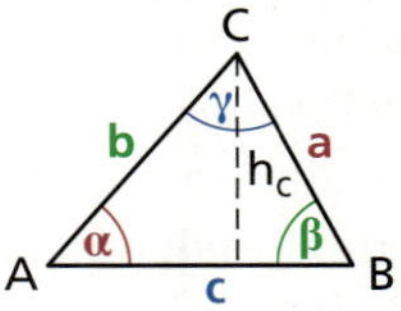

$\sin\alpha = \frac{h_c}{b}$

$h_c = \sin\alpha \cdot b$

$\sin\beta = \frac{h_c}{a}$

$h_c = \sin\beta \cdot a$

$\sin\alpha \cdot b = \sin\beta \cdot a$

Mit dem Sinussatz kannst du die Längen von Dreiecksseiten und die Größen von Innenwinkeln beliebiger Dreiecke berechnen.

Beispiele

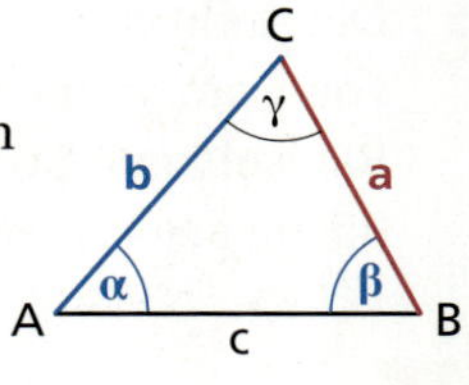

Gesucht: a (cm) *Gegeben:* $\alpha = 30°$, $\beta = 60°$, $b = 8$ cm

Lösung: $\frac{a}{b} = \frac{\sin\alpha}{\text{sind}\,\beta}$ $\quad | \cdot b$

$a = b \cdot \frac{\sin\alpha}{\text{sind}\,\beta} = 8\text{ cm} \cdot \frac{\sin 30°}{\sin 60°} \quad \rightarrow \quad a \approx 4{,}6\text{ cm}$

Gesucht: β (Grad) *Gegeben:* $\alpha = 30°$, $a = 6$ cm, $b = 8$ cm

Lösung: $\frac{\sin\beta}{\sin\alpha} = \frac{b}{a}$ $\quad | \cdot \sin\alpha$

$\sin\beta = \sin\alpha \cdot \frac{b}{a} = \sin 30° \cdot \frac{8\text{ cm}}{6\text{ cm}} = 0{,}\overline{6}$

$\rightarrow \beta_1 = 41{,}8°$ und $\beta_2 = 138{,}2°$

Beachte:
$\sin(180° - \alpha) = \sin\alpha$

Aufgaben

1 Bestimme alle fehlenden Stücke der Dreiecke ABC.

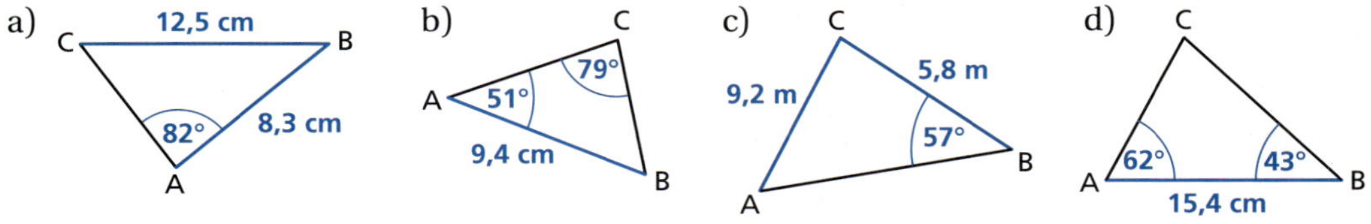

2 Berechne die fehlenden Seitenlängen und Winkelgrößen des Dreiecks ABC. Verwende den Innenwinkelsatz für Dreiecke und den Sinussatz.

a) $a = 5{,}6$ cm, $\beta = 84°$, $\alpha = 70°$ b) $a = 4{,}0$ cm, $\beta = 42°$, $\alpha = 104°$

c) $c = 121{,}56$ m, $\gamma = 101{,}25°$, $\beta = 13{,}47°$ d) $b = 2{,}389$ km, $\beta = 68°$, $\alpha = 39°$

3 Übertrage die Tabelle in dein Heft und fülle sie aus. Konstruiere dann das Dreieck und miss die Seitenlängen und Winkelgrößen.
Vergleiche deine Messwerte mit den Werten in der Tabelle.

Dreieck	a	b	c	α	β	γ
①			1,46 m	20°	75°	
②	4,0 m				43°	55°
③	44,8 cm			60°	40°	
④		8,5 cm		81,3°		54,5°

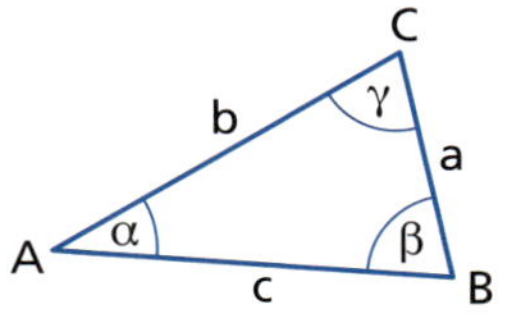

4 Zeichne das Dreieck ABC mit A(−3; 1), C(−3; 4), ∢ BAC = 63° und ∢ ACB = 95° in ein rechtwinkliges Koordinatensystem und berechne die Längen der Seiten $\overline{AB}$ und $\overline{BC}$ des Dreiecks ABC.

5 Zur Positionsbestimmung eines Schiffes wurden zwei Winkelgrößen durch Peilung ermittelt. Die Größe des dritten Winkels und der Abstand des Leuchtturmes zum Hafen wurden einer Karte entnommen. Berechne, wie weit das Schiff bei der Peilung vom Hafen entfernt war.

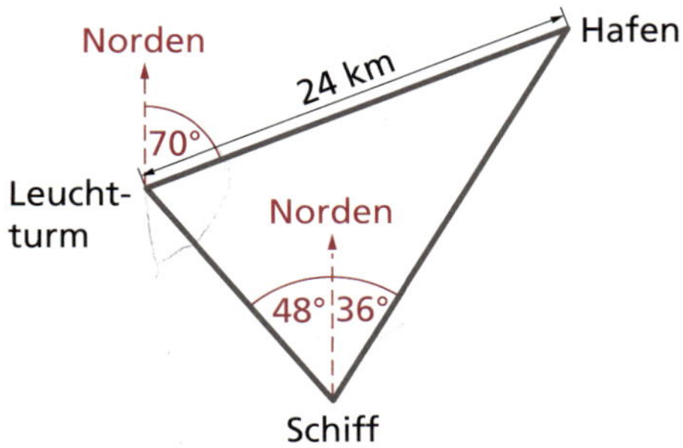

6 Die Spitze des Brückenpfeilers wird von zwei 420 m voneinander entfernten Geländepunkten A und B aus angepeilt. Die dabei gemessenen Winkel kannst du der Zeichnung entnehmen.
Berechne die Höhe des Pfeilers.

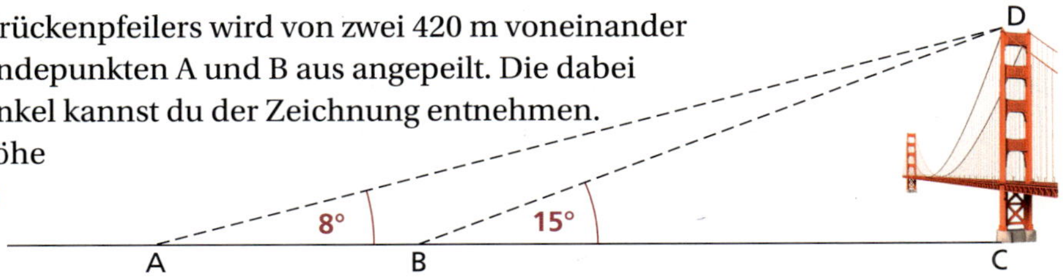

Berechnungen mit dem Kosinussatz

Beim abgebildeten Halogenseilsystem müssen die beiden Tragseile einen bestimmten Abstand voneinander haben.

Ermittle zeichnerisch, wie groß der Abstand der beiden Tragseile ist.

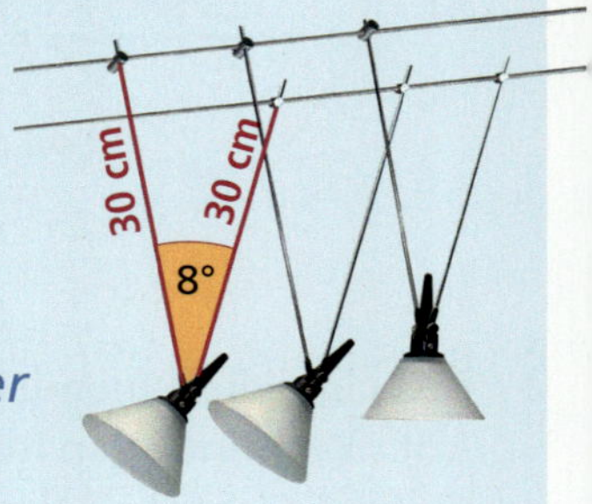

Der Kosinussatz

Bei rechtwinkligen Dreiecken kannst du den Satz des Pythagoras zum Berechnen von Seitenlängen nutzen. Für beliebige Dreiecke gilt der **Kosinussatz.**

Satz des Pythagoras:
$a^2 + b^2 = c^2$
c ist Hypotenuse im rechtwinkligen Dreieck

Kosinussatz

Für beliebige Dreiecke gilt:

$a^2 = b^2 + c^2 - 2b \cdot c \cdot \cos\alpha$

$b^2 = a^2 + c^2 - 2a \cdot c \cdot \cos\beta$

$c^2 = a^2 + b^2 - 2a \cdot b \cdot \cos\gamma$

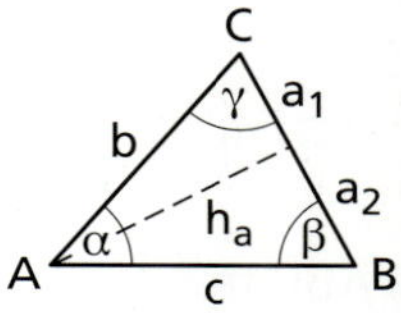

$\cos\gamma = \frac{a_1}{h_a}$

$b^2 = (h_a)^2 + (a_1)^2$

$c^2 = (h_a)^2 + (a_2)^2$

Mit dem Kosinussatz kannst du die Längen von Dreiecksseiten und die Größen von Innenwinkeln beliebiger Dreiecke berechnen.

Beispiele

Gesucht: c (cm) *Gegeben:* a = 8 cm, b = 14 cm, $\gamma = 60°$

Lösung: $c^2 = a^2 + b^2 - 2a \cdot b \cdot \cos\gamma$

$c^2 = 64\ cm^2 + 196\ cm^2 - 112\ cm^2 = 148\ cm^2$

$c \approx 12{,}2$ cm

Gesucht: γ (Grad) *Gegeben:* a = 3 cm, b = 4 cm, c = 5 cm

Lösung: $c^2 = a^2 + b^2 - 2a \cdot b \cdot \cos\gamma$

$\cos\gamma = \frac{a^2 + b^2 - c^2}{2a \cdot b} = \frac{9\ cm^2 + 16\ cm^2 - 25\ cm^2}{24\ cm^2}$

$\cos\gamma = 0 \quad \rightarrow \quad \gamma = 90°$

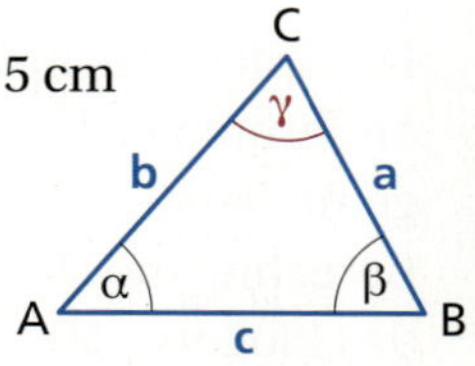

Aufgaben

1 Berechne jeweils die fehlende Seitenlänge.

a)

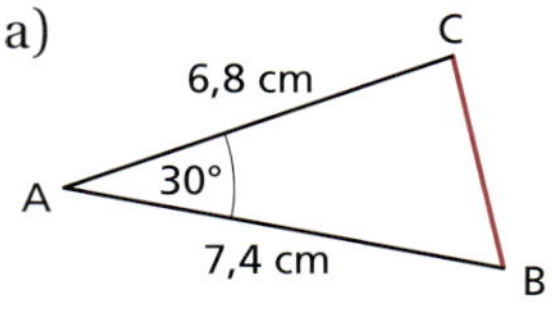

b)

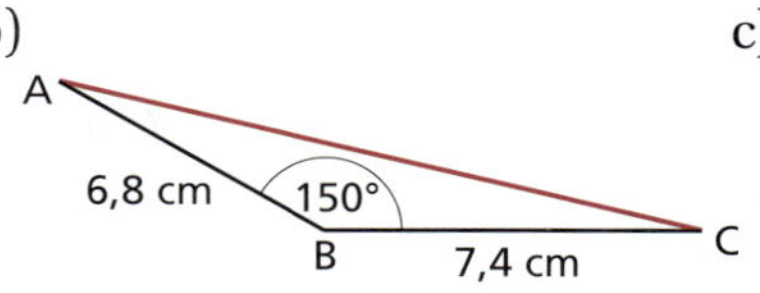

c)

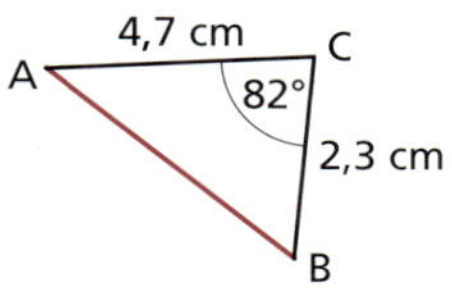

2 Berechne die fehlende Seitenlänge des Dreiecks ABC mit dem Kosinussatz.

a) $a = 6{,}1$ m, $c = 4{,}7$ m, $\beta = 63°$ b) $a = 123{,}5$ m, $b = 134{,}2$ m, $\gamma = 102{,}2°$

c) $b = 17{,}2$ m, $c = 13{,}9$ m, $\alpha = 74{,}32°$ d) $a = 245{,}9$ dm, $b = 3925$ cm, $\gamma = 47°$

3 Berechne die Größen der Innenwinkel des Dreiecks ABC.

a) $a = 5{,}38$ m, $b = 1{,}97$ m, $c = 4{,}75$ m b) $a = 27{,}2$ m, $b = 33{,}9$ m, $c = 35{,}1$ m

4 Zeichne das Dreieck ABC mit A(3; 2), B(9; 4) und C(6; 7) in ein Koordinatensystem und berechne die Seitenlängen und die Innenwinkelgrößen des Dreiecks.

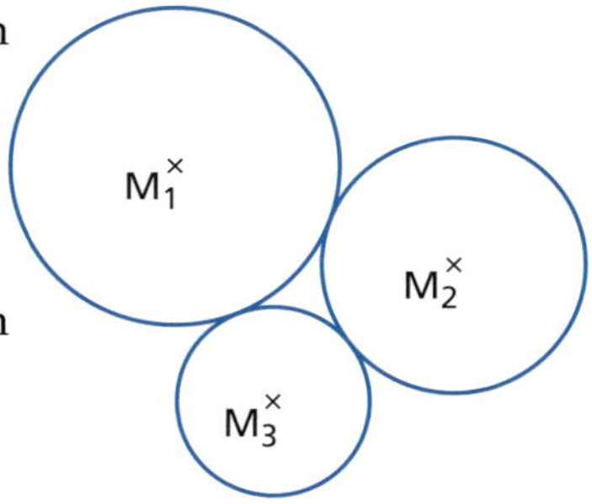

5 Von drei Kreisen berühren sich immer zwei Kreise paarweise von außen. Die Mittelpunkte der Kreise M_1, M_2 und M_3 bilden ein Dreieck. Berechne die Innenwinkel von $\triangle M_1M_2M_3$ für $r_1 = 6{,}5$ cm, $r_2 = 5{,}2$ cm und $r_3 = 3{,}8$ cm.

6 Zwei Straßen kreuzen einander unter einem Winkel von 120°. Vor der Kreuzung soll eine Querverbindung zwischen den beiden Straßen gebaut werden. Berechne, um wie viel Meter sich die Streckenlänge im Kreuzungsbereich verkürzt, wenn die beiden neuen Anschlussstellen jeweils 500 m vom bisherigen Kreuzungspunkt entfernt liegen.

7 Zwei Wohngebiete A und B sollen von einer Verteilerstation C mit Strom versorgt werden.

a) Berechne, wie weit A und B auseinanderliegen.

b) Berechne die Winkelgrößen ∢ CBA und ∢ BAC.

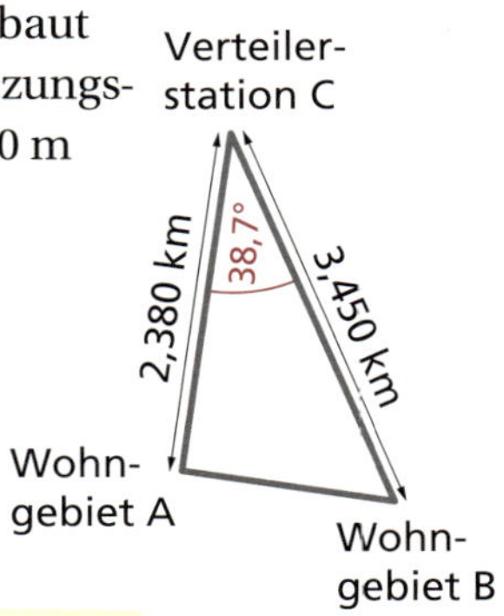

Nachgefragt

1 a) Gib alle Winkel von 0° bis 360° an, für die $\sin \alpha = 0$ gilt.
b) Gib alle Winkel von 0° bis 360° an, für die $\cos \alpha = 0$ gilt.

2 Ermittle auf vier Dezimalstellen gerundet.
a) sin 36,9° b) sin 136,9° c) cos 36,9° d) cos 136,9°

3 Erläutere den Kosinussatz für rechtwinklige Dreiecke.

Flächenberechnungen an beliebigen Dreiecken

Heronsche Formel für Dreiecke

$A = \sqrt{s(s-a)(s-b)(s-c)}$

$s = \frac{a+b+c}{2}$

Mit der heronschen Formel können Flächeninhalte von Dreiecken berechnet werden.

Erläutere die Formel an einem Dreieck mit selbst gewählten Maßen.

Ein Dreieck ist nach dem Kongruenzsatz sws eindeutig bestimmt, wenn zwei Seiten und der von diesen Seiten eingeschlossene Winkel bekannt sind. Somit ist auch der Flächeninhalt des Dreiecks eindeutig festgelegt. Für rechtwinklige Dreiecke gilt die Formel auf der Karteikarte.

$A = \frac{1}{2} a \cdot b$

a, b – Katheten

Für beliebige Dreiecke gibt es eine ähnliche Formel.

Flächeninhaltsformel für Dreiecke

Für beliebige Dreiecke gilt:

$A = \frac{1}{2}\, a \cdot b \cdot \sin\gamma = \frac{1}{2}\, b \cdot c \cdot \sin\alpha = \frac{1}{2}\, a \cdot c \cdot \sin\beta$

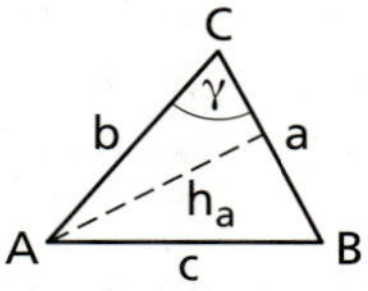

$A = \frac{1}{2} a \cdot h_a$

$h_a = b \cdot \sin\gamma$

Verwende bei dieser Formel immer zwei Seiten und den von diesen Seiten eingeschlossenen Winkel.

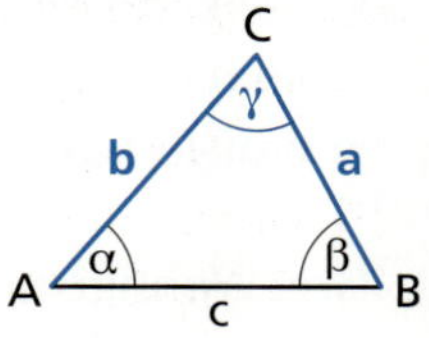

Beispiele

Gesucht: $A\,(cm^2)$

Gegeben: $a = 8$ cm, $b = 14$ cm, $\gamma = 30°$

Lösung: $A = \frac{1}{2}\, a \cdot b \cdot \sin\gamma = \frac{1}{2} \cdot 8\text{ cm} \cdot 14\text{ cm} \cdot \sin 30°$ $\quad A = 28\text{ cm}^2$

Gesucht: $A\,(cm^2)$ *Gegeben:* $\alpha = 60°$, $\beta = 40°$, $c = 10$ cm

1. Seitenlänge b berechnen

$\gamma = 180° - (\alpha + \beta) = 80°$

$\frac{b}{c} = \frac{\sin\beta}{\sin\gamma} \quad \rightarrow \quad b = \frac{\sin\beta}{\sin\gamma} \cdot c$

$b = \frac{\sin 40°}{\sin 80°} \cdot 10\text{ cm} \quad \rightarrow \quad b \approx 6{,}53\text{ cm}$

2. Flächeninhalt A berechnen

$A = \frac{1}{2} b \cdot c \cdot \sin\alpha$

$A = \frac{1}{2} \cdot 6{,}53\text{ cm} \cdot 10\text{ cm} \cdot \sin 60°$

$A \approx 28{,}28\text{ cm}^2$

Aufgaben

1 Berechne den Flächeninhalt des Dreiecks ABC.

a) $\overline{BC} = 8{,}7\ m$, $\overline{AC} = 7{,}1\ m$, $\sphericalangle BCA = 44{,}6°$
b) $\overline{BC} = 52{,}85\ m$, $\overline{AB} = 75{,}23\ m$, $\sphericalangle ABC = 56{,}91°$
c) $\overline{AB} = 1{,}385\ m$, $\overline{AC} = 171{,}8\ cm$, $\sphericalangle BCA = 74{,}32°$
d) $\overline{BC} = 5{,}38\ m$, $\overline{AC} = 1{,}97\ m$, $\overline{AB} = 4{,}75\ m$

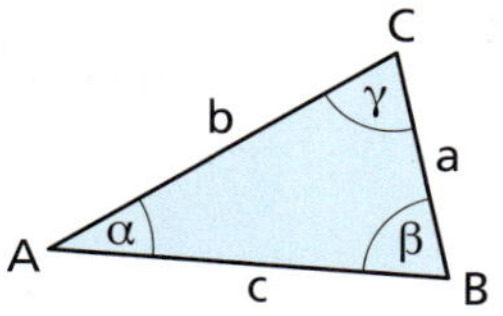

2 Übertrage die Tabelle in dein Heft und fülle sie aus.
Berechne jeweils den Flächeninhalt des Dreiecks ABC.

Dreieck	a	b	c	α	β	γ
①	35,75 m		26,48 m	93,57°		
②		4,3 cm	4,6 cm			20°
③	2,458 km	3,019 km	1,389 km			
④		4,475 km			59,3°	41,3°

3 Berechne den Flächeninhalt des Dreiecks $M_1M_2M_3$ für $r_1 = 6{,}5\ cm$, $r_2 = 5{,}2\ cm$ und $r_3 = 3{,}8\ cm$.

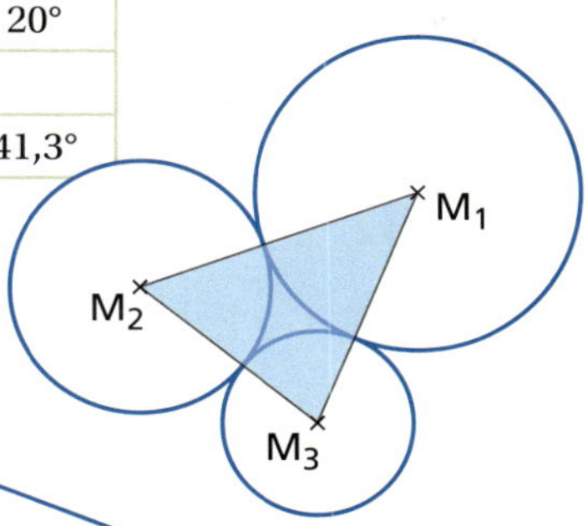

4 Vom Drachenviereck ABCD sind folgende Stücke gegeben: $\overline{AB} = 9\ cm$, $\overline{AM} = 3{,}6\ cm$
Berechne die übrigen Seitenlängen und den Flächeninhalt des Drachenvierecks.

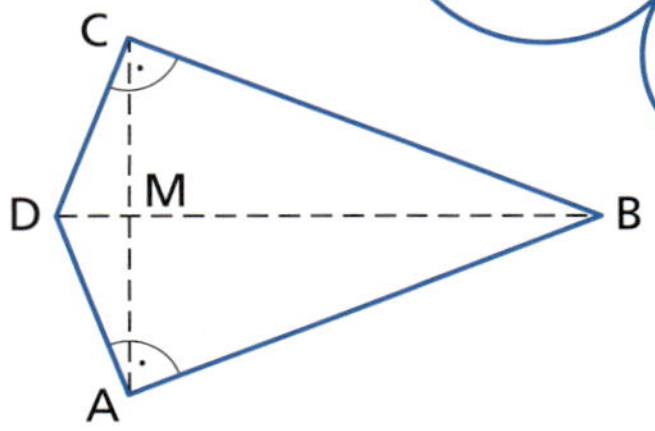

5 Die abgebildete symmetrische Figur lässt sich in ein gleichschenkliges Dreieck und einen Halbkreis zerlegen.

a) Berechne den Durchmesser des Halbkreises für $\sphericalangle BCA = 60°$.
b) Berechne den Flächeninhalt des Dreiecks für $\sphericalangle BCA = 60°$.
c) Entscheide und begründe, wie sich der Durchmesser des Halbkreises und wie sich der Flächeninhalt des Dreiecks ändern, wenn sich der $\sphericalangle BCA$ in 5°-Schritten ändert. Du kannst dazu auch eine Tabellenkalkulation nutzen.
d) Prüfe und begründe, bei welcher Größe des $\sphericalangle BCA$ der Flächeninhalt des Halbkreises und der des Dreiecks gleich groß sind.

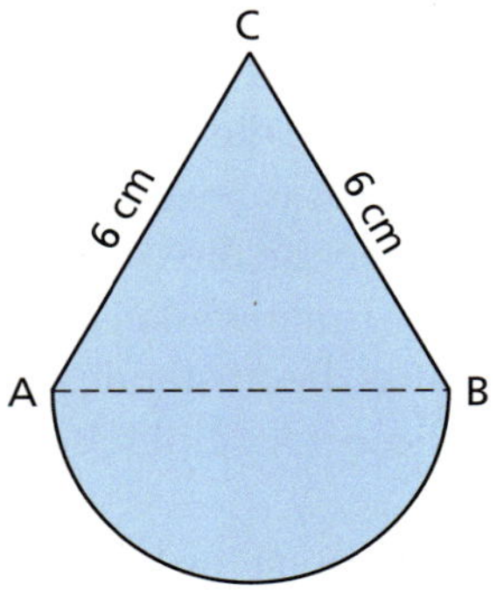

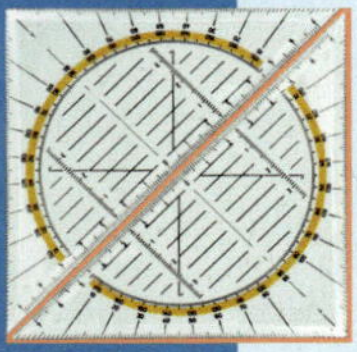

Gemischte Aufgaben

Wege und Straßen können beträchtliche Steigungen aufweisen.

Erläutere an einer Skizze, warum hier nicht nur für Rollstuhlfahrer Gefahr besteht.

1 Bei einem Parallelogramm beträgt der Sinus eines spitzen Innwinkels 0,75.
- a) Berechne die Größen aller Innenwinkel des Parallelogramms.
- b) Gib von jedem der Innenwinkel den Kosinuswert an.

2 Bei einem Dreieck ABC beträgt die Länge der Seite $\overline{AC} = 6{,}7$ cm und die Größe des Innenwinkels BAC = 60°.
- a) Berechne die Größen der anderen beiden Innenwinkel für:
  (1) $\overline{BC} = 5$ cm (2) $\overline{BC} = 5{,}8$ cm (3) $\overline{BC} = 7$ cm
- b) Interpretiere die Lösungen.
- c) Prüfe deine Ergebnisse. Konstruiere dazu das Dreieck und miss die Innenwinkel.

3 Gegeben ist das Viereck PQRS durch folgende Punkte:
P(2; 2), Q(5; 6), R(5; 2), S(8; 10)
- a) Zeichne die Punkte in ein und dasselbe Koordinatensystem.
- b) Berechne jeweils die Abstände der Punkte voneinander.
- c) Berechne die Größe der Innenwinkel im Dreieck PQR und die Größe der Innenwinkel im Dreieck PRS.
- d) Miss die Abstände der Punkte und die Winkelgrößen und vergleiche diese mit deinen Berechnungen.

4 Vier Sehnen eines Kreises bilden ein Sehnenviereck ABCD.
Der Kosinus eines Innenwinkels in diesem Viereck beträgt $\frac{12}{13}$.
- a) Schreibe alle Gesetzmäßigkeiten für Sehnenvierecke auf, die du kennst.
- b) Ermittle sowohl die Sinus- als auch die Kosinuswerte aller Innenwinkel und vergleiche diese miteinander.

5 Gegeben sind vom Viereck RSTU die Punkte R(−3; 1), T(3; 5,5), U(−3; 4), die Seite $\overline{RS}$ = 5 cm und die Diagonale $\overline{US}$ = 7 cm.

a) Zeichne das Viereck RSTU in ein Koordinatensystem.

b) Lies die Koordinaten vom Punkt S ab und gib die Länge der Seite $\overline{RU}$ an.

c) Berechne, wie lang die Seiten $\overline{ST}$ und $\overline{TU}$ sind.

d) Berechne, wie groß die Winkel SRU und RUT sind.

e) Ermittle den Flächeninhalt des Vierecks auf zwei unterschiedlichen Lösungswegen. Erläutere jeweils dein Vorgehen.

6 Zeichne einen Kreis um den Punkt M mit einem Radius r = 5 cm.
Der Kreis soll Umkreis eines regelmäßigen Siebenecks sein.

a) Ermittle die Größe des Winkels α.
Gib ihn mit zwei Dezimalstellen gerundet an.

b) Berechne die Seitenlänge s des Siebenecks.
Gib sie mit zwei Dezimalstellen gerundet an.

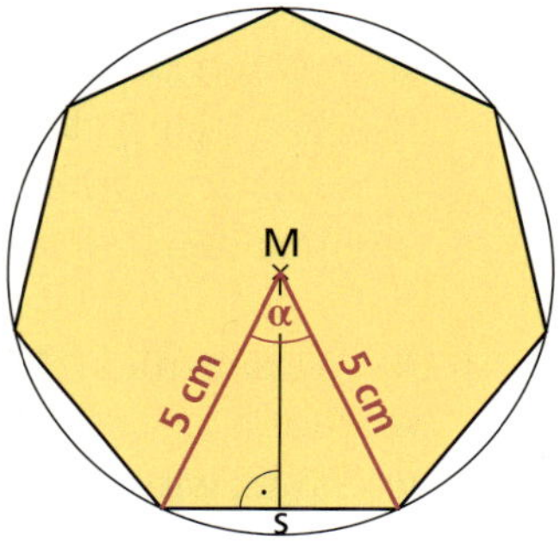

7 Der Maler ALBRECHT DÜRER hat ein regelmäßiges Siebeneck nach nebenstehender Konstruktion gezeichnet.

a) Gib eine Konstruktionsbeschreibung an.

b) Konstruiere so ein Siebeneck mit einem Umkreisradius von r = 5 cm.

c) Berechne die Seitenlänge s.
Gib sie mit zwei Dezimalstellen an.

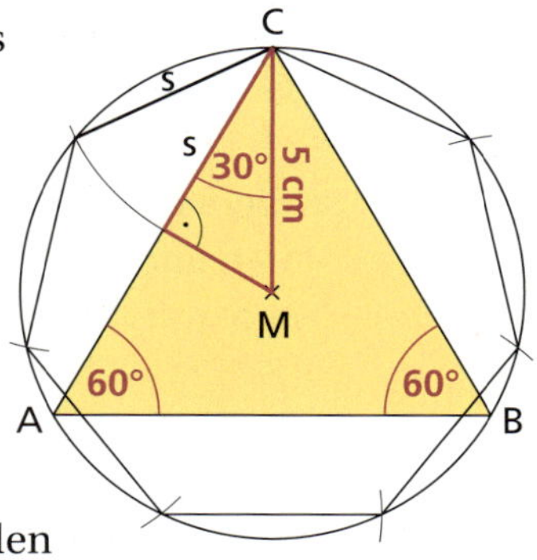

8 Vergleiche die berechneten Seitenlängen der beiden Siebenecke in den Aufgaben 6 und 7 miteinander und berechne, um wie viel Prozent sie voneinander abweichen.

9 Berechne die Länge der Seite $\overline{CD}$ eines Vierecks ABCD, von dem folgende Stücke gegeben sind: $\overline{AB}$ = 85 m, ∢ ABC = 57,12°, ∢ ABD = 34,24°, ∢ BAC = 44,37°, ∢ BAD = 122,19°

10 Ein Kraftwerk A soll zwei Wohngebiete B und C mit Fernwärme versorgen. Das Wohngebiet B liegt 2 840 m und das Wohngebiet C liegt 3 020 m vom Kraftwerk A entfernt. Die beiden Wohngebiete B und C sind 5 450 m voneinander entfernt. Berechne den Winkel, den die beiden Rohrleitungen zu B und C beim Kraftwerk A haben müssen, wenn sie auf kürzestem Weg verlegt werden sollen.

11 Veranschauliche in einer Zeichnung folgende Tangenswerte:
a) tan 0°　　b) tan 45°　　c) –tan 45°

12 Ein Geländefahrzeug kann Steigungen bis zu 35° bewältigen. Gib die maximale Steigfähigkeit des Fahrzeugs in Prozent an.

13 Zeige, dass der Sinussatz auch für rechtwinklige Dreiecke gilt.

14 Finde einen Zusammenhang zwischen dem Kosinussatz und dem Satz des Pythagoras. Erläutere dein Vorgehen.

Sinussatz

In jedem Dreieck ist das Verhältnis zweier Seitenlängen gleich dem Verhältnis der Sinuswerte der Gegenwinkel.

15 Das Wiesenstück ABCD soll gemäht werden.
Berechne, wie viel Hektar Land das sind.
Verwende folgende Maßangaben:
$\overline{AB} = 470$ m, $\overline{BC} = 675$ m, $\sphericalangle DAB = 115°$, $\sphericalangle ABD = 26°$, $\sphericalangle DBC = 72{,}5°$

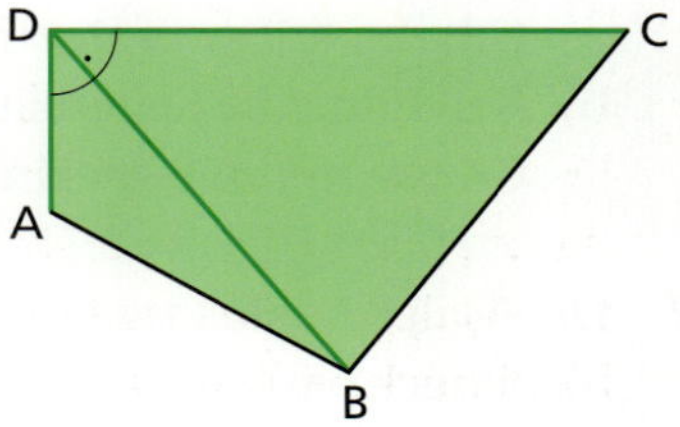

16 Konstruiere das Dreieck ABC. Miss und berechne die Längen der fehlenden Seiten und die Größen der fehlenden Innenwinkel. Vergleiche deine Messwerte mit deinen Rechenergebnissen.
a) $\beta = 32°$, $\gamma = 87°$, $c = 8{,}5$ cm
b) $\alpha = 103°$, $\beta = 47°$, $c = 67$ mm
c) $\alpha = 38°$, $\gamma = 44°$, $b = 1{,}04$ dm
d) $a = 3$ cm, $b = 4$ cm, $c = 5$ cm

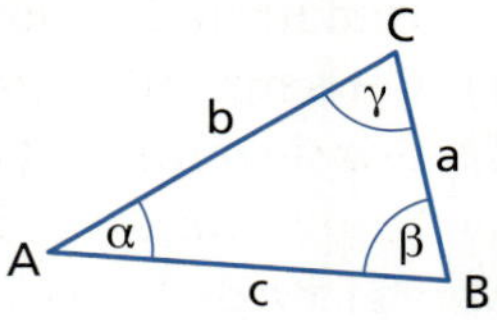

17 Zur Ermittlung der Flussbreite x wurden zwei Uferpunkte A und B sowie zwei weitere Messpunkte C und D im Gelände festgelegt. Berechne die Flussbreite mit den in der Zeichnung enthaltenen Messwerten.

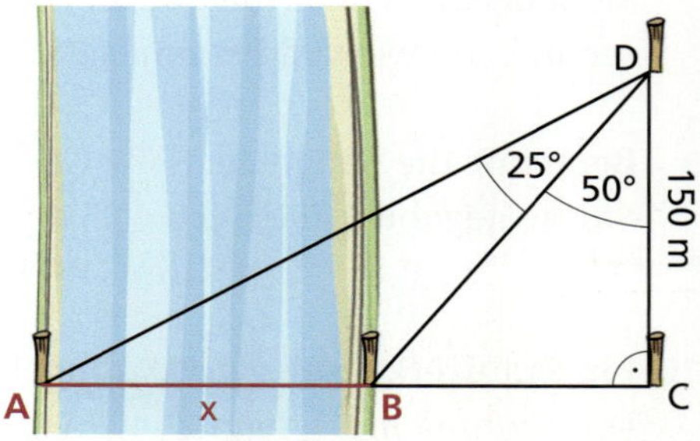

18 Bei einem gleichschenkligen Trapez ist die Grundseite 10 cm lang. Die Länge der Diagonale beträgt 93 mm. Die Innenwinkel an der Grundseite haben eine Größe von jeweils 65°. Berechne die fehlenden Seitenlängen.

19 Berechne die Länge der Strecke $\overline{DC}$.

a) $\overline{AB} = 115$ m, $\alpha_1 = 39{,}7°$, $\alpha_2 = 74{,}0°$, $\beta_1 = 60{,}0°$, $\beta_2 = 30{,}2°$

b) $\overline{AB} = 710$ m, $\gamma_1 = 52{,}5°$, $\gamma_2 = 114{,}2°$, $\delta_1 = 86{,}7°$, $\delta_2 = 35{,}1°$

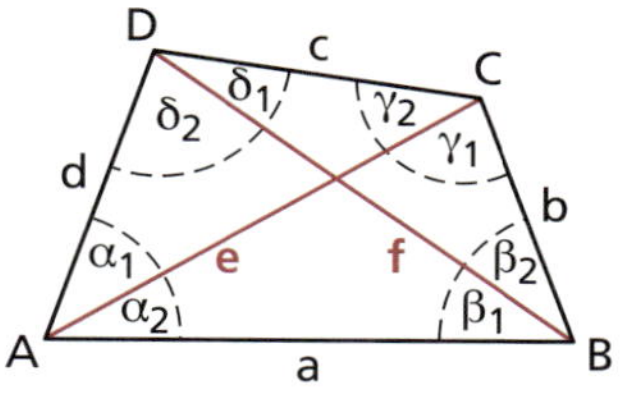

$\alpha = \alpha_1 + \alpha_2$
$\beta = \beta_1 + \beta_2$
$\gamma = \gamma_1 + \gamma_2$
$\delta = \delta_1 + \delta_2$

20 Zeichne einen Kreis um M mit einem Radius r = 3 cm.

a) Markiere auf dem Kreis drei Punkte A, B und C für die gilt: $\overline{AB} = 3{,}5$ cm und $\overline{AC} = 5$ cm

b) Berechne die Länge von $\overline{BC}$.

c) Begründe, warum die Lösung nicht eindeutig ist.

d) Ermittle auch die zweite Lösung.

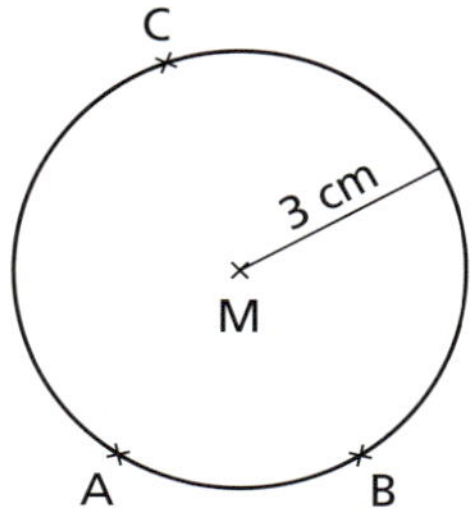

21 Zwei U-Boote verlassen bei gleichem Tiefgang einen Hafen. Das erste U-Boot fährt mit 20 Knoten auf Nordwest-Kurs, das zweite U-Boot mit 18 Knoten in Richtung Süd-Südwest.

a) Fertige eine Planfigur an.

b) Berechne, wie weit beide U-Boote nach einer Stunde voneinander entfernt sind, wenn sie gleichzeitig den Hafen verlassen.

c) Gib an, welchen Winkel eine Echolotung vom Schiff 1 zum Schiff 2 nach einer Stunde mit der Nordrichtung ausweist.

d) Ermittle, wie weit beide U-Boote nach einer Stunde voneinander entfernt wären, wenn das zweite U-Boot eine Viertelstunde später den Hafen verlassen würde als das erste U-Boot.

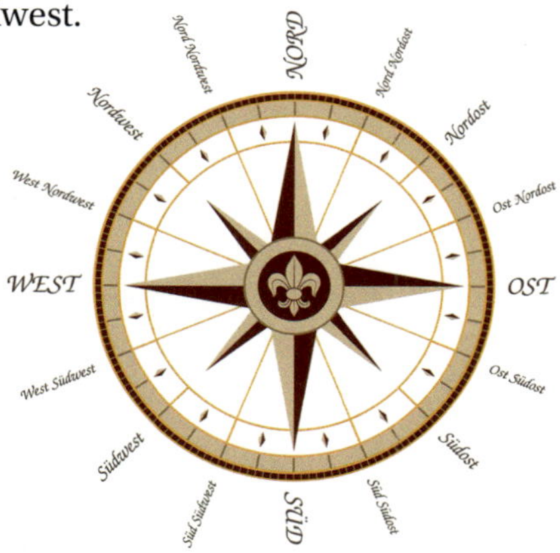

Der schiefe Turm von Suurhusen

Baujahr:	1450
Masse:	ca. 2 116 t
Grundfläche:	11 m × 11 m
Höhe:	27,37 m
Neigung:	5,19°

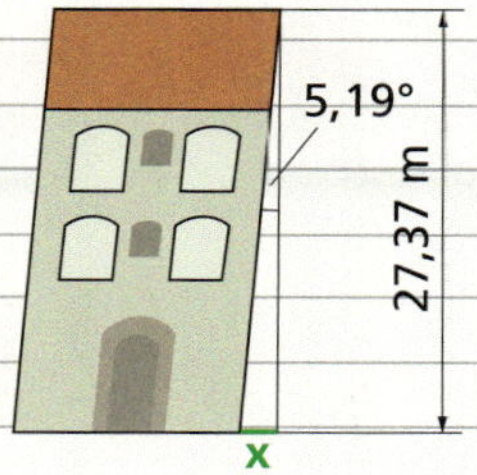

Mathe und mehr

Archimedische Spiralen sind besondere Kurven

ARCHIMEDES VON SYRAKUS (285 bis 212 v. Chr.) war einer der ersten Mathematiker, der sich mit spiralförmigen Kurven beschäftigte. Eine besondere Spiralenart wird nach ihm „archimedische Spirale“ genannt. Bei einer archimedischen Spirale nimmt der Abstand der Kurve zum Mittelpunkt gleichmäßig zu. Aufeinanderfolgende Spiralenwindungen haben immer den gleichen Abstand voneinander.

Zeichnen angenäherter archimedischer Spiralen

1 Zeichnet ein Strahlenkreuz aus 16 Strahlen mit jeweils einem Winkel von 22,5° zwischen zwei Strahlen.

a) Zeichnet 30 Kreise um den Mittelpunkt des Strahlenkreuzes. Die Radien der Kreise sollen sich immer um 1 mm unterscheiden.

b) Markiert die Schnittpunkte der Kreise mit den Strahlen wie in der Zeichnung und verbindet diese durch eine Kurve miteinander.

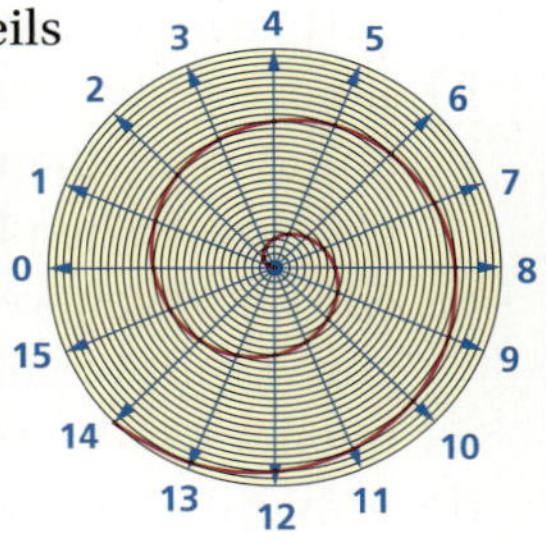

2 Zeichnet zwei Punkte M_1 und M_2 mit $\overline{M_1M_2} = 1$ cm. Zeichnet dann abwechselnd um M_1 und um M_2 Halbkreise. Der kleinste Halbkreis hat einen Radius von 1 cm. Die Radien der darauffolgenden Halbkreise vergrößern sich immer um 1 cm.

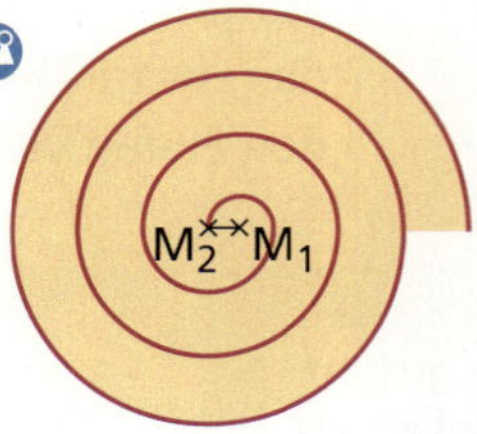

Beschreiben von Punkten mit Kreiskoordinaten

Der Punkt P (x; y) lässt sich mithilfe trigonometrischer Beziehungen beschreiben.

Es gilt: $\sin\alpha = \frac{y}{r} \rightarrow y = r \cdot \sin\alpha$

$\cos\alpha = \frac{x}{r} \rightarrow x = r \cdot \cos\alpha$

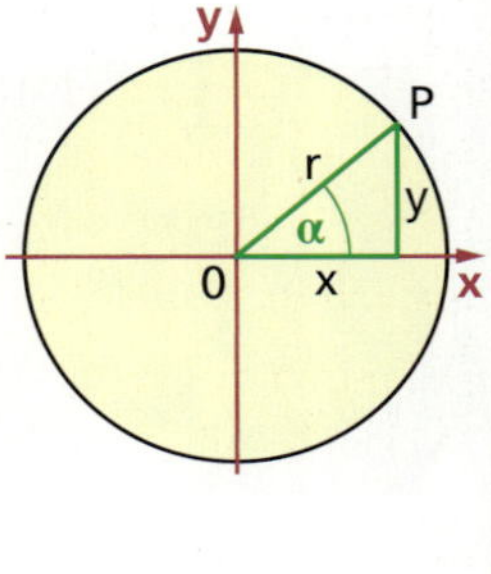

Archimedische Spiralen sind z. B. in dynamischen Geometrieprogrammen darstellbar.

Archimedische Spiralen im Geometrieprogramm GeoGebra

Du kannst im dynamischen Geometrieprogramm GeoGebra den Abstand und die Anzahl der Spiralwindungen einer archimedischen Spirale ändern.

3 Zeichnet eine archimedische Spirale im Geometrieprogramm GeoGebra.

a) Schreibt in die *Eingabezeile:*
Kurve[a t cos(t), a t sin(t), t, 0, b]

b) Erstellt einen *Schieberegler:*
0 < a < 10 mit der Schrittweite 0.1
Erstellt einen *Schieberegler:*
0 < b < 100 mit der Schrittweite 0.5

c) Bewegt die beiden Schieberegler und erläutert eure Beobachtungen.

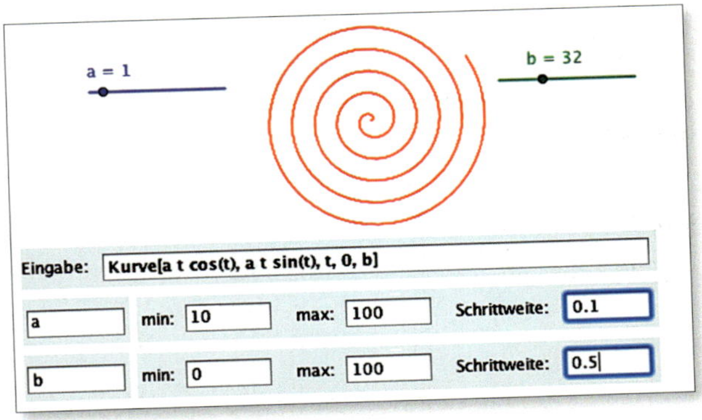

Kleine Basteleien mit Spiralen

Zeichnet auf Zeichenkarton eine archimedische Spirale und schneidet sie aus. Achtet darauf, dass die Spiralwindungen einen Abstand von etwa 1,5 cm haben. Lagert die Spirale auf einem spitzen Gegenstand. Ihr könnt die Spirale auch an einem dünnen Faden aufhängen.
Die Spirale bewegt sich, wenn ihr sie auf eine Heizung stellt.

Schneidet zwei 1 cm breite Streifen aus Filz. Der Streifen für den Körper sollte etwa 70 cm, der für den Kopf etwa 20 cm lang sein.
Rollt und klebt die Streifen zusammen.
Augen, Ohren, Flügel und andere Körperteile lassen sich aus Papier herstellen.
Ihr könnt auch andere Figuren entwerfen, wie beispielsweise Schneemänner, Raben usw.

Das hast du gelernt

Trigonometrische Berechnungen

Seiten-Winkel-Beziehungen für rechtwinklige Dreiecke

Sinus von α	**Kosinus von α**	**Tangens von α**
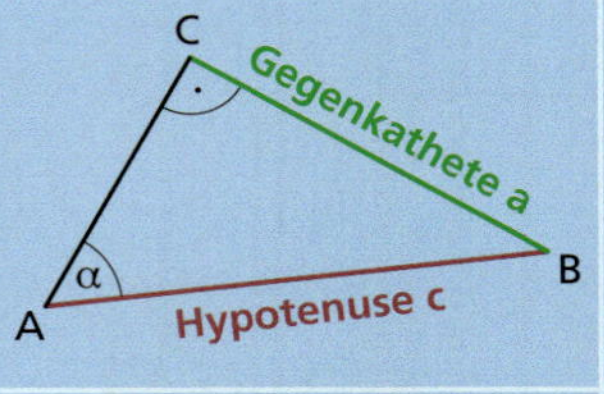	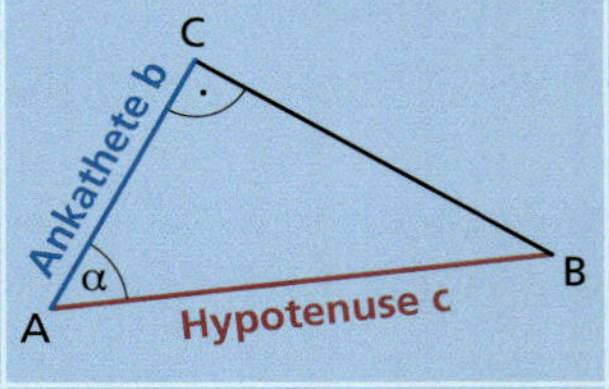	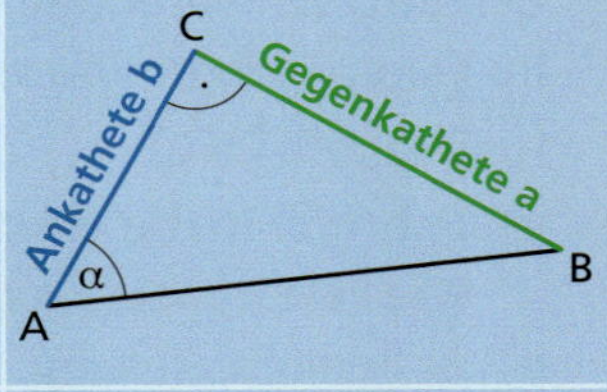
$\sin\alpha = \frac{\text{Gegenkathete}}{\text{Hypotenuse}}$	$\cos\alpha = \frac{\text{Ankathete}}{\text{Hypotenuse}}$	$\tan\alpha = \frac{\text{Gegenkathete}}{\text{Ankathete}}$
$\sin\alpha = \frac{a}{c}$	$\cos\alpha = \frac{b}{c}$	$\tan\alpha = \frac{a}{b}$

Es gilt: $\sin\alpha = \cos\beta$ und $\cos\alpha = \sin\beta$

Formeln für Berechnungen an beliebigen Dreiecken

Sinussatz	$\frac{a}{\sin\alpha} = \frac{b}{\sin\beta} = \frac{c}{\sin\gamma}$
Kosinussatz	$a^2 = b^2 + c^2 - 2 \cdot b \cdot c \cdot \cos\alpha$ $b^2 = a^2 + c^2 - 2 \cdot a \cdot c \cdot \cos\beta$ $c^2 = a^2 + b^2 - 2 \cdot a \cdot b \cdot \cos\gamma$
Flächeninhalt	$A = \frac{1}{2} \cdot a \cdot b \cdot \sin\gamma$ $A = \frac{1}{2} \cdot b \cdot c \cdot \sin\alpha$ $A = \frac{1}{2} \cdot a \cdot c \cdot \sin\beta$

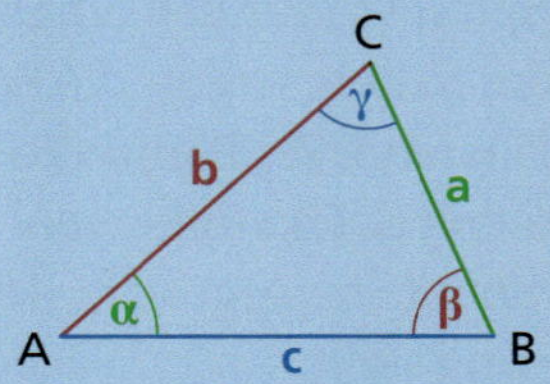

Hinweis:
Berechnungen an geometrische Figuren können oft auf Berechnungen an Dreiecken zurückgeführt werden, indem die Figur in Dreiecke zerlegt wird. Dabei können weitere Gesetzmäßigkeiten für Dreiecke wie Innenwinkelsatz, Außenwinkelsatz und Satzgruppe des Pythagoras genutzt werden.

Teste dich selbst

3

1 Zeige mithilfe des Taschenrechners, dass folgende Werte gleich groß sind:
a) sin 30° und sin 150° b) cos 45° und cos 315° c) sin 30° und cos 60°

2 Entscheide und begründe, welche Aussage für das Dreieck ABC gilt und welche nicht.

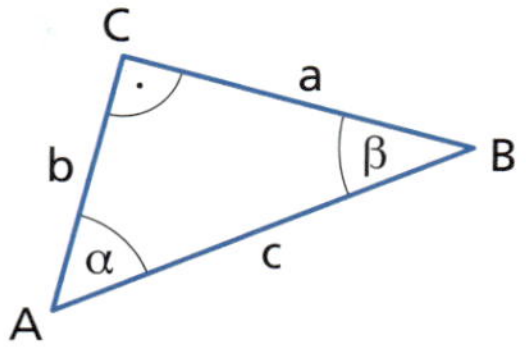

(1) $\sin\alpha$ ist kleiner als 1. (2) $c = \frac{a}{\sin\alpha}$
(3) $a \cdot \tan\alpha = b$ (4) $\sin\beta = \cos\alpha$

3 Berechne die folgenden Sinus- und Kosinuswerte:
a) sin 135° und cos 300° b) sin 240° und cos 135°

4 Gib alle Winkel des Intervalls $0° \leq \alpha \leq 180°$ an, für die gilt:
a) $\sin\alpha = 0{,}5$ b) $\cos\alpha = 0{,}5$ c) $\tan\alpha = 0{,}5$

5 Die Steigung einer Straße wird mit 8 % angegeben. Welchen Steigungswinkel hat die Straße?

6 Markiere in einem gleichseitigen Dreieck ABC mit $\overline{AB} = 5$ cm den Mittelpunkt D von $\overline{AB}$ und verbinde die Punkte D und C miteinander.
a) Gib die Größen der Innenwinkel des Dreiecks ABC an.
b) Gib die Größe des Winkels DCA an.
c) Berechne die Länge von $\overline{DC}$ mit dem Tangens von ∢ DCA.

7 Berechne die fehlenden Seitenlängen und Innenwinkelgrößen bei einem rechtwinkligen Dreieck ABC mit $\overline{AB} = 8$ cm, $\overline{BC} = 5$ cm und ∢ ABC = 90°.

8 Die Einfahrt E und die Ausfahrt A eines geradlinig durch einen Berg verlaufenden Straßentunnels sind von einem Punkt C jeweils 3,455 km entfernt. Der Winkel γ beträgt 53,5°.
a) Ermittle zeichnerisch einen Näherungswert für die Tunnellänge.
b) Berechne die Länge des Tunnels und gib das Ergebnis in Meter an.

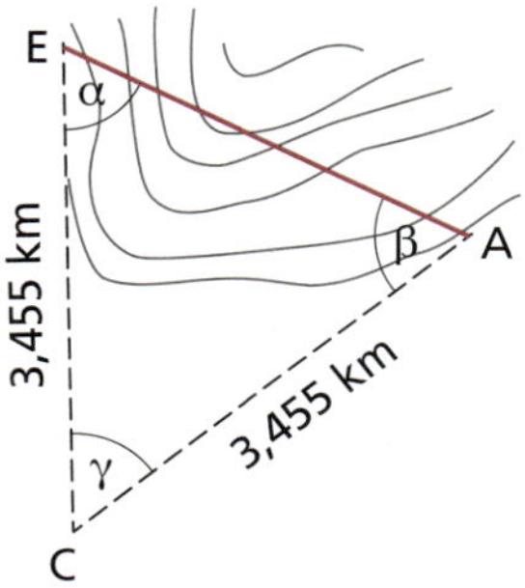

4 Winkelfunktionen untersuchen

Die beiden Ventile eines Fahrrads bewegen sich ebenfalls, wenn sich die Räder des Fahrrads bewegen.

Entscheidet euch für eine der Antworten und begründet eure Entscheidung.

① Sie bewegen sich auf- und abwärts.
② Sie bewegen sich vor- und rückwärts.
③ Sie bewegen sich auf Kreisbahnen.
④ Sie bewegen sich auf gekrümmten Kurven.

Periodische Wiederholungen
Pendelbewegungen haben charakteristische Eigenschaften. Skizziert und beschreibt solche Bewegungen.

Unglaublich, aber wahr
Der Klang eines Sirenensignals ist nicht immer gleich. Erläutert eure Empfindungen beim Näherkommen und beim Entfernen der Signalquelle.

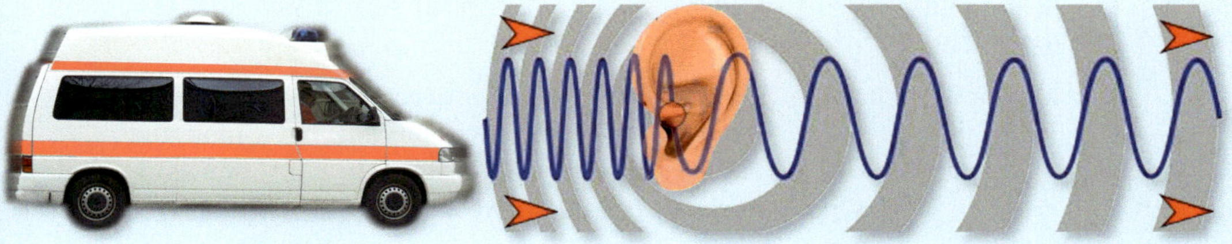

Kannst du das?

Funktionen erkennen und beschreiben

Eine Funktion y = f(x) ist eine eindeutige Zuordnung von Elementen einer Menge X (x-Werte) zu Elementen einer Menge Y (y-Werte).
Die Menge X heißt **Definitionsbereich,** die Menge Y heißt **Wertebereich.**

Hinweis:
Zu einem x-Wert gehört immer genau ein y-Wert.
Zu einem y-Wert können mehrere x-Werte gehören.

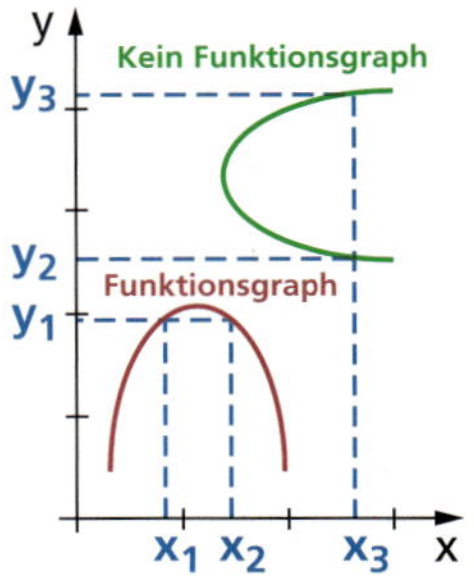

Eigenschaften von Funktionen

Funktions-klasse	Lineare Funktion	Potenz-funktion	Exponential-funktion
Gleichung	$y = f(x) = m \cdot x + n$	$y = f(x) = x^n$ $(n > 0)$	$y = f(x) = a^x$ $(a > 1)$
Beispiel	$y = f(x) = 0{,}5x - 2$ 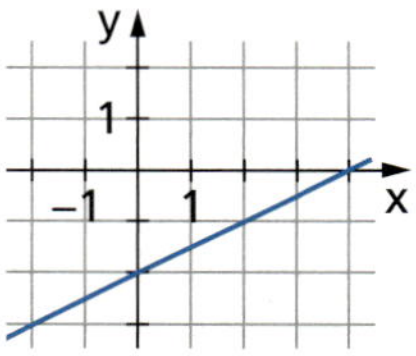	$y = f(x) = x^2$ 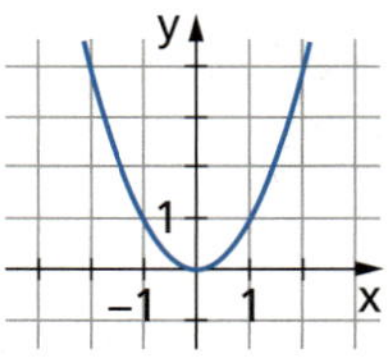	$y = f(x) = 2^x$ 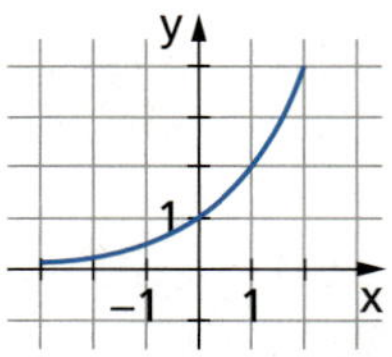
Definitionsbereich D	$x \in \mathbb{R}$	$x \in \mathbb{R}$	$x \in \mathbb{R}$
Wertebereich W	$y \in \mathbb{R}$	*Für gerade n:* $y \in \mathbb{R}; y \geq 0$ *Für ungerade n:* $y \in \mathbb{R}$	$y \in \mathbb{R}; y > 0$
Nullstelle x_0	$x_0 = -\frac{n}{m}$	$x_0 = 0$	keine
Schnittpunkt mit der y-Achse	$S_y(0; n)$	$S_y(0; 0)$	$S_y(0; 1)$
Monotonieverhalten	*Für m > 0:* monoton steigend *Für m < 0:* monoton fallend	*Für ungerade n:* monoton steigend *Für gerade n:* wechselnd	*Für alle x:* monoton steigend

Aufgaben

1 Zeichne den Funktionsgraphen in ein Koordinatensystem.
Lies den Anstieg m, den Schnittpunkt mit der y-Achse und die Nullstelle ab.
a) $y = 2x + 2$ b) $y = -2x$ c) $y = x - 3$ d) $y - 0{,}5x = 1$

2 Gegeben sind die folgenden vier Funktionsgleichungen:
$y = f_1(x) = 5x - 4$, $y = f_2(x) = -2x + 4$, $y = f_3(x) = \frac{1}{4}x + 1$, $y = f_4(x) = -x - \frac{1}{2}$
a) Zeichne die Funktionsgraphen. b) Berechne die Nullstellen.
c) Gib eine Funktion an, deren Graph zu f_4 parallel ist.

3 Erstelle eine Wertetabelle und zeichne den Funktionsgraphen in ein Koordinatensystem. Erläutere das Monotonie- und Symmetrieverhalten.
a) $y = x^3$ b) $y = x^{-1}$ c) $y = x^{-2}$ d) $y = x^4$ e) $y = \frac{1}{x^3}$

4 Prüfe, welche der folgenden Wertepaare zur Funktion $y = x^{-3}$ gehören:
(1) (1; 1) (2) (−1; −1) (3) $(2; -\frac{1}{8})$ (4) $(-\frac{1}{2}; -8)$ (5) (0; 0)

5 Berechne jeweils die fehlende Koordinate für $y = x^3$.
a) $(2; y_a)$ b) $(x_b; 27)$ c) $(x_c; -1)$ d) $(0{,}1; y_d)$ e) $(x_e; 1000)$

6 Gib für die Funktion $y = f(x) = x^{-1}$ sowohl den kleinsten als auch den größten Funktionswert im Intervall $0{,}1 \le x \le 5$ an.

7 Gegeben ist die Exponentialfunktion $y = f(x) = 2^x$.
a) Erstelle eine Wertetabelle für folgende x-Werte: −3; −2; −1; 0; 1; 2; 3
b) Zeichne den Funktionsgraphen im Intervall $-3 \le x \le 3$.
c) Ermittle näherungsweise den x-Wert für $y = 6{,}5$.
d) Zeichne durch den Punkt P(0; 2) den Graphen einer linearen Funktion und gib die zugehörige Funktionsgleichung an:
(1) Der Graph soll f zweimal schneiden.
(2) Der Graph soll f einmal schneiden.

8 Entscheide und begründe, welche der gegebenen Funktionsgleichungen zu welchem der abgebildeten Funktionsgraphen gehört.

Gleichung	Graph
(1) $y = 2^x$	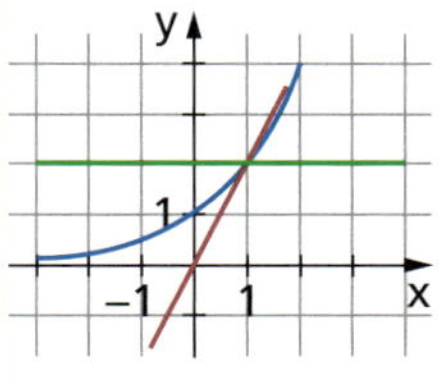
(2) $y = 2x$	
(3) $y = 2$	

Das Bogenmaß eines Winkels

Die Spitze jedes Zeigers bewegt sich von 11:00 bis 13:00 Uhr auf einer Umlaufbahn.

Erläutere Gemeinsamkeiten und Unterschiede der Bewegungen der beiden Zeigerspitzen.

Kreisumfang: $u = 2\pi \cdot r$

Winkelgrößen können im **Gradmaß** oder im **Bogenmaß** angegeben werden. Am **Einheitskreis** mit einem Radius r = 1 cm gilt:
$u = 2\pi$
Zum Zentriwinkel 360° gehört der Kreisbogen 2π.

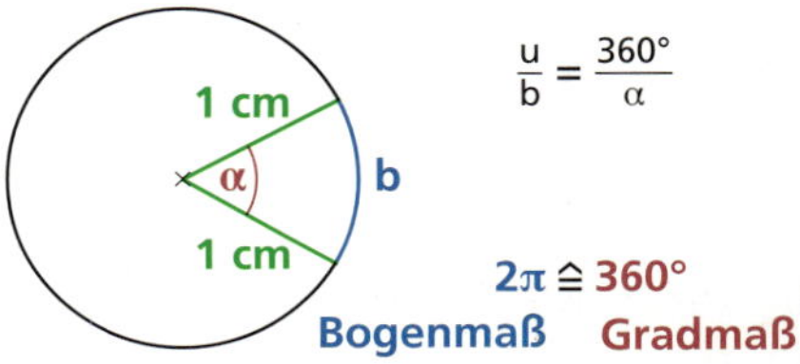

arcus (lat.) → Bogen

> Am Einheitskreis kann jedem Zentriwinkel α eindeutig ein Kreisbogen b zugeordnet werden. Die Maßzahl der Länge des Kreisbogens b ist das **Bogenmaß arc α.** *Es gilt:* $\text{arc}\,\alpha = \frac{\alpha}{180°} \cdot \pi$

Bogenmaße werden als Vielfache von π oder als gerundete Zahlen angegeben.

Gradmaß	–90°	0°	30°	45°	60°	90°	120°	135°	180°	270°	360°
Bogenmaß	$-\frac{\pi}{2}$	0	$\frac{\pi}{6}$	$\frac{\pi}{4}$	$\frac{\pi}{3}$	$\frac{\pi}{2}$	$\frac{2\pi}{3}$	$\frac{3\pi}{4}$	π	$\frac{3\pi}{2}$	2π
(gerundet)	–1,6	0	0,52	0,79	1,05	1,6	2,09	2,4	3,14	4,7	6,3

Ein Zentriwinkel von 720° kann als doppelte Umdrehung entgegen dem Uhrzeigersinn mit einem Bogenmaß von 4π gedeutet werden.

Ein Zentriwinkel von –720° kann als doppelte Umdrehung im Uhrzeigersinn mit einem Bogenmaß von -4π gedeutet werden.

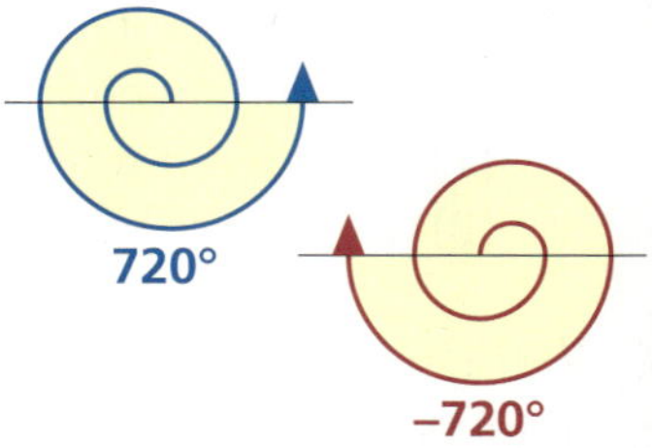

RAD ist die Abkürzung für RADIANT.

Achte darauf, dass beim Rechnen mit Bogenmaßen beim Taschenrechner der **Winkelmodus RAD** eingestellt ist.

Beispiele

Gib $\alpha = 60°$ und $\beta = 87°$ im Bogenmaß an.

$\text{arc } 60° = \frac{60°}{180°} \cdot \pi = \frac{\pi}{3} \approx 1{,}05$

$\text{arc } 87° = \frac{87°}{180}° \cdot \pi \approx 1{,}52$

Berechne $\sin\frac{\pi}{3}$ und $\cos\frac{\pi}{4}$.

$\sin\frac{\pi}{3} = \sin 60° \approx 0{,}8660$

$\cos\frac{\pi}{4} = \cos 45° \approx 0{,}7071$

Aufgaben

1 Rechne das gegebene Gradmaß ins Bogenmaß um. Gib das Ergebnis als Vielfaches von π und als Näherungswert mit vier Dezimalstellen an.

a) 15° b) –30° c) 45° d) 60° e) –75° f) 90°
g) 105° h) 120° i) –135° j) 150° k) 165° l) 180°

2 Rechne das gegebene Bogenmaß ins Gradmaß um.
Gib das Ergebnis mit zwei Stellen nach dem Komma an.

a) 0,2865 b) 0,1133 c) –2,3465 d) 3,1416 e) 3,2222 f) –4,9889
g) –5,275 h) 8,3333 i) 1,4545 j) $\frac{1}{2}\sqrt{2}$ k) $\frac{5}{6}$ l) $\sqrt{3}$

3 Berechne für jeden Winkel aus Aufgabe 1 und aus Aufgabe 2:

a) den Sinuswert, b) den Kosinuswert, c) den Tangenswert.

4 Zeichne auf Millimeterpapier einen Einheitskreis mit $r = 10$ cm.

a) Zeichne in unterschiedlichen Farben einen spitzen Zentriwinkel α, einen rechten Zentriwinkel β, einen stumpfen Zentriwinkel γ, einen gestreckten Zentriwinkel δ und einen überstumpfen Zentriwinkel ε.

b) Markiere die zu diesen Winkeln zugehörigen Kreisbögen mit gleicher Farbe und schreibe das zugehörige Bogenmaß dazu.

5 a) Ermittle einen Näherungswert im Bogenmaß für den Winkel 1°.

b) Ermittle für das Bogenmaß 1 einen Näherungswert im Gradmaß.

6 Schreibe die Gradmaße und die Bogenmaße folgender Drehwinkel auf:

a) dreifache Umdrehung im Uhrzeigersinn,

b) 1,5-fache Umdrehung entgegengesetzt zum Uhrzeigersinn,

c) $2\frac{3}{4}$-fache Umdrehung im Uhrzeigersinn.

7 Prüfe die Gültigkeit der folgenden Gleichungen für die Bogenmaße:
0; $\frac{\pi}{2}$; π; $1{,}5\pi$ und 2π

a) $\sin x = \sin(x - \pi)$ b) $\sin x = \cos\left(x - \frac{\pi}{2}\right)$

Die Sinusfunktion untersuchen

Die Figur schwingt, wenn die Spiralfeder losgelassen wird.

Beschreibe, wie sich die Lage der Figur in Abhängigkeit von der Zeit ändert.

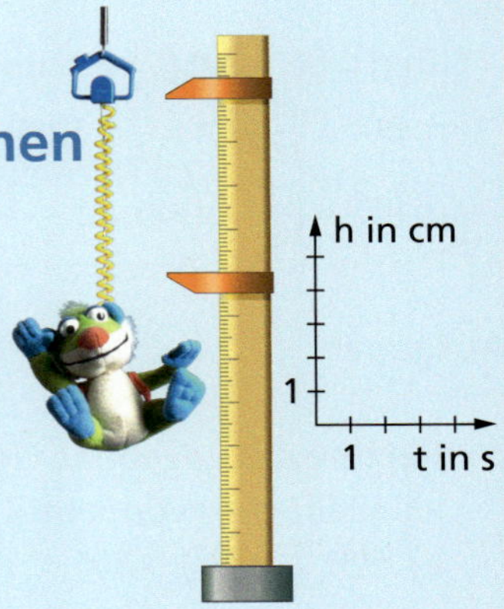

Bogenmaße bei der Sinusfunktion

Der Sinus des Drehwinkels α am Einheitskreis mit dem Radius $r = 1$ bestimmt die Größe des y-Wertes des Punktes P.
Bewegt sich der Punkt auf dem Kreis entgegengesetzt zum Uhrzeigersinn, ist der Drehwinkel positiv, bei Bewegung im Uhrzeigersinn negativ.
Du kannst Drehwinkel sowohl im Gradmaß als auch im Bogenmaß angeben.

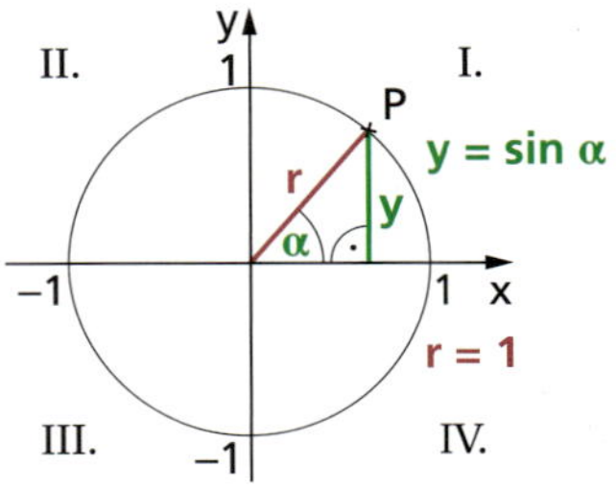

	Gradmaß	Bogenmaß
I	$0° < \alpha < 90°$	$0 < x < \frac{\pi}{2}$
II	$90° < \alpha < 180°$	$\frac{\pi}{2} < x < \pi$
III	$180° < \alpha < 270°$	$\pi < x < \frac{3}{2}\pi$
IV	$270° < \alpha < 360°$	$\frac{3}{2}\pi < x < 2\pi$

Drehwinkel über eine volle Umdrehung hinaus sind bei positiver Drehrichtung größer als 360° (2π) und bei negativer Drehrichung kleiner als –360° (-2π).

Für die Sinusfunktion gilt:

Die Sinusfunktion $y = f(x) = \sin x$

Wertetabelle:

x	$-\pi$	$-\frac{\pi}{2}$	0	$\frac{\pi}{6}$	$\frac{\pi}{4}$	$\frac{\pi}{2}$	π	2π
sin x	0	–1	0	0,5	≈ 0,71	1	0	0

Jedem x-Wert der Sinusfunktion ist genau ein y-Wert zugeordnet.
Umgekehrt gibt es zu jedem y-Wert unendlich viele x-Werte.

Funktionsgraph:

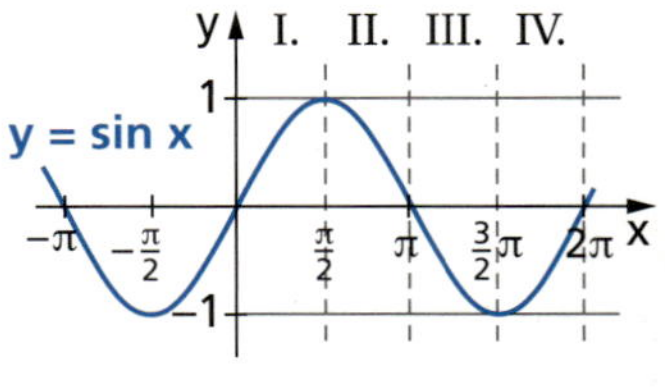

Eigenschaften der Sinusfunktion

Die Funktion $y = f(x) = \sin x$ hat folgende Eigenschaften:

Definitionsbereich	$x \in \mathbb{R}$
Wertebereich	$y \in \mathbb{R}, -1 \leq y \leq 1$
Nullstellen	$x_0 = 0, x_1 = \pi, x_2 = 2\pi, \ldots$ (*allgemein gilt:* $x_k = k \cdot \pi;\ k \in \mathbb{Z}$)
Monotonie	abwechselnd monoton steigend und fallend
Symmetrie	symmetrisch zum Koordinatenursprung

Der Funktionsgraph der Sinusfunktion wird häufig als Sinuskurve bezeichnet.

Für Sinuskurven gilt: $\sin x = \sin(x + 2k \cdot \pi)$ mit $k \in \mathbb{Z}$

Ein beliebiger Funktionswert wiederholt sich periodisch immer wieder in festen Abständen, hier immer nach 2π.

Symmetrieeigenschaften des Funktionsgraphen von y = sin x

Der Funktionsgraph von $y = \sin x$ ist symmetrisch zu einer Parallelen zur y-Achse durch $x = \frac{\pi}{2}$, also für $\alpha = 90°$.

Beispiel

$\sin \frac{1}{3}\pi = \sin \frac{2}{3}\pi$

$\sin \frac{1}{3}\pi = \frac{1}{2} \cdot \sqrt{3}$

$\sin \frac{1}{3}\pi \approx 0{,}866$

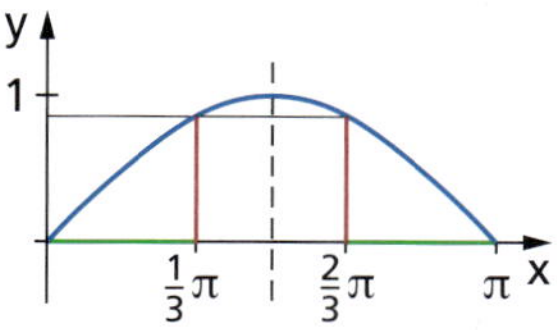

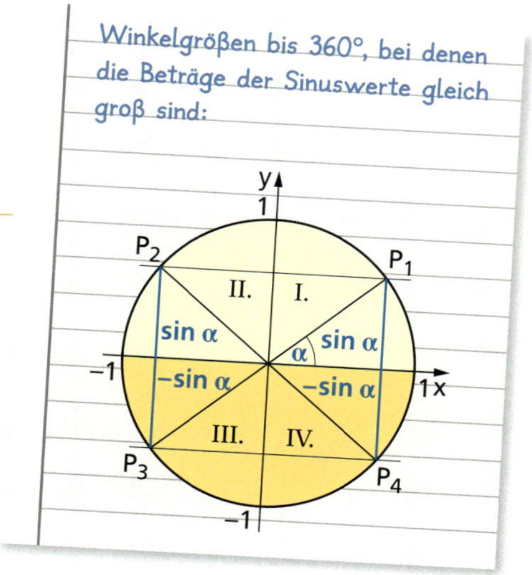

Der Funktionsgraph von $y = \sin x$ ist symmetrisch zum Koordinatenursprung.

Beispiel

$\sin \frac{1}{4}\pi = -\sin\left(-\frac{1}{4}\pi\right)$

$\sin \frac{1}{4}\pi = \frac{1}{2} \cdot \sqrt{2} \approx 0{,}71$

$\sin -\frac{1}{4}\pi \approx -0{,}71$

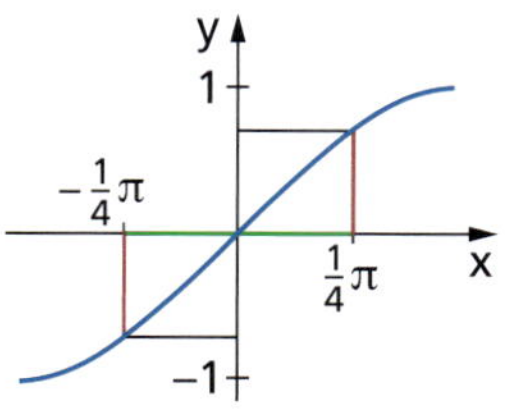

Aus **sin (180° – α)** folgt:
Der Sinus eines Winkels im I. und II. Quadranten ist stets positiv, der eines Winkels im III. und IV. Quadranten stets negativ.

Aufgaben

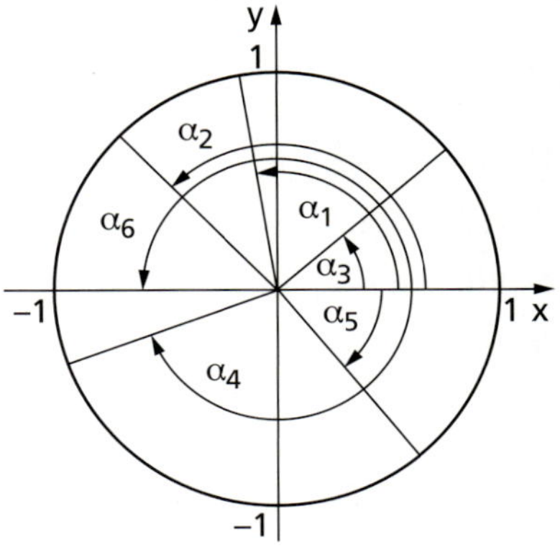

1 Entscheide und begründe, welcher der dargestellten Drehwinkel die folgende Winkelgröße hat:
a) +40° b) −50° c) +100°
d) −160° e) +135° f) +180°

2 Skizziere folgende Drehwinkel in einer Zeichnung im Heft:
a) 45° b) −60° c) 120°
d) 180° e) −90° f) 270°

3 Gib die Größe des dargestellten Drehwinkels an.

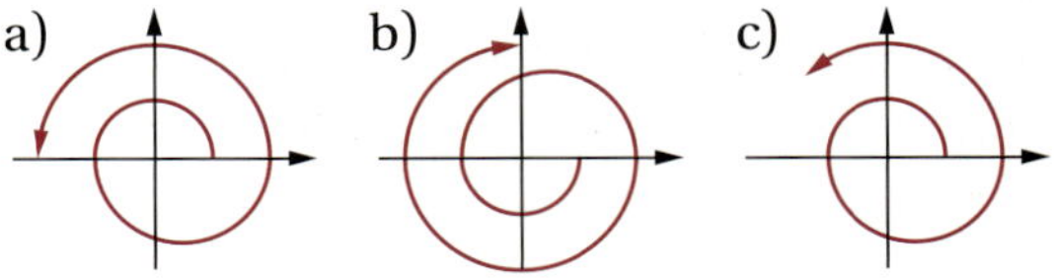

4 Gib jeweils das Bogenmaß x als Vielfaches von π an.
a) 0° b) 90° c) 180° d) 45° e) 60°
f) 270° g) 360° h) 450° i) 135° j) 540°
k) −90° l) −180° m) 15° n) −75° o) 105°

5 Rechne das Bogenmaß in Gradmaß um.
a) π b) $-\pi$ c) -3π d) $\frac{3}{2}\pi$ e) $\frac{2}{3}\pi$
f) $-\frac{\pi}{2}$ g) $\frac{\pi}{5}$ h) $-\frac{\pi}{6}$ i) $\frac{5}{12}\pi$ j) $\frac{12}{5}\pi$

6 Gib für den im Bogenmaß gegebenen Winkel x das Gradmaß α auf zwei Dezimalstellen an.
a) $x_1 = 1$ b) $x_2 = -2$ c) $x_3 = 10$ d) $x_4 = -18$

7 Zeige, dass der Winkel 180° das Bogenmaß π hat.

8 Erstelle für die Sinusfunktion $y = f(x) = \sin x$ eine Wertetabelle im Intervall $-2\pi \leq x \leq 2\pi$ mit einer Schrittweite von $\frac{\pi}{4}$.
a) Zeichne den Funktionsgraphen im angegebenen Intervall.
b) Gib alle Nullstellen der Sinusfunktion im angegebenen Intervall an.
c) Lege die Kurvenschablone für die Sinusfunktion auf den Graphen. Was stellst du fest?

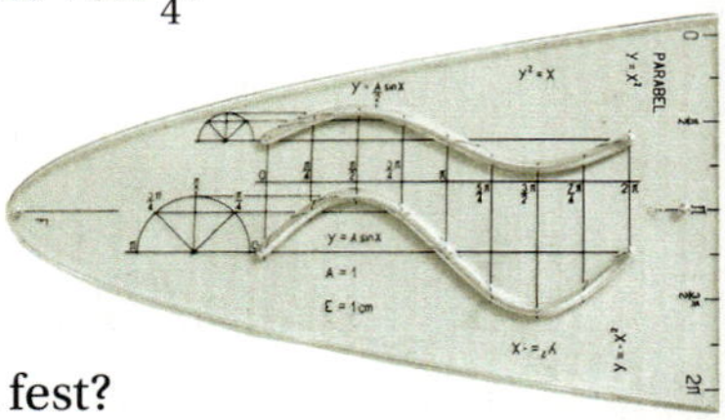

9 Gib die Anzahl der Nullstellen von $y = \sin x$ im Intervall $-7\pi \leq x \leq 9\pi$ an.

10 Gib an, welche Winkel den Nullstellen der Funktion $y = f(x) = \sin x$ entsprechen.

(1) 720°	(2) 270°	(3) –540°	(4) –450°	(5) 1 890°
(6) 1 980°	(7) –2 340°	(8) 990°	(9) 1 260°	(10) 3 060°

11 Zeichne den Funktionsgraphen $y = f(x) = \sin x$ im Intervall $-\pi \leq x \leq 3\pi$.

a) Bestimme alle Argumente der Funktion für:
(1) $\sin x = 0{,}5$ (2) $\sin x = 1$ (3) $\sin x = 0$

b) Gib alle Intervalle an, in denen die Funktion monoton steigt.

12 Zeige, dass die Gleichung für die gegebenen Winkel wahr ist. Verwende deinen Taschenrechner und veranschauliche die Beziehungen grafisch.

$\alpha_1 = 30°$, $\alpha_2 = 60°$, $\alpha_3 = 90°$, $\alpha_4 = 100°$, $\alpha_5 = -45°$, $\alpha_6 = -75°$

a) $\sin \alpha = \sin (180° - \alpha)$ b) $\sin (-\alpha) = -\sin \alpha$

13 Gib den Wertebereich der Funktion an.

a) $y = f(x) = \sin x$ für $0 \leq x \leq \frac{7}{6}\pi$ b) $y = f(x) = \sin x$ für $-\pi \leq x \leq \frac{\pi}{4}$

14 Prüfe, ob die gegebene Aussage wahr ist. Begründe deine Entscheidung.

a) $\sin 120° = \sin 60°$	b) $\sin 30° = \sin 150°$	c) $\sin 190° = -\sin 10°$
d) $\sin 360° = \sin 720°$	e) $\sin 10° = \sin 350°$	f) $\sin (-60°) = \sin 300°$
g) $\sin 30° = \sin 390°$	h) $\sin 200° = \sin 340°$	i) $\sin 90° = \sin 270°$
j) $\sin 30° < \sin 60°$	k) $\sin 90° < \sin 150°$	l) $\sin 270° < \sin 300°$

15 Zeige, dass die Gleichung für alle Winkel α wahr ist.

a) $\sin (\alpha + 360°) = \sin \alpha$ b) $\sin (\alpha + k \cdot 360°) = \sin \alpha$ für $(k \in \mathbb{Z}, k \neq 0)$

16 Berechne alle Winkelgrößen α im gegebenen Intervall. Veranschauliche die Ergebnisse jeweils am Funktionsgraphen der Sinusfunktion.

a) $\sin \alpha = 0{,}25$ für $-180° \leq \alpha \leq 360°$ b) $\sin \alpha = 0{,}7$ für $-270° \leq \alpha \leq 360°$

c) $\sin \alpha = -1$ für $-360° \leq \alpha \leq 360°$ d) $\sin \alpha = -0{,}3$ für $-180° \leq \alpha \leq 360°$

e) $|\sin \alpha| = 0{,}4$ für $-180° \leq \alpha \leq 270°$ f) $|\sin \alpha| = 1$ für $-270° \leq \alpha \leq 450°$

Nachgefragt

1 Gib jeweils die Größe des Drehwinkels an, wenn ein Strahl um seinen Anfangspunkt gedreht wird:

a) bei vier Umdrehungen, b) bei zweieinhalb Umdrehungen.

2 Berechne auf vier Dezimalstellen gerundet.

a) $2 \cdot \sin 60°$ b) $\frac{1}{2} \cdot \sin 60°$ c) $2 \cdot \cos 60°$ d) $\frac{1}{2} \cdot \cos 60°$

e) $\frac{\pi}{4}$ f) $\frac{2}{3}\pi$ g) $\frac{3}{4}\pi$ h) $\frac{5}{2}\pi$

Die Kosinusfunktion untersuchen

In einem elektrischen Schwingkreis finden Umlade- und Induktionsvorgänge statt.

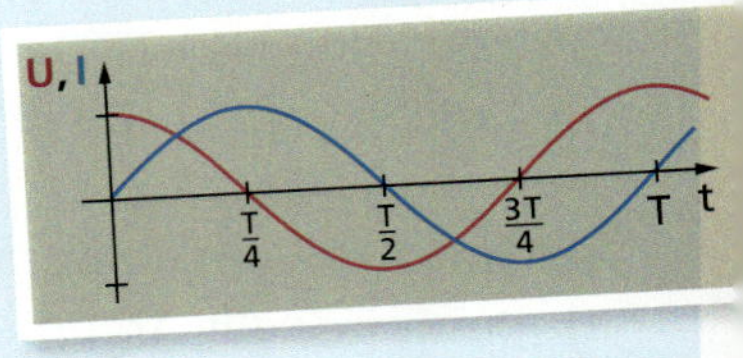

Beschreibe, was du dem Diagramm über die Spannung (roter Graph) und die Stromstärke (blauer Graph) entnehmen kannst.

Einheitskreis und Kosinusfunktion

Der Kosinus des Drehwinkels α am Einheitskreis mit dem Radius r = 1 ist die x-Koordinate des Punktes P.

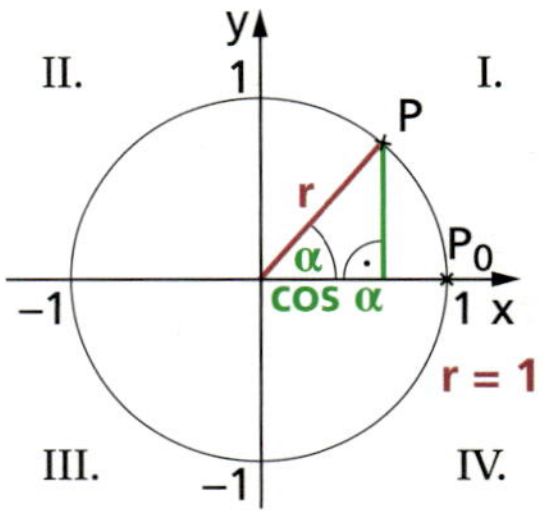

Zum Punkt P_0 mit dem Drehwinkel α = 0° gehört der Kosinuswert 1. Bewegt sich der Punkt P_0 auf dem Einheitskreis entgegengesetzt dem Uhrzeigersinn, ist der Drehwinkel positiv, bei einer Bewegung im Uhrzeigersinn ist der Drehwinkel negativ.

Der Drehwinkel kann im Gradmaß oder im Bogenmaß angegeben werden. Achte beim Rechnen mit dem Taschenrechner darauf, dass der richtige Winkelmodus eingestellt ist.

Für die Kosinusfunktion gilt:

Die Kosinusfunktion y = f(x) = cos x

Wertetabelle:

x	$-\pi$	$-\frac{\pi}{2}$	0	$\frac{\pi}{6}$	$\frac{\pi}{4}$	$\frac{\pi}{2}$	π	2π
cos x	−1	0	1	0,71	0,5	0	−1	1

Funktionsgraph:

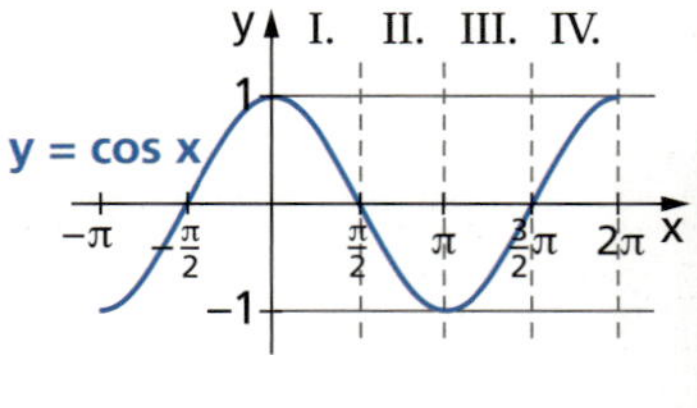

Jedem x-Wert der Kosinusfunktion ist genau ein y-Wert zugeordnet. Umgekehrt gibt es zu jedem y-Wert unendlich viele x-Werte.

Eigenschaften der Kosinusfunktion

Die Funktion $y = f(x) = \cos x$ hat folgende Eigenschaften:

Definitionsbereich	$x \in \mathbb{R}$
Wertebereich	$y \in \mathbb{R}, -1 \leq y \leq 1$
Nullstellen	$x_0 = \frac{\pi}{2}, x_1 = \frac{3}{2}\pi, \ldots$ (allgemein gilt: $x_k = \frac{\pi}{2} + k \cdot \pi; k \in \mathbb{Z}$)
Monotonie	abwechselnd monoton steigend und fallend
Symmetrie	symmetrisch zur y-Achse

Für Kosinuskurven gilt: $\cos x = \cos(x + 2k \cdot \pi)$ mit $k \in \mathbb{Z}$

Ein beliebiger Funktionswert wiederholt sich periodisch immer wieder in festen Abständen, hier immer nach 2π.

In den Quadranten I bis IV haben die Funktionswerte der Kosinusfunktion die in der Tabelle aufgeführten Vorzeichen.

Quadrant	Gradmaß	Bogenmaß	Kosinusfunktion	Sinusfunktion
I	$0° < \alpha < 90°$	$0 < x < \frac{\pi}{2}$	+	+
II	$90° < \alpha < 180°$	$\frac{\pi}{2} < x < \pi$	–	+
III	$180° < \alpha < 270°$	$\pi < x < \frac{3}{2}\pi$	–	–
IV	$270° < \alpha < 360°$	$\frac{3}{2}\pi < x < 2\pi$	+	–

Es gilt: $\cos(180° - \alpha) = \cos(180° + \alpha) = -\cos\alpha$

Beziehungen zwischen Sinus- und Kosinusfunktion

Die Kosinusfunktion kann auch als eine in Richtung der x-Achse verschobene Sinusfunktion betrachtet werden. *Es gilt:* $\cos x = \sin\left(x + \frac{\pi}{2}\right)$

Beide Funktionen haben den gleichen Wertebereich und die gleiche Periodenlänge. In den einzelnen Quadranten ist die Monotonie entweder gleich (II. und IV. Quadrant) oder entgegengesetzt (I. und III. Quadrant).

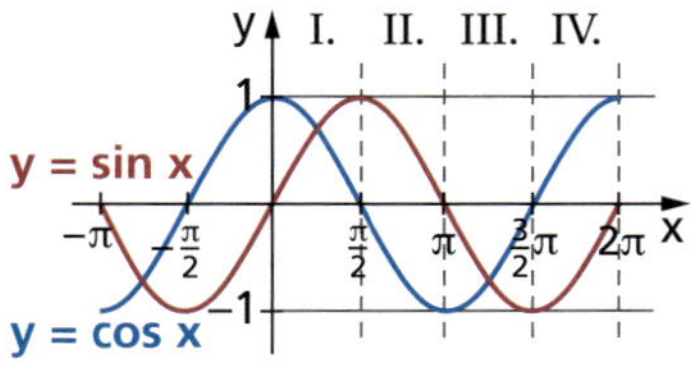

Aus der Gegenüberstellung von Sinus- und Kosinuswerten folgt die Beziehung $\cos\alpha = \sin(90° - \alpha)$.

Aufgaben

1 Entscheide aufgrund der Eigenschaften der Kosinusfunktion, ob die folgenden Kosinuswerte positiv, negativ oder gleich 0 sind:

a) $\cos 30°$ b) $\cos 90°$ c) $\cos 200°$ d) $\cos 100°$
e) $\cos 270°$ f) $\cos 0°$ g) $\cos 180°$ h) $\cos(-30°)$

2 Bestimme die Anzahl der Nullstellen der Funktion $f(x) = \cos x$ im Intervall $-4\pi \leq x \leq \pi$.

3 Gib an, welchen der folgenden Winkelgrößen Nullstellen der Funktion $f(x) = \cos x$ entsprechen:

a) 0° b) 270° c) 180° d) 450° e) 810°
f) 100° g) 360° h) 990° i) −90° j) −180°

4 Ordne die folgenden Kosinuswerte der Größe nach, ohne sie zu berechnen. Beginne mit dem größten Wert.

$\cos 180°$, $\cos 30°$, $\cos 0°$, $\cos 110°$, $\cos 45°$, $\cos 90°$

5 a) Stelle für die Kosinusfunktion eine Wertetabelle im Intervall $-\pi \leq x \leq 2\pi$ mit einer Schrittweite von $\frac{\pi}{4}$ auf.
b) Zeichne den Graphen der Funktion im angegebenen Intervall.
c) Gib alle Nullstellen der Kosinusfunktion im angegebenen Intervall an.
d) Bestimme das Monotonieverhalten der Funktion im angegebenen Intervall.

6 Gib für folgende Kosinuswerte $\cos \alpha$ jeweils zwei andere Winkelgrößen β und γ an, sodass $\cos \alpha = \cos \beta = \cos \gamma$ gilt:

a) $\cos 30°$ b) $\cos 90°$ c) $\cos 140°$ d) $\cos 180°$ e) $\cos 300°$

7 Gib für folgende Kosinuswerte $\cos \alpha$ jeweils eine Winkelgröße β an, sodass $\cos \alpha = \sin \beta$ gilt:

a) $\cos 30°$ b) $\cos 90°$ c) $\cos 72°$ d) $\cos 1°$ e) $\cos 100°$

8 Zeichne den Funktionsgraphen $f(x) = \cos x$ im Intervall $-\pi \leq x \leq 3\pi$.
a) Bestimme alle Argumente der Funktion für $\cos x = 0{,}5$.
b) Bestimme alle Argumente der Funktion für $\cos x = -1$.
c) Bestimme alle Argumente der Funktion für $\cos x = 0$.
d) Bestimme alle Funktionswerte für $\cos 1 = y$.

Welche Winkelbeziehungen sind gemeint?

9 Prüfe, ob folgende Aussagen wahr sind.
Nutze Winkelbeziehungen und begründe.

a) $\cos(-60°) = \cos 60°$ b) $\cos 20° = \cos 340°$ c) $\cos 20° = \cos 380°$
d) $\cos 0° = \cos 180°$ e) $\cos 90° = \cos 270°$ f) $\cos(-80°) = \cos 260°$
g) $\cos 65° = \sin 25°$ h) $\cos 43° = \sin 133°$ i) $\cos 90° = \sin 270°$

10 Überprüfe, ob folgende Aussagen wahr sind.
Begründe mit den Eigenschaften der Kosinusfunktion.

a) $\cos 65° < \cos 70°$ b) $\cos(-70°) < \cos(-65°)$ c) $\cos 25° < \sin 80°$

11 Gib alle Winkelgrößen α aus dem Intervall $-180° \leq \alpha \leq 450°$ an, die folgende Gleichungen erfüllen:

a) $\cos \alpha = \cos 0°$ b) $\cos \alpha = \cos 45°$ c) $\cos \alpha = \cos 150°$

12 a) Zeichne den Graphen der Funktion $y = f(x) = \cos x$ im Intervall $-\pi \leq x \leq 2\pi$ und bestimme die Nullstellen in diesem Intervall.
b) Gib den Wertebereich der Funktion $y = f(x) = \cos x$ an.

13 Bestimme den Wertebereich für den angegebenen Definitionsbereich.

a) $y = f(x) = \cos x$ mit $-\frac{\pi}{2} \leq x \leq \frac{2}{3}\pi$ b) $y = f(x) = \cos x$ mit $-\frac{2}{3}\pi \leq x \leq \frac{\pi}{4}$

14 Zeichne die Graphen der Funktionen $f(x) = \cos x$ und $g(x) = \sin x$ in ein Koordinatensystem im Intervall $-2\pi \leq x \leq 2\pi$.

a) Bestimme alle x-Werte, für die $\cos x = \sin x$ gilt.
b) Bestimme die Intervalle, in denen beide Funktionen das gleiche Monotonieverhalten haben.
c) Bestimme die Intervalle, in denen $\cos x > \sin x$ gilt.

15 Berechne alle Winkelgrößen α in den angegebenen Intervallen.
Veranschauliche die Ergebnisse jeweils am Funktionsgraphen der Kosinusfunktion.

a) $\cos \alpha = 0{,}75$ für $-180° \leq \alpha \leq 180°$ b) $\cos \alpha = -0{,}33$ für $-270° \leq \alpha \leq 270°$
c) $\cos \alpha = -1$ für $-180° \leq \alpha \leq 360°$ d) $\cos \alpha = \frac{\pi}{4}$ für $0° \leq \alpha \leq 360°$

16 a) Zeichne die Graphen der Funktionen $f(x) = \cos x$, $g(x) = 2\cos x$ und $h(x) = 0{,}5\cos x$ in ein Koordinatensystem im Intervall $-\pi \leq x \leq 3\pi$.
b) Gib den Wertebereich jeder der drei Funktionen an.
c) Ermittle alle gemeinsamen Punkte im angegebenen Intervall.

17 Löse die Gleichung $\cos x = x$ grafisch.

Periodische Vorgänge untersuchen

Mit einem Megafon (Sprachrohr) kann sich jeder „Gehör verschaffen".

Skizziere die Schallwelle eines immer lauter werdenden Tons. Erläutere sinnvolle Einsatzmöglichkeiten für ein Megafon.

Periodische Vorgänge erkennen und beschreiben

Jeder hat schon einmal bewusst oder unbewusst periodische Vorgänge erlebt.

Beispiele

Das Ventil eines Fahrradschlauchs während der Fahrt, ein Uhrenpendel, unser Herz oder die Gondel einer Seilbahn führen periodische Bewegungen aus.

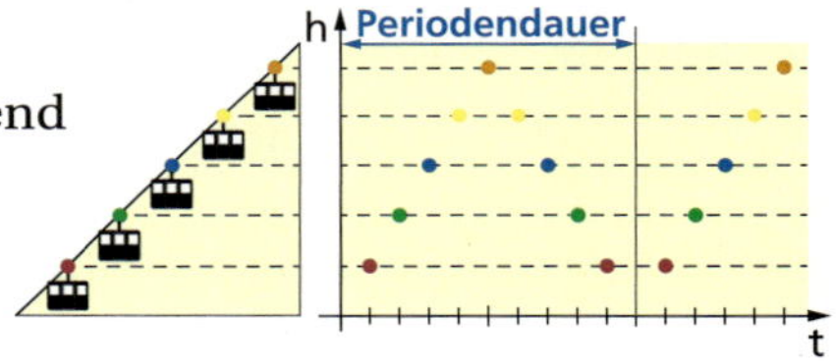

Periodische Vorgänge bestehen aus Teilvorgängen, die sich immer wiederholen.

Eine Funktion y = f(x) heißt periodisch, wenn sich ihre Funktionswerte in festen Abständen wiederholen.

Es gilt: $f(x + p) = f(x)$

Die kleinste positive Zahl p mit dieser Eigenschaft heißt **kleinste Periode** von f.

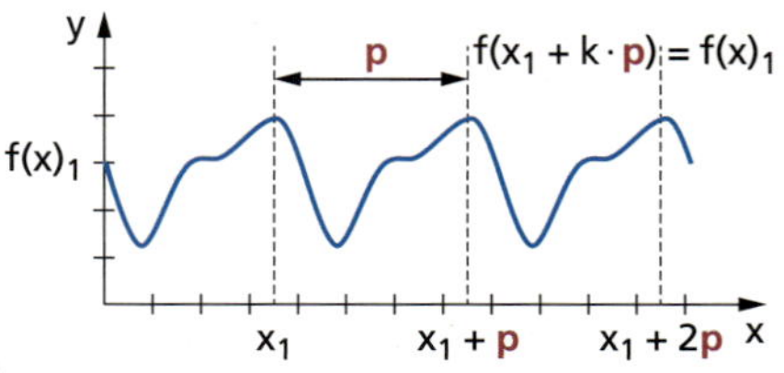

Kein periodischer Vorgang:

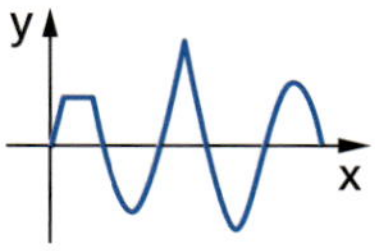

Die Sinusfunktion ist eine **periodische Funktion.**

Beispiel

Bei einer Umdrehungsgeschwindigkeit von 2,7 $\frac{km}{h}$ beträgt die kleinste Periode des ca. 65 m hohen Riesenrads im Wiener Prater etwa 5 min.

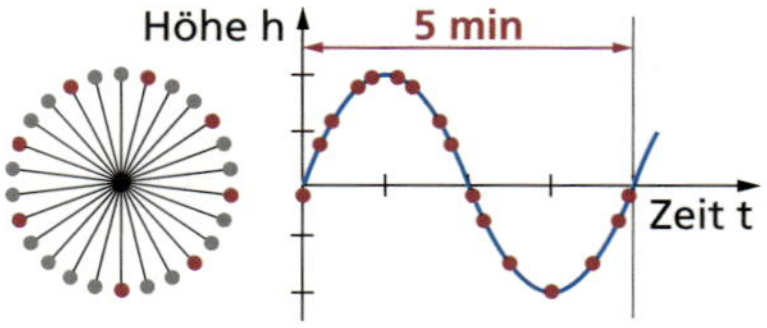

Sinusfunktionen $y = f(x) = a \cdot \sin x$ für $a > 0$ untersuchen

Periodische Vorgänge lassen sich häufig nicht allein mit der Funktion $y = \sin x$ beschreiben. Oft helfen Funktionen $y = f(x) = a \cdot \sin x$ mit $a > 0$ weiter.
Der Faktor a beeinflusst nur den Wertebereich der Funktion. Die kleinste Periode und die Nullstellen der Funktion stimmen mit denen der Funktion $y = f(x) = \sin x$ überein.

Beispiel

Zeichne die Graphen der Funktionen $y = f(x) = \sin x$ und $y = g(x) = 2 \sin x$ in ein und dasselbe Koordinatensystem und markiere bei der Kurve g den Wertebereich, die kleinste Periode und die Nullstellen.

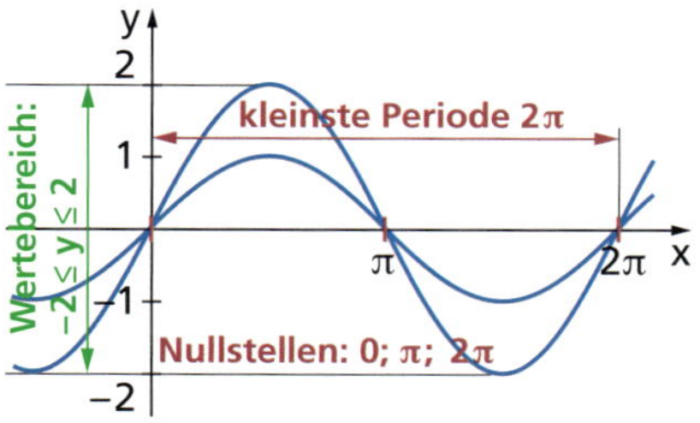

Die Funktion $y = f(x) = a \cdot \sin x$ mit $a > 0$ hat folgende Eigenschaften:

Definitionsbereich	$x \in \mathbb{R}$
Wertebereich	$y \in \mathbb{R}, -a \leq y \leq a$
Nullstellen	$x_0 = 0, x_1 = \pi, x_2 = 2\pi$ ... (*allgemein gilt:* $x_k = k \cdot \pi$)
Monotonie	abwechselnd monoton steigend und fallend
Symmetrie	symmetrisch zum Koordinatenursprung
Kleinste Periode	$p = 2\pi$

Das Monotonieverhalten der Funktion $y = f(x) = a \cdot \sin x$ wechselt immer an den größten Funktionswerten (Maximumstellen) und an den kleinsten Funktionswerten (Minimumstellen).

Beispiel

Zeichne den Funktionsgraphen von $y = f(x) = 1{,}5 \sin x$ im Intervall $-\pi \leq x \leq 2\pi$.

Gib die Nullstellen in diesem Intervall an.
Gib den Wertebereich der Funktion an.
An welchen Stellen hat die Funktion ihre größten und an welchen Stellen ihre kleinsten Funktionswerte?

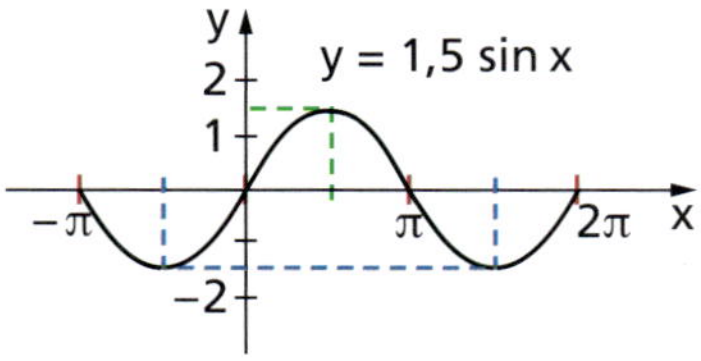

Wertebereich der Funktion: $-1{,}5 \leq y \leq 1{,}5$

Somit ist der **kleinste Funktionswert −1,5** und der **größte Funktionswert 1,5.**

Nullstellen: $-\pi, 0, \pi, 2\pi$
Maximumstelle: $\frac{\pi}{2}$
Minimumstellen: $-\frac{\pi}{2}, \frac{3}{2}\pi$

Aufgaben

1 Entscheide und begründe, welcher Vorgang periodisch ist, welcher nicht.

a) Bewegung der Erde um die Sonne
b) Bewegung eines Uhrzeigers
c) Bewegung der Erde um sich selbst
d) Wasserstand einer Regentonne
e) Bewegung einer Schaukel
f) Fahrt zum Urlaubsort

2 Skizziere jeweils den Funktionsgraphen einer periodischen und einer nichtperiodischen Funktion.

3 Ein Auto fährt mit gleichbleibender Geschwindigkeit auf einem Rundkurs in Form eines gleichseitigen Dreiecks. Stelle den Abstand des Autos von der Start-Ziel-Linie in Abhängigkeit von der Fahrzeit für vier Runden grafisch dar.

4 Übertrage die Wertetabelle in dein Heft und fülle sie aus.

Vergleiche auch mit $y = \sin x$.

α	−180°	−90°	0°	90°	180°	270°	360°	450°	540°
x	$-\pi$								
$y = 2\sin x$									
$y = \frac{1}{2}\sin x$									

a) Zeichne beide Funktionsgraphen in ein und dasselbe Koordinatensystem im Intervall $-\pi \le x \le 3\pi$.

b) Vergleiche beide Funktionsgraphen miteinander, erläutere Gemeinsamkeiten und Unterschiede und sprich über das periodische Verhalten beider Funktionen.

c) Gib für jede Funktion den Wertebereich für das angegebene Intervall an. Erläutere, wie du den Wertebereich ermittelt hast.

d) Sprich über das Monotonieverhalten der beiden Funktionen im Intervall $0 \le x \le 3\pi$. Gib das kleinste Periodenintervall an.

5 Die Kugel des Hammerwerfers soll sich kreisförmig mit gleichbleibender Geschwindigkeit bewegen.

a) Stelle die Lage der Kugel in Abhängigkeit von der Zeit für drei Umdrehungen grafisch dar.

b) Skizziere die Veränderungen der Kurve bei einer Vergrößerung bzw. bei einer Verkleinerung der Umlaufgeschwindigkeit. Die Länge des Halteseils soll dabei gleich bleiben. Erläutere die Veränderungen.

6 Berechne mit dem Taschenrechner.

a) $y = 2\sin 40°$ b) $y = 5\sin 45°$ c) $y = 3\sin 135°$ d) $y = 0{,}5\sin 165°$
e) $y = 99\sin 180°$ f) $y = 12\sin 225°$ g) $y = 8\sin 270°$ h) $y = 123\sin 2°$
i) $y = 75\sin 900°$ j) $y = 4{,}2\sin 25°$ k) $y = 7\sin 120°$ l) $y = 256\sin 450°$

7 Berechne den Wert für α im Intervall $-180° \le \alpha \le 720°$ mit dem Taschenrechner und runde dann das Ergebnis auf eine Dezimalstelle.

a) $2\sin\alpha = 0{,}356$ b) $3\sin\alpha = 2{,}235$ c) $5\sin\alpha = -2{,}5$
d) $3\sin\alpha = -0{,}111$ e) $0{,}5\sin\alpha = 0{,}485$ f) $0{,}2\sin\alpha = 0{,}2$
g) $0{,}3\sin\alpha = -0{,}3$ h) $1{,}5\sin\alpha = 1{,}485$ i) $0{,}6\sin\alpha = 0{,}9$

8 Gegeben ist die Funktion $y = f(x) = 4\sin x$.

a) Ermittle den größten und den kleinsten Funktionswert.
b) Gib die kleinste Periode an.
c) Schreibe für $f(x) = 2$ alle Argumente x des Intervalls $-\pi \le x \le 2\pi$ auf.

9 Gegeben sind die Funktionen $y = f(x) = 3\sin x$ und $y = g(x) = \frac{1}{3}x$.

a) Zeichne beide Funktionsgraphen in ein und dasselbe Koordinatensystem.
b) Untersuche beide Funktionen auf Symmetrie.
c) Begründe, warum der Koordinatenursprung ein Schnittpunkt beider Funktionsgraphen ist.
d) Gib die Koordinaten der Schnittpunkte beider Funktionsgraphen näherungsweise an.
e) Sprich über das periodische Verhalten beider Funktionen.

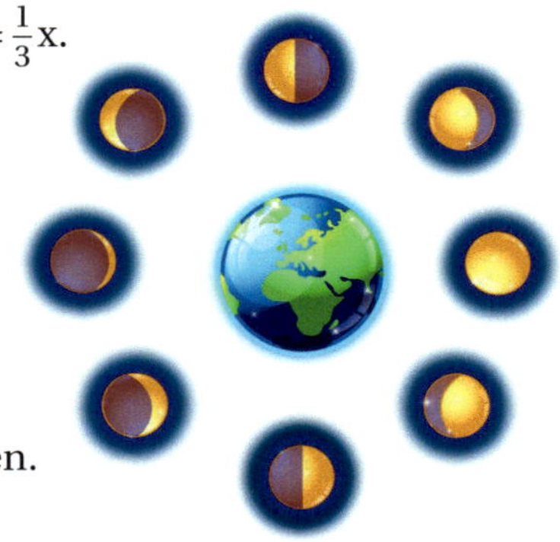

10 Gegeben sind die Funktionen $y = f(x) = 3\sin x$ und $y = g(x) = -x$.

a) Zeichne beide Funktionsgraphen in ein und dasselbe Koordinatensystem im Intervall $-2\pi \le x \le 2\pi$.
b) Gib den Wertebereich jeder Funktion für das gegebene Intervall an.
c) Markiere alle Schnittpunkte, die beide Kurven miteinander haben.
d) Lies die Argumente für $f(x_1) = 2{,}5$; $f(x_2) = -1{,}5$ und $f(x_3) = 0{,}5$ ab.
e) Gib den Wertebereich jeder Funktion für das Intervall $0 \le x \le \pi$ an.

Nachgefragt

1 Schreibe den Definitions- und den Wertebereich von $y = \sin x$ auf.
2 Gib die kleinste Periode der Sinusfunktion an.
3 Schreibe im Gradmaß: 3π, $\frac{\pi}{2}$, $\frac{\pi}{3}$, -2π, $-\frac{\pi}{4}$, -6π, $\frac{5}{2}\pi$
4 Ermittle die Nullstellen von $y = \sin x$ im Intervall $-2\pi \le x \le 3\pi$.
5 Berechne folgende Sinuswerte: sin 50°, sin 130°, sin 170° und sin 10°
Vergleiche die Ergebnisse miteinander und erläutere deine Feststellung.

Gemischte Aufgaben

Hier seht ihr das Prinzip der Wechselstromerzeugung mit einem Fahrraddynamo.

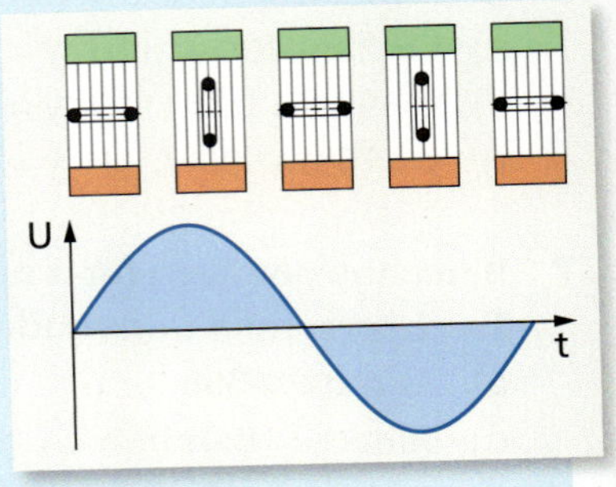

Beschreibt, was bei einer Umdrehung der Spule passiert und was sich beim schnelleren Drehen ändern würde.

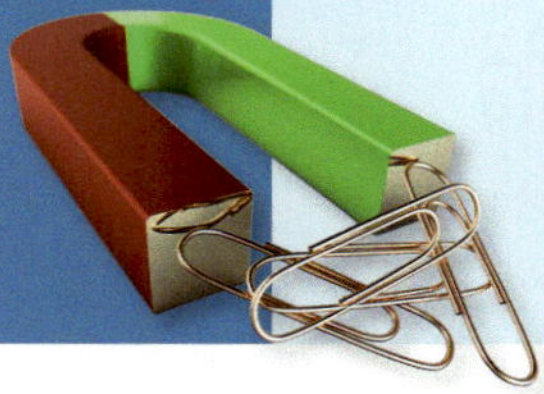

1 Gib für den Vorgang die kleinste Periode an.

a) Bewegung des großen Uhrzeigers b) Bewegung des kleinen Uhrzeigers
c) Bewegung des Sekundenzeigers d) Erdrotation um die eigene Achse

2 Schreibe die im Gradmaß gegebene Winkelgröße im Bogenmaß auf.

a) 45° b) 720° c) –60° d) 270° e) –225° f) 75°

3 Gib den Quadranten an, in dem der im Bogenmaß gegebene Winkel liegt.

a) $\frac{5}{12}\pi$ b) $\frac{3}{4}\pi$ c) $\frac{7}{4}\pi$ d) $\frac{3}{7}\pi$ e) $\frac{7}{6}\pi$ f) $\frac{9}{5}\pi$

4 Gegeben sind $y = f(x) = \sin x$ und $y = g(x) = 3 \sin x$ im Intervall $-2\pi \le x \le 2\pi$.

a) Stelle für jede Funktion eine Wertetabelle mit zehn Zahlenpaaren auf. Die x-Werte sollen sich mit einer Schrittweite von $\frac{\pi}{4}$ ändern.
b) Gib den Wertebereich jeder Funktion an.
c) Zeichne beide Graphen in ein und dasselbe Koordinatensystem.
d) Ermittle die Koordinaten der Schnittpunkte beider Graphen.
e) Vergleiche das Monotonieverhalten beider Funktionen.

5 Ermittle alle Winkelgrößen α im Intervall $0° \le \alpha \le 360°$.

a) $\sin \alpha = \sin 45°$ b) $\sin \alpha = -\sin 90°$ c) $\sin \alpha = \sin 120°$
d) $\sin \alpha = \sin 200°$ e) $\sin \alpha = \sin 400°$ f) $\cos \alpha = \cos 30°$
g) $\sin \alpha = 1$ h) $\cos \alpha = -1$ i) $|\sin \alpha| = 0{,}5$
j) $2 \sin \alpha = 1{,}6$ k) $3 \sin \alpha = -3$ l) $1{,}5 \sin \alpha = 1$

6 Gib jeweils die zugehörigen x-Werte im Intervall $-2\pi \le x \le 2\pi$ an.

a) $y = \sin x;\ y = 0{,}5$ b) $y = 2 \sin x;\ y = 2$ c) $y = 0{,}5 \sin x;\ y = -0{,}25$
d) $y = 2 \cos x;\ y = -2$ e) $y = 4 \sin x;\ y = 5$ f) $y = \sqrt{2} \sin x;\ y = 1$

7 In einer Hochspannungsleitung können sehr große Wechselspannungen (bis etwa 380 000 Volt) auftreten.

a) Beschreibe den zeitlichen Verlauf der Spannung mit Worten.

b) Gib an, wie oft sich das Vorzeichen der Spannung in einer Sekunde ändert.

c) Informiere dich, wie du die Frequenz der Spannung ermitteln kannst und berechne diese.

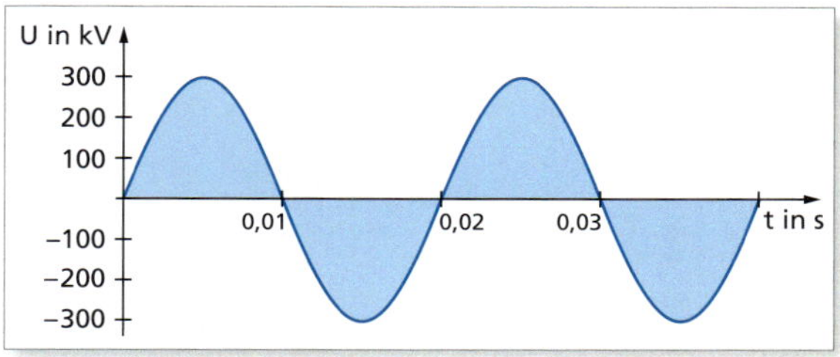

8 Entscheide und begründe, für welche der Funktionen $y = f_1(x) = \sin x$, $y = f_2(x) = 2 \sin x$ und $y = f_3(x) = 0{,}5 \sin x$ welche der Aussagen (1), (2) und (3) gilt.

(1) Es gilt: $f(0) = 0$

(2) Die Gleichung $f(x) = 1$ ist nicht lösbar.

(3) Der Wertebereich ist: $-2 \leq y \leq 2$

9 Ein Fahrradventil bewegt sich beim Drehen des Vorderrades immer auf- und abwärts (↗ Seite 68).

a) Skizziere die Lage eines Ventils in Abhängigkeit von der Zeit für drei Umdrehungen des Rads bei gleichbleibender Geschwindigkeit.

b) Erläutere, wodurch sich die Kurve bei einem 24-Zoll-Rad von der bei einem 28-Zoll-Rad unterscheidet.

10 Informiere dich, wann die Sonne im vergangenen Jahr in Berlin auf- bzw. untergegangen ist.

a) Übertrage die Mittelwerte für jede Woche des Jahres in eine Tabellenkalkulation

b) Stelle die Daten in zwei Diagrammen dar.

c) Beschreibe den Verlauf der Punkte mit Worten.

d) Welche Gesetzmäßigkeiten sind erkennbar? Erläutere diese.

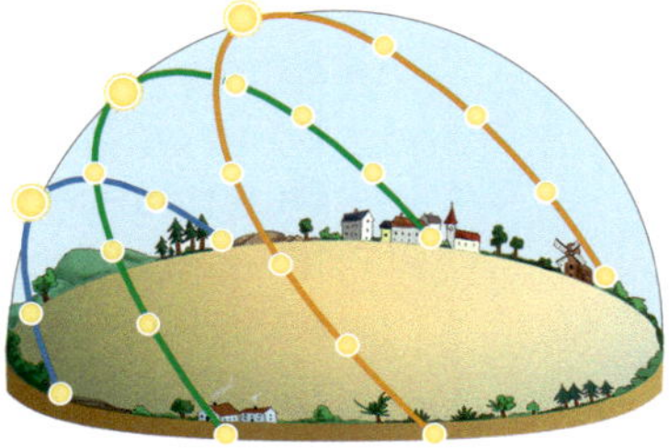

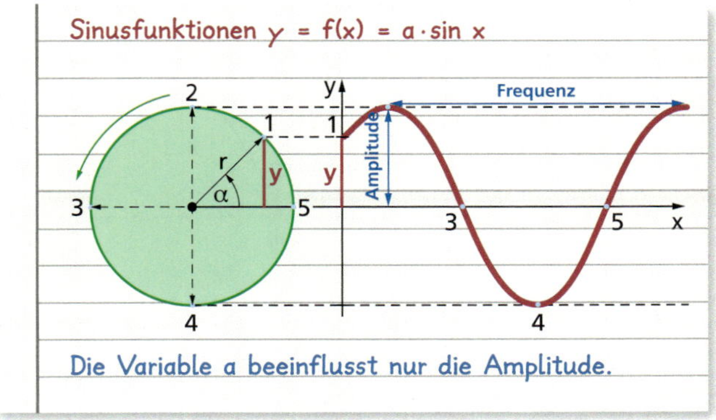

Mathe und mehr

Das Dach hier wäre ohne Sinus
wohl kaum im Plus,
auch nicht im Minus.
Schon eher eben oder flach
und nicht solch schönes „Sinusdach“.

Sinuskurven erzeugen

Die Form der Hallendächer des Paul-Klee-Zentrums in Bern lässt sich durch eine Sinusfunktion beschreiben. Sinuskurven können mit Schablonen gezeichnet werden. Die folgenden Beispiele zeigen weitere Möglichkeiten:

Ein Experiment mit Sand

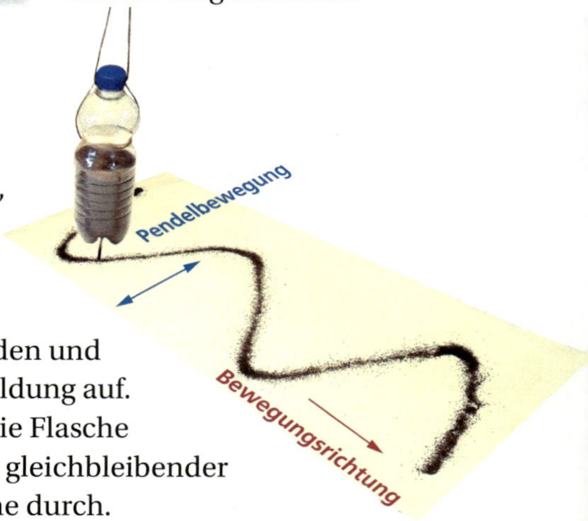

Materialien:
PVC-Flasche, Faden, trockener Sand, Trichter, Tapete

Anleitung:

1. Bohrt ein Loch mit etwa 5 mm Durchmesser in den Flaschenboden und hängt die Flasche wie in der Abbildung auf.
2. Füllt die Flasche mit Sand, lasst die Flasche pendeln und zieht die Tapete mit gleichbleibender Geschwindigkeit unter der Flasche durch.

Sinuskurven in GeoGebra

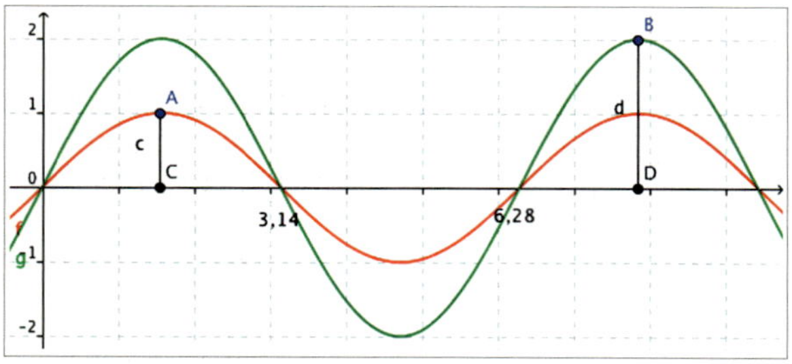

Eingabe: y = sin (x)

Eingabe: y = 2*sin (x)

1. Schreibt beide Gleichungen nacheinander in die Eingabezeile.
2. Erzeugt auf den Funktionsgraphen die Punkte A und B.
3. Zeichnet durch jeden der beiden Punkte eine Senkrechte zur x-Achse.
4. Ermittelt die Schnittpunkte der beiden Senkrechten mit der x-Achse.
5. Bewegt die Punkte A und B.

Wusstest du schon?

Das London Eye – größtes Riesenrad Europas

Das größte Riesenrad Europas steht am Südufer der Themse in London.
Es wird auch „Millennium Wheel“ genannt, da es im Jahr 2 000 erstmals in Betrieb genommen wurde.
Die 32 Kabinen sollen die 32 Stadtbezirke Londons symbolisieren. Jede Kabine bietet bis zu 25 Personen Platz.
Bei guten Wetterverhältnissen beträgt die Sichtweite aus den Kabinen bis zu 40 km.

1 Gebt an, wie viele Personen höchstens mit dem Riesenrad fahren dürfen.

2 Ermittelt die Geschwindigkeit der Kabinen in Kilometer pro Stunde.

3 Berechnet den zurückgelegten Weg einer Kabine bei einer Umdrehung.

4 Berechnet die Drehwinkel für folgende Zeiten und gebt sie sowohl im Grad- als auch im Bogenmaß an:
5 min, 10 min, 15 min, 20 min, 30 min, 45 min, 1 h

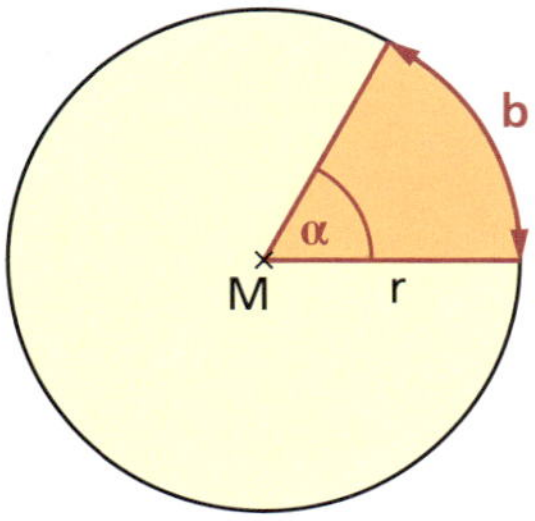

5 Stellt den Zusammenhang zwischen dem Drehwinkel und der Kabinenhöhe in einem Koordinatensystem dar.
a) Zeichnet den Kurvenverlauf für zwei Umdrehungen.
b) Beschreibt den Kurvenverlauf mit Worten.
c) Gebt den Wertebereich und die Periode an.

Informiert euch über das größte transportable Riesenrad der Welt.

6 Ermittelt die technischen Daten dieses Riesenrads.

7 Stellt auch für dieses Riesenrad den Zusammenhang zwischen dem Drehwinkel und der Kabinenhöhe in einem Koordinatensystem dar.

8 Vergleicht den Kurvenverlauf des größten transportablen Riesenrads mit dem des London Eye.

Das hast du gelernt

Winkelfunktionen

Funktionsgleichung: $y = f(x) = \sin x$
$y = f(x) = \cos x$

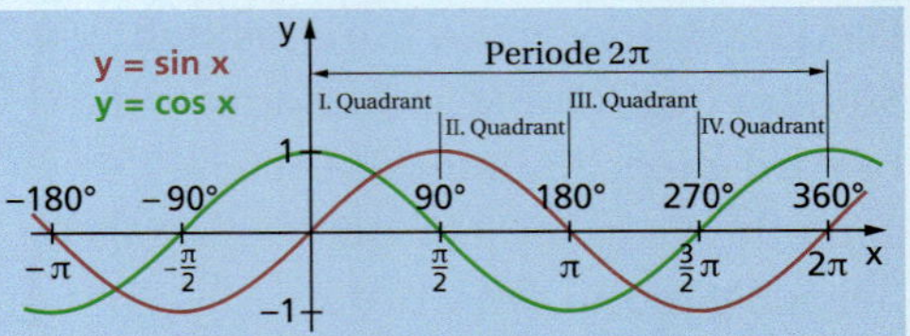

Definitionsbereich D: $x \in \mathbb{R}$

Wertebereich W: $y \in \mathbb{R}; -1 \leq y \leq 1$

Nullstellen: für sin x: $x_k = k \cdot \pi; k \in \mathbb{Z}$ für cos x: $x_k = \frac{\pi}{2} + k \cdot \pi; k \in \mathbb{Z}$

Kleinste Periode: 2π

Funktionswerte spezieller Argumente

x im Gradmaß	0°	30°	45°	60°	90°	180°	360°
x im Bogenmaß	0	$\frac{\pi}{6}$	$\frac{\pi}{4}$	$\frac{\pi}{3}$	$\frac{\pi}{2}$	π	2π
y = sin x	0	$\frac{1}{2}$	$\frac{1}{2} \cdot \sqrt{2}$	$\frac{1}{2} \cdot \sqrt{3}$	1	0	0
y = cos x	1	$\frac{1}{2} \cdot \sqrt{3}$	$\frac{1}{2} \cdot \sqrt{2}$	$\frac{1}{2}$	0	−1	1

Sinusfunktionen $y = f(x) = a \cdot \sin x$; $(a > 0)$

a = 1	**a > 1**	**a < 1**
Sinuskurve	in y-Richtung gestreckt	in y-Richtung gestaucht
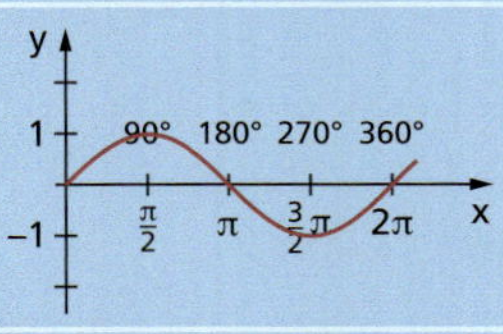	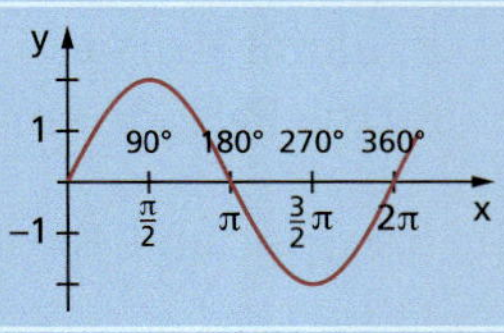	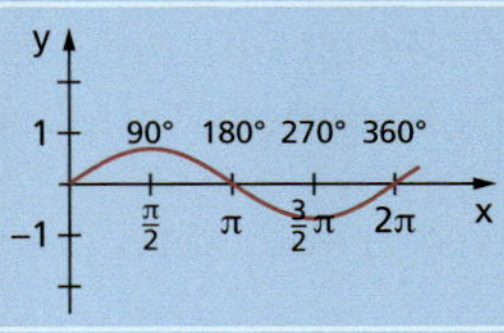

Definitionsbereich:	$x \in \mathbb{R}$		
Wertebereich:	$-1 \leq y \leq 1$	**Wertebereich:**	$-a \leq y \leq a$
Nullstellen:	$x_k = k \cdot \pi; k \in \mathbb{Z}$		
Monotonie:	abwechslend monoton steigend und fallend		
Periode:	$\sin x = \sin(x + 2k \cdot \pi); k \in \mathbb{Z}$		
Symmetrie:	symmetrisch zum Koordinatenursprung		

Teste dich selbst

4

1 Zeichne den Graphen jeder Funktion im Intervall $-2\pi \le x \le 2\pi$.
(1) $y = \sin x$ (2) $y = 3 \sin x$ (3) $y = 0{,}25 \sin x$

2 Übertrage die Tabelle ins Heft und fülle sie aus.

Gradmaß	$-270°$		$-45°$	$0°$	$30°$			$90°$	$120°$		
Bogenmaß		$-\pi$				$\frac{\pi}{4}$	$\frac{\pi}{3}$			$\frac{3}{2}\pi$	2π

3 a) Gib die Nullstellen der Funktion $y = \sin x$ im Intervall $-\pi \le x \le 3\pi$ an.
b) Ermittle die Koordinaten zweier Punkte des Graphen im I. Quadranten.
c) Begründe, warum der Funktionsgraph von $y = \sin x$ keinen Punkt $P(x_1; 1{,}2)$ haben kann.

4 Gegeben ist der Graph einer Sinusfunktion.

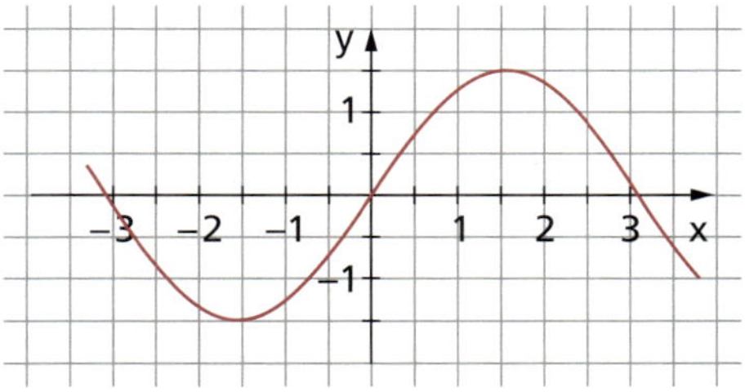

a) Lies die Funktionswerte für folgende Argumente ab:
$x_1 = 2$ $x_2 = \pi$ $x_3 = -\frac{\pi}{2}$
b) Lies die Argumente für folgende Funktionswerte ab:
$f(x_1) = 1{,}5$ $f(x_2) = -1{,}5$ $f(x_3) = 0$
c) Gib eine Gleichung für den Funktionsgraphen an.

5 Ordne folgende Sinuswerte bzw. Kosinuswerte der Größe nach. Beginne mit dem kleinsten Wert.
a) (1) sin 45° (2) sin 75° (3) sin 110° (4) sin 170° (5) sin 180° (6) sin 200°
b) (1) cos 120° (2) cos 30° (3) cos 90° (4) cos 180° (5) cos 200° (6) cos 45°

6 Ermittle alle Winkelgrößen α im Intervall $0° \le \alpha \le 360°$, die die Gleichung erfüllen:
a) $\sin \alpha = \sin 17°$ b) $\sin \alpha = -\sin 45°$ c) $\sin \alpha = \sin 210°$

7 Gegeben sind die Funktionen $y = f(x) = 2 \sin x$ und $y = g(x) = x$.
a) Zeichne die Graphen beider Funktionen im Intervall $-\frac{3}{2}\pi \le x \le \frac{3}{2}\pi$ in ein und dasselbe Koordinatensystem.
b) Gib die Koordinaten der Schnittpunkte beider Funktionsgraphen an.
c) Gib den Wertebereich beider Funktionen im gegebenen Intervall an.

5 Kugeln und zusammengesetzte Körper berechnen und darstellen

Die Planeten unseres Sonnensystems werden mit Raumsonden und mit Teleskopen immer weiter erforscht.

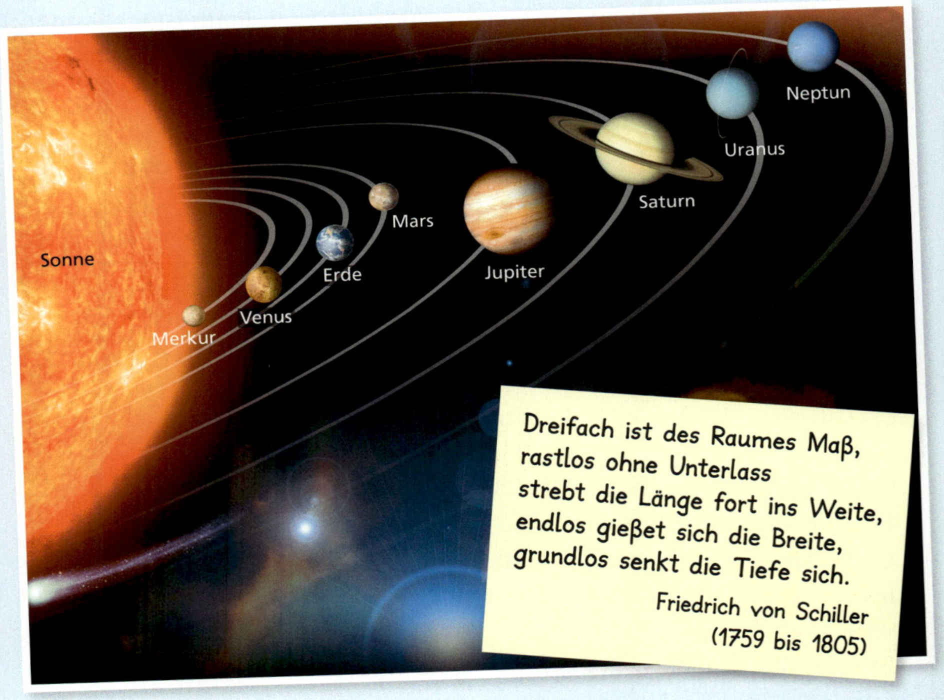

Dreifach ist des Raumes Maß,
rastlos ohne Unterlass
strebt die Länge fort ins Weite,
endlos gießet sich die Breite,
grundlos senkt die Tiefe sich.

Friedrich von Schiller
(1759 bis 1805)

Informiert euch über den Aufbau unseres Sonnensystems und erstellt eine Übersicht, in der wichtige Kenngrößen aller Planeten enthalten sind.

Eine besondere Festung
Beschreibt den besonderen Aufbau vom Castel del Monte. Informiert euch über die Originalmaße der Festung und skizziert sie in einem selbstgewählten Maßstab.

Zusammensetzen und Zerlegen
Baut den abgebildeten Körper so, dass er als Modell die folgende Gleichung veranschaulicht:
$(a + b)^3 = a^3 + 3a^2b + 3ab^2 + b^3$

Kannst du das?

Körper und ihre Eigenschaften

Körper sind **räumliche Figuren,** die immer durch **ebene** oder **gekrümmte Flächen** begrenzt werden.

Grundformen geometrischer Körper *(Würfel, Quader, Prisma, Zylinder, Pyramide, Kegel, Kugel)* findest du an vielen Gegenständen unserer Umgebung.

Unterscheide Körper an ihren Eigenschaften:

Eigenschaft	Beispiel: Quader
Anzahl der Eckpunkte	8 Eckpunkte
Anzahl (Lage) der Kanten	12 (zueinander parallele gegenüberliegende) Kanten
Form (Lage) von Grund- und Deckfläche	2 zueinander parallele und kongruente Rechtecke
Anzahl, Form und (Lage) der Begrenzungsflächen	6 Rechtecke, davon jeweils 2 zueinander parallel und kongruent

Einfache geometrische Körper darstellen und berechnen

Darstellungsarten:
- Beim **Körpernetz** werden alle *Begrenzungsflächen zusammenhängend in eine Ebene* abgewickelt.
- Beim **Zweitafelbild** wird der Körper von oben *(Grundriss)* und von vorn *(Aufriss)* gezeichnet.
- Beim **Schrägbild** werden *Tiefenlinien um 45° geneigt* und auf die *Hälfte verkürzt* gezeichnet.

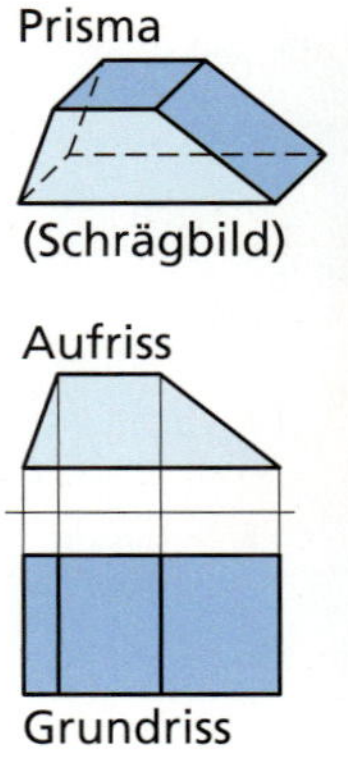

Unterscheide zwischen *gesuchten* und *gegebenen Größen,* stelle *Formeln* gegebenenfalls um, *setze* die gegebenen Größen *in* die *Formel ein, berechne.*

Nutze Formelsammlungen und den Taschenrechner.

Dreiseitiges Prisma	Rechteckige Pyramide
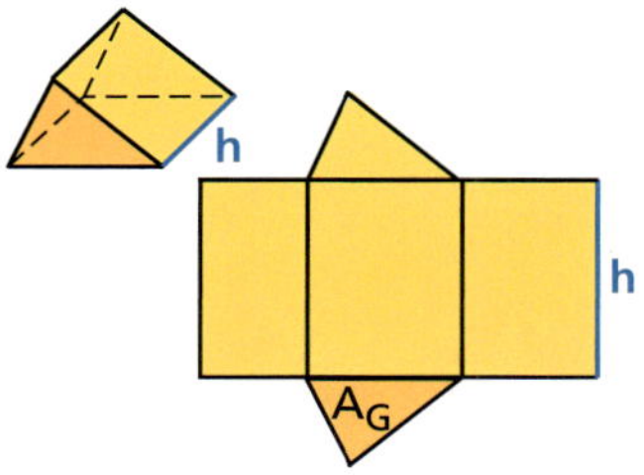	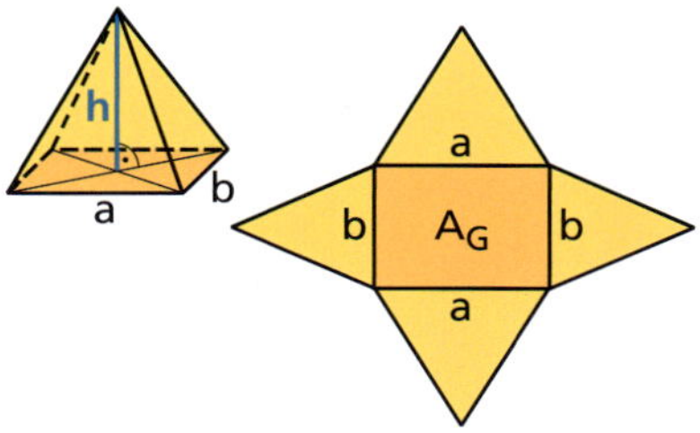
$V = A_G \cdot h$	$V = \frac{1}{3} A_G \cdot h = \frac{1}{3} \cdot a \cdot b \cdot h$
$A_O = 2 \cdot A_G + A_M$	$A_O = A_G + A_M$
Zylinder	**Kegel**
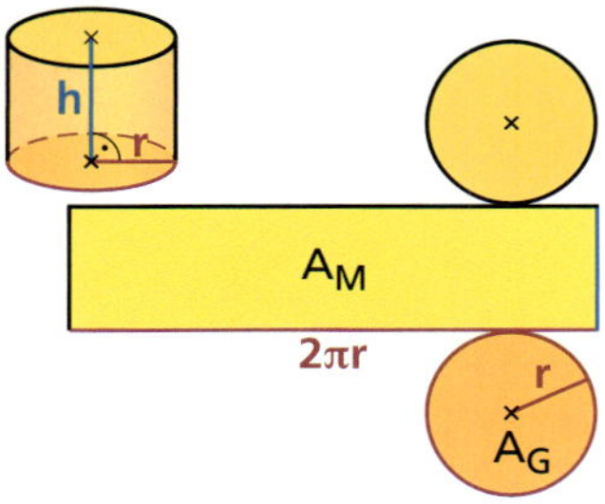	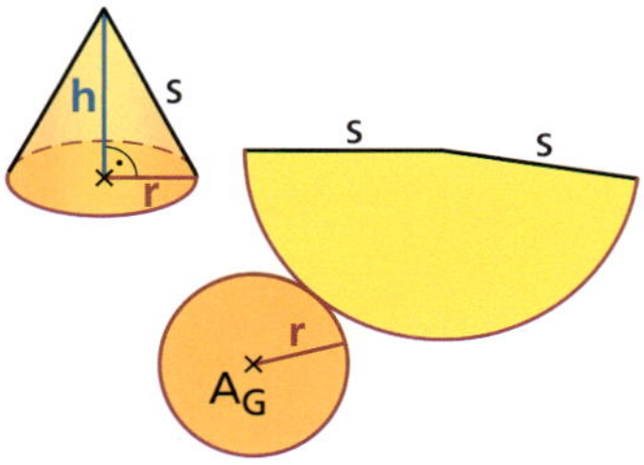
$V = A_G \cdot h = \pi \cdot r^2 \cdot h$	$V = \frac{1}{3} A_G \cdot h = \frac{1}{3} \pi \cdot r^2 \cdot h$
$A_O = 2 \cdot A_G + A_M$	$A_O = A_G + A_M$

Bei Prismen und Zylindern gelten jeweils für Volumen und Oberflächeninhalte gleiche Formeln.

Beispiel

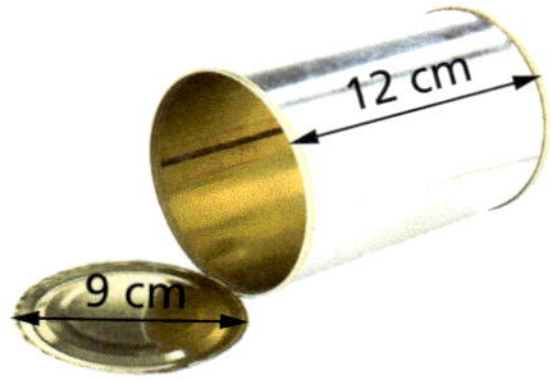

Berechne Volumen und Oberflächeninhalt der Büchse.

Gesucht: A_O (cm²), V (cm³) *Gegeben:* d, h

Lösung: $A_G = \frac{\pi}{4} \cdot d^2 = \frac{\pi}{4} \cdot (9\text{ cm})^2 = \frac{\pi}{4} \cdot 81\text{ cm}^2 \approx 64\text{ cm}^2$

$A_M = u \cdot h = \pi \cdot d \cdot h = \pi \cdot 9\text{ cm} \cdot 12\text{ cm} = \pi \cdot 108\text{ cm}^2 \approx 339\text{ cm}^2$

$V = A_G \cdot h \approx 64\text{ cm}^2 \cdot 12\text{ cm} \approx 768\text{ cm}^3$

$A_O = 2 \cdot A_G + A_M \approx 2 \cdot 64\text{ cm}^2 + 339\text{ cm}^2 \approx 128\text{ cm}^2 + 339\text{ cm}^2 \approx 467\text{ cm}^2$

Antwort: Das Volumen der Büchse beträgt etwa 770 cm³, der Oberflächeninhalt etwa 470 cm².

Grundfläche A_G
Mantelfläche A_M
Körperhöhe h
Umfang u
Durchmesser d
Kreiszahl π

Kannst du das?

Aufgaben

1 Beschreibe, welche geometrischen Körperformen du an den Gebäudemodellen erkennst.

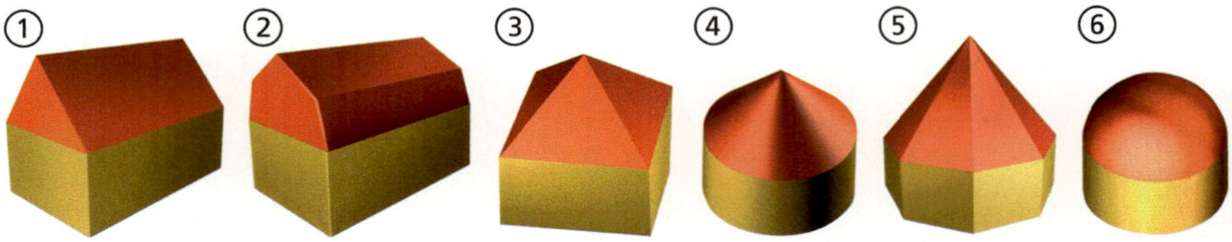

a) Ordne jeder Körperform die zutreffenden Eigenschaften zu.

- Die Grundfläche ist ein n-Eck.
- Die Grundfläche ist kein n-Eck.
- Grundfläche und Deckfläche sind zueinander parallel und kongruent.
- Der Körper hat eine Spitze.
- Es ist keine Deckfläche vorhanden.
- Die Seitenflächen sind Rechtecke.
- Die Seitenflächen sind keine Rechtecke.
- Der Körper hat krummlinige Kanten.

b) Schreibe für jedes Dach einen Steckbrief.

2 Berechne das Volumen und den Oberflächeninhalt folgender Körper:

Körper	Grundfläche	Höhe
Prisma	gleichseitiges Dreieck: a = 4,5 cm	h = 3 cm
Prisma	rechtwinkliges Dreieck (90° bei C): a = 3,6 m; c = 7,8 m	h = 5 m
Prisma	Trapez mit a ‖ c und b = d: a = 5,4 cm; b = 3,5 cm; h_a = 3,2 cm	h = 6,2 cm
Prisma	Rechteck: a = 4,6 cm; b = 23 mm	h = 0,46 m
Zylinder	Radius der Grundfläche: r = 25 mm	h = 6 dm
Zylinder	Durchmesser der Grundfläche d = 3,8 cm	h = 60 mm

3 a) Schätze und begründe, für welche Vase das meiste Material benötigt wurde.

b) Berechne den Materialbedarf für jede Vase. Alle Vasen sind im Maßstab 1 : 5 dargestellt.

4 Was passt hier nicht in die Aufzählung? Begründe deine Entscheidung.
a) Kegel – Kugel – Kreis
b) Prisma – Zylinder – Pyramide

5 Erstelle jeweils eine Checkliste, die alle wichtigen Schritte zum Lösen der folgenden Aufgabe für einen Gegenstand enthält:
a) Beschreibe sein Aussehen und stelle ihn zeichnerisch dar.
b) Berechne sein Volumen und seinen Oberflächeninhalt.
c) Wähle einen Gegenstand aus deiner Umgebung, arbeite die Checklisten ab und präzisiere die Listen gegebenenfalls.

6 Beschreibe jeden Körper möglichst genau, zeichne ihn in einer anderen Darstellungsart und berechne sein Volumen. Entnimm die erforderlichen Maße der Zeichnung.

a)

b)
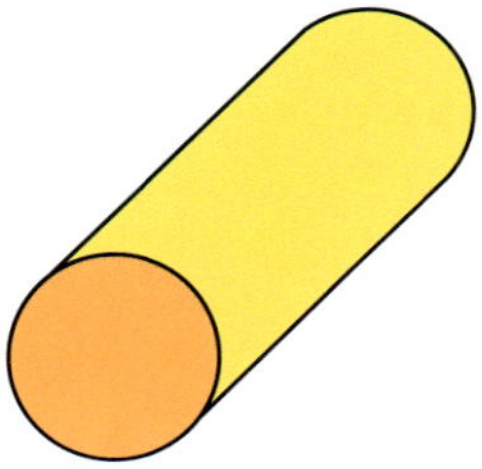

c)
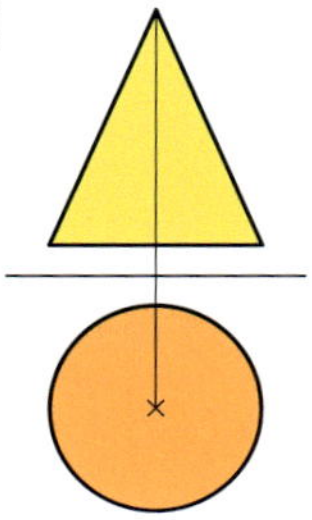

7 Prüfe und begründe, ob alle Abbildungen Netze eines dreiseitigen Prismas sind. Finde weitere Netze.

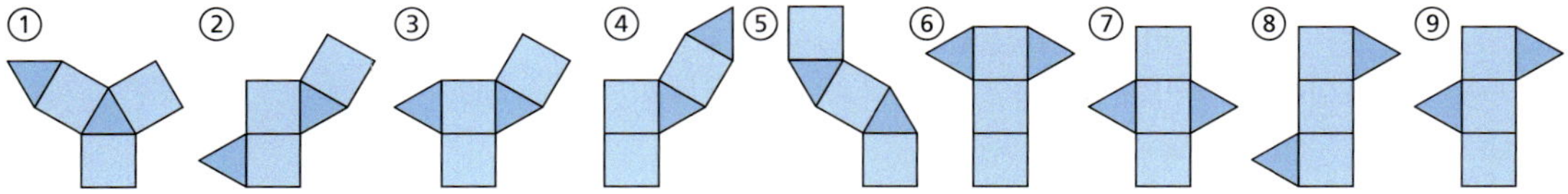

8 Schreibe deinen Namen mit Großbuchstaben etwa so, wie in der Abbildung. Erläutere, was dabei beachtet werden sollte.

Volumen und Oberflächeninhalt von Kugeln

Die abgebildete Kugel dreht sich auf einem Wasserfilm.

Schätze den Durchmesser und die Masse der Granitkugel.

Alle Punkte des Raumes, die zu einem festen Punkt M den gleichen Abstand r haben, bilden eine **Kugel.** Der Punkt **M ist der Mittelpunkt** und der Abstand **r der Radius** der Kugel.

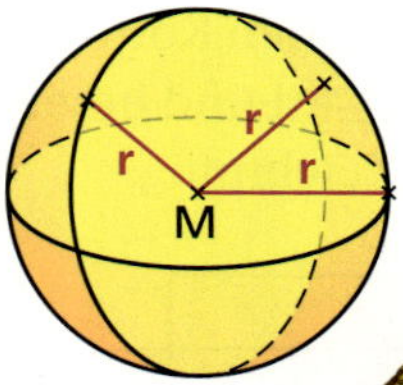

Eine Kugel kann in Teilkörper zerlegt werden, die annähernd Pyramiden sind. Die Rauminhalte aller dieser Teilkörper ergeben zusammen das Volumen und die Grundflächen aller Teilkörper die Oberfläche der Kugel.

Volumen und Oberflächeninhalt von Kugeln berechnen

Für Kugeln gilt:

Volumen: $V = \frac{4}{3}\pi \cdot r^3$

Oberflächeninhalt: $A_O = 4\pi \cdot r^2$

Beispiel

Berechne Volumen und Oberflächeninhalt der Kugel mit d = 42 cm.

Gesucht: V (dm^3), A_O (dm^2) *Gegeben:* $r = \frac{1}{2}d = 21$ cm

Lösung:

$V = \frac{4}{3}\pi \cdot r^3$ $A_O = 4\pi r^2$

$V = \frac{4}{3}\pi \cdot (21\text{ cm})^3$ $A_O = 4\pi \cdot (21\text{ cm})^2$

$V \approx 39\,000\text{ cm}^3 = 39\text{ dm}^3$ $A_O \approx 5\,500\text{ cm}^2 = 55\text{ dm}^2$

Antwort: Das Volumen beträgt ca. 39 dm^3, der Oberflächeninhalt ca. 55 dm^2.

Aufgaben

1 Übertrage die folgende Tabelle in dein Heft und fülle sie aus:

	a)	b)	c)	d)	e)	f)
r	1,9 cm					
d		4,8 m				
V			4,445 dm^3	524 mm^3		
A_O					16,05 dm^2	437 cm^2

2 Ein Lederfußball hat einen Durchmesser von 23,0 cm.

a) Berechne sein Volumen und gib es in Liter an.

b) Berechne seinen Oberflächeninhalt und gib ihn in Quadratmeter an.

c) Es werden zusätzlich etwa 13 % für Nähte und Verschnitt eingeplant. Berechne, wie viel Quadratmeter Leder für 100 Bälle notwendig sind.

$1\,l = 1\,dm^3$

3 Der mittlere Radius unserer Erde beträgt etwa 6 370 km.

a) Berechne mit dieser Angabe, wie viel Millionen Quadratkilometer der Oberflächeninhalt der Erde ungefähr beträgt.

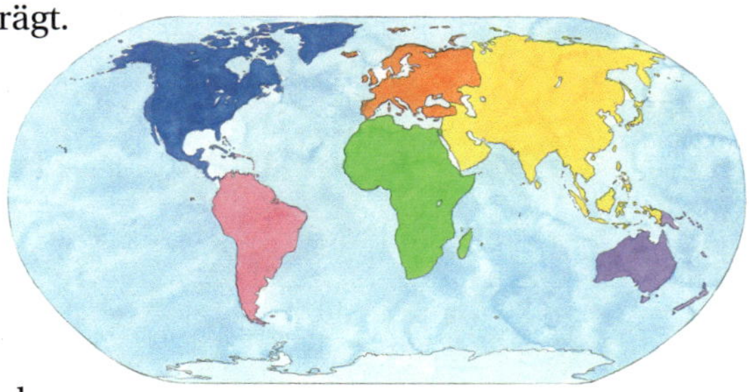

b) Etwa 29,2 % der Erdoberfläche sind von Land bedeckt, der Rest von Wasser. Berechne, wie viel Millionen Quadratkilometer das jeweils sind.

c) Berechne die Masse der Erde mit einer mittleren Dichte von 5,54 $\frac{g}{cm^3}$ und gib das Ergebnis in Tonnen an.

d) Vergleiche deine Ergebnisse mit den Angaben über die Erde in deiner Formelsammlung.

$\varrho = \frac{m}{V}$

4 Ein kugelförmiger Flakon enthält insgesamt 100 ml Parfüm. Berechne, welchen inneren Durchmesser der Flakon mindestens haben muss.

5 Berechne die Masse einer Billardkugel aus Phenolharz mit einer Dichte von 1,8 $\frac{g}{cm^3}$ und einem Durchmesser von 6 cm.

6 Berechne die Durchmesser der Eisenkugeln beim Kugelstoßen der Frauen bzw. der Männer.
Für Frauen muss die Kugel eine Masse von 4 kg, für Männer eine Masse von 7,257 kg haben.

Zusammengesetzte Körper darstellen

Hier ist ein besonderes Körpernetz gezeichnet. Erläutere, welche Eigenschaften der Körper hat.

Skizziere ein anderes Netz dieses Körpers.

Analysiere die einzelnen Bestandteile eines zusammengesetzten Körpers an einem **Schrägbild** oder an einem **Zweitafelbild.** Wähle möglichst anschauliche Perspektiven. Zeichne zuerst die Bestandteile des Körpers einzeln. **Kennzeichne nicht sichtbare Kanten** und **hebe sichtbare Kanten hervor.**

Gegenstand	Zusammengesetzter Körper (Modell vom Amboss)	
Amboss	Schrägbild	Zweitafelbild
	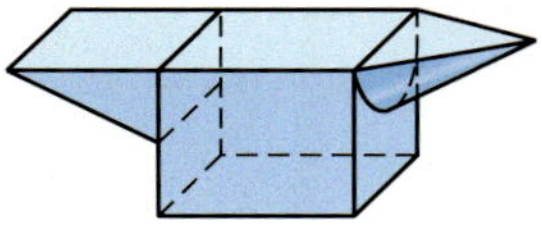	Aufriss: 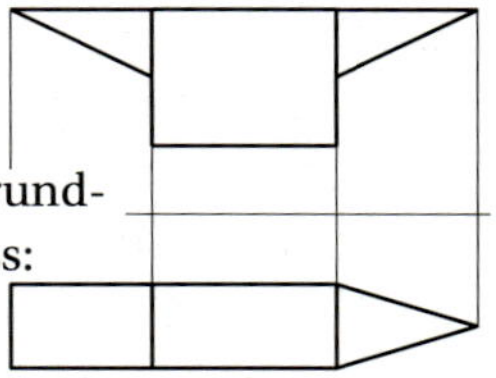 Grundriss:
Unterlage zum Schmieden metallischer Gegenstände	**Tiefenlinien** sind um **45° geneigt** und **auf die Hälfte verkürzt.**	
Ein zusammengesetzter Körper aus einem **Quader,** einem **Prisma** und einem **halben Kegel** hat die gleiche Form wie der Amboss.		

Interpretiere auch Gegenstände mit herausgeschnittenen Teilen als zusammengesetzte Körper.

Gegenstand	Zusammengesetzter Körper (Modell des Mühlespiels)	
Mühlespiel	Zweitafelbild	Interpretation
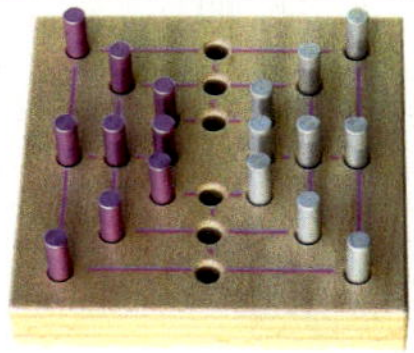	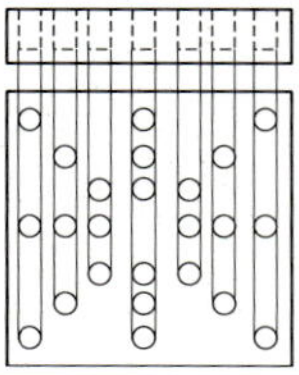	Aus einem Quader mit quadratischer Grundfläche sind in bestimmter Anordnung 24 Zylinder herausgebohrt.

Aufgaben

1 Nenne und skizziere Gegenstände deiner Umgebung aus folgenden geometrischen Grundfiguren als Beispiele für zusammengesetzte Körper:
a) Quader und Prisma
b) Prisma und Pyramide
c) Zylinder und Kegel
d) Kegel und Kegel

2 Beschreibe die zusammengesetzten Körper und skizziere jeweils einen Grundriss und einen Aufriss.

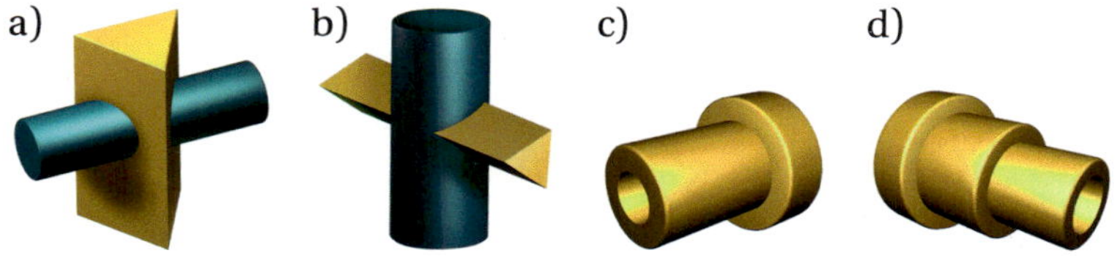

3 Entscheide und begründe, welche der folgenden Aussagen für das abgebildete Werkstück zutreffen.
Korrigiere die falschen Aussagen.
a) Ein Teil davon ist ein Zylinder.
b) Die Bohrung ist kreisförmig.
c) Sein Grundriss ist ein Rechteck.
d) Er ist zusammengesetzt.

4 Beschreibe die im Zweitafelbild dargestellten Körper ①, ② und ③.

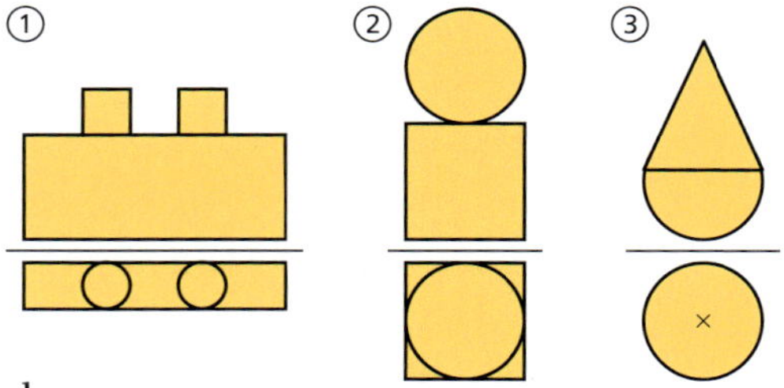

5 Zeichne jeweils ein Schrägbild.
a) Auf einem Würfel mit einer Kantenlänge von 4 cm steht eine quadratische Pyramide, bei der alle Kanten 4 cm lang sind.
b) Genau in der Mitte eines 6 cm langen, 3 cm breiten und 2 cm hohen Quaders befindet sich eine Bohrung mit einem Durchmesser von 2 cm.

6 Skizziere den Aufriss (Draufsicht) bekannter Gebäude.
a) Brandenburger Tor
b) Zeiss-Großplanetarium
c) Hauptbahnhof

7 Eine Antriebswelle besteht aus mehreren Zylindern mit unterschiedlich großen Durchmessern.
a) Skizziere die Welle mit selbst gewählten Maßen im Schrägbild.
b) Zeichne ein Zweitafelbild der Welle.

8 Aus den sechs Bausteinen kann der sogenannte Teufelsknoten zusammengesetzt werden.
a) Wähle zwei Bausteine und zeichne jeweils ein Schrägbild davon.
b) Entscheide, zu welchen der Bausteine die folgenden Zweitafelbilder gehören:

(A) 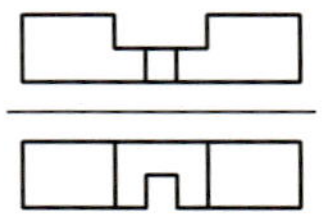

(B) 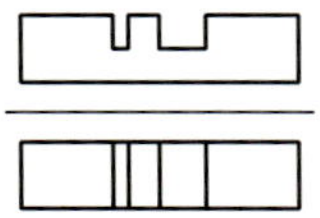

(C) 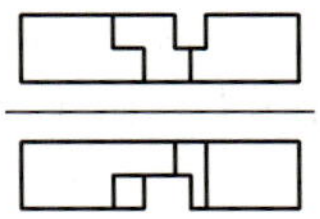

9 Flaschenkorken gibt es in vielen Variationen. Sie können häufig als zusammengesetzte Körper interpretiert werden.
a) Bildet Gruppen und entwickelt in jeder Gruppe drei Vorschläge für solche Korken. Berücksichtigt dabei die verschiedene Einsatzmöglichkeiten und Anforderungen.
b) Erläutert die Vor- und Nachteile eurer drei Vorschläge.
c) Präsentiert den besten Entwurf euren Mitschülern.

10 Interpretiere die Eisschale als zusammengesetzten Körper.
a) Beschreibe, aus welchen geometrischen Grundformen die Schale zusammengesetzt ist und welche Lage sie zueinander haben.
b) Zeichne ein Zweitafelbild der Eisschale.

11 Skizziere von jedem Stein jeweils ein Schrägbild in einer selbstgewählten Lage mit selbst gewählten Maßen und selbst gewähltem Maßstab.

a) 

b) 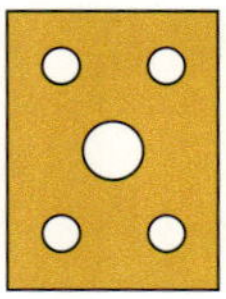

c) 

12 Ein Oktaeder ist ein Körper, dessen Begrenzungsflächen acht zueinander kongruente gleichseitige Dreiecke sind.
a) Informiere dich, welche anderen Eigenschaften Oktaeder noch haben.
b) Suche in diesem Buch nach einem Körpernetz für Oktaeder und baue danach ein Oktaedermodell.

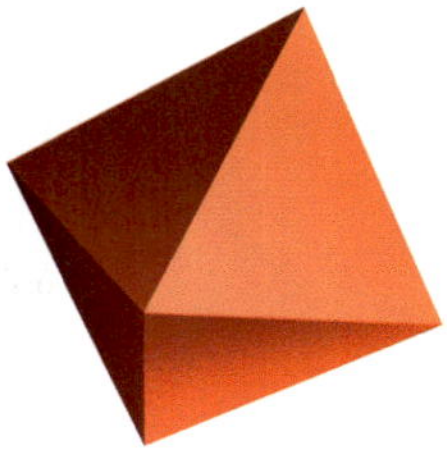

13 a) Beschreibe die Gestalt der abgebildeten Steinsäule.
b) Wähle geeignete Originalmaße und zeichne sowohl ein Schrägbild als auch ein Zweitafelbild der Säule in einem selbstgewählten Maßstab.
Gib deinen gewählten Maßstab an.

14 Jeder der abgebildeten Körper soll durch einen ebenen Schnitt in mindestens zwei Teilkörper zerlegt werden.
a) Führe solch eine Zerlegung gedanklich durch und skizziere sie im Heft.
b) Beschreibe die bei dieser Zerlegung auftretenden Teilkörper.

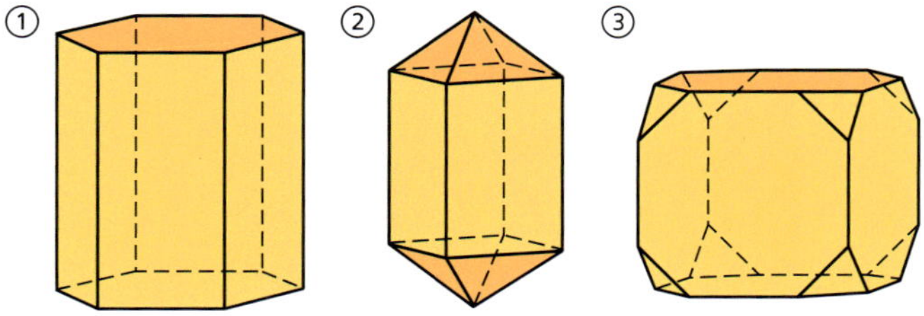

15 Gegeben ist ein Werkstück im Schrägbild.
a) Schreibe dir sinnvolle Längen für die gekennzeichneten Strecken auf.
b) Skizziere mit diesen Maßangaben ein Schrägbild und ein Zweitafelbild im Maßstab 1 : 1.

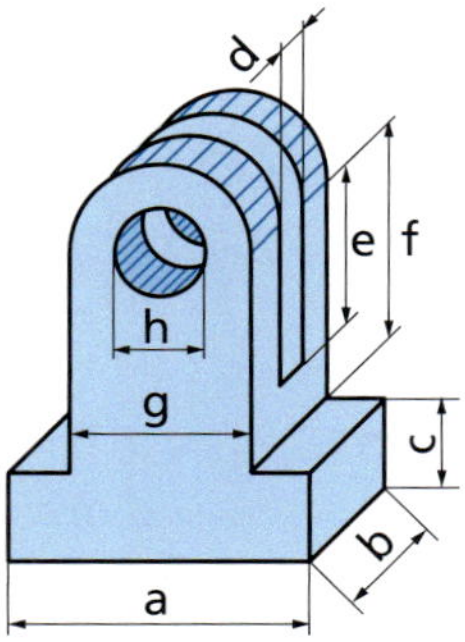

Nachgefragt

1 a) Zeichne das Zweitafelbild eines Würfels (Kantenlänge a = 5 cm) mit aufgesetzter Halbkugel (Durchmesser d = 5 cm).
b) Berechne das Volumen des Körpers aus Aufgabe a.

2 Kennzeichne jeweils in einer Skizze den größtmöglichen Körper der aus einem Würfel herausgefräst werden kann.
a) Zylinder b) Quadratische Pyramide c) Kegel

Zusammengesetzte Körper zerlegen

Der Jenga-Turm ist aus gleichgroßen Quadern zusammengesetzt.

Gib die Anzahl der Quader zu Spielbeginn an. Erläutere die Spielregeln für das Spiel.

Zerlege zusammengesetzte Körper in Teilkörper und analysiere diese. Führe alle notwendigen **Berechnungen an den Teilkörpern** durch und **füge zum Schluss alles wieder zusammen.**

Beispiel

Ein Partyzelt mit einer Gesamthöhe von 4,0 m ist 5,0 m lang und 5,0 m breit.
Die Höhe der Seitenfläche beträgt 2,4 m.

Zeichne alles Bekannte in eine Planfigur ein und berechne folgende Größen:
die Stellfläche für das Zelt (m^2)
das Innenvolumen des Zeltes (m^3)
die Größe der Zeltplane mit Fenster (m^2)

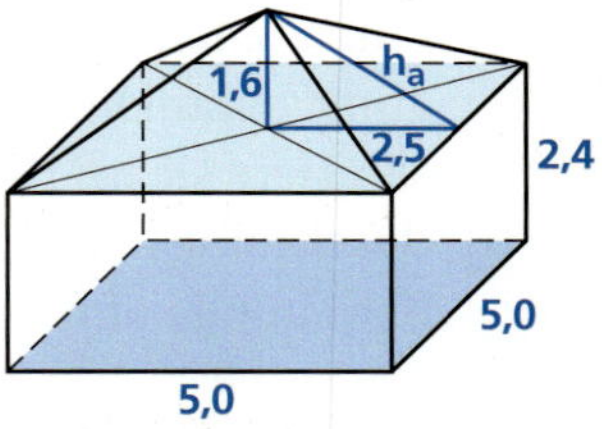

Maßangaben in Meter

Gesucht: A_G (m^2), V_K (m^3), A_M (m^2)

Gegeben: $a = b = 5{,}0$ m, $c = 2{,}4$ m, $h = 1{,}6$ m

Lösung:

Quader:
$A_G = a \cdot b = 25{,}0\ m^2$
$V_Q = a \cdot b \cdot c = 60{,}0\ m^3$
$A_M = 4 \cdot a \cdot c = 48\ m^2$

Pyramide:
$V_P = \frac{1}{3}\, a \cdot b \cdot h = 13{,}3\ m^3$
$A_M = 4 \cdot \frac{a \cdot h_a}{2} \approx 29{,}7\ m^2$

Höhe der Dreiecksfläche
$h_a^2 = (2{,}5\ m)^2 + (1{,}6\ m)^2$
$h_a^2 = 8{,}81\ m^2$
$h_a = 2{,}97$ m

Zusammengesetzter Körper: $A_G = 25{,}0\ m^2$
$V_K = V_Q + V_P = 60{,}0\ m^3 + 13{,}3\ m^3 = 73{,}3\ m^3$
$A_M = A_{M_Q} + A_{M_P} = 48\ m^2 + 29{,}7\ m^2 = 77{,}7\ m^2$

Antwort: Auf einer Stellfläche von 25 m^2 hat das Zelt ein Innenvolumen von etwa 73 m^3. Die Zeltplane (mit Fenstern) ist etwa 78 m^2 groß.

Aufgaben

1 Die folgenden Körper sind aus Einheitswürfeln zusammengesetzt:

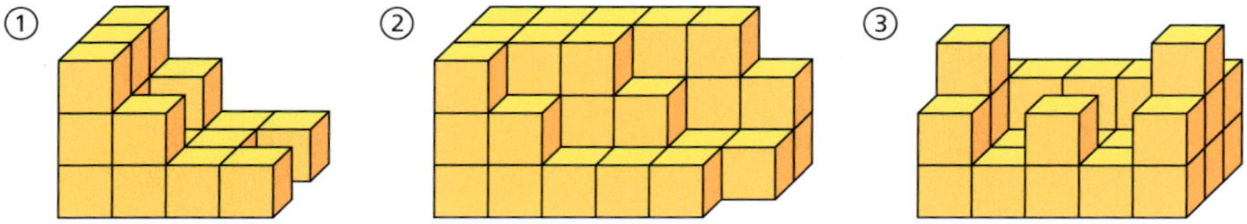

a) Gib an, wie viele Einheitswürfel es bei jedem Körper sind.
b) Fertige jeweils eine Vorder-, eine Drauf- und eine Seitenansicht an.
c) Skizziere einen Körper mit der gleichen Anzahl von Einheitswürfeln wie bei Körper ③, der einen möglichst kleinen Oberflächeninhalt hat.

2 Setze aus leeren Streichholzschachteln verschiedene Körper zusammen.
a) Skizziere deine zusammengesetzten Körper im Schrägbild.
b) Prüfe und begründe, ob sich Volumen und Oberflächeninhalt von Körpern aus gleich vielen Schachteln bei unterschiedlichen Zusammensetzungen ändern.

3 a) Erläutere, in welche geometrischen Grundfiguren die abgebildeten Gegenstände zerlegt werden können.
b) Skizziere die Körper mit einer möglichen Zerlegung.

4 Berechne das Volumen und den Oberflächeninhalt von jedem Werkstück.
(Alle Maßangaben in Millimeter.)

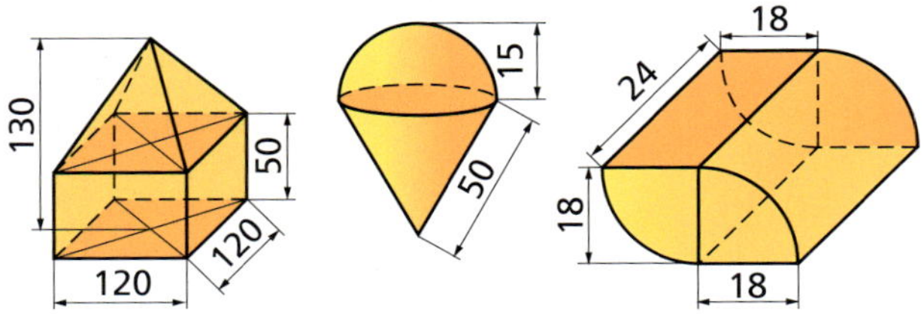

5 Entscheide und begründe, welche der folgenden Aussagen auf den abgebildeten Salzstreuer zutreffen.
Korrigiere falsche Aussagen.
a) Seine Grundfläche ist ein Quadrat.
b) Sein Glaskörper hat annähernd die Form eines Rechtecks.
c) Der Metallverschluss ist (h – b) cm hoch.
d) Für das Volumen gilt: $V = a^2 \cdot b + \frac{1}{4}\pi \cdot (\sqrt{2} \cdot a)^2 \cdot h$

Körper zu anderen Körpern ergänzen

Mogelpackungen täuschen den Käufern mehr Inhalt vor, als sie wirklich enthalten.

Entscheide und begründe, ob hier eine Mogelpackung vorliegt oder nicht.

Führe auch bei Gegenständen mit herausgeschnittenen Teilen alle notwendigen **Berechnungen an den Teilkörpern** durch und betrachte zum Schluss **den Gesamtkörper.**

Beispiel

In einem Holzwürfel mit einer Kantenlänge von 7,0 cm ist in der Mitte ein rundes Teelicht mit einem Durchmesser von 4,0 cm und einer Höhe von 1,5 cm eingelassen.

Zeichne alles Bekannte in eine Planfigur ein und berechne folgende Größen:
das Volumen des Körpers (in cm^3)
den Oberflächeninhalt des Körpers (in cm^2)

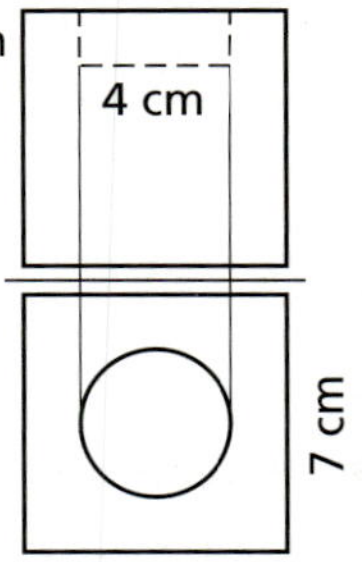

Gesucht: $V\ (cm^3)$, $A_O\ (cm^2)$

Gegeben: $a = 7{,}0\ cm$, $d = 4{,}0\ cm$, $h = 1{,}5\ cm$

Lösung:

Würfel

$V = a^3 = 343\ cm^3$

$A_O = 6 \cdot a^2 = 294\ cm^2$

Zylinder

$V = \frac{1}{4}\pi \cdot d^2 \cdot h \approx 18{,}8\ cm^3$

$A_M = \pi \cdot d \cdot h \approx 18{,}8\ cm^2$

Zusammengesetzter Körper

$V = V_W - V_Z = 343\ cm^3 - 18{,}8\ cm^3 \approx 324\ cm^3$

$A_O = A_{O_W} + A_{M_Z} = 294\ cm^2 + 18{,}8\ cm^2 \approx 312{,}8\ cm^2$

Antwort: Das Volumen des Körpers beträgt etwa $324\ cm^3$, der Oberflächeninhalt etwa $312{,}8\ cm^2$.

Masse:
$V = 324\ cm^3$
$\varrho = 0{,}6\ \frac{g}{cm^3}$
$\varrho = \frac{m}{V}$
$m = \varrho \cdot V$
$m \approx 194\ g$

Aufgaben

1 Hier siehst du drei aus Einheitswürfeln zusammengesetzte Körper.
a) Entscheide, aus wie vielen Einheitswürfeln jeder Körper besteht.
b) Ergänze jeden Körper gedanklich zu einem möglichst kleinen Würfel und gib die Anzahl der dafür benötigten Einheitswürfel an.

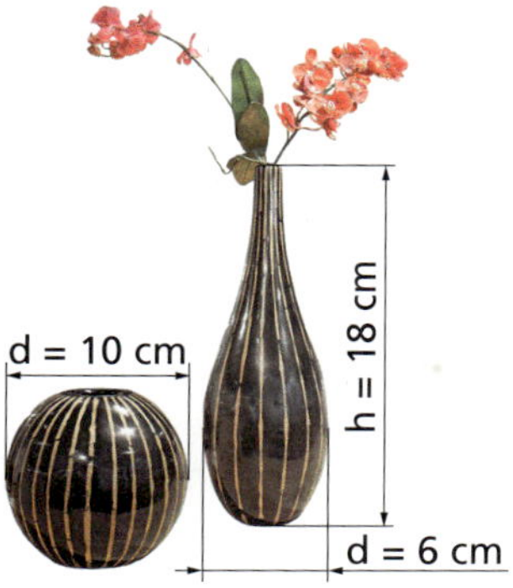

2 Jede der beiden Vasen soll bruchgesichert mit möglichst wenig Materialaufwand verpackt werden.
a) Entwirf für jede Vase eine Verpackung und skizziere diese mit möglichen Maßangaben.
b) Erläutere deine Überlegungen und dein Vorgehen.

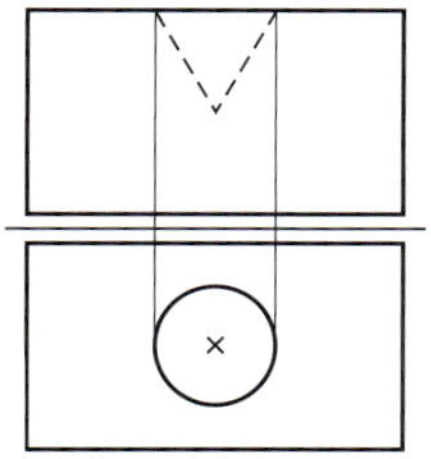

3 Die nebenstehende Abbildung zeigt ein quaderförmiges Werkstück aus Aluminium mit einer kegelförmigen Bohrung in der Mitte als Zweitafelbild im Maßstab 1 : 4.
a) Ermittle aus der Zeichnung die Maße des Werkstücks einschließlich der Bohrung.
b) Beschreibe die Form der Bohrung.
c) Berechne die Masse des Werkstücks ($\varrho = 2{,}7\,\frac{g}{cm^3}$).

4 Aus einem zylinderförmigen Holzklotz mit einer Länge von 1,00 m und einer Dichte von $\varrho = 520\,\frac{kg}{m^3}$ sollen zwei Blumenkübel hergestellt werden. Jeder Blumenkübel bekommt einen quaderförmigen Hohlraum.
a) Berechne, wie viele dieser Holzklötze ein Transporter mit einer Tragfähigkeit von 40 t höchstens laden darf.
b) Ermittle, wie schwer ein mit Pflanzerde befüllter Blumenkübel etwa ist ($\varrho_{Pflanzerde} = 2{,}7\,\frac{g}{cm^3}$).

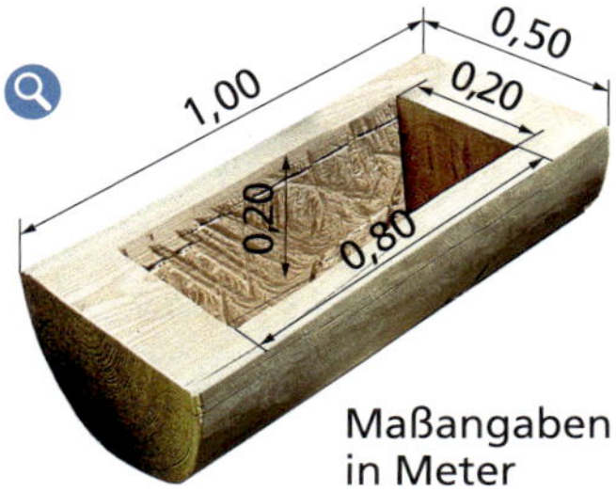

Maßangaben in Meter

5 Eine quadratische Pyramide mit einer Grundfläche von 16 cm^2 und einer Körperhöhe von 4 cm soll zum kleinstmöglichen Würfel ergänzt werden.
a) Fertige eine Skizze an und berechne die Rauminhalte der Pyramide und des Würfels.
b) Berechne, welchen Anteil der Rauminhalt des Ergänzungskörpers am Rauminhalt des Würfels hat. Gib das Ergebnis in Prozent an.

Restkörper berechnen

Der Körper wurde mit einem Laserstrahl aus einem Würfel herausgeschnitten.

Zeichne die Draufsicht und die Vorderansicht des Körpers.

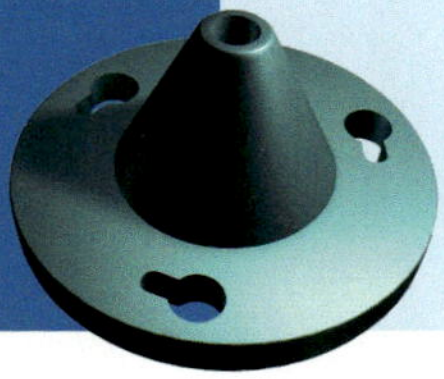

Halbiere eine Kugel. Als **Restkörper** entsteht eine **Halbkugel.**

Körper	Zweitafelbild	Analyse
Halbkugel: 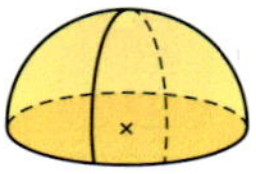	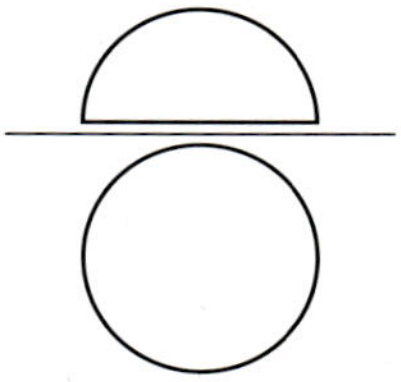	Das Volumen einer Halbkugel ist die **Hälfte des Kugelvolumens.** Die Oberfläche einer Halbkugel setzt sich aus **Kreisfläche** (größte Schnittfläche der Kugel) und **halber Kugeloberfläche** zusammen.
$V = \frac{2}{3}\pi \cdot r^3$	$A_O = 2\pi \cdot r^2 + \pi \cdot r^2 = 3\pi \cdot r^2$	

Schneide aus einem Zylinder mit r = h einen Kegel mit r = h heraus. Als Restkörper entsteht ein Körper, dessen Volumen gleich dem Volumen einer Halbkugel mit gleichem Radius ist.

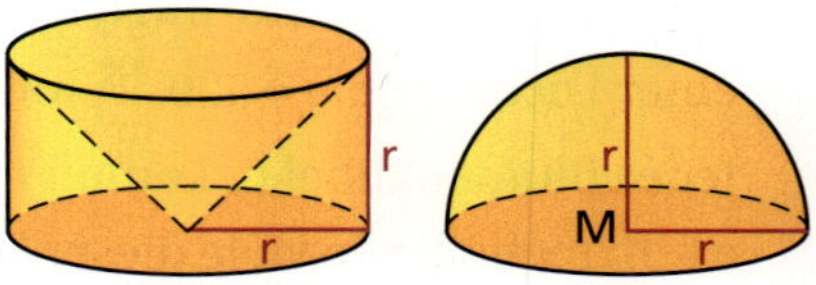

Zylinder	Kegel	Restkörper
$V_Z = \pi \cdot r^2 \cdot h$ $V_Z = \pi \cdot r^2 \cdot r = \pi \cdot r^3$	$V_K = \frac{\pi}{3} \cdot r^2 \cdot h$ $V_K = \frac{\pi}{3} \cdot r^2 \cdot r = \frac{\pi}{3} \cdot r^3$	$V_R = \pi \cdot r^3 - \frac{\pi}{3} \cdot r^3$ $V_R = \frac{2}{3}\pi \cdot r^3$

Der Radius r und die Höhe h der Körper soll 5 cm betragen.
Die Körper sollen aus Aluminium ($\varrho = 2{,}7\ \frac{g}{cm^3}$) bestehen.

Es gilt: $\varrho = \frac{m}{V}$ → $m = \varrho \cdot V$ → $m = \varrho \cdot \frac{2}{3}\pi \cdot r^3$

$m = 2{,}7\ \frac{g}{cm^3} \cdot \frac{2}{3}\pi \cdot (5\ cm)^3$ → $m \approx 707\ g$

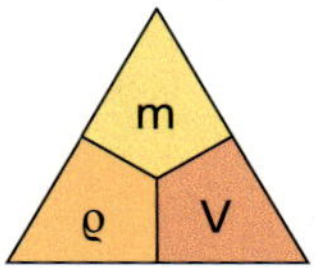

Aufgaben

1 Häufig sind an Skulpturen nur Teile menschlicher Körper zu erkennen.
a) Schätze, welche Abmessungen die Skulptur haben müsste, wenn sie den ganzen Körper darstellen würde.
b) Erläutere deine Überlegungen.

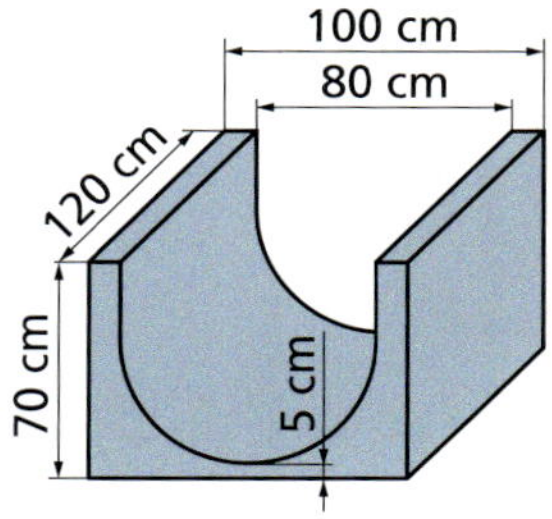

2 Eine Abflussrinne setzt sich aus mehreren 1,20 m langen Betonteilen zusammen.
a) Zeichne ein Zweitafelbild eines Betonteils im Maßstab 1 : 10.
b) Prüfe rechnerisch, ob eine 6 m lange Rinne mehr oder weniger als 60 *l* aufnehmen kann.

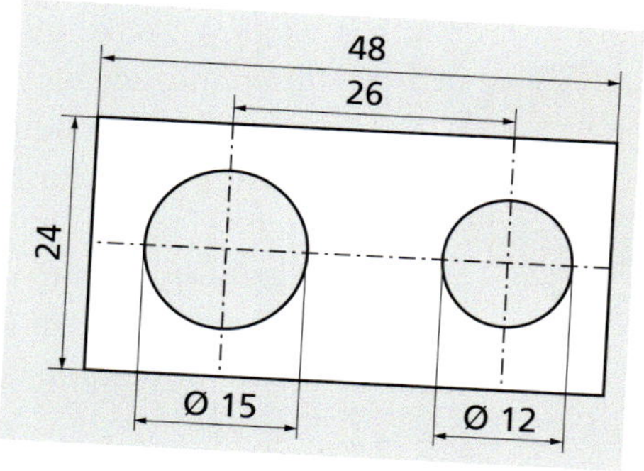

3 Eine Metallbaufirma stellt 2 mm dicke Halterungen aus Edelstahl mit einer Dichte von $7{,}98\,\frac{\text{kg}}{\text{dm}^3}$ her.
a) Erstelle ein Datenblatt mit allen wichtigen Angaben für das Werkstück. Entnimm die Maße der Zeichnung (Angaben in Millimeter).
b) Prüfe und begründe, ob die Angabe „ca. 250 g pro Halterung" stimmt.

4 Gegeben ist eine quadratische Pyramide mit einer Grundkantenlänge von 4 cm und einer Körperhöhe von 4 cm.
Ein zur Grundfläche paralleler Schnitt in halber Höhe soll die Pyramide in zwei Teilkörper zerlegen.
a) Skizziere die beiden Teilkörper im Zweitafelbild.
b) Berechne den Anteil, den jeder Teilkörper am Volumen der Ausgangspyramide hat.

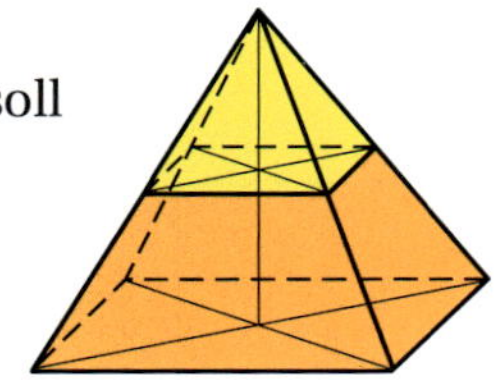

5 a) Zeichne von der Schneehütte mit Eingang ein Zweitafelbild im Maßstab 1 : 100. Ein Erwachsener soll in der Mitte der Schneehütte bequem stehen können.
b) Berechne, wie viel Liter Luft eine Person in der Schneehütte etwa zur Verfügung hat.
c) Berechne, wie viel Quadratmeter Plane zum Abdecken der Oberfläche etwa erforderlich sind.

Gemischte Aufgaben

Die Dunkelachterbahn im Europa-Park, befindet sich in einer Kugel mit einem Oberflächeninhalt von 4 500 m^2.

Schätze, wie groß der Durchmesser der Kugel ist.

1 Die Granitkugel auf Seite 98 hat einen Durchmesser von 1,00 m. Ein Kubikzentimeter dieser Kugel hat eine Masse von 2,9 g. Berechne, wie schwer die Kugel ist. Gib dein Ergebnis in Kilogramm und in Tonnen an.

2 Berechne, wie viel Quadratmeter Folie für die Produktion eines kugelförmigen Ballons mit einem Durchmesser d = 6,30 m benötigt werden, wenn für Nähte und Verschnitt 12 % zusätzlich zu planen sind.

3 Begründe, warum die Prinzessin im Märchen „Der Froschkönig" ihre goldene Kugel am Brunnen nicht mit Leichtigkeit in die Luft werfen und wieder auffangen konnte.

4 Gegeben sind die folgenden sechs Figuren mit gleichen Abmessungen. Die Breiten, die Höhen und die Tiefen sind bei allen Figuren 4 cm groß.

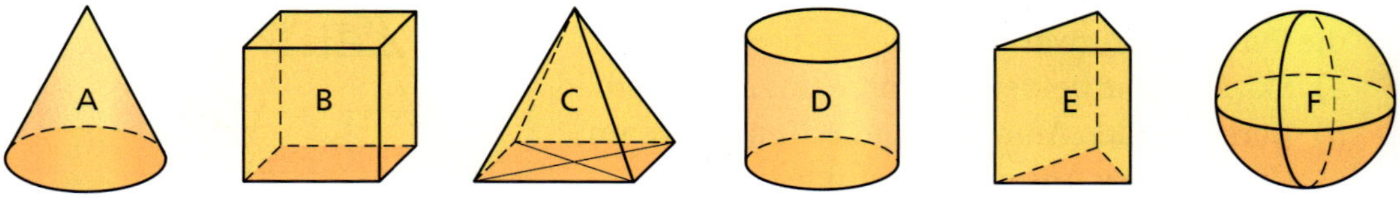

a) Prüfe und begründe, welche der Aussagen wahr sind.
   (1) Körper B, C und D sind keine Prismen.
   (2) Körper E passt durch keine kreisförmige Öffnung, durch die Körper F gerade noch so hindurchpasst.
   (3) Die Rauminhalte der Körper B, D und E können mit der Formel $V = A_G \cdot h$ berechnet werden.

b) Berechne von jedem Körper das Volumen und den Oberflächeninhalt.

5 Gegeben ist das abgebildete Werkstück.
a) Zerlege es in Teilkörper.
b) Berechne sein Volumen für a = 2 cm.
c) Gib eine Formel zur Berechnung des Inhalts der grünen Fläche in Abhängigkeit von a an.

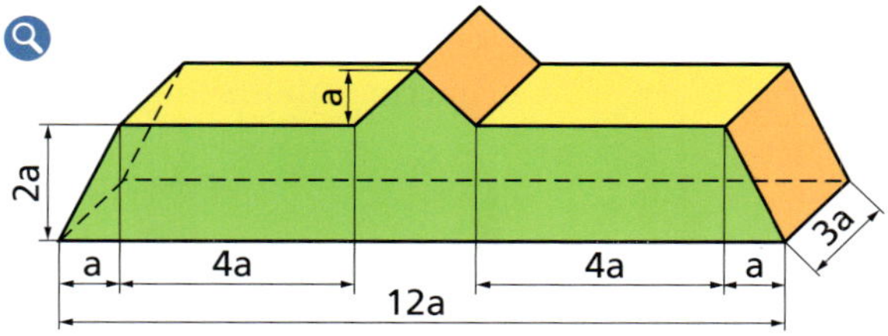

6 Das Zweitafelbild zeigt einen zusammengesetzten Körper.
a) Zeichne den Körper im Schrägbild mit Maßangaben und beschreibe seine Form. Entnimm die Maße aus dem Zweitafelbild.
b) Berechne das Volumen des Körpers.
c) Prüfe, ob der Oberflächeninhalt des Körpers größer als 20 cm^2 ist.

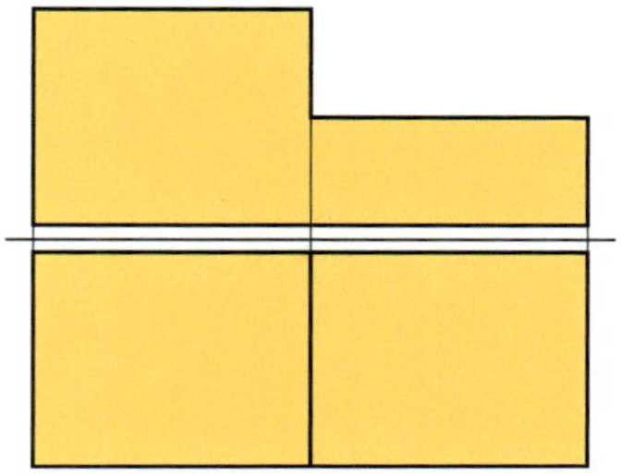

7 Drehe jeden Körper gedanklich in eine andere Lage und skizziere jeweils ein Zweitafelbild.

a) 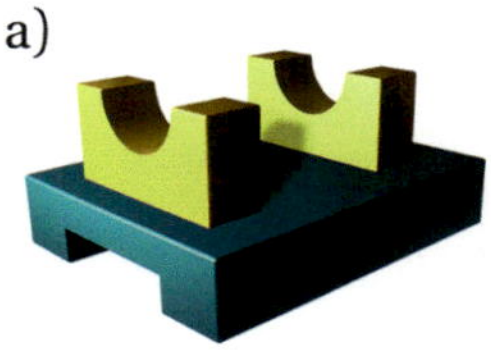
b) 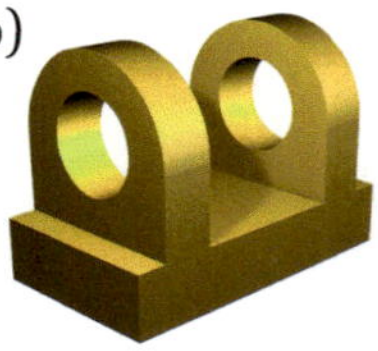
c) 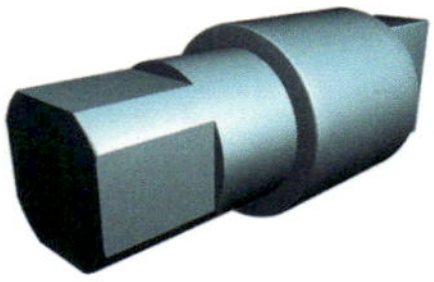
d) 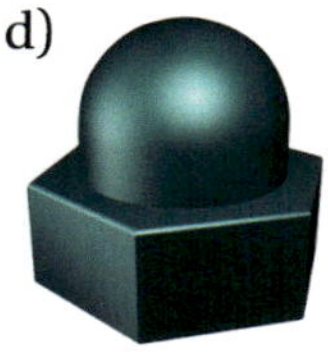

8 Das nebenstehende Kuboktaeder, ein *archimedischer Körper*, wurde aus Lebkuchenteig und Zuckerguss hergestellt.
a) Informiere dich über archimedische Körper.
b) Schreibe für das Kuboktaeder einen Steckbrief.
c) Zeichne für das Kuboktaeder ein Körpernetz mit selbst gewählten Maßen und Klebefalzen.
d) Schneide das Körpernetz aus, falte es und klebe es zu einem Kuboktaedermodell zusammen.

Nachgefragt

1 Berechne den Oberflächeninhalt des abgebildeten Körpers für a = 2 cm.
2 Zeichne zwei verschiedene Körpernetze des Körpers.
3 Erläutere Gemeinsamkeiten und Unterschiede (Ecken, Kanten, Begrenzungsflächen) vom Tetraeder und Oktaeder.

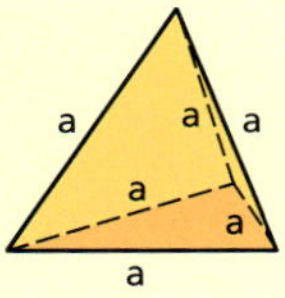

9 Stelle jeweils eine Formel für die Berechnung des Volumens und des Oberflächeninhalts folgender Körper auf:

a)  b) 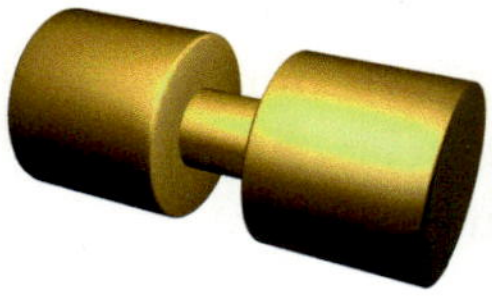 c) 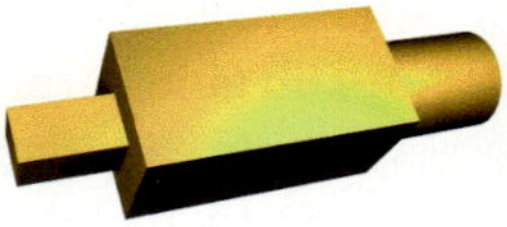

10 Gegeben sind drei Graphen, die die Abhängigkeit der Füllhöhe von der Zeit beim Füllen von zusammengesetzten Hohlkörpern mit Wasser zeigen. Beschreibe die Form der Körper.

a) 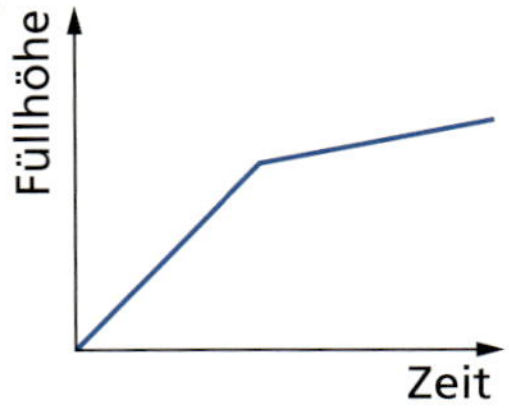

b) 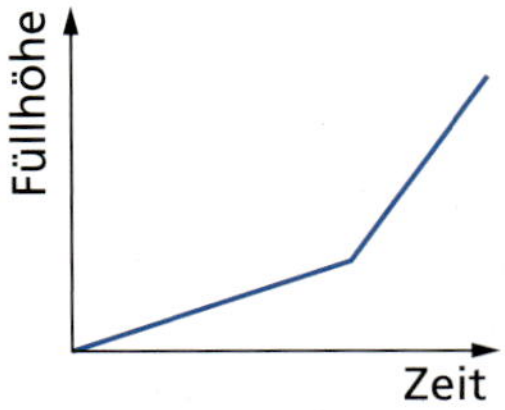

c) 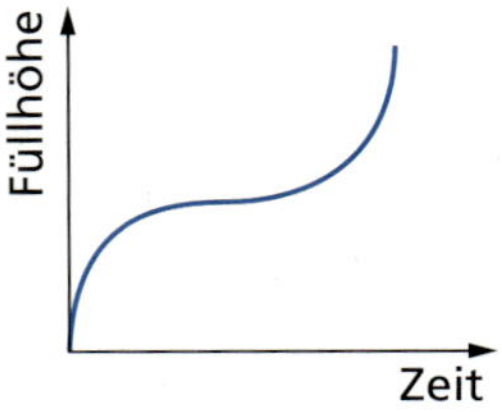

11 Maja meint, dass höchstens $2\,l$ der gelben Flüssigkeit in die Kugel passen, ohne dass sie beim Einsetzen des Zylinders überläuft. Prüfe und begründe, ob Maja recht hat.

12 Eine innen hohle Plakatsäule hat eine Gesamthöhe von 2,52 m. Sie besteht aus drei übereinanderliegenden gleichartigen Betonringen mit je einem Innendurchmesser $d_{Innen} = 0{,}50$ m und einem Außendurchmesser $d_{Außen} = 0{,}70$ m. Das Dach als oberen Abschluss bildet ein Kegel mit einer Höhe von 28 cm, dessen Grundfläche einen Überstand von 6 cm hat.

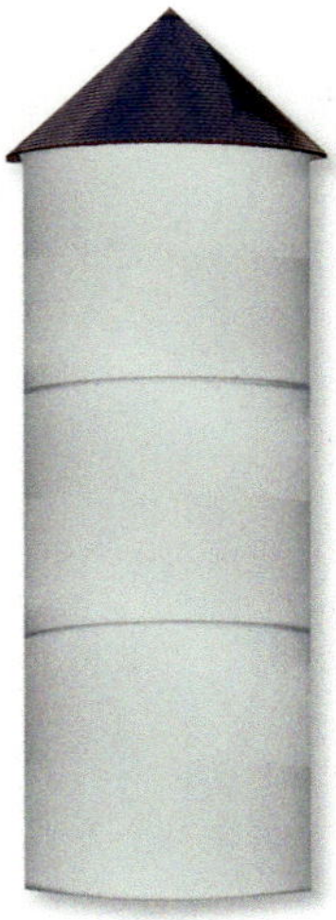

a) Zeichne den Grund- und den Aufriss der Plakatsäule im Maßstab 1 : 20.
b) Berechne, wie viel Quadratmeter die seitliche Werbefläche hat.
c) Die Werbefläche wird zu einem Preis von 3,60 € pro Quadratmeter für eine Woche vermietet. Berechne, wie viel Euro die Jahreseinnahme aus der Vermietung bei vollständiger Auslastung betragen könnte.
d) Berechne, wie viel Quadratmeter Dachfläche für eine wetterfeste Beschichtung des Daches eingeplant werden müssen.
e) Prüfe und begründe, ob die einzelnen Betonringe von dir und einem Freund gemeinsam getragen werden könnten.

13 Im Internet findet Familie Gärtner ein Angebot für Zaunpfähle.

a) Zeichne das Schrägbild eines solchen Zaunpfahls im Maßstab 1 : 10.

b) Entscheide und begründe, aus welchem Material die Zaunpfähle bestehen könnten.

c) Berechne, wie viel Euro zwölf solcher Pfähle kosten.

d) Berechne, wie viel Euro die Mehrwertsteuer (MwSt.) beim Kauf von zwölf solcher Pfähle beträgt.

Zaunpfahl **84,00 €**
inkl. 19 % MwSt.

Masse: 50,00 kg
(quaderförmig mit qudratischer Grundfläche und aufgesetzter Pyramide)

Quaderhöhe:	75 cm
Gesamthöhe:	90 cm
Breite:	15 cm

Zwei Bohrungen für Querhölzer,
Durchmesser: je 5 cm

14 a) Informiere dich über den berühmten Magdeburger Halbkugelversuch OTTO VON GUERICKES.

b) Berechne das Volumen einer dieser Halbkugeln mit einem Durchmesser von einer drei viertel Magdeburger Elle.
Eine Magdeburger Elle entspricht 57,6 cm.

15 Fertige von jedem Körper eine Skizze an und beschreibe, wie sich der Oberflächeninhalt und das Volumen in Abhängigkeit vom Durchmesser ändern.

a) Aus einem Würfel wird eine Halbkugel herausgefräst, deren Durchmesser so groß ist wie die Kantenlänge des Würfels.

b) Aus einem Zylinder wird eine quadratische Pyramide herausgeschnitten. Es gilt:
$d_{Zylinder} = h_{Zylinder}$; $a_{Pyramide} = h_{Pyramide} = \frac{1}{2} \cdot d_{Zylinder}$

Mathe und mehr

Ein 3-Pyramiden-Würfel entsteht

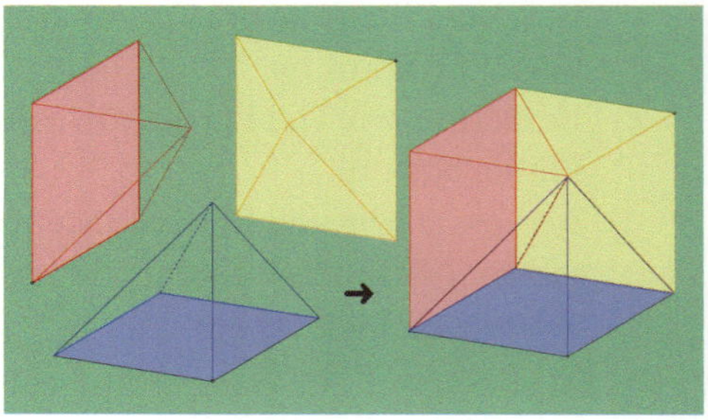

Ein Würfel kann in drei zueinander kongruente Pyramiden mit quadratischen Grundflächen zerlegt werden.

Die Spitze jeder Pyramide befindet sich genau über einem Eckpunkt der Grundfläche.

Materialien:
Lineal, Stift, Zeichenpapier, Schere, Kleber

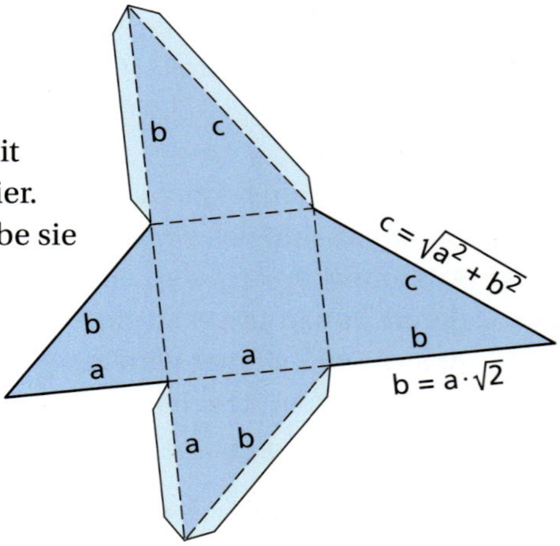

Anleitung:
1. Zeichne drei gleiche Körpernetze mit Klebefalzen sauber auf Zeichenpapier.
2. Schneide die drei Netze aus und färbe sie unterschiedlich.
3. Falte und klebe jedes der Netze zu einer Pyramide zusammen.
4. Füge die drei Pyramiden zu einem Würfel zusammen.

Für das Volumen des Würfels und das der Pyramide gilt:

Würfel	$V = a^3$

Pyramide	$V = \frac{1}{3} \cdot a^2 \cdot h = \frac{1}{3} \cdot a^2 \cdot a = \frac{1}{3} \cdot a^3$

1 Entscheide und skizziere, welche unterschiedlichen Körpernetzformen es für diese Pyramiden noch gibt.

2 Berechne jeweils das Volumen und den Oberflächeninhalt der drei Pyramiden und des Würfels.

3 Vergleiche deine Ergebnisse in Aufgabe 2 und formuliere jeweils eine wahre Aussage.

Ein 6-Pyramiden-Würfel entsteht

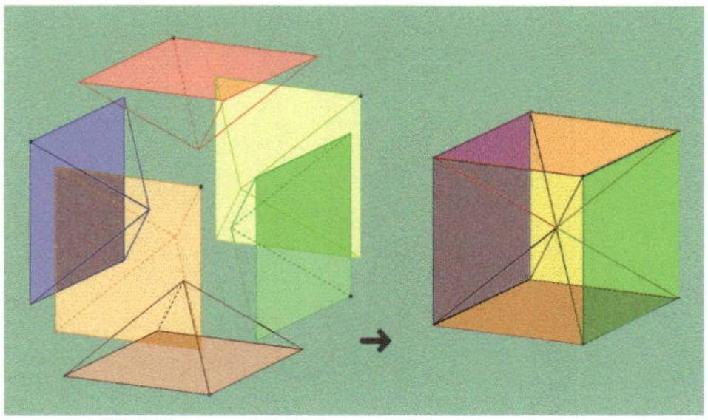

Eine Würfel kann in sechs zueinander kongruente Pyramiden mit quadratischen Grundflächen zerleget werden.

Die Spitze jeder Pyramide befindet sich genau über dem Mittelpunkt der Grundfläche.

Materialien:
Lineal, Stift, Zeichenpapier, Schere, Kleber

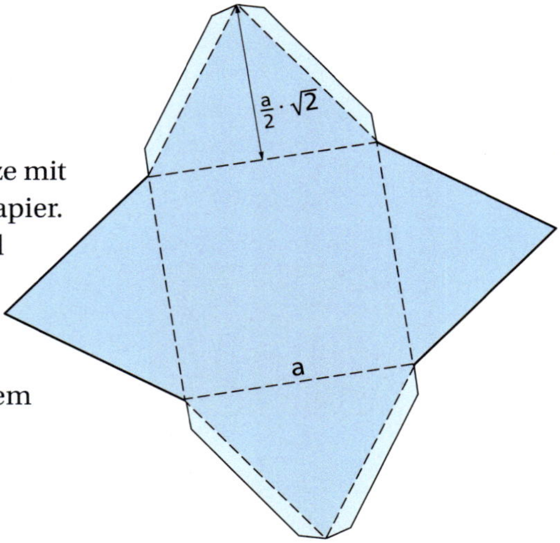

Anleitung:
1. Zeichne sechs gleiche Körpernetze mit Klebefalzen sauber auf Zeichenpapier.
2. Schneide die sechs Netze aus und färbe sie unterschiedlich.
3. Falte und klebe jedes der Netze zu einer Pyramide zusammen.
4. Füge die sechs Pyramiden zu einem Würfel zusammen.

Für das Volumen des Würfels und das der Pyramide gilt:

Würfel	$V = a^3$
Pyramide	$V = \frac{1}{3} \cdot a^2 \cdot h = \frac{1}{3} \cdot a^2 \cdot \frac{a}{2} = \frac{1}{6} \cdot a^3$

1 Entscheide und skizziere, welche unterschiedlichen Körpernetzformen es für diese Pyramiden noch gibt.

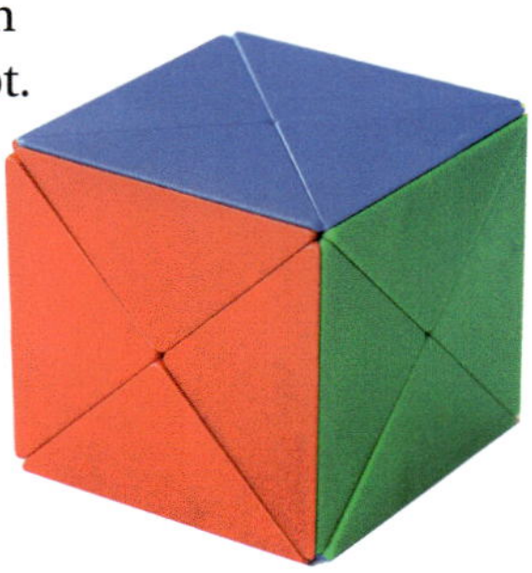

2 Berechne jeweils das Volumen und den Oberflächeninhalt der sechs Pyramiden und des Würfels.

3 Vergleiche deine Ergebnisse in Aufgabe 2 und formuliere jeweils eine wahre Aussage.

Das hast du gelernt

Berechnungen an Kugeln

Kugel

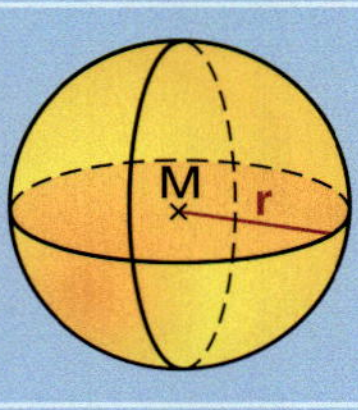

$V = \frac{4}{3}\pi \cdot r^3$

$A_O = 4\pi \cdot r^2$

Halbkugel

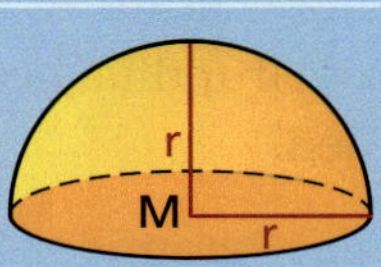

$V = \frac{2}{3}\pi \cdot r^3$

$A_O = 2\pi \cdot r^2 + \pi \cdot r^2 = 3\pi \cdot r^2$

Darstellung zusammengesetzter Körper

Schrägbild

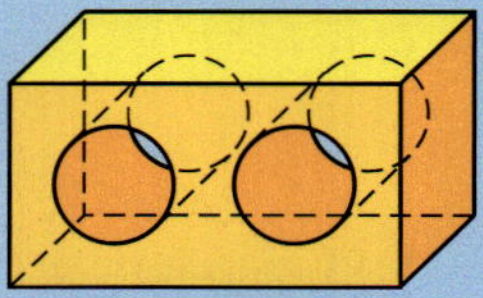

Zweitafelbild

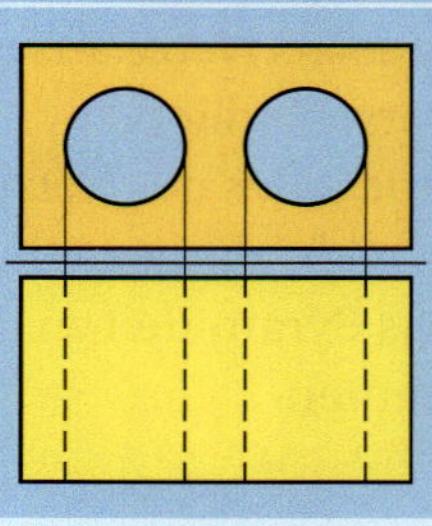

Aufriss

Grundriss

Berechnungen an zusammengesetzten Körpern

Köperzerlegung:
Zwei gleich große Trapeze bilden die Grundfläche.

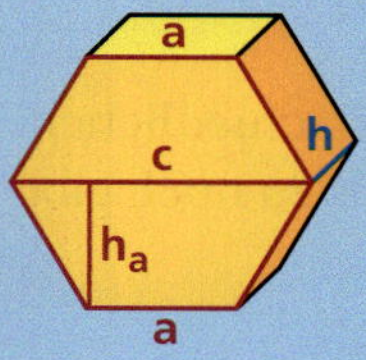

$A_G = 2 \cdot \frac{(a+c)}{2} \cdot h_a = (a+c) \cdot h_a$

$V = A_G \cdot h = (a+c) \cdot h_a \cdot h$

Körperergänzung:
Vier gleich große Dreiecke und die Grundfläche bilden ein Quadrat.

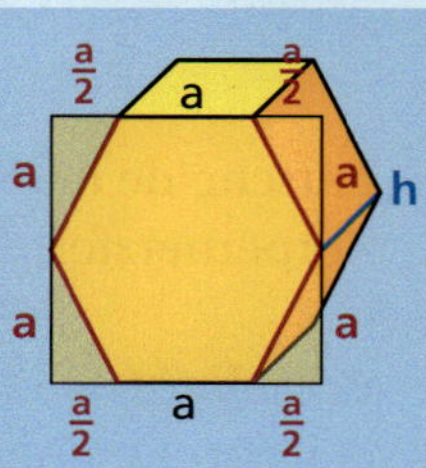

$A_G = (2a)^2 - 4 \cdot \frac{\frac{a}{2} \cdot a}{2} = 4a^2 - a^2 = 3a^2$

$V = A_G \cdot h = 3a^2 \cdot h$

Teste dich selbst

5

1 Nenne geometrische Grundfiguren, die zum Skizzieren der Gegenstände im Schrägbild geeignet sind.

2 Skizziere im Schrägbild und im Zweitafelbild einen Würfel, auf dem eine quadratische Pyramide steht. Die Körperkanten des Würfels und die der Pyramide sind gleich groß.

3 Prüfe und begründe, welche der folgenden drei Kugeln am schwersten ist:

a) $\varrho = 10\,\frac{\text{g}}{\text{cm}^3}$ b) $\varrho = 2{,}8\,\frac{\text{g}}{\text{cm}^3}$ c) $\varrho = 0{,}9\,\frac{\text{g}}{\text{cm}^3}$

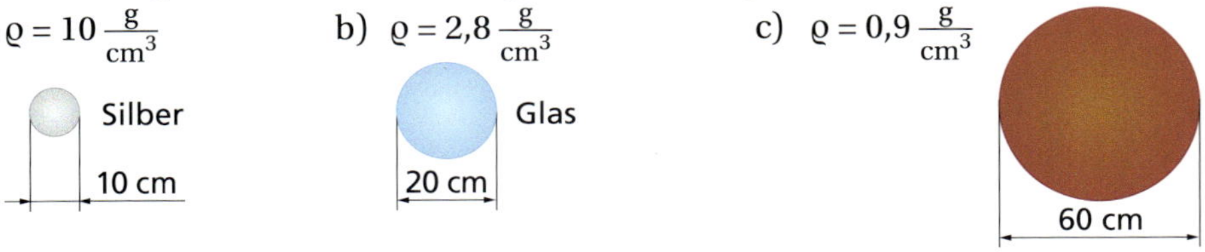

4 Interpretiere die folgenden Dachmodelle als zusammengesetzte Körper:

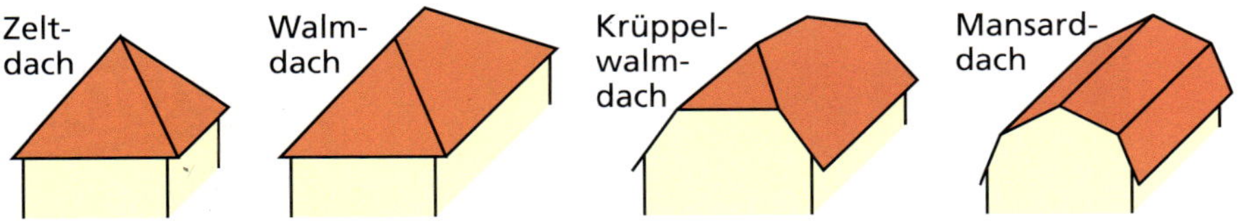

5 Von einem Kegel wurde die Spitze abgeschnitten. Berechne das Volumen des gelben Restkörpers.

Maßangaben in Zentimeter

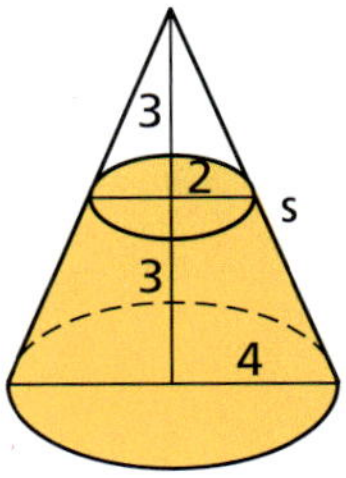

6 Das Werkstück aus Stahl mit einer Dichte $\varrho = 7{,}85\,\frac{\text{g}}{\text{cm}^3}$ besteht aus einem Kegel, einem Zylinder und einer Halbkugel.

a) Berechne, wie schwer ein solches Werkstück ist.

b) Prüfe und begründe, ob du eine Kiste mit 100 solcher Werkstücke heben kannst.

Querschnitt:

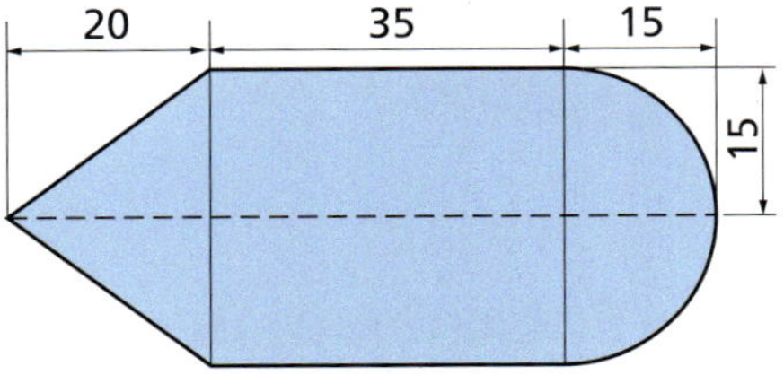

Maßangaben in Millimeter

6 Zur Vorbereitung auf die schriftliche Prüfung

Manche Hilfsmittel sind bei Tests, Leistungskontrollen, Prüfungen oder Examen nicht erlaubt.

Entscheidet und begründet, welche Hilfsmittel ihr bei der Prüfung verwenden könnt.

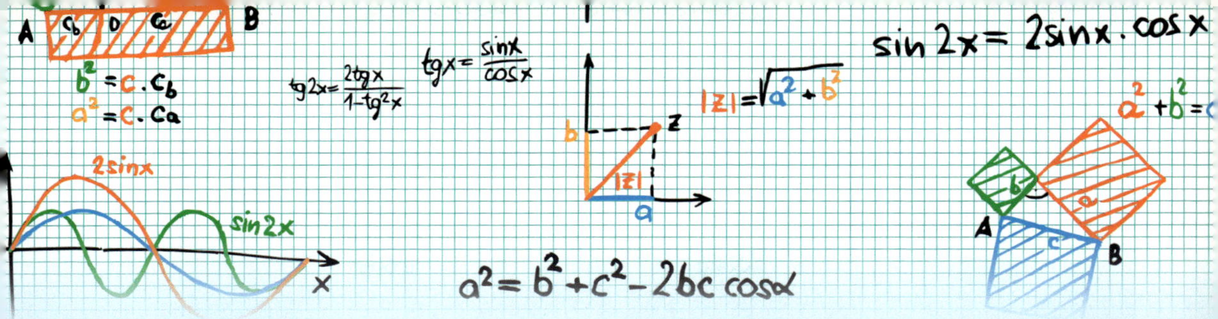

Ohne Gedächtnis geht nichts
Muster lassen sich oft besser merken als Zahlenfolgen.
Welche Bewegungsmuster entstehen beim Tippen folgender „Geheimzahlen“:
2463; 9852; 8563;
1831; 7769; 1397

Schrittweise zum Ziel
Auf einem Spielfeld mit acht Feldern stehen auf den ersten sechs Feldern immer abwechselnd ein schwarzer und ein weißer Bauer. Es dürfen in einem Zug immer zwei benachbarte Bauern auf zwei freie Felder „gezogen“ werden.
Versucht, mit möglichst wenigen Zügen die andere Anordnung zu erreichen.

Zahlen und Größen

Vom Josephskreuz bei Stolberg im Harz soll ein 38 cm hohes und originalgetreues Modell aus gleichem Material nachgebaut werden.

Wie schwer wäre das Modell?

Höhe: 38 m Masse: 125 t

Rechnen mit Brüchen

Durch Kürzen (Zähler und Nenner durch ein und dieselbe Zahl dividieren, die ungleich 0 ist) und Erweitern (Zähler und Nenner mit ein und derselben Zahl multiplizieren, die ungleich 0 ist) ändert sich der Wert eines Bruches nicht.

Rechenoperation	Regel	Beispiel
Brüche **addieren/ subtrahieren**	**gleichnamige Brüche:** (Nenner bleibt erhalten) Zähler addieren / subtrahieren	$\frac{3}{5}+\frac{1}{5}=\frac{3+1}{5}=\frac{4}{5}$ $\frac{3}{5}-\frac{1}{5}=\frac{3-1}{5}=\frac{2}{5}$
	ungleichnamige Brüche: (gemeinsamen Nenner bilden, neue Zähler ermitteln)	$\frac{4}{3}+\frac{1}{2}=\frac{4\cdot 2+1\cdot 3}{3\cdot 2}=\frac{11}{6}$ $\frac{4}{3}-\frac{1}{2}=\frac{4\cdot 2-1\cdot 3}{3\cdot 2}=\frac{5}{6}$
Brüche **multiplizieren**	Zähler multiplizieren und Nenner multiplizieren	$\frac{4}{3}\cdot\frac{2}{5}=\frac{4\cdot 2}{3\cdot 5}=\frac{8}{15}$
Brüche **dividieren**	mit Kehrwert des Divisors multiplizieren	$\frac{4}{3}:\frac{2}{5}=\frac{4}{3}\cdot\frac{5}{2}=\frac{20}{6}=\frac{10}{3}$

Rechnen mit den Zahlen 0 und 1

Beachte: Das Dividieren durch 0 ist nicht erlaubt (nicht definiert).

Rechnen mit 0		Rechnen mit 1	
$1{,}5\cdot 0=0$	$a\cdot 0=0$	$\frac{3}{2}\cdot 1=\frac{3}{2}$	$a\cdot 1=a$
$0:1{,}5=0$	$0:a=0$ (für $a\neq 0$)	$\frac{3}{2}:1=\frac{3}{2}$	$a:1=a$
$1{,}5:0$ (n. def.)	$a:0$ (n. def.)	$\frac{3}{2}:\frac{3}{2}=1$	$a:a=1$ (für $a\neq 0$)

Rechnen mit rationalen Zahlen

Prüfe beim Rechnen mit rationalen Zahlen sowohl die Vorzeichen als auch die Beträge dieser Zahlen.

Operation	Regel	Beispiel
Addieren mit: - ***gleichen*** Vorzeichen	*Vorzeichen der Summanden übernehmen:* *Beträge:* addieren	$(+3) + (+4) = +(3 + 4) = 7$ $(-3) + (-4) = -(3 + 4) = -7$
- ***unterschiedlichen*** Vorzeichen	*Vorzeichen der Zahl mit größerem Betrag übernehmen:* *Beträge:* größerer minus kleinerer Betrag	$(+3) + (-4) = -(4 - 3) = -1$ $(+4) + (-3) = +(4 - 3) = 1$
Subtrahieren	entgegengesetzte Zahl addieren	$(+3) - (+2) = (+3) + (-2) = 1$ $(-3) - (-2) = (-3) + (+2) = -1$ $(+3) - (-2) = (+3) + (+2) = 5$ $(-3) - (+2) = (-3) + (-2) = -5$
Multiplizieren bzw. Dividieren	*Vorzeichen:* (+) und (+) → (+); (−) und (−) → (+); (−) und (+) → (−); (+) und (−) → (−) *Beträge:* multiplizieren bzw. dividieren	

Umrechnen von Größenangaben

Beim Umrechnen von Größenangaben in kleinere (größere) Einheiten wird mit der (durch die) Umrechnungszahl multipliziert (dividiert).

Rechne $12\,340\ cm^2$ in Quadratmeter um.

- Durch Umrechnungszahl (UZ) dividieren, da in größere Einheit umzurechnen ist.
- UZ (cm^2 – dm^2 – m^2) $= 100 \cdot 100 = 10\,000$

Ergebnis: $12\,340\ cm^2 = 1{,}234\ m^2$

Lösen von Sachaufgaben zu proportionalen Zusammenhängen

Prüfe, ob Quotientengleichheit (Proportionalität) oder Produktgleichheit (Antiproportionalität) vorliegt. Schließe dann auf das Einzelne (Dreisatz) oder nutze die Gleichheit der Produkte oder Quotienten.

Proportionalität

Wie viel Kilometer legt ein Radfahrer in 0,5 h zurück, wenn er in 1,5 h bei gleicher Geschwindigkeit 18 km schafft?

$$\frac{x}{0{,}5\ h} = \frac{18\ km}{1{,}5\ h} \qquad | \cdot 0{,}5\ h$$

$$x = \frac{18\ km \cdot 0{,}5\ h}{1{,}5\ h} = 6\ km$$

Der Radfahrer legt 6 km zurück.

Antiproportionalität

Wie lange braucht ein Fußgänger mit $5\ \frac{km}{h}$ für die gleiche Strecke, die ein Radfahrer mit $15\ \frac{km}{h}$ in 3 min schafft?

$$x \cdot 5\ \frac{km}{h} = 3\ min \cdot 15\ \frac{km}{h} \qquad | : 5\ \frac{km}{h}$$

$$x = \frac{3\ min \cdot 15\ \frac{km}{h}}{5\ \frac{km}{h}} = 9\ min$$

Der Fußgänger benötigt 9 min dafür.

Aufgaben

1 Löse die folgenden Aufgaben im Kopf:

a) $\frac{1}{2} + \frac{1}{4}$ b) $\frac{1}{2} - \frac{1}{4}$ c) $\frac{1}{2} \cdot \frac{1}{4}$ d) $\frac{1}{2} : \frac{1}{4}$ e) $\left(\frac{1}{4}\right)^2$

f) $1\frac{1}{2} + 1\frac{1}{4}$ g) $1\frac{1}{2} - 1\frac{1}{4}$ h) $1\frac{1}{2} \cdot 1\frac{1}{4}$ i) $1\frac{1}{2} : 1\frac{1}{4}$ j) $\left(1\frac{1}{4}\right)^{-2}$

k) $1{,}2 + \frac{3}{4}$ l) $1{,}5^2 + \left(\frac{1}{2}\right)^2$ m) $\left(1{,}5 + \frac{1}{2}\right)^2$ n) $\sqrt{4{,}5 + \frac{9}{2}}$ o) $\frac{1{,}2 - \frac{1}{2}}{0{,}5 + \frac{1}{2}}$

p) $\left(\sqrt{3^2 + 4^2}\right)^2$ q) $2^2 : \sqrt{4} + 3 \cdot 10^2$ r) $(9^2 + \sqrt{9}) : (5{,}2 - 1{,}2)$

2 Berechne möglichst vorteilhaft.

a) $-12 + 2 - 10 + 4 - 8 + 6$ b) $-30 + 74 - 42 - 8 + 14 - 32 + 16$

c) $2{,}35 + 1{,}3 - 1{,}25 - 1{,}75 + 3{,}2 - 2\frac{35}{100}$ d) $-0{,}3 + \frac{1}{4} - \frac{15}{100} + 0{,}25 + 2 - \frac{5}{100}$

3 Berechne den gesuchten Anteil.

a) $\frac{1}{3}$ von 12,50 € b) $\frac{7}{8}$ von 500 g c) $\frac{5}{2}$ von 1 m d) $\frac{4}{25}$ von 1 kg

4 Entscheide und begründe, welche der Angaben keine Größen sind.

a) $\frac{1}{2}$ Taler b) π c) 1,5 h d) 13:30 Uhr e) $\sqrt{3}$

5 Schreibe auf, welchen Teil des Zifferblatts der große Zeiger in folgenden Zeitabschnitten überstreicht:

a) 1 min b) 5 min c) 6 min d) 12 min

e) $\frac{1}{4}$ min f) 20 min g) $\frac{1}{2}$ h h) 3 h

6 Berechne das Doppelte, das Zehnfache, das Zwölffache, das Vierundzwanzigfache und das Sechzigfache von:

a) 3 s; 15 min; 1,5 h; drei Wochen b) 17 s; 43 min; 19 h; $3\frac{1}{2}$ Tage

7 Aluminum hat eine Dichte von $\varrho = 2{,}7\ \frac{g}{cm^3}$. Übertrage die folgende Tabelle in dein Heft und fülle sie aus:

Masse m	2,7 g	120 g		555 g		1,2 kg
Volumen V	1 cm^3		12 cm^3		1 dm^3	

8 Ein Lastkraftwagen hat 4 t Sand geladen. Wie viel Kubikmeter Sand sind das, wenn 1 m^3 Sand etwa 1,6 t auf die Waage bringt?

9 Ben weiß, dass sein gespartes Geld acht Tage reicht, wenn er täglich 3,50 € ausgibt.
Wie viel Euro kann er täglich ausgeben, damit es zwei Tage länger reicht?

10 Aluminium hat eine Dichte von $2{,}7\,\frac{g}{cm^3}$ und Messing von $8{,}5\,\frac{g}{cm^3}$.

a) Berechne die Masse eines Aluminium- und eines Messingstabs. Jeder 5 cm breite und 6,00 m lange Stab hat einen quadratischen Querschnitt.

b) Entscheide und begründe, um wie viel Prozent der Aluminiumstab leichter als der Messingstab ist.

c) Der Aluminiumstab soll zu einer 20 cm breiten und 0,1 mm dicken Folie ausgewalzt werden. Berechne die Länge dieser Folie.

d) Berechne, wie dick eine 2 m^2 große Messingplatte mit m = 500 kg ist.

e) In einer Kiste befinden sich dreimal so viele Aluminium- wie Messingkugeln, die zusammen 1 800 g auf die Waage bringen. Alle Kugeln haben jeweils eine Volumen von 2,5 cm^3. Berechne, wie viele Kugeln von jeder Sorte in der Kiste sind. Wie viele Kugeln sind es insgesamt?

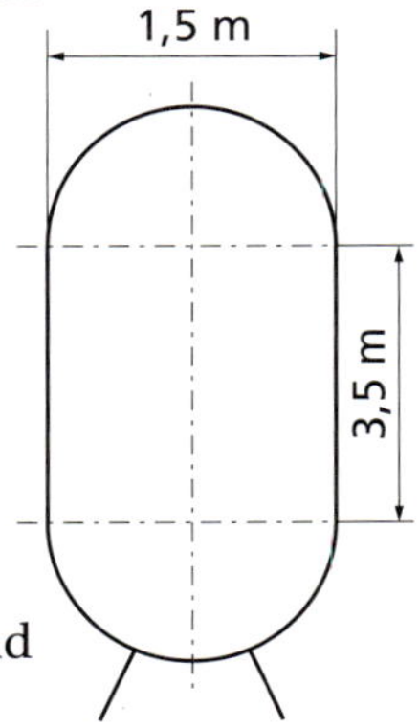

11 Die Abbildung zeigt den Querschnitt eines Behälters, der aus einem zylinderförmigen Mittelteil mit zwei angesetzten Halbkugeln besteht.

a) Berechne das Volumen und den Oberflächeninhalt des Behälters.

b) Wie viele Büchsen Farbe müssen für den äußeren Anstrich gekauft werden, wenn eine Büchse Farbe für 2,5 m^2 ausreicht?

c) Im Sonderangebot wurde die Farbe um 5 % gesenkt. Auf wie viel Prozent wurde der Preis gesenkt?

d) Der leere Behälter wird gleichmäßig mit Wasser gefüllt. Entscheide und begründe, welcher der folgenden Graphen diesen Vorgang darstellt:

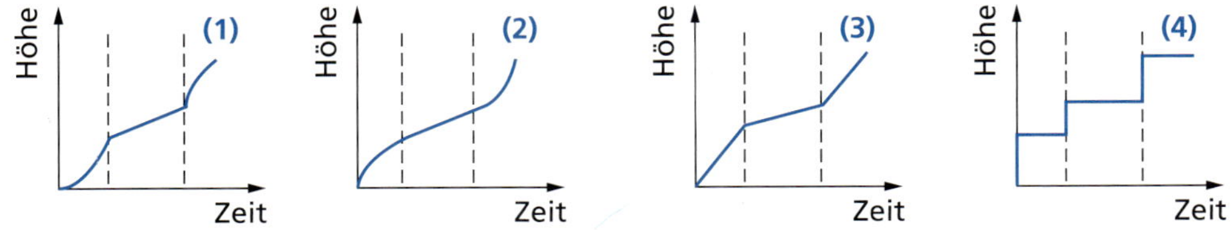

12 Die quaderförmige Kiste soll bis 1 cm unter den oberen Rand gleichmäßig mit Erde gefüllt werden.

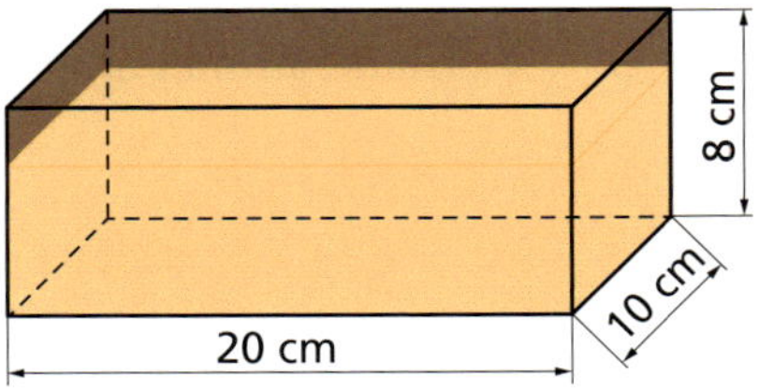

a) Berechne, wie viel Kubikdezimeter Erde das sind.

b) Berechne die Kosten für das Befüllen von 100 solcher Kisten, wenn ein 50-Liter-Sack Blumenerde 6,40 € kostet.

c) Wie viel Prozent weniger Blumenerde wären es, wenn jede Kiste nur bis 2 cm unter den oberen Rand gefüllt wird?

d) Eine mit Kräutern bepflanzte Kiste wird für 7,89 € zum Verkauf angeboten. Ein Restaurant kauft 15 solcher Kisten und erhält einen Rabatt von 5 %. Ermittle den Rechnungsbetrag.

Prozent- und Zinsrechnung

Der Preis einer Ware wird zuerst um 10% gesenkt und dann um 10% erhöht.

Was wäre, wenn die Preiserhöhung vor der Preissenkung erfolgen würde?

Grundgleichung der Prozentrechnung

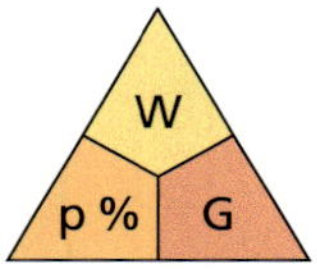

Entscheide bei Aufgaben der Prozentrechnung, ob der **Grundwert G,** der **Prozentsatz p %** oder der **Prozentwert W** zu ermitteln ist.
Stelle die Grundgleichung der Prozentrechnung nach der gesuchten Größe um.

$\frac{p}{100} = p\,\% = \frac{W}{G}$		
Prozentsatz	Prozentwert	Grundwert
$p\,\% = \frac{W}{G}$	$W = \frac{p \cdot G}{100} = p\,\% \cdot G$	$G = \frac{W \cdot 100}{p} = \frac{W}{p\,\%}$

Der Preis eines Taschenrechners von 55 € wird um 10 % gesenkt.
Berechne, wie viel Euro das sind.

Gesucht: Prozentwert W
Gegeben: G = 55 €
p % = 10 %
Lösung: W = p % · G
W = 10 % · 55 €
W = 5,50 €
Antwort: Es sind 5,50 €.

Prozentuale Veränderungen

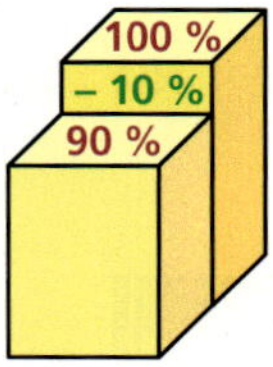

Bei prozentualen Veränderungen eines Grundwertes kann es sich um eine Verminderung (Senkung) oder um eine Vermehrung (Steigerung) handeln. Achte immer auf die Formulierungen „um“ und „auf“.

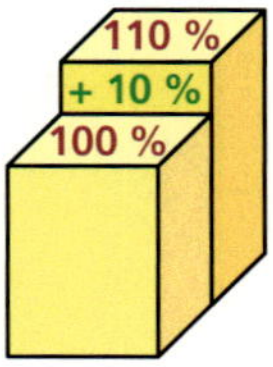

Beispiel

Der Preis von 55 € wird **um 5,50 €** **auf 49,50 €** gesenkt.
Der Preis von 49,50 € wird **um 4,95 €** **auf 54,45 €** erhöht.

Berechnen von Zinsen

Monatszinsen:
$Z_m = \frac{K_0 \cdot p}{100} \cdot \frac{m}{12}$

Für ein Anfangskapital K_0 mit Laufzeiten von einem Jahr bzw. t Tagen gilt:

Jahreszinsen Z: $Z = \frac{K_0 \cdot p}{100}$ Tageszinsen Z_t: $Z_t = \frac{K_0 \cdot p}{100} \cdot \frac{t}{360}$

Aufgaben

1 Berechne den Prozentwert auf zwei Dezimalstellen.
a) 15 % von 25 m b) 12 % von 1 500 t
c) 111 % von 111 € d) 3,5 % von 1,5 kg
e) 0,6 % von 260 *l* f) 22,2 % von 20,8 m^2

TRAGETASCHE		0,10
MEHRKORNBROT		0,40
BROILER KEUL		2,62
SCHMALZ		1,99
HERINGSFILET		0,99
WURST BED.		1,74
SUMME	EUR	7,84 *
BAR		20,00
RÜCKGELD	EUR	12,16

ENTHALTENE MEHRWERTSTEUER

MWST		NETTO
7,00 %	0,51	7,23
19,00 %	0,02	0,08
SUMME MWST	0,53	7,31

2 Ermittle den Grundwert.
a) 165 g sind 75 % b) 222 km sind 10 %
c) 130 t sind 13 % d) 42 m^3 sind 3,5 %
e) 43,80 € sind 0,8 % f) 6,6 g sind 2,2 %

3 Gib den Prozentsatz mit zwei Dezimalstellen an.
a) 14 g von 48 g b) 18 € von 115 € c) 6,25 m von 24 m
d) 1,75 t von 0,75 t e) 0,20 m^2 von 0,44 m^2 f) 0,4 h von 2,5 h

4 Die 24 Mädchen der Klasse 10 b entsprechen 75 % der Gesamtschülerzahl.
a) Berechne die Gesamtschülerzahl und die Anzahl der Jungen in der 10 b.
b) Wie würde sich der Anteil der Mädchen und der Anteil der Jungen ändern, wenn ein Junge und ein Mädchen weniger in der Klasse wären?

5 Der Umsatz einer Firma hat sich in diesem Jahr um 4,2 % gegenüber dem Vorjahr gesteigert. Das ist eine Steigerung um 12 000 €. Berechne den Umsatz der Firma sowohl vom Vorjahr als auch von diesem Jahr.

6 Auf einem Müsliriegel stehen Angaben über Inhaltsstoffe.
a) Berechne, wie viel Prozent auf die einzelnen Inhaltsstoffe entfallen. Gib die Prozentsätze mit zwei Dezimalstellen an.
b) Veranschauliche die Anteile in einem Diagramm. Achte auf eine sinnvolle Beschriftung.

Inhalt	150 g
Eiweiß	9,6 g
Kohlenhydrate	94,7 g
Fette	13,5 g
Sonstiges	32,2 g

7 Familie Sommer hat im Mai 233 € für ihre Urlaubsreise gespart.
a) Im Juni waren es noch 15 % mehr. Berechne, wie viel Euro Familie Sommer im Juni gespart hat.
b) Im Juli hat Familie Sommer sogar 255 € gespart. Wie viel Prozent mehr waren das im Vergleich zum Monat Mai?
c) Veranschauliche die gesparten Geldbeträge in den Monaten Mai, Juni und Juli in einem Diagramm.

8 Ein Guthaben von 5 000 € wird mit 1,75 % verzinst. Berechne, wie viel Euro Zinsen es nach 200 Tagen und wie viel Euro es nach einem Jahr sind.

Rechenregeln und Rechengesetze

Die Strecke x kann mithilfe der anderen Variablen ausgedrückt werden.

Beschreibe das Volumen des farbigen Teilkörpers durch einen Term, ohne die Variable x zu verwenden.

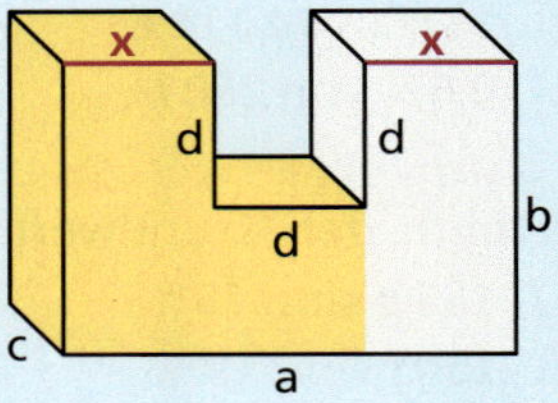

Variable verwenden und Terme vereinfachen

Merke:
Vorrangregel KLAPS

Achte beim Rechnen mit Zahlen immer auf die Vorrangregeln. Rechne in **Kla**mmern zuerst. **P**unktrechnung geht vor **S**trichrechnung.

Verwende beim Arbeiten mit Variablen und beim Umformen von Termen bekannte Rechenregeln und Rechengesetze.

Du kannst **Gleichungen** sowohl von **links nach rechts** als auch von **rechts nach links** lesen.

$a + b = b + a$
$a \cdot b = b \cdot a$

$a + (b + c) = (a + b) + c$
$a \cdot (b \cdot c) = (a \cdot b) \cdot c$

$(a + b) \cdot c = a \cdot c + b \cdot c$
$a \cdot c + b \cdot c = (a + b) \cdot c$

Rechenregel	Beispiel
Fasse Gleichartiges **zusammen.**	$0{,}5x + 1{,}2y - 0{,}5x - 0{,}5y + 0{,}25$ $= 0{,}7y + 0{,}25$
„+“ vor Klammer: Klammer weglassen „–“ vor Klammer: Klammer weglassen und alle Rechenzeichen in Klammer umkehren	$0{,}5a + (0{,}25a - 0{,}5b) - (a - 0{,}25b)$ $= 0{,}5a + 0{,}25a - 0{,}5b - a + 0{,}25b$ $= -0{,}25a - 0{,}25b = -0{,}25(a + b)$
Multipliziere alle Summanden in einer Klammer mit dem Faktor vor der Klammer.	$0{,}5x^2 \cdot (x - 0{,}5y) = 0{,}5x^2 \cdot x - 0{,}5x^2 \cdot 0{,}5y$ $= 0{,}5x^3 - 0{,}25x^2y$
Multipliziere alle Summanden paarweise miteinander.	$(2x + 0{,}5y) \cdot (0{,}5x + 3)$ $= 2x \cdot 0{,}5x + 2x \cdot 3 + 0{,}5y \cdot 0{,}5x + 0{,}5y \cdot 3$ $= x^2 + 6x + 0{,}25xy + 1{,}5y$
Zerlege Summanden in Faktoren. Schreibe gemeinsame Faktoren vor die Klammer.	$0{,}2\,a^2b + 1{,}2\,ab^2$ $= \underline{0{,}2} \cdot \underline{a} \cdot a \cdot \underline{b} + \underline{0{,}2} \cdot 6 \cdot \underline{a} \cdot \underline{b} \cdot b$ $= 0{,}2ab \cdot (a + 6b)$

Binomische Formeln nutzen

Die binomischen Formeln sind Spezialfälle beim Multiplizieren von Summanden.

Verwende binomische Formeln zum Umformen von **Produkten in Summen** und zum Umformen von **Summen in Produkte.**

$(a + b)^2 = (a + b)(a + b) = a^2 + 2ab + b^2$
$(a - b)^2 = (a - b)(a - b) = a^2 - 2ab + b^2$
$(a + b)(a - b) = a^2 - b^2$

Term	Analyse		Umformung
$(0{,}1x + 0{,}5)^2$	$(a + b)^2$	$a = 0{,}1x$; $b = 0{,}5$	$0{,}01x^2 + 0{,}1x + 0{,}25$
$(0{,}1x - 0{,}5)^2$	$(a - b)^2$	$a = 0{,}1x$; $b = 0{,}5$	$0{,}01x^2 - 0{,}1x + 0{,}25$
$(0{,}1x + 0{,}5)(0{,}1x - 0{,}5)$	$(a + b)(a - b)$	$a = 0{,}1x$; $b = 0{,}5$	$0{,}01x^2 - 0{,}25$

Mit Potenzen und Wurzeln umgehen

Ein Term der Form $a^n = b$ ist eine **Potenz** mit der **Basis a** und dem **Exponenten n.**

Umgekehrt ist die **n**-te Wurzel aus **b** gleich **a:**
$a = \sqrt[n]{b}$ (**a – Wurzelwert, b – Radikand, n – Wurzelexponent**)

Es gilt:

$a^1 = a$; $a^0 = 1$

$a^{-n} = \frac{1}{a^n}$; $a^n = \frac{1}{a^{-n}}$ $(n \in \mathbb{Z})$

Wähle nach genauer Analyse der Termstruktur das richtige Potenzgesetz:

Rechenoperation	Regel	Beispiel
Potenzen **multiplizieren/ dividieren**	**gleiche Basis:** – Basis beibehalten – Exponenten addieren/ subtrahieren	$3^4 \cdot 3^2 = 3^{4+2} = 3^6$ $2^5 : 2^3 = 2^{5-3} = 2^2$
	gleicher Exponent: – Exponent beibehalten – Basen multiplizieren/ dividieren	$2^3 \cdot 5^3 = (2 \cdot 5)^3 = 10^3$ $4^3 : 2^3 = \left(\frac{4}{2}\right)^3 = 2^3$
Potenzen **potenzieren**	– (Basis beibehalten) – Exponenten multiplizieren	$(2^3)^2 = 2^{3 \cdot 2} = 2^6$

Die **n-te Wurzel aus b** kann auch als Potenz geschrieben werden.

Es gilt: $\sqrt[n]{b} = b^{\frac{1}{n}}$

Forme als Potenz um und vereinfache:

$\sqrt[2]{81} = 81^{\frac{1}{2}} = (3^4)^{\frac{1}{2}} = 3^{\frac{4}{2}} = 3^2 = 9$

$(\sqrt[3]{4})^3 = \left(4^{\frac{1}{3}}\right)^3 = 4^{\frac{3}{3}} = 4^1 = 4$

Aufgaben

1 Berechne.

a) $-8\cdot(-3+7)-(5-4)$ b) $-8\cdot(-3)+5\cdot(-8)$ c) $(-8+5)^2$

d) $-0{,}2\cdot(-1{,}3+0{,}7)$ e) $-\frac{1}{2}\cdot(-\frac{1}{3})+5\cdot(-\frac{3}{4})$ f) $(-0{,}5+\frac{1}{2})^2$

2 Ermittle die folgenden Wurzelwerte:

a) $\sqrt{121}$ b) $\sqrt{\frac{81}{225}}$ c) $\sqrt{1{,}44}$ d) $\sqrt{(1{,}5+1{,}5)^2}$ e) $\sqrt{(\sqrt{2}\cdot\sqrt{2})}$

3 Schreibe sowohl mit als auch ohne abgetrennte Zehnerpotenzen.

a) 149 000 000 g b) $9{,}46\cdot10^{12}$ km c) 10^{11} Zellen

d) 0,00025 *l* e) $1{,}5\cdot10^{-8}$ m f) $\frac{0{,}5\cdot0{,}005}{2\cdot10^2}$ cm²

4 a) Schreibe die Summe aller Körperkanten als Term und vereinfache ihn.

b) Berechne den Termwert für:

(1) a = 2 und b = 3

(2) a = 1,4 und b = 3,2

(3) a = 0,4 cm und b = 1,2 cm

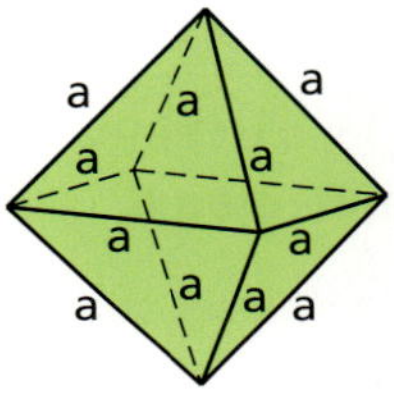

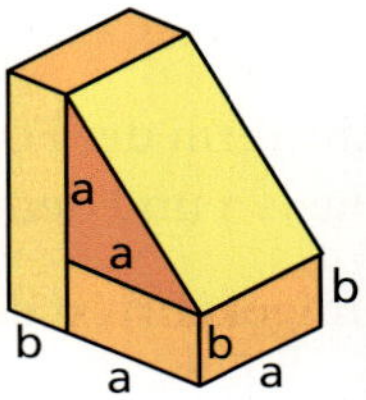

5 a) Gib Terme zur Berechnung der gesuchten Größe an.

b) Berechne die Größe für:

(1) a = 1 cm und b = 2 cm

(2) a = 1,4 cm und b = 3,2 cm

Ges.: Flächeninhalt

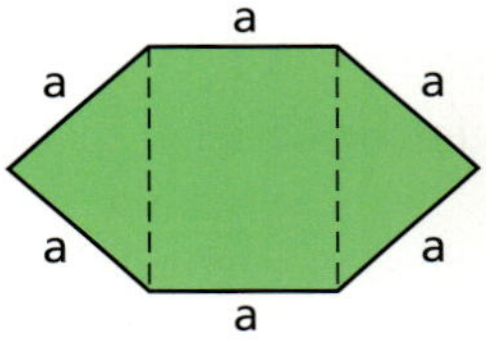

Ges.: Umfang

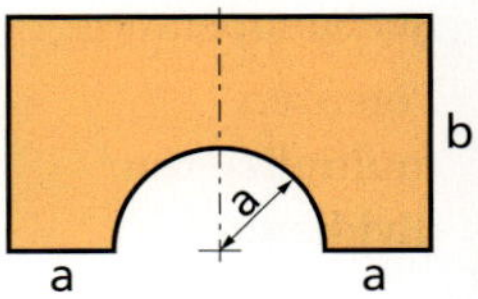

6 Löse die folgenden Aufgaben und begründe deine Rechenschritte. Welche Rechengesetze und Rechenregeln hast du verwendet?

a) $12+18:2-2^3-4+5\cdot3$ b) $5\cdot[12-(27+3):(2^3+8:4)]-12$

7 Löse möglichst vorteilhaft. Erläutere und begründe dein Vorgehen.

a) $\sqrt{18}\cdot\sqrt{4{,}5}$ b) $x^2=6x$ c) $12\cdot13$ d) $34\cdot26$ e) $2{,}4\cdot0{,}8\cdot0{,}2\cdot1{,}25$

8 Vereinfache die folgenden Terme. Nutze dazu die Potenzgesetze. Erläutere jeden Umformungsschritt ausführlich.

a) $5x^3-3x^2+3x^3+5x^2$ b) $-x^2-3\cdot(x^3+x^2)+2$ c) $x^2\cdot x^3+x^4\cdot x^{-2}$

d) $(x+1)^2\cdot(x-1)^2$ e) $\frac{(x^2-1)^2}{(x+1)^2}$ f) $(x^{2n-8})^3$

g) $\sqrt[4]{x^6}\cdot x^{-2}$ h) $3\cdot\sqrt{4x^2}+\frac{1}{2}\cdot\sqrt[3]{27x^3}$ i) $\frac{\sqrt{12x^2}}{2}$

9 Prüfe rechnerisch, ob folgende Aussagen wahr oder falsch sind:

a) $92 \cdot 17 < 18 \cdot 91$ b) $7{,}22 + 8{,}77 = 8{,}87 + 7{,}12$ c) $18^2 < 400 - 66$

d) $975 : 5 = 37 \cdot 5$ e) $2{,}4 \cdot 2{,}5 - 7 < (2{,}5 - 3{,}5)^3$ f) $8^3 > \frac{24}{2} + \sqrt{16} \cdot 5^3$

10 Schreibe die Ziffer 7 jeweils viermal in dein Heft und verbinde diese mit Rechenzeichen und Klammern so, dass der Wert des Terms immer eine einstellige natürliche Zahl ist.

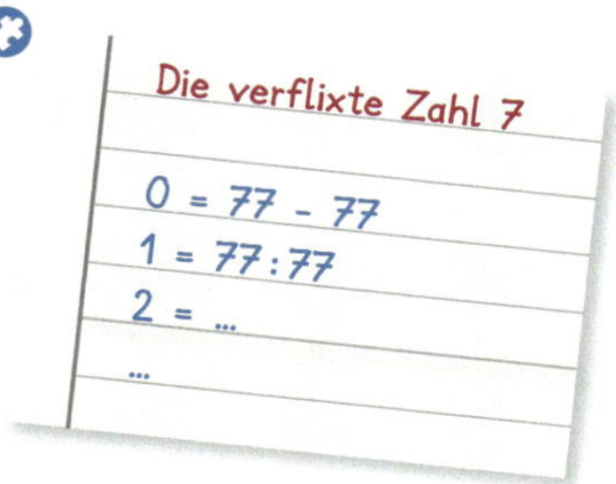

11 Schreibe als Term, vereinfache und berechne. Gib Ergebnisse mit zwei Dezimalstellen an.

a) Addiere zum Produkt der Zahlen $\sqrt{2}$ und $\sqrt{8}$ die Summe der Zahlen $1{,}2^2$ und $1{,}1^3$.

b) Multipliziere den Quotienten der Zahlen 15,6 und 1,2 mit der Summe der Zahlen 2^4 und 4^2.

c) Subtrahiere das Produkt der Zahlen 12,5 und 0,8 von $\sqrt[3]{1000}$.

d) Bilde das Fünffache der Zahl $\sqrt{1{,}21}$ und subtrahiere davon $2 \cdot 0{,}5^2$.

12 Lina ist der Meinung, dass $2 - 6 - 9 - 8$ größer sei als -20. Luis glaubt, durch Setzen einer Klammer -3 errechnen zu können. Lea ist das alles zu einfach. Sie erhält durch Setzen von zwei Klammern die -5.
Prüfe und begründe, ob Lina, Luis und Lea recht oder unrecht haben.

13 Finde fehlende Zahlen $\boxed{?}$ und fehlende Rechenzeichen $\boxed{?}$.

a) $7 \cdot (12 + \boxed{?}) = 112$ b) $6 \cdot (12 - \boxed{?}) = 144$

c) $(12 - \boxed{?}) + (50 - 36) = 21$ d) $6 \cdot (12 - \boxed{?}) = 144$

e) $7 \cdot (20 \boxed{?} 4) = 112$ f) $(5 \boxed{?} 5 \boxed{?} 5) \boxed{?} 5 = 75$

14 Hier gibt es Fehler. Finde diese und berichtige sie.

a) $2(x + 3) + x = 3 \cdot (x + 1)$ b) $(c - 2)^2 = c^2 - 2c + 4$

c) $\frac{4(y+1)^2}{2} = 2(y^2 + y + 1)$ d) $0 \cdot x^2 + 2 \cdot x^3 + x^4 = (1 + x)^2$

15 Ein Lkw soll aus dem Lager einer Firma 195 Paletten und 97 Paletten aus der Produktionshalle mit Waschmittel zum Bahnhof transportieren.

a) Berechne, wie viele Fahrten dafür mindestens notwendig sind, wenn jeweils maximal 14 Paletten transportiert werden können.

b) Jede der Paletten enthält acht Kisten.
Wie viele Kisten sind es dann bei der letzten Fahrt?

Zeichnen und Konstruieren

Eine Bauzeichung enthält wichtige Informationen für die Bauausführung.

Welche Informationen kannst du der Bauzeichnung entnehmen?

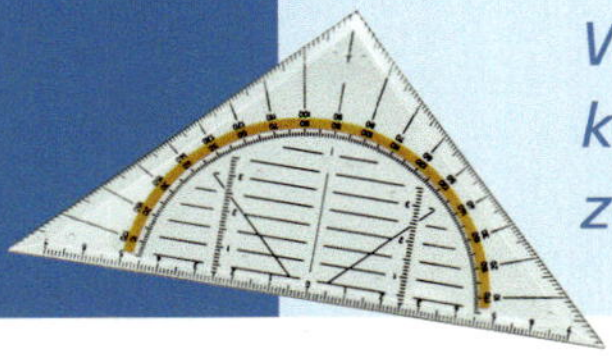

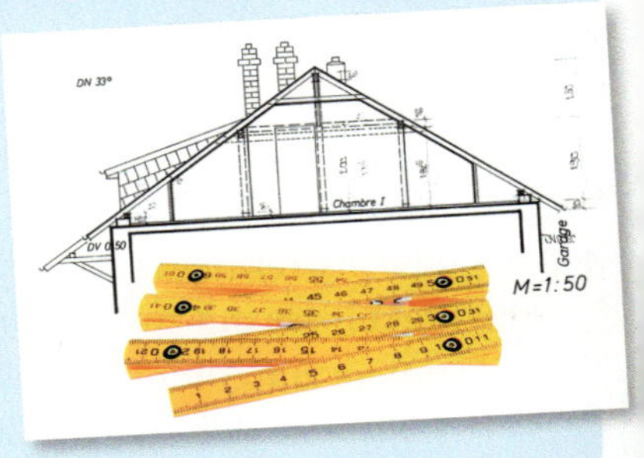

Hilfsmittel beim Zeichnen und Konstruieren verwenden

Skizzieren:
Freihandskizzen ohne Hilfsmittel
Zeichnen:
Auch Messgeräte sind erlaubt.
Konstruieren:
Nur Zirkel, Geodreieck und Lineal sind erlaubt.

Beachte bei Aufgaben, ob du skizzieren, zeichnen oder konstruieren sollst. Du musst entscheiden, ob etwas maßstäblich zu zeichnen ist und ob Messgeräte (Winkelmesser, Lineal) erlaubt sind oder nicht. In Planfiguren wird Wichtiges im angenäherten Größenverhältnis dargestellt. Hier darf freihand gezeichnet und mit anderen Hilfsmitteln gearbeitet werden.

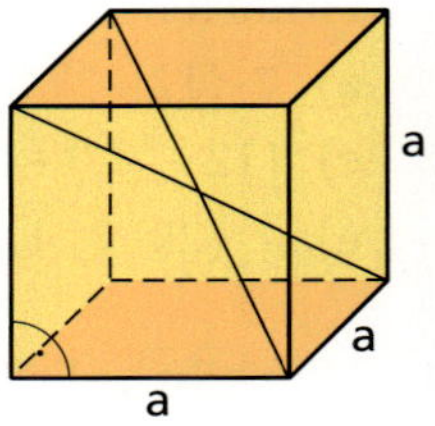

Beispiel

Markiere die Grundfläche, die Deckfläche und zwei Raumdiagonalen eines Würfels in einer Planfigur.

Geometrische Grundkonstruktionen ausführen

Nutze beim Konstruieren die **geometrischen Grundkonstruktionen.**

Mittelsenkrechte von $\overline{AB}$	Winkelhalbierende von $\sphericalangle$ BAC	Senkrechte zur Geraden h in A	Lot von A auf eine Gerade h
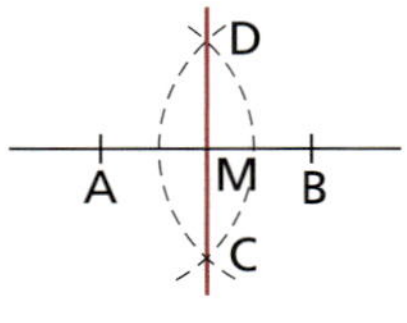	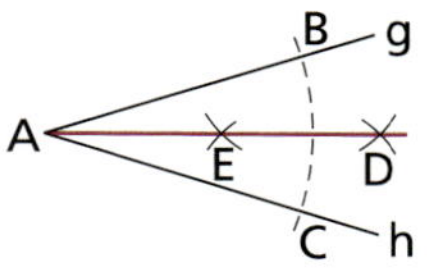	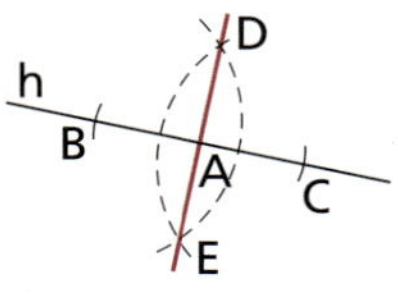	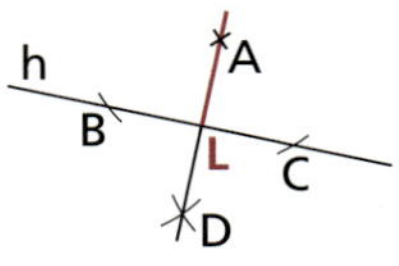

Eigenschaften von Dreiecken beim Konstruieren beachten

Beachte die Zusammenhänge, die bei Dreiecken zwischen Seiten und Winkeln gelten. Entscheide dann, ob das Dreieck überhaupt konstruierbar ist und ob es mehrere Lösungen geben kann. Prüfe die Eindeutigkeit einer Lösung immer mithilfe der **Kongruenzsätze.**

- Die Summe der Längen zweier Seiten ist immer größer als die Länge der dritten Seite.
- Die Summe der Innenwinkel beträgt immer 180°.
- Der größten Seite liegt der größte Winkel gegenüber.

Kongruenzsätze			
sss	sws	wsw	SsW
Zwei Dreiecke sind zueinander kongruent, wenn sie übereinstimmen in:			
allen drei Seiten	zwei Seiten und dem eingeschlossenen Winkel	einer Seite und den beiden anliegenden Winkeln	zwei Seiten und dem Gegenwinkel der größeren Seite

Zentrische Streckungen ausführen

Beim Ausführen einer zentrischen Streckung entstehen maßstäbliche **Vergrößerungen** oder **Verkleinerungen.** Die Verhältnisse zugehöriger Streckenlängen und die Größen zugehöriger Winkel bleiben bei einer zentrischen Streckung gleich.

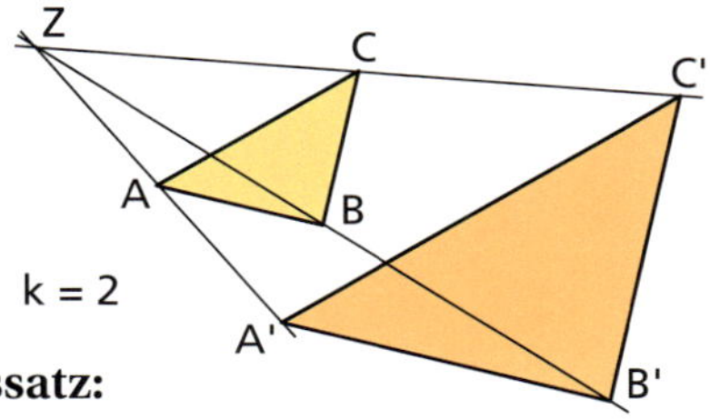

Für die Dreiecke ABC und A'B'C' gilt der **Hauptähnlichkeitssatz:**

- Zwei Dreiecke sind zueinander ähnlich, wenn sie in zwei Winkeln übereinstimmen.

Geometrische Körper zeichnerisch darstellen

Du kannst einen geometrischen Körper im **Schrägbild** und im **Zweitafelbild** darstellen. Seine Oberfläche erkennst du am besten im **Körpernetz.**

Zeichne ein 1 cm hohes dreiseitiges Prisma mit einem gleichseitigen Dreieck als Grundfläche. Die Seitenlänge des Dreiecks beträgt 2 cm.

Schrägbild	Zweitafelbild	Körpernetz
Verzerrungswinkel: 45° Verkürzungsverhältnis: $q = \frac{1}{2}$	Aufriss als Vorderansicht Grundriss als Draufsicht	zusammenhängende Abwicklung aller Begrenzungsflächen
	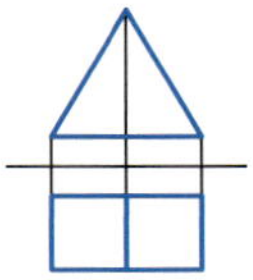	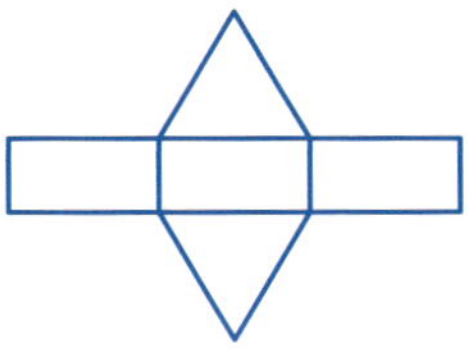

Aufgaben

1 Die Punkte A(–2; 3) und B(2; 0) legen eine Gerade g in einem Koordinatensystem fest.
   a) Zeichne die Gerade g und eine zur Geraden g parallele Gerade h durch den Koordinatenursprung.
   b) Untersuche, ob die Punkte C(0; –1,5) und D(1; 0) auf einer Senkrechten zur Geraden g liegen.

2 Konstruiere folgende Figuren:
   a) Ein Dreieck ABC mit $\overline{BC} = a = 2{,}5$ cm, $\overline{AC} = 4{,}8$ cm und $\sphericalangle BCA = \gamma = 90°$
   b) Ein gleichschenkliges Trapez ABCD mit $\overline{AB} = 5$ cm, $\overline{CD} = 2$ cm, $\overline{AB} \parallel \overline{CD}$ und $h = 3$ cm

3 Zeichne ein Rechteck ABCD mit $\overline{AB} = a = 4$ cm und $\overline{BC} = b = 6$ cm.
Zeichne die Winkelhalbierende jedes Innenwinkels und benenne das durch die Winkelhalbierenden gebildete Viereck EFGH.
Beschreibe die Eigenschaften des Vierecks EFGH.
Welche Vierecksart ist es?

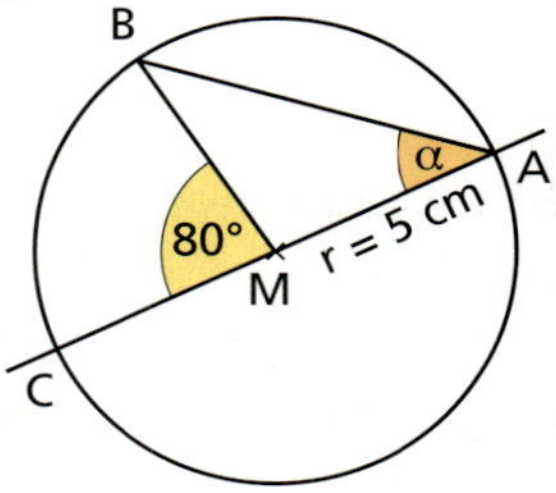

4 a) Übertrage die Zeichnung im Maßstab 1 : 1 in dein Heft, miss die Größe des Winkels α und kontrolliere rechnerisch.
   b) Konstruiere im Punkt A die Tangente t an den Kreis.

5 a) Zeichne ein gleichschenkliges Dreieck ABC mit $\overline{AC} = \overline{BC}$ und bezeichne den Mittelpunkt der Basis mit M.
   b) Fälle vom Punkt M die Lote auf $\overline{AC}$ und $\overline{BC}$.
   Bezeichne die Fußpunkte der Lote mit D und E.
   c) Zeige, dass die Dreiecke MBE und MAD zueinander kongruent sind.

6 a) Konstruiere die abgebildeten gotischen Fensterelemente und beschreibe deine Konstruktionen.
   b) Entwirf selbst ein gotisches Fensterelement, notiere dazu eine Konstruktionsbeschreibung und lasse es von anderen Personen konstruieren.

(1)

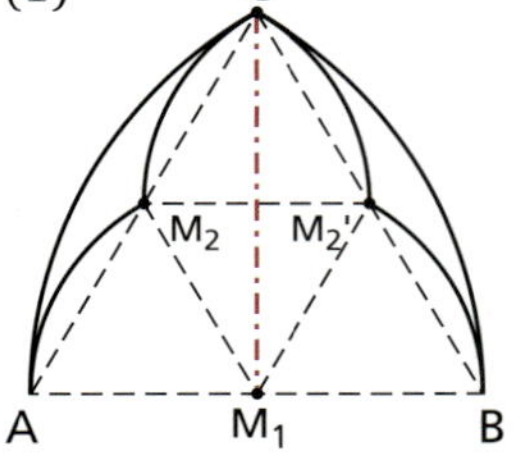

(2)

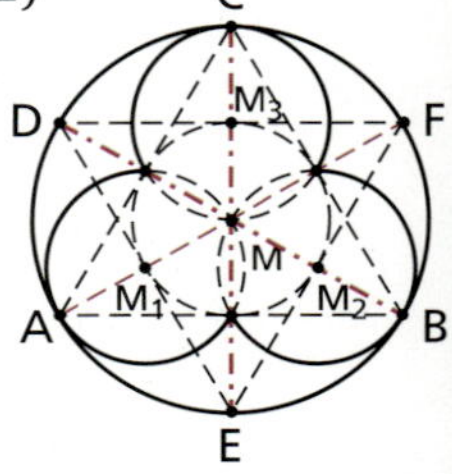

7 Zeichne ein Quadrat ABCD und ein Rechteck BEFG mit $\overline{AB} = \overline{BE}$ und $\overline{BG} = \overline{BD}$ mit einer selbst gewählten Seitenlänge $\overline{AB}$.

a) Verlängere die Diagonale $\overline{AC}$ über den Punkt C hinaus und bezeichne den Schnittpunkt mit $\overline{FG}$ als H. Prüfe, ob die Dreiecke ACD und CHG zueinander ähnlich sind.

b) Zeichne $\overline{FC}$, verlängere diese über C hinaus und bezeichne den Schnittpunkt mit $\overline{AD}$ als K. Zeige, dass die Dreiecke KCD und CFG zueinander kongruent sind.

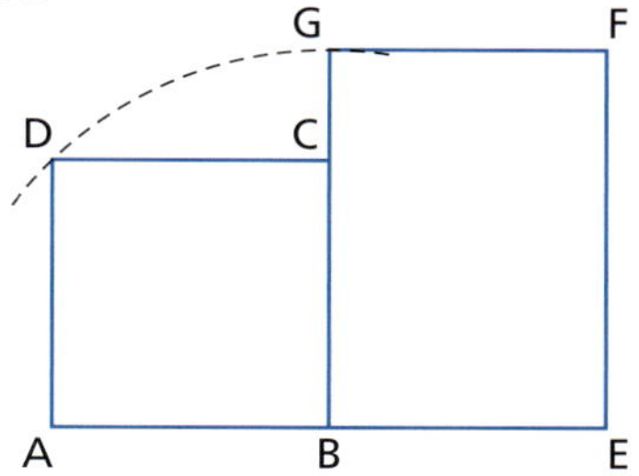

8 Skizziere von jedem der folgenden Körper ein Zweitafelbild.
Wähle eine sinnvolle Lage und entscheide selbst, wie groß a sein soll.

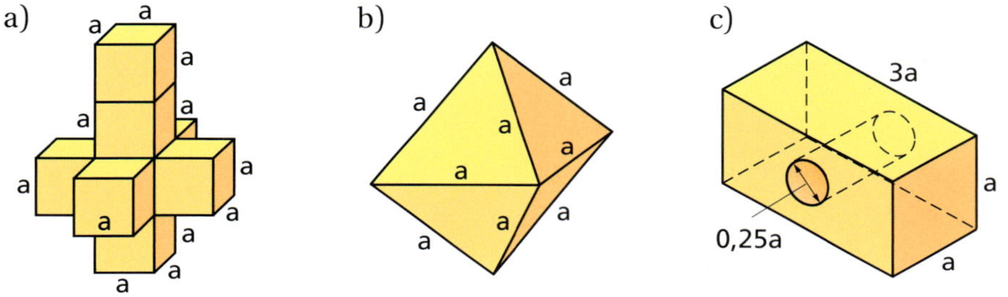

9 Zeichne von jedem Körper sowohl ein Körpernetz als auch ein Schrägbild.

a) Bei einem Würfel beträgt die Kantenlänge 2 cm.

b) Bei einem (geraden) Prisma mit einem gleichseitigen Dreieck als Grundfläche haben alle Kanten eine Länge von 4 cm.

c) Bei einer (geraden) Pyramide mit quadratischer Grundfläche haben alle Kanten eine Länge von 5 cm.

10 Hier sind Zweitafelbilder von Körpern im Maßstab 1 : 4 gegeben.
Beschreibe, welche Gemeinsamkeiten und Unterschiede du erkennst.
Zeichne jeweils ein Schrägbild des Körpers.

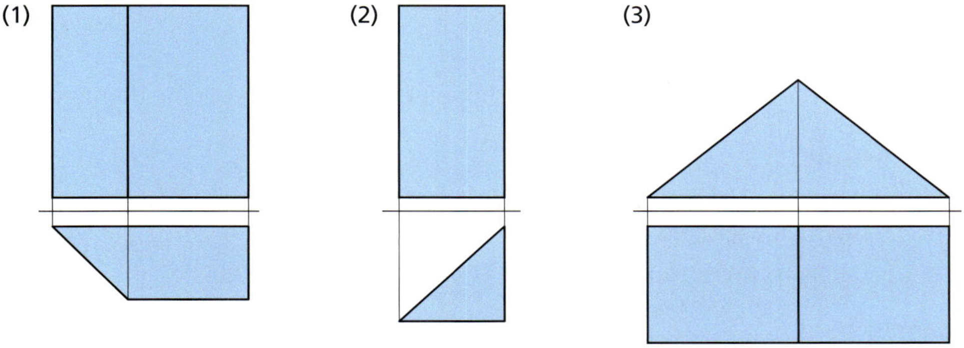

Berechnungen an geometrischen Figuren

Der abgebildete Würfel hat eine Kantenlänge von 10 cm. Alle Ecken wurden (wie in der Abbildung) durch ebene Schnitte entfernt.

Erläutere, wie du das Volumen des Restkörpers berechnen würdest.

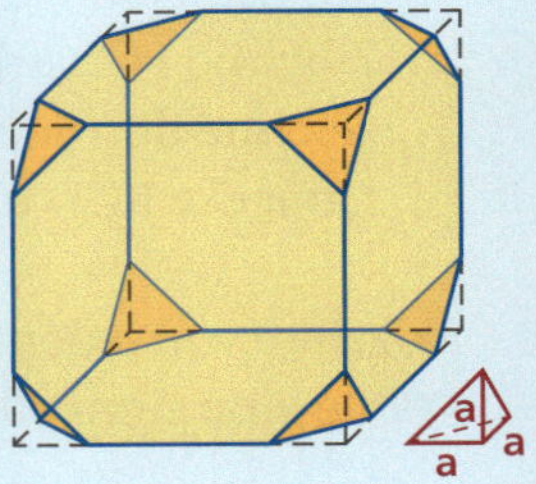

$V = \frac{1}{6} \cdot a^3$

Umfänge und Flächeninhalte ebener Figuren berechnen

Der **Umfang u** einer ebenen Figur gibt die Länge ihrer Begrenzungslinie an.
Der **Flächeninhalt A** einer ebenen Figur gibt die Größe ihrer Fläche an.

Quadrat	Rechteck	Parallelogramm	Trapez
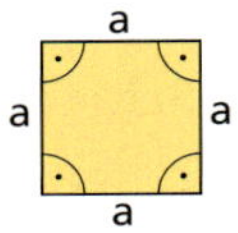	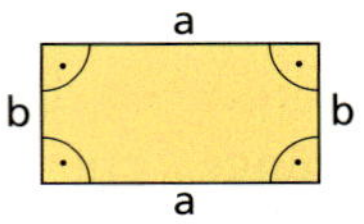	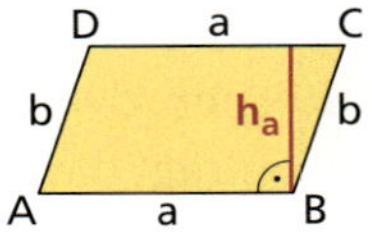	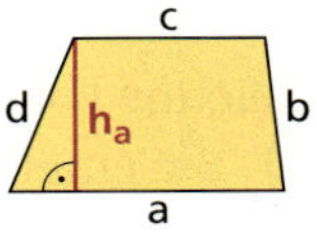
$u = 4a$ $A = a^2$	$u = 2(a + b)$ $A = a \cdot b$	$u = 2(a + b)$ $A = a \cdot h_a$	$u = a + b + c + d$ $A = \frac{a + c}{2} \cdot h_a$
Drachenviereck	**Rhombus**	**Dreieck**	**Kreis**
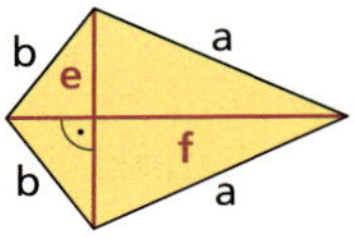	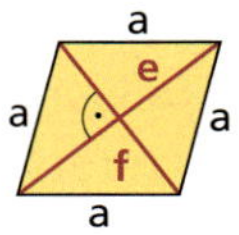	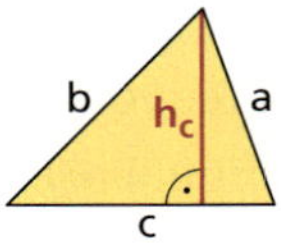	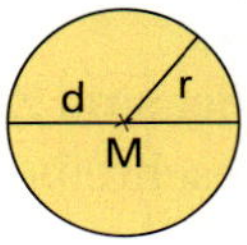
$u = 2(a + b)$ $A = \frac{e \cdot f}{2}$	$u = 4a$ $A = \frac{e \cdot f}{2}$	$u = a + b + c$ $A = \frac{c \cdot h_c}{2}$	$u = \pi \cdot d$ $A = \pi \cdot r^2$

Trage die gesuchten und die gegebenen Größen immer in eine Planfigur ein.

Beispiel

Berechne Umfang und Flächeninhalt des gleichseitigen Dreiecks.

Planfigur:

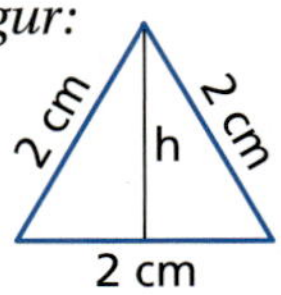

$u = 3a \rightarrow u = 3 \cdot 2\text{ cm} = 6\text{ cm}$

$A = \frac{c \cdot h}{2} \rightarrow A = \frac{2\text{ cm} \cdot \sqrt{4\text{ cm}^2 - 1\text{ cm}^2}}{2} = 1\text{ cm} \cdot \sqrt{3\text{ cm}^2} \approx 1{,}73\text{ cm}^2$

Tipp:
Satz des Pythagoras anwenden

Volumen und Oberflächeninhalte geometrischer Körper berechnen

Das **Volumen V** eines geometrischen Körpers gibt seinen Rauminhalt an. Der **Oberflächeninhalt A_O** eines geometrischen Körpers gibt die Größe aller Begrenzungsflächen an.

Für Prismen und Zylinder gilt: $V = A_G \cdot h$ und $A_O = 2A_G + A_M$			
Würfel	Quader	Trapezsäule	Zylinder
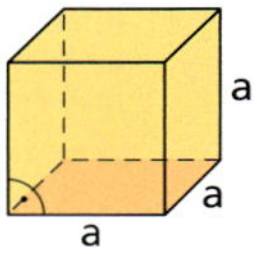	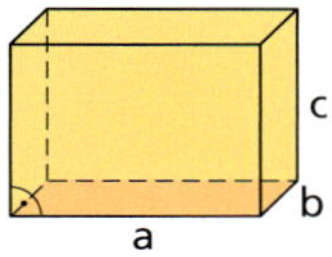	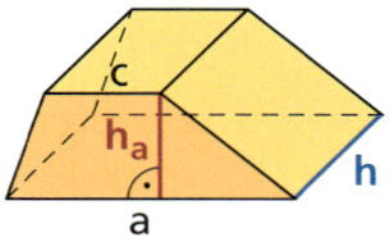	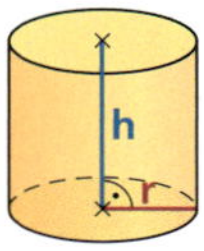
$V = a^3$	$V = a \cdot b \cdot c$	$V = \frac{1}{2}(a+c) \cdot h_a \cdot h$	$V = \pi \cdot r^2 \cdot h$
$A_O = 6a^2$	$A_O = 2(a \cdot b + a \cdot c + b \cdot c)$	$A_O = (a+c) \cdot h_a + A_M$	$A_O = 2\pi \cdot r^2 + 2\pi \cdot r \cdot h$

Für Pyramiden und Kegel gilt: $V = \frac{1}{3}A_G \cdot h$ und $A_O = A_G + A_M$		Für Kugeln gilt: $V = \frac{4}{3}\pi \cdot r^3$ und $A_O = 4\pi \cdot r^2$
Pyramide (quadr.)	Kegel	Kugel
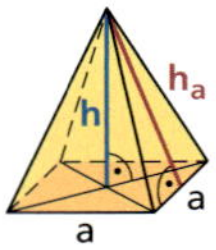	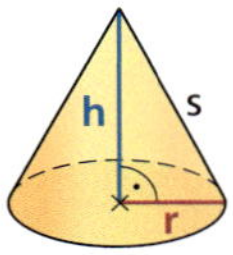	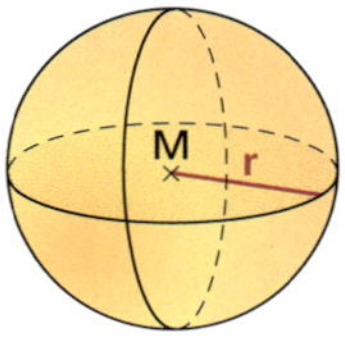
$V = \frac{1}{3}a^2 \cdot h$	$V = \frac{1}{3}\pi \cdot r^2 \cdot h$	
$A_O = a^2 + 2a \cdot h_a$	$A_O = \pi r(r+s)$	

Satz des Pythagoras:
$a^2 + b^2 = c^2$ (c ist Hypotenuse.)

Sinussatz:
$\frac{a}{\sin\alpha} = \frac{b}{\sin\beta} = \frac{c}{\sin\gamma}$

Kosinussatz:
$a^2 = b^2 + c^2 - 2bc \cdot \cos\alpha$
$b^2 = a^2 + c^2 - 2ac \cdot \cos\beta$
$c^2 = a^2 + b^2 - 2ab \cdot \cos\gamma$

Nutze beim Berechnen von Streckenlängen und Winkeln bekannte Sätze, wie den **Satz des Pythagoras**, den **Sinussatz** und den **Kosinussatz**.

Beispiel

Auf einem Würfel steht eine quadratische Pyramide. Berechne den Oberflächeninhalt des Körpers, bei dem alle Kantenlängen gleich lang sind.

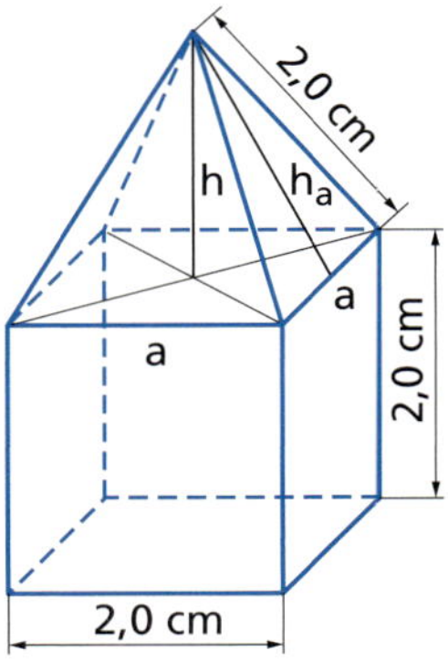

Gesucht: A_O (cm²) *Gegeben:* a = 2,0 cm

Würfel: $A = A_G + A_M = a^2 + 4a^2 = 5a^2 \rightarrow A = 20\text{ cm}^2$

Pyramide: $h_a = \sqrt{a^2 - \frac{a^2}{4}} \rightarrow h_a \approx 1{,}73\text{ cm}^2$

$A = \frac{4a \cdot h_a}{2} = 2a \cdot h_a \rightarrow A \approx 6{,}92\text{ cm}^2$

Körper: $A_O = A_{Würfel} + A_{Pyramide} = 5a^2 + 2a \cdot h_a \rightarrow A_O \approx 26{,}92\text{ cm}^2$

Aufgaben

1 Schreibe eine sinnvolle Einheit für die genannte Größe auf.
a) Grundfläche eines Einfamilienhauses
b) Volumen einer kleinen Flasche Parfüm

2 Berechne den Inhalt der blauen Fläche.

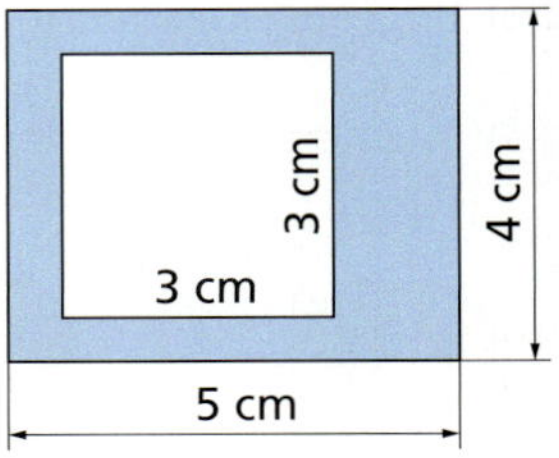

3 Berechne den Flächeninhalt eines Quadrats mit einem Umfang von 48 cm.

4 Ein dreieckförmiges Grundstück hat die Seitenlängen 30 m, 40 m, 50 m. Berechne den Umfang und den Flächeninhalt des Grundstücks.

5 Ein Quader ist 6 cm lang, 50 mm breit und 0,2 dm hoch. Berechne das Volumen und den Oberflächeninhalt des Quaders und gib jede Lösung mit zwei unterschiedlichen Einheiten an.

6 Berechne den Oberflächeninhalt eines Würfels mit einem Volumen von 125 cm^3.

7 Berechne die Seitenlänge y und die Seitenlänge x des Dreiecks ZXY.

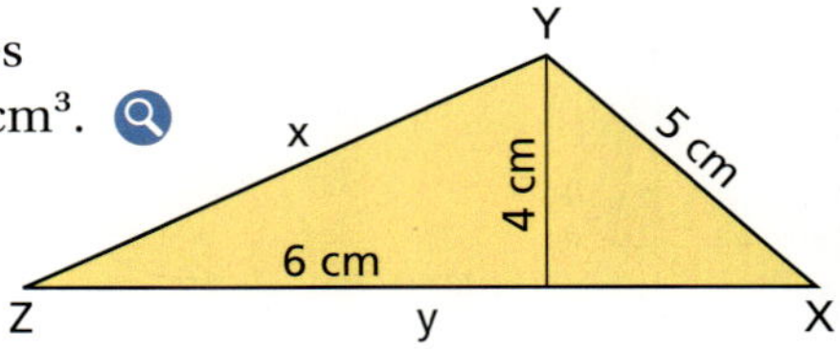

8 Ein Riesenrad hat einen Durchmesser von 42 m. Ermittle den Weg, den ein Fahrgast bei einer Umdrehung ungefähr zurücklegt.

9 Berechne den Umfang und den Flächeninhalt der abgebildeten Figur (Maße in Millimeter).

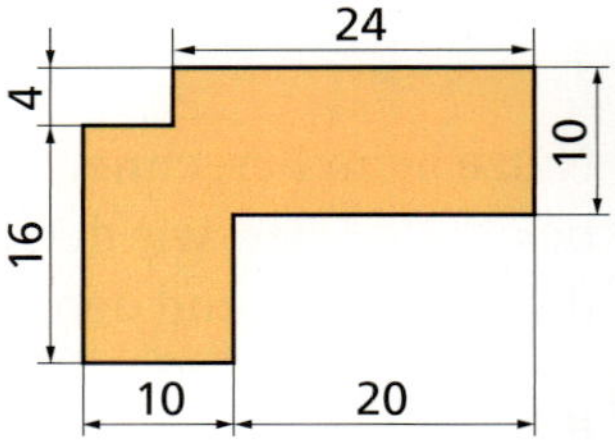

10 Gegeben ist ein rechtwinkliges Dreieck RST mit dem rechten Winkel beim Punkt R. Berechne die Länge der dem Punkt R gegenüberliegenden Seite r, wenn die beiden anderen Seiten 11 cm bzw. 8 cm lang sind.

11 Gegeben ist die abgebildete Pyramide mit rechteckiger Grundfläche.
a) Berechne die Körperhöhe h.
b) Berechne die Länge der Seitenkanten s.
c) Berechne das Volumen und den Oberflächeninhalt der Pyramide.

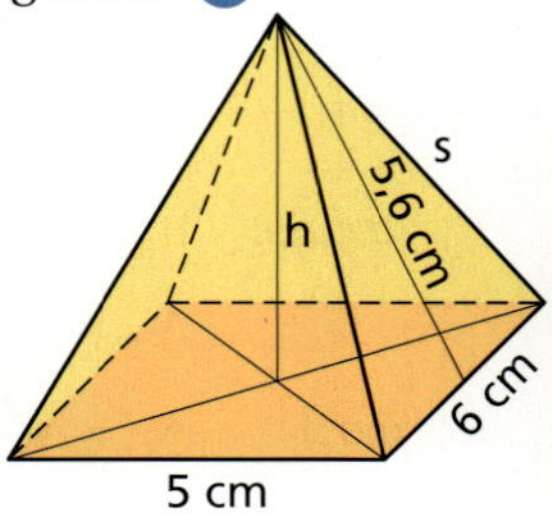

12 Eine kegelförmige Schultüte ist 50,5 cm lang. Die Öffnung hat einen Durchmesser von 15 cm. Ermittle, wie viel Quadratmeter Folie zum Bekleben benötigt werden.

13 Die Abbildung zeigt einen zusammengesetzten Körper.

a) Berechne, wie hoch beide Körper zusammen sind.
b) Ermittle die Länge der Mantellinie des Kegels und die Größe des Winkels an der Spitze.
c) Entscheide und begründe, welches Volumen beide Körper zusammen haben.
d) Berechne den Oberflächeninhalt des Körpers.

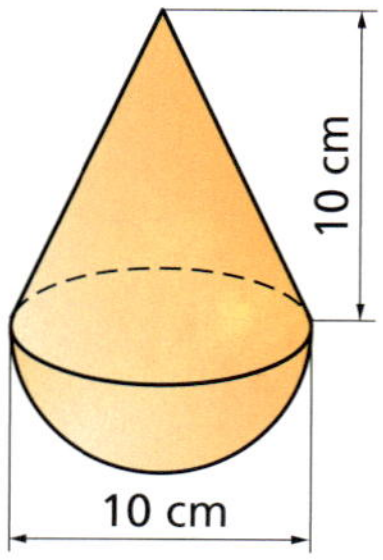

14 Hier siehst du das Zweitafelbild eines Maschinenteils aus Stahl. Es besteht aus drei Teilkörpern, deren Höhen jeweils gleich groß sind.

a) Beschreibe das Aussehen der drei Teilkörper.
b) Berechne das Gesamtvolumen des Maschinenteils.
c) Ermittle, wie viel Kubikzentimeter Abfall beim Fräsen eines Maschinenteils aus einem quaderförmigen Eisenstück angefallen sind. Gib diesen Anteil in Prozent an.
d) Von diesen Maschinenteilen werden insgesamt 20 000 Stück produziert. Berechne, wie viel Tonnen Stahl das insgesamt sind.

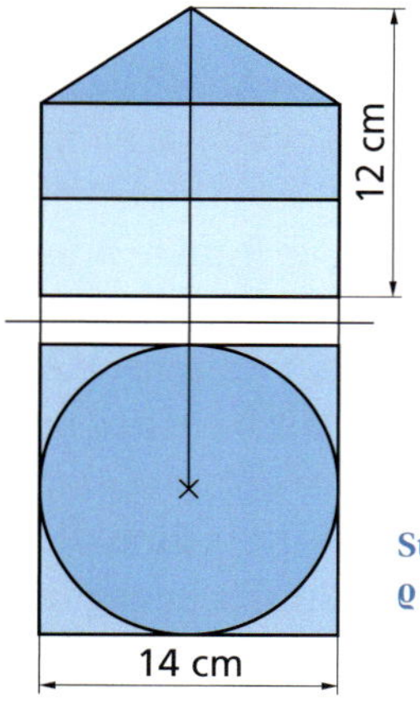

Stahl: $\varrho = 7{,}85\,\frac{\text{g}}{\text{cm}^3}$

15 Zwischen zwei Häusern ist ein Stahlseil gespannt, in dessen Mitte eine Straßenlampe befestigt ist. Dadurch hängt das insgesamt 40 m lange Seil ein wenig durch. Der Winkel zwischen den beiden Seilhälften beträgt 160°.

a) Fertige eine Skizze mit Beschriftung an.
b) Berechne, wie weit die beiden Häuser voneinander entfernt sind.

16 Zwei Radarstationen beobachten ein Flugzeug in unbekannter Höhe. Es fliegt über der waagerechten Verbindungslinie (35 km lang) zwischen den Stationen. Von den jeweiligen Stationen aus gemessen betragen die Höhenwinkel bezüglich der waagerechten Bodenlinie 29° und 32°.

a) Fertige eine maßstäbliche Zeichnung des Sachverhalts an. Schreibe auf, welcher Maßstab verwendet wurde.
b) Berechne, wie viel Kilometer das Flugzeug von jeder der beiden Radarstationen entfernt ist.
c) Gib die Flughöhe des Flugzeugs in Meter an.

Koordinatensysteme

Die geografischen Koordinaten von Berlin betragen annähernd 52° N und 13° O.

Was bedeuten diese Angaben? Gib die geografischen Koordinaten von Stockholm an.

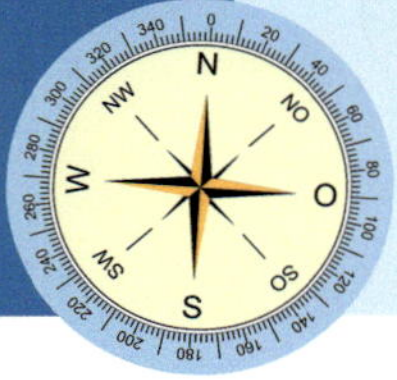

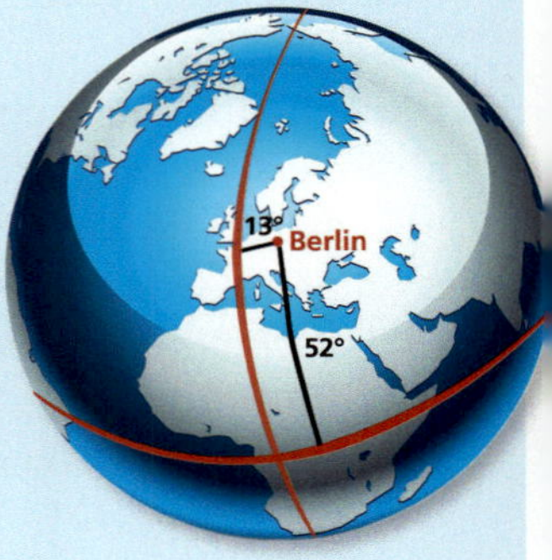

Koordinaten im rechtwinkligen Koordinatensystem interpretieren

Die Punkte A und B liegen in einem Koordinatensystem mit zwei zueinander senkrechten Achsen (x-Achse, y-Achse). Der Punkt A(2; 0,5) liegt im ersten, der Punkt B(−3; −2) im dritten Quadranten. Die Abszisse (x-Koordinate) beschreibt die Lage eines Punkts bezüglich der y-Achse, die Ordinate (y-Koordinate) bezüglich der x-Achse.

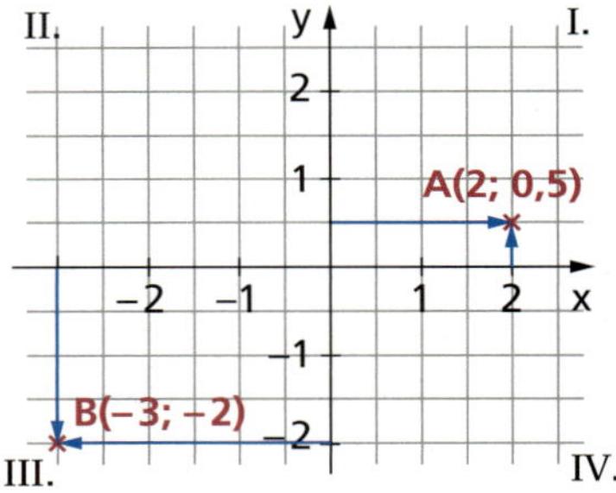

Zusammenhänge im Koordinatensystem (Diagramm) darstellen

In Koordinatensystemen (Diagrammen) können u. a. Zusammenhänge zwischen zwei Variablen (Größen) dargestellt werden.
Achte dabei immer auf die richtigen Achsenbezeichnungen.

Zusammenhang	Gleichung	Graph
Welche Zahl y erhältst du, wenn du die Hälfte einer gebrochenen Zahl x um 1 vermehrst?	$y = 0{,}5x + 1$ Zwischen x und y besteht ein linearer Zusammenhang.	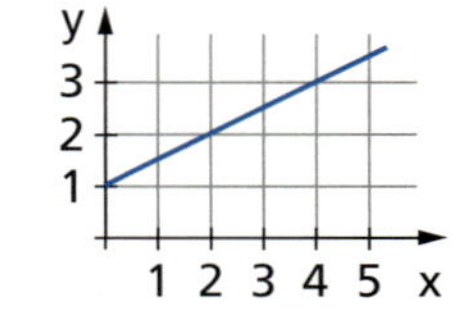
Welcher Zusammenhang besteht zwischen dem Flächeninhalt A eines Quadrats und seiner Seitenlänge a?	$A = a^2$ Zwischen a und A besteht ein quadratischer Zusammenhang.	

Streckenlängen und Winkelgrößen ermitteln

Du kannst die Länge einer Strecke im Koordinatensystem direkt ablesen, wenn die Strecke parallel zu einer der beiden Koordinatenachsen ist. In anderen Fällen kann der Satz des Pythagoras hilfreich sein. Verwende zum Berechnen von Winkelgrößen trigonometrische Zusammenhänge.

Beispiel

Ermittle die Seitenlängen und die Größe der Innenwinkel des Dreiecks ABC.

Es gilt: $\overline{AB} = 6\text{ cm}$ und $\overline{BC} = 8\text{ cm}$ (abgelesen)

$\overline{AC} = \sqrt{\overline{AB}^2 + \overline{BC}^2} = \sqrt{36\text{ cm}^2 + 64\text{ cm}^2}$

$\overline{AC} = \sqrt{100\text{ cm}^2} = 10\text{ cm}$

$\sin\alpha = \frac{\overline{BC}}{\overline{AC}} = \frac{8\text{ cm}}{10\text{ cm}} = 0{,}8 \quad\rightarrow\quad \alpha = 53{,}1°$

$\beta = 90°$ (abgelesen)

$\gamma = 180° - 90° - 53{,}1° = 36{,}9°$

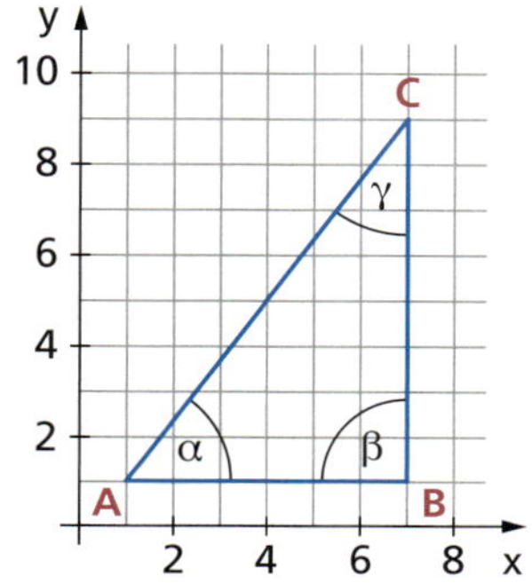

Funktionsgraphen untersuchen

Häufig steht das Ermitteln der Koordinaten charakteristischer Punkte von Funktionsgraphen im Mittelpunkt:
- Schnittpunkte mit den Koordinatenachsen,
- gemeinsame Schnittpunkte,
- Scheitelpunkte .

Beispiel

Ermittle die Schnittpunkte des Funktionsgraphen $y = f(x) = -2x + 2$ mit den Koordinatenachsen.

Es gilt: $x = 0 \;\rightarrow\; y = -2 \cdot 0 + 2 = 2 \;\rightarrow\; A(0;\, 2)$

$y = 0 \;\rightarrow\; 0 = -2x + 2 \;\rightarrow\; x = 1 \;\rightarrow\; B(1;\, 0)$

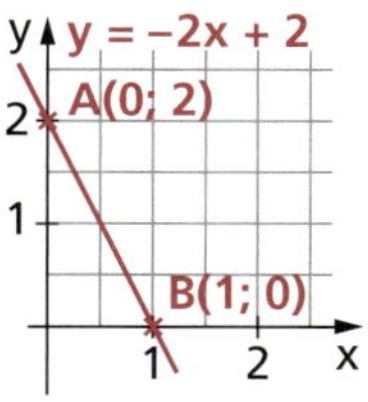

Beispiel

Wann übersteigen die Einnahmen einer Tombola mit einem Lospreis von einem Euro die Ausgaben? Für Material wurden einmal 10 € und für jedes Los jeweils 50 ct ausgegeben.

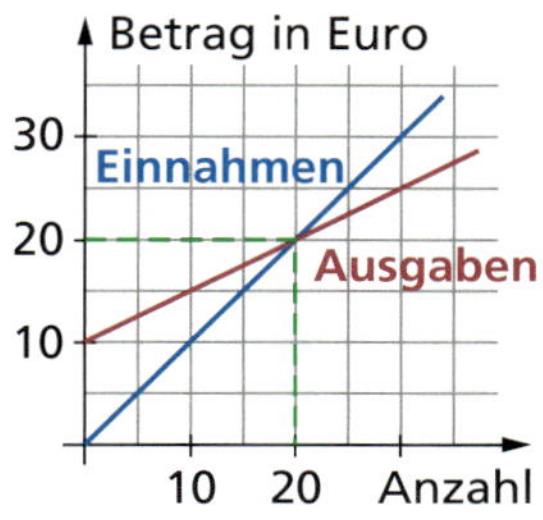

Der Verkauf der ersten 20 Lose deckt die Ausgaben.

Aufgaben

1 Zeichne die Punkte A(–4; –4), B(–1; –1), C(3; 3) in ein Koordinatensystem.
a) Begründe, warum A, B und C auf einer gemeinsamen Geraden g liegen.
b) Gib die Koordinaten zweier Punkte D und E an, die auch auf g liegen.
c) Ermittle die Abstände der Punkte A, B und C voneinander.
d) Zeichne alle Punkte ein, die auf der Geraden g liegen und vom Koordinatenursprung 5 cm entfernt sind.

2 Zeichne die folgenden Punkte in ein Koordinatensystem ein:
(1) A(2; 2), B(2; –2), C(5; 0) (2) D(0; 0), E(–4; 0), F(–4; 4), G(0; 4)
(3) H(–2; –2), J(–2; –7), K(–4; –3), L(–4; –5)
Berechne von jeder Figur den Umfang und den Flächeninhalt.

3 Trage die Punkte A(1; 1) und C(6; 6) in ein und dasselbe Koordinatensystem ein. Gib die Koordinaten zweier Punkte B und D so an, dass die Punkte ABCD jeweils ein Viereck bildet. Berechne dann den Umfang und den Flächeninhalt der Figur und den Schnittwinkel der Diagonalen.
a) Das Viereck ABCD soll ein Rechteck sein.
b) Das Viereck ABCD soll ein Parallelogramm, aber kein Rechteck sein.

4 Trage die Punkte A(–5; –5) und B(5; –5) in ein und dasselbe Koordinatensystem ein.
a) Berechne die Länge von $\overline{AB}$.
b) Konstruiere einen Punkt C so, dass $\triangle$ ABC gleichschenklig ist.
c) Berechne die Koordinaten von C und vergleiche mit der Zeichnung.
d) Berechne die Innenwinkelgrößen des Dreiecks.

5 Ein Schiff fährt parallel zur Küste und wird jeweils zum gleichen Zeitpunkt während der Fahrt zweimal von den Punkten P_1 und P_2 aus angepeilt.
Das Schiff befindet sich an den Punkten S_1 und S_2.
Die Tabelle enthält die dabei ermittelten Messwerte.

Messung	$\sphericalangle P_2P_1S_1$	$\sphericalangle P_2P_1S_2$
1	$\alpha_1 = 112°$	$\beta_1 = 41{,}81°$
2	$\alpha_2 = 36{,}87°$	$\beta_2 = 122°$

a) Zeichne den Sachverhalt im Maßstab 1 : 10 000 in ein Koordinatensystem. Die Punkte P_1 und P_2 sollen auf der x-Achse liegen und einen Abstand von 900 m voneinander haben.
b) Berechne, welche Strecke das Schiff zwischen beiden Messungen zurückgelegt hat.

6 Löse das Gleichungssystem zeichnerisch und kontrolliere dein Ergebnis rechnerisch.

Gleichungssystem

I $y = -3x + 6$

II $y = x + 2$

7 Löse die folgende Aufgabe auf zwei unterschiedlichen Lösungswegen und prüfe deine Ergebnisse:
Die Summe zweier rationaler Zahlen beträgt 4, ihre Differenz 6. Wie heißen die beiden Zahlen?

8 Lisa zahlt beim Einkauf am Gemüsestand des Händlers Frisch für 500 g Äpfel und 1 kg Pflaumen insgesamt 2,80 €. Leo kauft am gleichen Stand 1 kg Äpfel und 500 g Pflaumen für 3,20 €. Lehrer Schlau meint: „Dann könnt ihr mir ja auch ausrechnen, wie viel Euro jeweils ein Kilogramm kostet!“

a) Begründe, dass Lehrer Schlau recht hat.

b) Ermittle zeichnerisch den Preis für 1 kg Pflaumen und 1 kg Äpfel.

9 Zeichne die Funktionsgraphen in ein Koordinatensystem.

(1) $y = f(x) = -x + 1$ (2) $y = g(x) = 2x - 2$ (3) $y = h(x) = 8x - 2$

a) Gib die Koordinaten zweier Punkte jedes Funktionsgraphen an und berechne ihre Abstände zueinander.

b) Übertrage die Tabelle in dein Heft und fülle sie aus.

c) Berechne bei $y = f(x)$, $y = g(x)$ und $y = h(x)$, wie sich y ändert, wenn x um 2 cm größer wird.

d) Berechne bei $y = f(x)$, $y = g(x)$ und $y = h(x)$, wie sich y ändert, wenn x um eine Einheit kleiner wird.

x	−6				0
f(x)		5			
g(x)			−6		
h(x)	9			0	0

10 Zeichne (verschobene) Normalparabeln mit den Scheitelpunkten $S_1(0; 0)$, $S_2(1; 1)$, $S_3(-1,5; 0)$, $S_4(2,25; -3)$ und $S_5(-2; -2)$ in dein Heft.

a) Gib jeweils eine Funktionsgleichung in Scheitelpunktsform an.

b) Schreibe auch jeweils eine Funktionsgleichung in Normalform auf.

c) Lies die Nullstellen ab und kontrolliere deine Ergebnisse rechnerisch.

11 Julian behauptet, dass der Funktionsgraph von $y = f(x) = x^2 + 4x + 6$ eine verschobene Normalparabel sei.

a) Entscheide, ob Julian recht hat, und begründe deine Entscheidung.

b) Zeichne den Funktionsgraphen in ein Koordinatensystem.

c) Bezeichne die Schnittpunkte des Funktionsgraphen mit der Geraden $y = 8$ mit A und B und den Schnittpunkt des Funktionsgraphen mit der Geraden $x = -3$ mit C.

d) Berechne die Länge von $\overline{AB}$.

Gleichungssysteme

Hier wurde zweimal gewogen.
Immer bestand Gleichgewicht.

Entscheide und begründe, wie viele Kisten du für eine Dose und wie viele Kisten du für die Kugel auf die Waage stellen könntest.

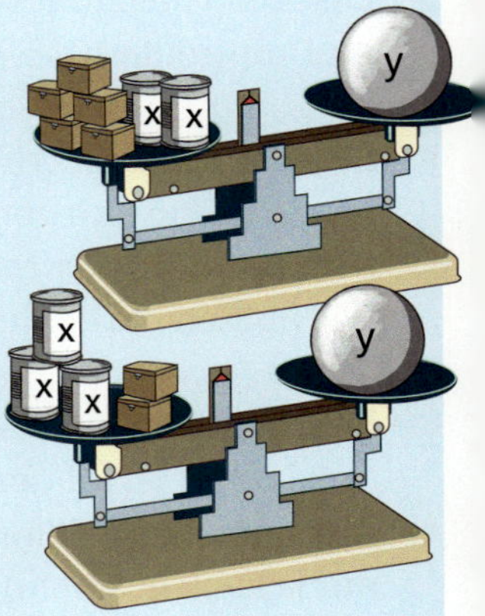

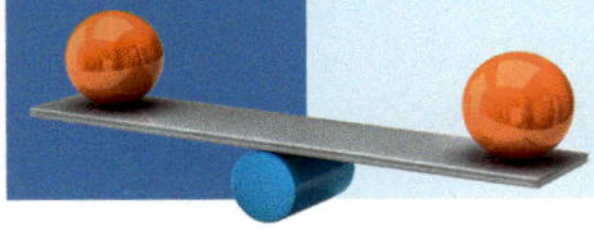

Lineare Gleichungssysteme zeichnerisch lösen

Betrachte die Gleichungen des Gleichungssystems als Funktionsgleichungen und ermittle die Koordinaten des Schnittpunkts der Funktionsgraphen.

I $y + 1 = 2x$
II $y + x = 2,75$

Lösungen:

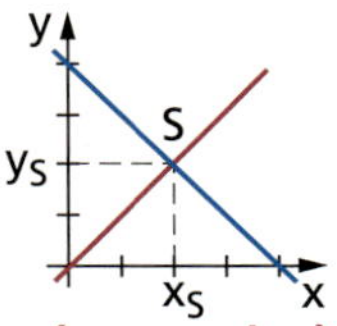

(genau eine)

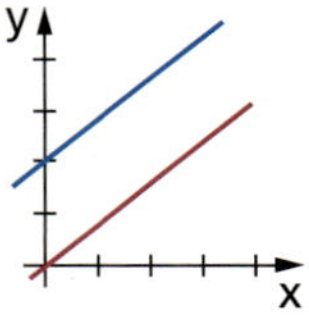

(keine)

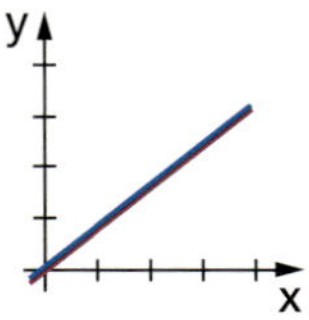

(unendlich viele)

So kannst du vorgehen

- **Schritt 1** Stelle jede Gleichung nach y um.
- **Schritt 2** Zeichne beide Funktionsgraphen.
- **Schritt 3** Lies die Koordinaten von S ab und schreibe sie als Wertepaar.

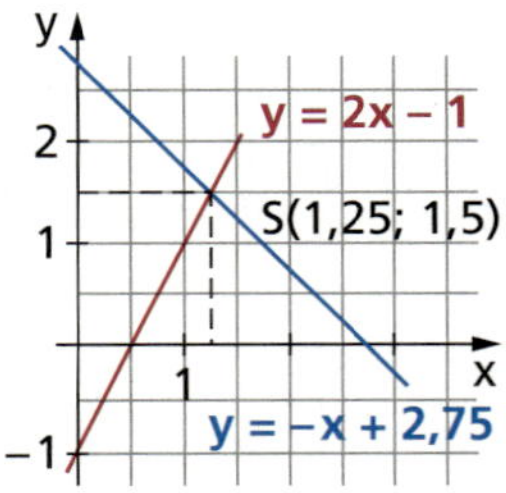

Lineare Gleichungssysteme rechnerisch lösen

Stelle eine Gleichung nach einer Variablen um und setze den dabei erhaltenen Term in die andere Gleichung ein. Diese Gleichung hat dann nur eine Variable.

Beispiel

Löse das Gleichungssystem rechnerisch.

I	$y + 1 = 2x$	|– 1
Ia	$y = 2x - 1$	
II	$y + x = 2,75$	| **Ia** einsetzen
IIa	$2x - 1 + x = 2,75$	| Zusammenfassen, Isolieren
III	$x = 1,25$	
Ia	$y = 2x - 1 = 2,5 - 1 = 1,5$	| **III** einsetzen

I $y + 1 = 2x$
II $y + x = 2,75$

Lösung:
$x = 1,25$; $y = 1,5$

Aufgaben

1 Forme jede der folgenden Gleichungen sowohl nach x als auch nach y um:

a) $x + y = 5$ b) $2x + 2y = 2$ c) $2(x + y) = 10$

d) $-2x + \frac{1}{2}y = 16$ e) $6y = 2x - 4$ f) $\frac{1}{2}y - \frac{1}{3}x = -2$

2 Prüfe sowohl zeichnerisch als auch rechnerisch, ob das gegebene Zahlenpaar Lösung des Gleichungssystems ist.

a) I $7x - 3y = 11$ | II $5x + 8y = 18$ | $x = 2;\ y = 1$

b) I $1{,}5x - 2y = 9$ | II $0{,}4x + \frac{1}{3}y = 5$ | $x = 10;\ y = 2$

c) I $2x = 10 - 4(y + 2)$ | II $3x = 6 - 3(y - 5)$ | $x = 13;\ y = -6$

3 Löse das nebenstehende Gleichungssystem sowohl zeichnerisch als auch rechnerisch.

I $y = 3x + 3$
II $y = -x + 7$

4 Löse das Gleichungssystem rechnerisch und führe eine Probe durch.

a) **I** $2x - 3y = 12$ **II** $5x + 2y = 11$

b) **I** $5x - 5y = 5$ **II** $5x + 4y = -22$

c) **I** $-2x + 5y = -2$ **II** $4x - 9y = 4$

d) **I** $x = y + 1$ **II** $5x - 3y = 1$

e) **I** $y = 5x - 11$ **II** $4x + 5y = 32$

f) **I** $40 = 2x - 2y$ **II** $3x + 2y = 10$

5 Ein gleichschenkliges Dreieck hat einen Umfang von 21 cm. Die Grundseite ist nur ein Drittel so lang wie ein Schenkel. Berechne die Seitenlängen des Dreiecks.

6 Ein Vater und sein Sohn sind zusammen 40 Jahre alt. Der Vater ist viermal so alt wie der Sohn. Berechne das Alter der beiden.

7 Löse das Zahlenrätsel.

a) Die Summe zweier Zahlen ist 12 und ihre Differenz 2.
b) Die Differenz zweier Zahlen ist 10 und ihre Summe 80.
c) Die Summe zweier Zahlen beträgt 13. Vermehrt man das Dreifache der ersten Zahl um das Doppelte der zweiten Zahl, so erhält man 34.
d) Addiert man zu einer Zahl 6, so erhält man das Dreifache einer zweiten Zahl. Addiert man zur zweiten Zahl 9, so erhält man das Vierfache der ersten Zahl.

8 Max hat auf einem Bauernhof insgesamt 35 Hühner und Schweine gezählt. Alle Tiere zusammen haben 94 Beine. Wie viele Hühner und wie viele Schweine sind es gewesen?

Funktionen

Ein Bimetallstreifen bewegt sich beim Erwärmen.

Gib an, zwischen welchen beiden physikalischen Größen hier ein funktionaler Zusammenhang besteht.

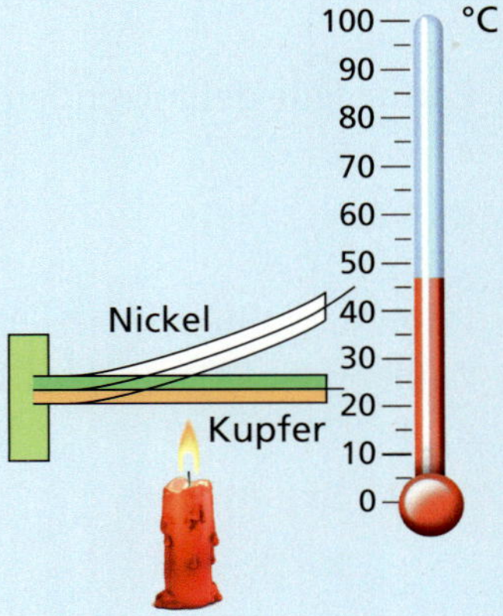

Definitions- und Wertebereich von Funktionen

Der Definitionsbereich D einer Funktion enthält alle x-Werte (Argumente). Der Wertebereich W einer Funktion enthält alle y-Werte (Funktionswerte). Achte immer darauf, in welchem Intervall eine Funktion definiert ist.

Beispiel

Ermittle den Wertebereich der Funktion
$y = f(x) = 2x + 1$ für das Intervall $-3 \leq x \leq 3$.
Der Wertebereich ist: $-5 \leq y \leq 7$

x	–3	0	3
f(x)	–5	1	7

Nullstellen von Funktionen

Es gilt:
$y = f(x_0) = 0$

Ein x-Wert einer Funktion heißt Nullstelle x_0, wenn der zugehörige y-Wert 0 ist.

Beispiel

Ermittle die Nullstellen folgender Funktionen:

$y = f(x) = 2x + 1$

Lösung:

$$0 = 2x + 1 \quad |-1$$
$$-1 = 2x \quad |:2$$
$$-0{,}5 = x$$

Die Funktion hat *eine* Nullstelle:
$x_0 = -0{,}5$

$y = g(x) = x^2 + 2x - 3$

Lösung:

$$0 = x^2 + 2x - 3$$
$$x_{1;\,2} = -\frac{p}{2} \pm \sqrt{\frac{p^2}{4} - q}$$
$$x_{1;\,2} = -\frac{2}{2} \pm \sqrt{\frac{4}{4} + 3} = -1 \pm 2$$

Die Funktion hat *zwei* Nullstellen:
$x_1 = 1$ und $x_2 = -3$

Wenn ein Funktionsgraph die x-Achse nicht schneidet, hat die Funktion auch *keine* Nullstelle.

Schnittpunkte von Funktionsgraphen mit den Koordinatenachsen

Für Schnittpunkte mit der x-Achse gilt: $S_x(x; 0)$
Für Schnittpunkte mit der y-Achse gilt: $S_y(0; y)$

Beispiel

Ermittle die Koordinaten der Schnittpunkte des Graphen der Funktion $y = f(x) = 2x + 1$ mit den Koordinatenachsen.

Schnittpunkt mit der x-Achse

Für $y = 0$ gilt:

$0 = 2x + 1 \quad | -1$
$-1 = 2x \quad | :2$
$-0{,}5 = x$
$S_x(-0{,}5; 0)$

Schnittpunkt mit der y-Achse

Für $x = 0$ gilt:

$y = 2 \cdot 0 + 1$
$y = 0 + 1$
$y = 1$
$S_y(0; 1)$

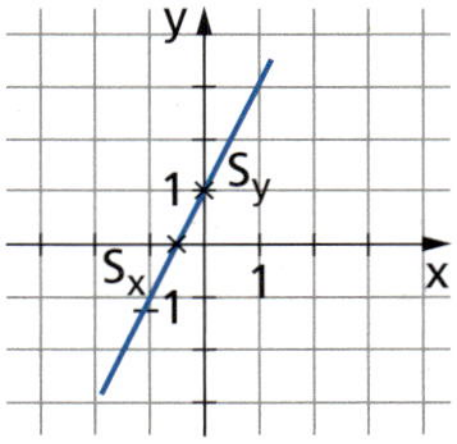

Schnittpunkte zweier Funktionsgraphen

Ermittle die Schnittpunktskoordinaten zweier Funktionsgraphen durch Lösen eines Gleichungssystems mit zwei Variablen.

Beispiel

Ermittle die Schnittpunktskoordinaten der Funktionsgraphen $y = f(x) = 2x + 1$ und $y = g(x) = x^2 + 2x - 3$ sowohl rechnerisch als auch zeichnerisch.

Es muss gelten: $f(x) = g(x)$

$2x + 1 = x^2 + 2x - 3 \quad | -2x$
$1 = x^2 - 3 \quad | +3$
$4 = x^2 \quad | \sqrt{\ }$
$x_{1;2} = \pm 2$
$x_1 = 2$ und $x_2 = -2$
$f(2) = 2 \cdot 2 + 1 = 5 \quad \rightarrow \quad S_1(2; 5)$
$f(-2) = 2 \cdot (-2) + 1 = -3 \quad \rightarrow \quad S_2(-2; -3)$

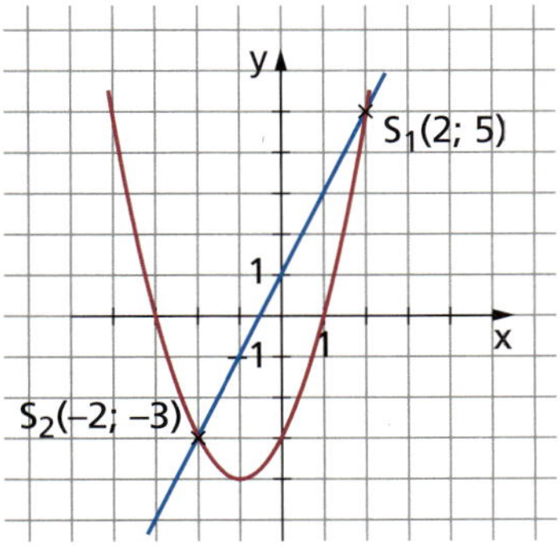

Monotonieverhalten von Funktionen

Die Funktion $y = f(x) = 2x + 1$ ist im gesamten Definitionsbereich *monoton steigend,* weil für alle x der Anstieg $m = 2$, also immer positiv ist.

Die Funktion $y = g(x) = x^2 + 2x - 3$ ist für alle $x \leq -1$ *monoton fallend* und für alle $x \geq -1$ *monoton steigend.* Das Monotonieverhalten wechselt am Scheitelpunkt der Parabel.

Aufgaben

1 Entscheide und begründe, welcher der folgenden Graphen zur Funktion $y = x - 1$ gehört:

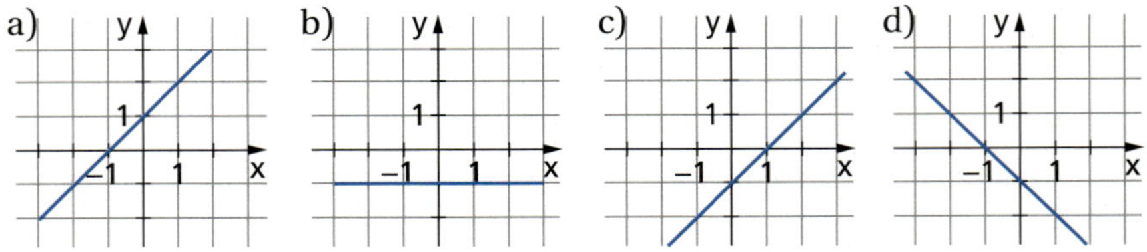

2 Prüfe, ob der Punkt P(–2; 4) zum Graphen der Funktion $y = 0{,}5x + 5$ gehört.

3 Ermittle die Nullstelle der Funktion $y = -2x + 2$ sowohl zeichnerisch als auch rechnerisch.

4 Gegeben ist eine lineare Funktion $y = f(x)$ durch folgende Wertetabelle:

x	–1	0	0,25	1
y	–5	–1	0	3

a) Zeichne den Graphen der Funktion und gib seine Schnittpunkte mit den Koordinatenachsen an.
b) Schreibe eine Funktionsgleichung auf.

5 Erstelle eine Wertetabelle für die Funktion $y = f(x) = x^{-1}$ mit den Argumenten –2; –1; –0,5; –0,25; 0,25; 0,5; 1 und 2.
a) Skizziere den Funktionsgraphen in einem Koordinatensystem.
b) Beschreibe die Eigenschaften der Funktion.
c) Berechne, für welches Argument der Funktionswert 10 ist.

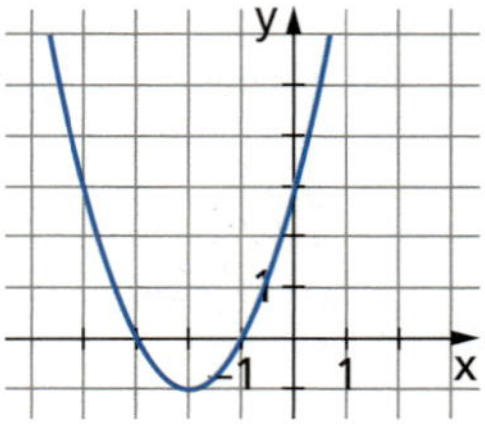

6 Ermittle den Scheitelpunkt der abgebildeten Parabel und gib eine Funktionsgleichung an.

7 Zeichne den Funktionsgraphen für $y = f(x) = x^3$ im Intervall $-2 \le x \le 2$.
a) Entscheide, welche Nullstellen die Funktion im angegebenen Intervall hat.
b) Beschreibe das Monotonieverhalten der Funktion.

8 Skizziere den Graphen der Funktion $y = f(x) = 2 \sin x$ im Intervall $-2\pi \le x \le 3\pi$.
a) Gib den Wertebereich der Funktion im gegebenen Intervall an.
b) Schreibe alle Nullstellen in diesem Intervall auf.

9 Gegeben sind die lineare Funktion $y = f(x) = 2x - 3$ und der Graph g einer linearen Funktion $y = g(x)$ durch die Punkte $P_1(-1; 4)$ und $P_2(0; 3)$.

a) Zeichne beide Funktionsgraphen in das gleiche Koordinatensystem.
b) Ermittle die Nullstellen beider Funktionen.
c) Beschreibe den Verlauf der Geraden g durch eine Gleichung.
d) Berechne die Koordinaten des Schnittpunkts beider Funktionsgraphen.

10 Ein Stromanbieter A verlangt eine jährliche Grundgebühr von 38,60 € und 21 ct pro Kilowattstunde. Ein Stromanbieter B möchte für jede Kilowattstunde 18 ct bei einer Grundgebühr von 45,95 € pro Jahr.

a) Stelle jeweils die Kosten in Abhängigkeit von der Anzahl der verbrauchten Kilowattstunden grafisch dar.
b) Gib eine Funktionsgleichung zur Berechnung der Kosten für jeden Stromanbieter an.
c) Ermittle rechnerisch, ab wie viel Kilowattstunden Anbieter B günstiger ist als Anbieter A.

11 Zeichne die Graphen der Funktionen $y = f(x) = x^2 - 4x + 1$ und $y = g(x) = x - 3$ mindestens im Intervall $-1 \leq x \leq 4$ in ein und dasselbe Koordinatensystem.

a) Ermittle den Schnittpunkt beider Graphen im IV. Quadranten.
b) Gib jeweils das Monotonieverhalten von f(x) und g(x) an.
c) Zeige, dass die Funktion $y = f(x) = x^2 - 4x + 1$ genau zwei Nullstellen hat.

12 Gegeben sind die Funktionen $y = f(x) = x^2 + x - 6$ und $y = g(x) = -x - 3$.

a) Zeichne die Graphen f und g beider Funktionen in ein und dasselbe Koordinatensystem.
b) Berechne die Koordinaten der Schnittpunkte beider Funktionsgraphen.
c) Spiegele den Funktionsgraphen g an der y-Achse und benenne das Spiegelbild mit g'.
d) Berechne den Flächeninhalt des Dreiecks, das die beiden Geraden und die x-Achse miteinander bilden.

13 Von einem radioaktiven Präparat zerfällt in 20 Jahren ein Anteil von 5 %. Das strahlende Material hatte im Jahr 2010 eine Masse von 8 g.

a) Übertrage die Tabelle in dein Heft und fülle sie aus. Eine Einheit der Variablen x beträgt 20 Jahre, die Variable y ist die Masse in Gramm.
b) Gib eine Funktionsgleichung für diesen Zerfallsprozess an.

x	0	1	2	3
Jahr	2010	2011		
y = f(x)	8			

Statistische Kenngrößen

Im Durchschnitt verbringen Schüler eine Stunde täglich am Computer.

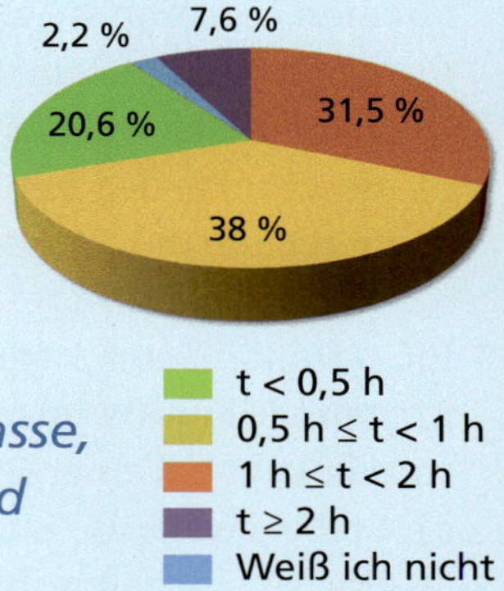

Plant eine Befragung in eurer Klasse, führt sie durch, wertet sie aus und vergleicht mit dem Diagramm.

Die **absolute Häufigkeit H(E)** gibt an, wie oft ein bestimmtes Ereignis E bei n Versuchen eintritt.

Relative Häufigkeiten können in Prozent angegeben werden.

Die **relative Häufigkeit h(E)** ist gleich dem Quotienten aus der absoluten Häufigkeit H(E) und der Anzahl n aller Versuche:

$$h(E) = \frac{H(E)}{n}$$

Der in der Mitte stehende Wert geordneter Daten heißt Median (Zentralwert).

Das **arithmetische Mittel $\overline{x}$** ist gleich dem Quotienten aus der Summe aller Werte und deren Anzahl:

$$\overline{x} = \frac{x_1 + x_2 + \ldots + x_n}{n}$$

Die **Spannweite w** ist die Differenz aus dem größten und dem kleinsten Wert:

$$w = x_{max} - x_{min}$$

Die **durchschnittliche absolute Abweichung d** von $\overline{x}$ ist das arithmetische Mittel aller Abstände der Werte x_i vom arithmetischen Mittel $\overline{x}$:

$$d = \frac{|x_1 - \overline{x}| + |x_2 - \overline{x}| + \ldots + |x_n - \overline{x}|}{n}$$

Beispiele

Punkte: 15; 31; 21; 21; 26; 27; 19
Zensuren: 5; 1; 3; 3; 2; 2; 4
n = 7

Zensur	1	2	3	4	5	6
H(E)	1	2	2	1	1	0
h(E) in %	14	29	29	14	14	0

Punkte:

$$\overline{x} = \frac{15 + 31 + 21 + 21 + 26 + 27 + 19}{7} \approx 22{,}9$$

Zensuren:

$$\overline{x} = \frac{1 \cdot 1 + 2 \cdot 2 + 2 \cdot 3 + 1 \cdot 4 + 1 \cdot 5}{7} \approx 2{,}9$$

$$w_{Punkte} = 31 - 15 = 16$$

$$w_{Zensuren} = 5 - 1 = 4$$

Punkte:

$$d = \frac{7{,}9 + 8{,}1 + 1{,}9 + 1{,}9 + 3{,}1 + 4{,}1 + 3{,}9}{7} \approx 4{,}4$$

Zensuren:

$$d = \frac{2{,}1 + 1{,}9 + 0{,}1 + 0{,}1 + 0{,}9 + 0{,}9 + 1{,}1}{7} \approx 1{,}0$$

Aufgaben

1 Berechne das arithmetische Mittel und gib die Spannweite an.
a) 16,4; 16,9; 18,9 b) 4,2; 3,87; 7,6 c) 3,5; −4,5; −5,5; 6,5

2 Gib zwei Zahlen an, deren arithmetisches Mittel die angegebene Zahl ist.
a) 2 b) 2,2 c) 0 d) −5 e) −5,5

3 Gib zu den Zahlen 5; 11 und 13 eine weitere Zahl so an, dass das arithmetische Mittel der vier Zahlen gleich 11 ist.

4 Zeige an einem Beispiel, wie sich das arithmetische Mittel von fünf Zahlen ändert, wenn jede der Zahlen um 1 vergrößert wird.

5 In folgender Tabelle sind Sprungweiten erfasst:

Name	1. Sprung	2. Sprung	3. Sprung	4. Sprung	5. Sprung
Ben	4,16 m	4,34 m	4,88 m	4,90 m	3,99 m
Leon	4,25 m	4,34 m	4,56 m	4,66 m	4,82 m
Mia	3,22 m	3,58 m	3,42 m	3,50 m	3,52 m
Lea	2,99 m	3,95 m	3,35 m	3,88 m	2,76 m

a) Berechne für jede Person die durchschnittliche Sprungweite und gib den Median an.
b) Berechne das arithmetische Mittel der vier Ergebnisse aus Aufgabe a.
c) Berechne das arithmetische Mittel aller 20 Messwerte.

6 Einhundert Kinobesucher wurden nach ihrem Alter befragt.

Alter	9	10	11	12	13	14	15	16	17
Anzahl	7	6	15	22	33	11	4	1	1

a) Berechne das Durchschnittsalter und gib die Spannweite der Daten an.
b) Veranschauliche die Daten in einem Diagramm. Kennzeichne darin auch das Durchschnittsalter der Kinobesucher.

7 Im Diagramm sind die Halbjahreszensuren zweier Klassen im Fach Mathematik dargestellt.
a) Interpretiere das Diagramm.
b) Gib das arithmetische Mittel, die Spannweite und die durchschnittliche absolute Abweichung an.

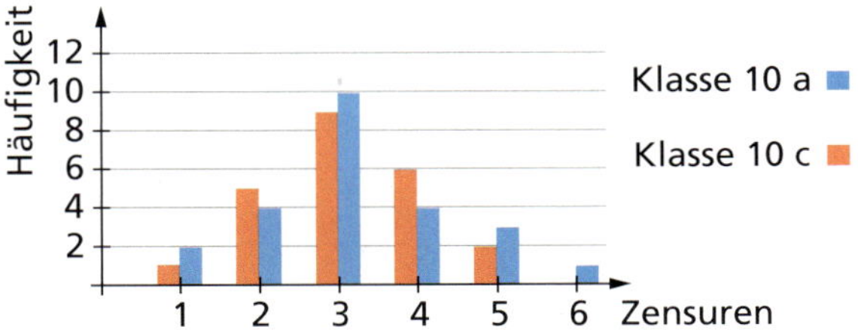

Zufällige Ereignisse

Die Wahrscheinlichkeit, vom Blitz getroffen zu werden, beträgt 1 : 20 Millionen, die für sechs Richtige im Lotto liegt etwa bei 1 : 15 Millionen.

Warum spielen dennoch viele Menschen Lotto?

Ein Vorgang mit verschiedenen Ergebnissen (bezogen auf ein Merkmal) ist ein **zufälliger Vorgang.** Die Ergebnisse können nicht mit Sicherheit vorhergesagt werden.

Zufällige **Ereignisse E** sind Aussagen über das Eintreten von Ergebnissen. Alle Ergebnisse, die nicht zu dem Ereignis E gehören, bilden das **Gegenereignis $\overline{E}$.**

Das **sichere Ereignis A** beschreibt alle möglichen Ergebnisse.

Die relative Häufigkeit ist ein Näherungswert für die Wahrscheinlichkeit.

Es gilt: $\mathbf{P(E) + P(\overline{E}) = 1}$

Mehrstufiger Vorgang: Ein zufälliger Vorgang aus mehreren Teilvorgängen

Mehrstufiger Vorgang	
1.	*Produktregel:* Wahrscheinlichkeiten entlang eines Pfades werden multipliziert.
2.	*Summenregel:* Wahrscheinlichkeiten an den Pfadenden werden addiert.

Ordne jedem Pfad im Baumdiagramm die zugehörige Wahrscheinlichkeit zu.

Beispiel

Vorgang: einmaliges Würfeln
Merkmal: gewürfelte Augenzahl

Ereignis:
$E = \{2; 4; 6\}$ (gerade Zahlen)
$\overline{E} = \{1; 3; 5\}$ (ungerade Zahlen)

Sicheres Ereignis:
$A = \{1; 2; 3; 4; 5; 6\}$

Elementarereignisse:
$E_1 = \{1\}; E_2 = \{2\}; E_3 = \{3\}; E_4 = \{4\};$
$E_5 = \{5\}; E_6 = \{5\}$

$P(E_3) = \frac{1}{6} = 0{,}1\overline{6} \approx 16{,}6\,\%$

$P(E) = P(\overline{E}) = \frac{3}{6} = \frac{1}{2} = 0{,}5 = 50\,\%$

$P(E) + P(\overline{E}) = 0{,}5 + 0{,}5 = 1$

Vorgang: zweimaliges Würfeln
Merkmal: 6 tritt genau einmal auf

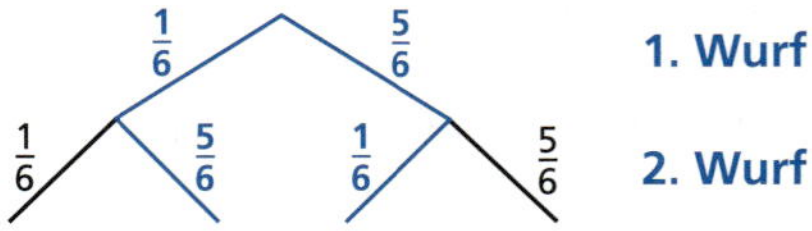

$\frac{1}{6} \cdot \frac{5}{6} = \frac{5}{36} \approx 13{,}9\,\%$

$P(B) = \frac{5}{36} + \frac{5}{36} = \frac{10}{36} = \frac{5}{18} \approx 27{,}8\,\%$

Aufgaben

1 Gib alle Ergebnisse an, die bei folgenden Vorgängen auftreten können:
a) sichtbare Bilder nach dem gleichzeitigen Werfen zweier Münzen
b) die Farbe der Schachfigur bei einem beliebigen Zug

2 Gib das Gegenereignis an, wenn mit einem Würfel gewürfelt wurde.
a) Es wird eine gerade Zahl gewürfelt. b) Es wird keine 6 gewürfelt.
c) Es wird eine Zahl gewürfelt, die kleiner als 3 ist.

3 Gib die Wahrscheinlichkeit beim Werfen eines Würfels an.
a) Es wird eine 5 gewürfelt. b) Es wird keine 6 gewürfelt.
c) Es wird eine gerade oder eine ungerade Zahl gewürfelt.

4 Gib die Wahrscheinlichkeit für das Würfeln von „Rot" an, wenn der verwendete Würfel das abgebildete Netz hat.

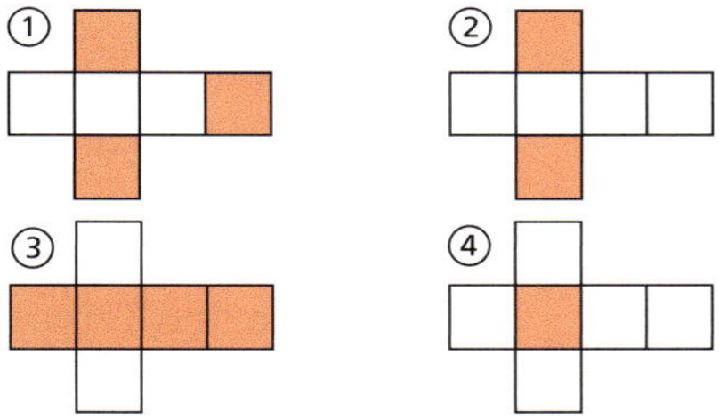

5 Skizziere ein Glücksrad mit roten und weißen Feldern. Die Gewinnchance beim Erdrehen eines roten Feldes soll wie folgt ausfallen:
a) 0,5 b) $33\frac{1}{3}\,\%$ c) 75 %

6 Eine Münze wird zweimal nacheinander geworfen.
a) Zeichne ein Baumdiagramm für diesen Vorgang.
b) Bestimme die Wahrscheinlichkeit, dass zweimal die Zahl oben liegt.
c) Bestimme die Wahrscheinlichkeit, dass einmal die Zahl und einmal das Wappen oben liegt.

7 In einem Ziehungsbehälter befinden sich nur weiße und schwarze Kugeln. Gib die Wahrscheinlichkeit für das Ziehen einer weißen Kugel an.

	a)	b)	c)	d)
Weiß	100	50	100	1 000
Schwarz	100	100	50	2 000

8 In einem Schaltkreis befinden sich vier voneinander unabhängig arbeitende Bauteile. Die Fehlerquote beträgt 0,2 % für das erste, 0,3 % für das zweite, 0,4 % für das dritte und 0,5 % für das vierte Bauteil.
a) Ermittle die Wahrscheinlichkeit dafür, dass alle vier Teile defekt sind.
b) Mit welcher Wahrscheinlichkeit ist kein Teil defekt?

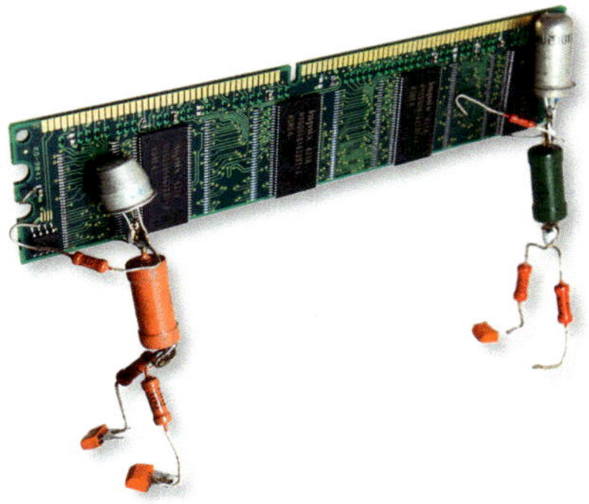

Diagramme zeichnen und interpretieren

Hier siehst du die Entwicklung der Werte zweier Aktienfonds.

Entscheide wann und begründe warum du Anteile gekauft hättest.

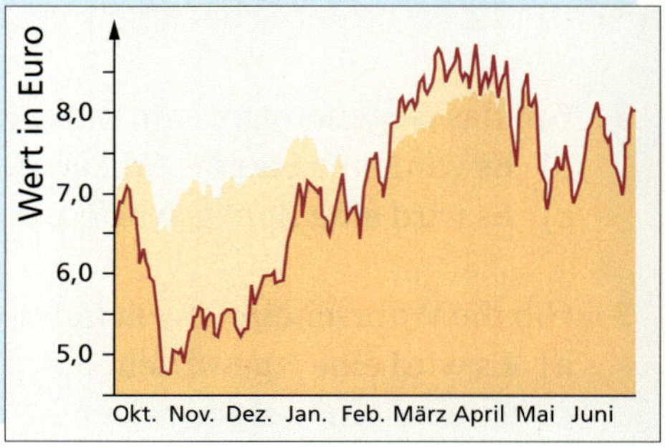

Liniendiagramme

In Liniendiagrammen sind sowohl Anteile als auch Entwicklungstendenzen gut erkennbar.

Beispiel

Stelle den Temperaturverlauf in einem Liniendiagramm dar. Ordne dazu die Temperaturen den jeweiligen Zeitpunkten zu.

Tag	Mo.	Di.	Mi.	Do.	Fr.	Sa.
ϑ in °C	38,5	39,2	39,5	39,0	38,2	37,8

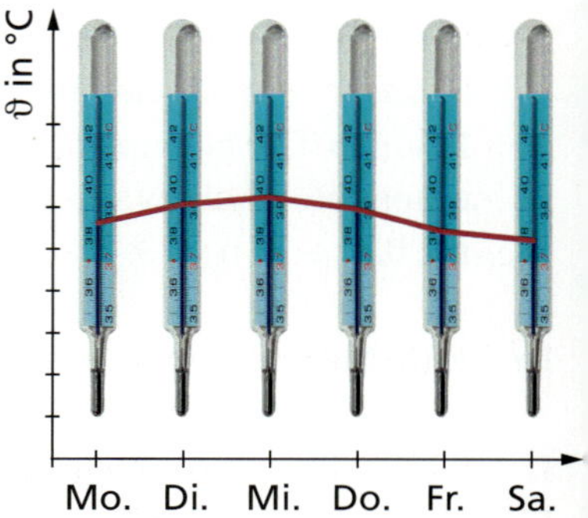

So kannst du vorgehen

- **Schritt 1** Zeichne zwei zueinander senkrechte Achsen und teile beide Achsen sinnvoll ein.
- **Schritt 2** Trage eine Größe auf der waagerechten und die andere Größe auf der senkrechten Achse ab.
- **Schritt 3** Kennzeichne alle zusammengehörigen Größenangaben durch Punkte.
- **Schritt 4** Verbinde die Punkte miteinander.

Wenn keine kontinuierlichen Messungen erfolgt sind, dürfen die Punkte nicht miteinander verbunden werden.
Gestrichelte Linien verdeutlichen lediglich den Kurvenverlauf.

Säulendiagramme

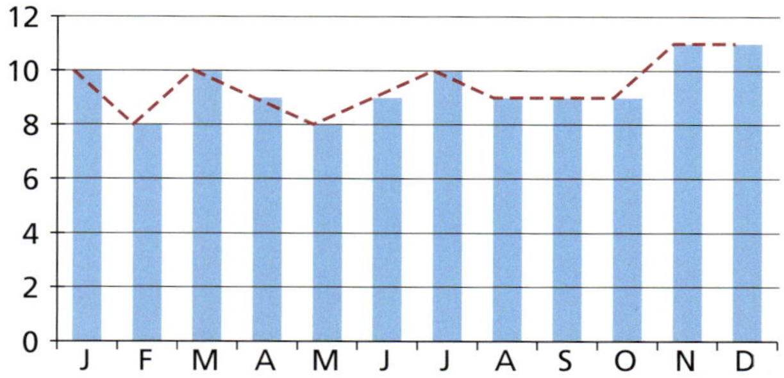

In Säulendiagrammen sind sowohl Anteile als auch Entwicklungstendenzen gut erkennbar.

Beispiel

Stelle die durchschnittliche Anzahl der Regentage in einem Säulendiagramm dar.
Ordne dazu die Temperaturen den jeweiligen Zeitpunkten zu.

Monat	J	F	M	A	M	J	J	A	S	O	N	D
∅	10	8	10	9	8	9	10	9	9	9	11	11

Du kannst ablesen, welche Monate die meisten (November und Dezember) und welche Monate die wenigsten (Februar und Mai) Regentage hatten und welche Entwicklungstendenz es im gesamten Jahr gegeben hat.

Zeichne Säulendiagramme wie Liniendiagramme (Schritt 1 bis 3).
Zeichne im Schritt 4 Säulen (Rechtecke) gleicher Breite oberhalb der waagerechten Achse.

Kreis- und Streifendiagramme

In Kreis- und Streifendiagrammen sind Anteile einer Gesamtheit gut erkennbar. Die Anteile des Vollwinkels (360°) beim Kreis und die Anteile des Streifens entsprechen den Anteilen der Einzelwerte an der Gesamtheit.

Beispiel

Öle mit hohen Anteilen an einfach oder mehrfach ungesättigten Fettsäuren sind gesünder als solche mit niedrigeren Anteilen. In 100 g Rapsöl sind etwa 28 g einfache ungesättigte Fettsäuren, 66 g mehrfach ungesättigte Fettsäuren und 6 g gesättigte Fettsäuren enthalten.

Es gilt:

Arten der Fettsäure	m	Anteil	α
Einfach ungesättigt	28 g	28 %	$3{,}6° \cdot 28 = 100{,}8°$
Mehrfach ungesättigt	66 g	66 %	$3{,}6° \cdot 66 = 237{,}6°$
Gesättigt	6 g	6 %	$3{,}6° \cdot 6 = 21{,}6°$
Gesamt	100 g	100 %	$3{,}6° \cdot 100 = 360°$

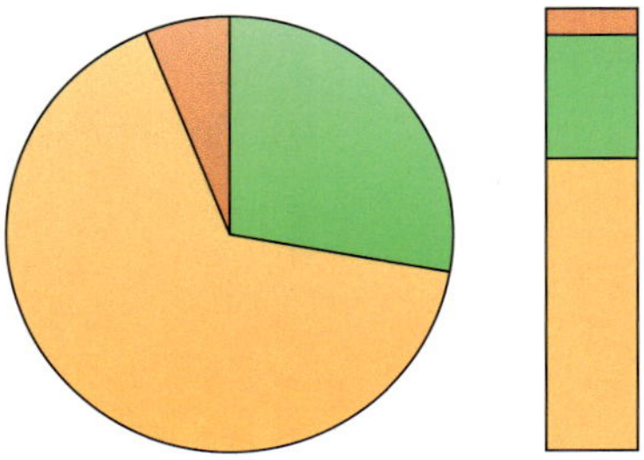

Aufgaben

1 Die Tabelle enthält die Besucherzahlen des Freibades einer Kleinstadt. Jeder Besucher hat 3,00 € für den Eintritt bezahlt.

Monat	Mai	Juni	Juli	August	September
Anzahl	125	290	430	510	270

a) Veranschauliche die Besucherzahlen in einem Liniendiagramm.
b) Stelle die Einnahmen pro Monat in einem Säulendiagramm dar.
c) Die folgende Tabelle enthält die jeweiligen Anteile der Kinder und Jugendlichen an den Besuchern:

Monat	Mai	Juni	Juli	August	September
Anteil	80 %	60 %	50 %	70 %	90 %

Berechne, wie viel Kinder und Jugendliche in den Monaten Mai bis September monatlich das Freibad besucht haben, und übertrage diese Angaben in das Säulendiagramm von Aufgabe 1b.

2 Die in der Tabelle aufgeführten Fahrzeuge legen eine Strecke von 60 km bei gleichbleibenden Geschwindigkeiten in unterschiedlichen Zeiten zurück. Die Angaben sind durchschnittliche Fahrzeiten.

Fahrzeug	Fahrrad	Traktor	Moped	Motorroller	Auto
Zeit	6 h	3 h	2 h	1,5 h	1 h

a) Stelle die *Fahrzeiten* der fünf Fahrzeuge in einem *Säulendiagramm* und in einem *Liniendiagramm* dar.
b) Vergleiche die *durchschnittlichen Geschwindigkeiten* der Fahrzeuge in einem *Säulendiagramm* und in einem *Liniendiagramm*.
c) Entscheide und begründe, ob die Punkte im Liniendiagramm miteinander verbunden werden dürfen oder nicht.

3 Stelle die Ergebnisse der letzten Klassenarbeit sowohl in einem Säulen- als auch in einem Kreisdiagramm dar.
a) Erläutere, wie du vorgegangen bist.
b) Entscheide und begründe, welches Diagramm anschaulicher ist.

4 Informiert euch über Besucherzahlen öffentlicher Einrichtungen in Berlin, z. B. in der Bibliothek, im Freibad, im Museum, im Theater usw. und stellt diese grafisch dar. Wählt selbstständig eine Diagrammart und begründet eure Wahl.

5 Von dem vorhandenen Vorrat an 50 Heften wurden je nach Bedarf in einer Woche täglich eine bestimmte Anzahl herausgegeben.

Tag	Mo.	Di.	Mi.	Do.	Fr.
Vorrat	45	40	30	26	10
Insgesamt ausgegeben	5	10	20	24	40

a) Stelle sowohl die Anzahl der verbliebenen als auch die Anzahl der ausgegebenen Hefte in einem Säulendiagramm dar.
b) Veranschauliche sowohl die Anzahl der verbliebenen als auch die Anzahl der ausgegebenen Hefte in einem Liniendiagramm.
c) Entscheide, ob ein proportionaler Zusammenhang vorliegt. Begründe deine Entscheidung.

6 In einem Restaurant sind bestimmte Gerichte besonders „gefragt“. Analysiere die Angaben und stelle sie in einem Diagramm anschaulich dar.

Schnitzel	30 %
Pizza	40 %
Salate	10 %
Sonstige	20 %

7 Das Diagramm zeigt die Ergebnisse einer Umfrage über das „Fernsehverhalten“ von 500 Jugendlichen. Eine der Säulen fehlt.
a) Gib an, wie viele der befragten Jugendlichen wöchentlich 10 bis 20 Stunden vor dem Fernsehgerät sitzen.
b) Unter den befragten Jugendlichen befanden sich 180 Mädchen. Davon gaben 15 an, mehr als 30 Stunden pro Woche fernzusehen. Vergleiche diesen Anteil mit dem entsprechenden Anteil der Jungen.

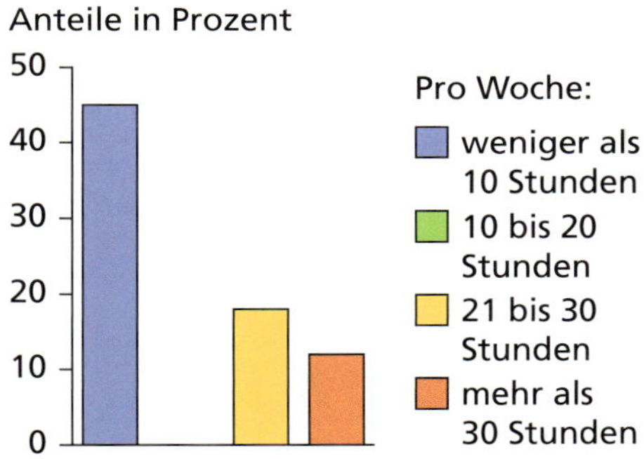

8 Luft hat in Bodennähe, wenn sie trocken und nicht verunreinigt ist, etwa folgende Zusammensetzung (in Volumenprozent):
a) Veranschauliche die Zusammensetzung der Luft in einem Kreisdiagramm. Fasse dabei alle Bestandteile außer „Stickstoff“ und „Sauerstoff“ als „Rest“ zusammen.
b) Erstelle ein Kreisdiagramm für alle Bestandteile außer Stickstoff und Sauerstoff. Fasse dabei „Wasserstoff“ und „andere Edelgase“ als „Rest“ zusammen. Arbeite möglichst in einer Tabellenkalkulation.

Bestandteil	Anteil
Stickstoff	78,08 %
Sauerstoff	20,95 %
Argon	0,93 %
Kohlendioxid	0,034 %
Wasserstoff	0,00005 %
andere Edelgase	0,00595 %

Wusstest du schon?

Grafiken richtig gestalten – Manipulation erkennen und beurteilen

Die Art und Weise der Gestaltung einer grafischen Darstellung kann – gewollt oder ungewollt – Eindrücke vermitteln, die nicht den tatsächlichen Gegebenheiten und Tendenzen entsprechen.
Ist dies gewollt, so spricht man von **Manipulation.**

Flächeninhalt:
Länge × Breite
LE × LE = LE^2
Volumen:
Länge × Breite × Höhe
LE × LE × LE = LE^3

Bei Darstellungen in Koordinatensystemen entscheidet die Einteilung der x-Achse und der y-Achse über den optischen Gesamteindruck des Betrachters zur Größe von Veränderungen bzw. Entwicklungen. Die Veranschaulichung von Daten durch Linien, Flächen oder Körper muss so erfolgen, dass die Verhältnisse (Proportionalitäten) gewahrt bleiben.
Bedenke: Jede Verdopplung der Seitenlängen eines Rechteckstreifens bewirkt eine Vervierfachung seines Flächeninhalts, jede Verdopplung der Kantenlänge eines Quaders (Säule, Balken) bewirkt eine Verachtfachung seines Volumens.

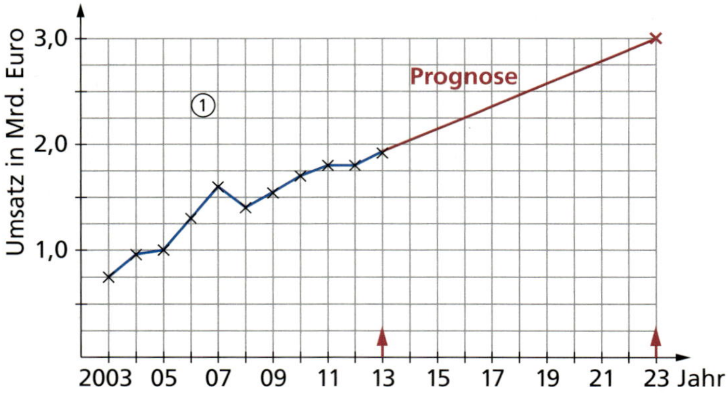

In den Diagrammen ist die Umsatzentwicklung eines Unternehmens für den Zeitraum von zehn Jahren mit einer Prognose für die folgenden zehn Jahre dargestellt. Obwohl jedem der Diagramme dieselben Daten zugrunde liegen, entstehen durch die unterschiedlichen Einteilungen der x- bzw. y-Achse völlig verschiedene Eindrücke.

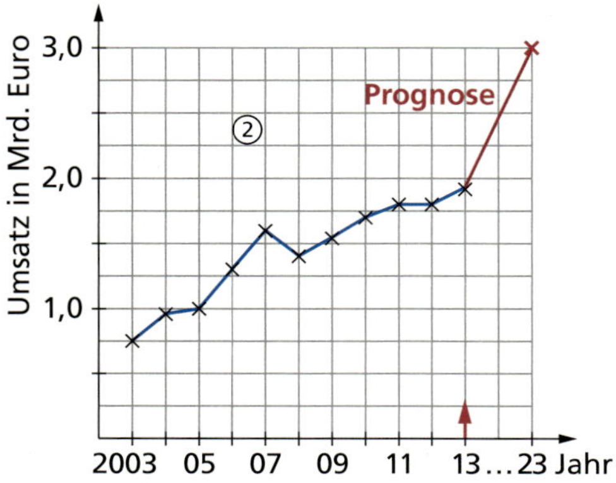

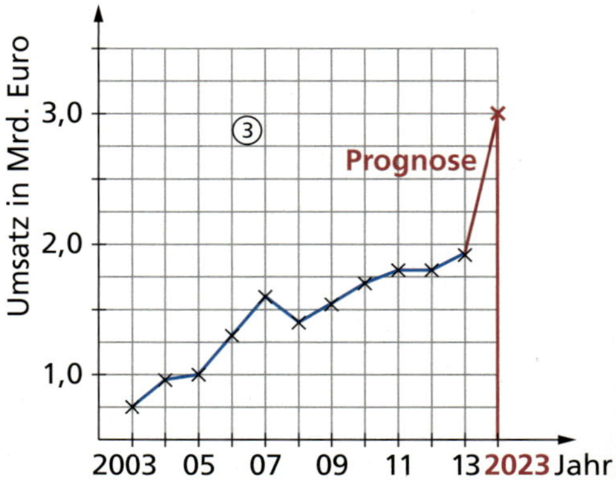

1 a) Ordne jedem Diagramm von Seite 156 die passenden Aussagen zu.
(1) Umsatz wächst kontinuierlich, 2023 wird die 3-Mrd.-Marke erreicht
(2) Umsatz erreicht nach leichten Schwankungen 2023 den 3-Mrd.-Bereich
(3) Höhenflug nach 2013, die 3-Mrd.-Marke wird 2023 geknackt
(4) Leichter Umsatzanstieg bis 2013, bis 2023 Aufwärtstrend erwartet
(5) Zehn Jahren Genügsamkeit folgen zehn Jahre mit rasanter Umsatzentwicklung

b) Beurteile und begründe, welches der Diagramme einen korrekten Eindruck gibt.

2 Ein Mobilfunkanbieter wirbt grafisch und mit Slogan für einen Tarifwechsel: „Immer mehr Kunden wechseln zu unserem SUPER-TARIF XXL!“

a) Vergleiche und beurteile die Aussagekraft der beiden Diagramme.

b) Fertige ein Diagramm an, das die Entwicklung realistisch veranschaulicht.

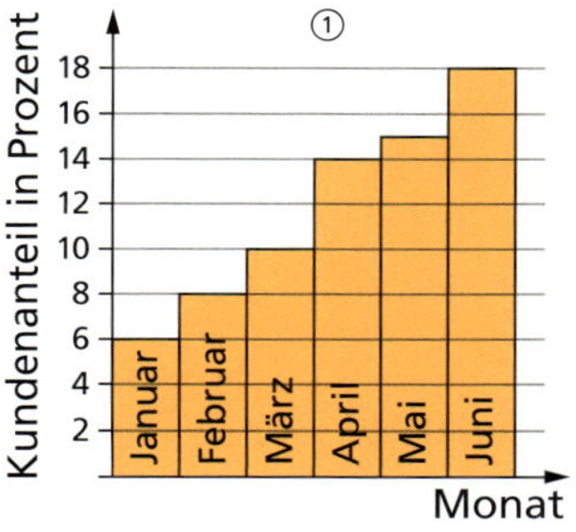

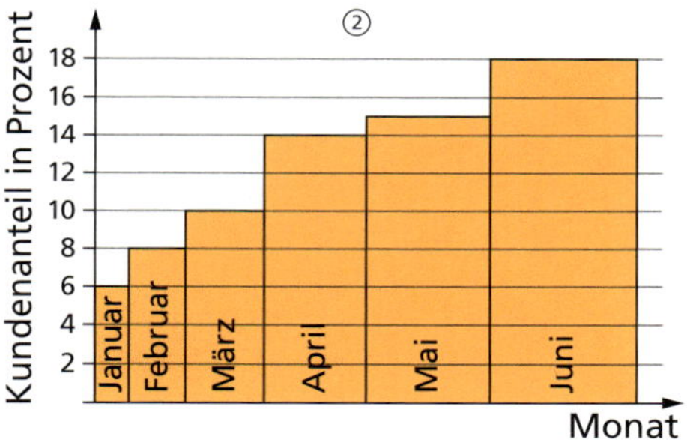

c) Was meinst du zu dem Werbeslogan? Begründe.

3 Sucht in eurem Alltag nach Diagrammen, die mit Werbeaussagen verbunden sind. Schreibt einen Bericht, in dem ihr die Aussagen und Diagramme kritisch beurteilt.

4 In der Tabelle sind die Verkaufszahlen einer Illustrierten in einer Großstadt erfasst.

Monat	Jan.	Febr.	März	April	Mai	Juni	Juli	Aug.	Sept.	Okt.	Nov.	Dez.
Anzahl	10 227	9836	11 512	11 434	11 740	12 112	12 100	12 210	11 428	11 308	11 055	11 201

a) Berechne, wie viele Exemplare dieser Illustrierten durchschnittlich je Monat verkauft worden sind.

b) Gib die Spannweite der Verkaufszahlen für das Kalenderjahr an.

c) Fertige ein Diagramm an, das die Entwicklung der Verkaufszahlen realistisch veranschaulicht.

So kannst du vorgehen

Was bei der schriftlichen Prüfung im Fach Mathematik wichtig ist:

Die schriftliche Prüfung im Fach Mathematik besteht aus zwei Teilen: Basisaufgaben und Aufgaben zu verschiedenen Themen.
Die Basisaufgaben sind mit einem Symbol gekennzeichnet und werden auf dem Aufgabenblatt gelöst.
Die anderen Aufgaben werden auf gesondertem Papier (mit Schulstempel) bearbeitet.
Am Ende der Prüfung müssen alle Blätter (auch die mit Nebenrechnungen) abgegeben werden.
Alle Aufgaben dürfen mit den zugelassenen Hilfsmitteln (Taschenrechner, Zeichengeräte, Kurvenschablonen, Formelblatt) gelöst werden.
Die Arbeitszeit beträgt 135 Minuten.
Lösungswege müssen nachvollziehbar und sauber dargestellt werden. Bei Textaufgaben gehört zur Lösung ein Antwortsatz. Falls eine Lösung durch Probieren gefunden wird, müssen die Überlegungen dazu ausreichend erläutert werden.

► Hinweise für die Vorbereitung

Übt die für einzelne Prüfungsteile typischen Aufgaben. Vergleicht eure Ergebnisse gegenseitig und entscheidet danach, was ihr noch einmal üben wollt. Benutzt nur die erlaubten Hilfsmittel: Formelblatt (aus dem Vorjahr), Taschenrechner (nichtgrafikfähig, nicht programmierbar, nicht symbolisch rechnend), Zeichengeräte (Geodreieck, Zirkel, Bleistift, Radiergummi) und Kurvenschablonen sowie ein Nachschlagewerk zur deutschen Rechtschreibung. Schreibt sauber und notiert Zwischenschritte.
Organisiert eine „Generalprobe" und bittet eure Lehrer dabei um Hilfe.

► Hinweise für die Durchführung

Lest alles gut durch. Markiert mathematisch relevante Angaben und Wörter. Überlegt, ob und wie ihr ähnliche Aufgaben gelöst habt. Beginnt mit dem Einfachen. Benutzt Skizzen, Wertetabellen, Formeln zur Bearbeitung der Aufgaben. Schreibt zu jeder Aufgabe eure Lösungswege nachvollziehbar auf. Formuliert eure Gedanken lückenlos, sprachlich korrekt und mathematisch exakt. Teilt eure Zeit gut ein. Hakt erledigte Aufgaben ab. Kontrolliert eure Lösungen auf Vollständigkeit und auf Richtigkeit.

Weiter »

Typische Aufgaben in schriftlichen Prüfungen (mit Lösungen)

	Nr.	Aufgabe	Lösung
Basisaufgaben	1	Berechne die Zahl x für: $x = \frac{4 \cdot 10^2 \cdot 6 \cdot 10^{-1}}{8 \cdot 10^4}$	$x = 3 \cdot 10^{-3} = 0{,}003$
	2	Gib die Nullstellen an: $y = x^2 - 4$	$x_1 = 2$ und $x_2 = -2$
	3	Stelle die Formel nach a um: $A = \frac{(a + c)}{2} \cdot h$	$a = \frac{2A}{h} - c$
	4	Löse die Klammern auf und fasse so weit wie möglich zusammen: $(2x + 5) \cdot (4x - 3)$	$8x^2 + 14x - 15$
	5	Ermittle die Zahlen. Führe eine Probe durch. *Die Summe zweier Zahlen ist 3.* *Das Dreifache der einen Zahl vermindert um 5 ergibt die andere Zahl.*	$x + y = 3$ und $3x - 5 = y$ $x = 2$ und $y = 1$ *Probe:* $2 + 1 = 3$ (wahr) $3 \cdot 2 - 5 = 1$ (wahr)
Aufgaben zu verschiedenen Themen	6	Zeichne die Punkte A(–2; 0) und B(0; 4) in ein Koordinatensystem. Berechne die Länge von $\overline{AB}$ und runde auf ganze Millimeter.	$\overline{AB} = \sqrt{4\,cm^2 + 16\,cm^2}$ $\overline{AB} = \sqrt{20\,cm^2} = 4{,}472...\,cm$ $\overline{AB} \approx 45\,mm$ 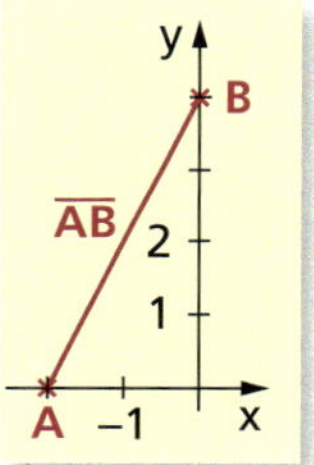
	7	Ein Lkw braucht etwa 22,5 *l* Diesel auf 100 km.	
		a) Berechne den Verbrauch auf 5 000 km.	$22{,}5\,l \cdot 50 = 1125\,l$
		b) Berechne, wie viel Prozent Diesel auf 5 000 km eingespart werden, wenn es auf 100 km etwa 2,5 *l* weniger sind.	$\frac{x}{20} = \frac{100}{22{,}5} \rightarrow x = 88{,}\overline{8}$ Es sind etwa 11,1 %.
	8	Zeichne ein Dreieck ABC mit $\overline{AB} = c = 8{,}9\,cm$, $\overline{AC} = b = 6{,}7\,cm$ und $\overline{BC} = a = 9{,}7\,cm$.	$\cos\alpha = \frac{b^2 + c^2 - a^2}{2bc}$
		a) Miss den Winkel $\alpha = \sphericalangle BAC$.	$\cos\alpha = 0{,}2516...$
		b) Berechne den Winkel $\alpha = \sphericalangle BAC$.	$\alpha \approx 75{,}4°$
	9	Gegeben ist die Funktion $y = \frac{1}{2}x^2 - 2$. a) Erstelle eine Wertetabelle im Intervall $-3 \leq x \leq 3$. b) Zeichne die Funktion im Intervall $-3 \leq x \leq 3$. c) Berechne den Scheitelpunkt. d) Berechne die Nullstellen. e) Welche Punkte P der Parabel haben die y-Koordinate $y_P = -1$? Berechne die x-Koordinaten dieser Punkte.	siehe Wertetabelle und Graph unten

Lösung zu 9:

x	–3	–2	0	2	3
y	2,5	0	–2	0	2,5

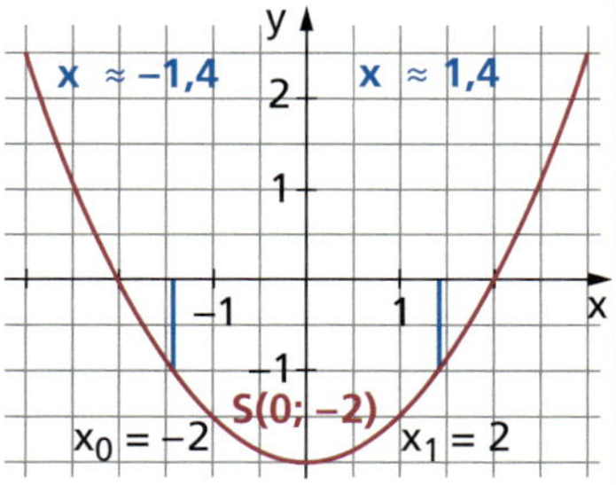

Trainiere mit Methode

Basisaufgaben

1 Kürze so weit wie möglich:
a) $\frac{50}{100}$ b) $\frac{15}{12}$ c) $\frac{27}{15}$ d) $\frac{45}{30}$

2 Berechne:
a) 2 kg + 200 g b) 15 m – 155 cm c) $1{,}5\ \text{m}^2 + 15\ \text{cm}^2$

3 Berechne von Figur ① und von Figur ② sowohl den Umfang als auch den Flächeninhalt.

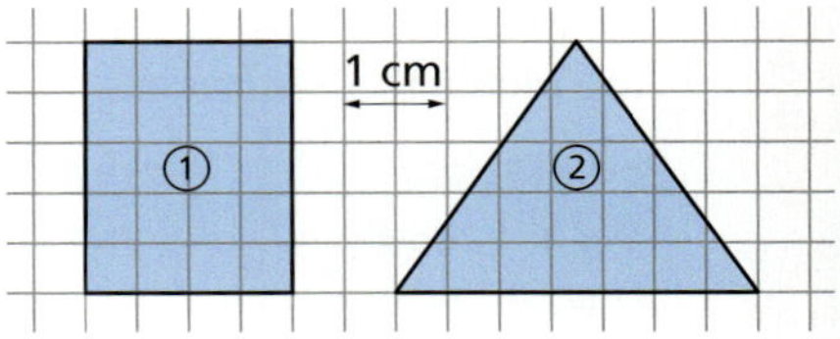

4 Berechne:
a) 4,8 : 6 b) $1{,}4 - \frac{1}{4}$ c) $1{,}1^{-2}$

5 Bei einem Quader sind alle Kantenlängen gleich groß. Gib eine Formel für das Volumen an, die diese Bedingung berücksichtigt.

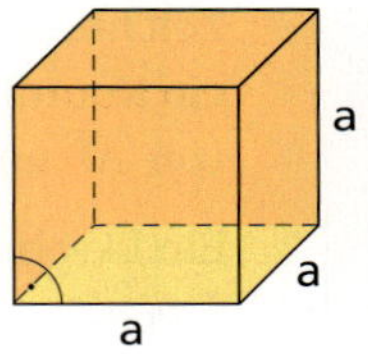

6 Entscheide, welche Überschläge für die Aufgabe $(1{,}8 \cdot 10^3 + 1{,}2 \cdot 10^2)^2$ zutreffen.
(A) $4 \cdot 10^4$ (B) 400 000 (C) $4 \cdot 10^6$ (D) 4 000 000

7 Bei einer Dreiecksäule (regelmäßiges dreiseitiges Prisma) sind alle Seitenkanten gleich groß.
Gib sowohl eine Formel zur Berechnung des Volumens als auch eine Formel zur Berechnung des Inhalts der Mantelfläche an, die diese Bedingung berücksichtigen.

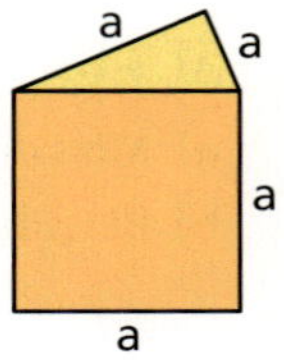

8 Ermittle das Durchschnittsalter der fünf Personen.

Name	Maja	Moritz	Mia	Max	Marie
Alter	11	12	13	14	15

9 Skizziere die vier Körper in deinem Heft und markiere jeweils die Körperhöhe farbig.

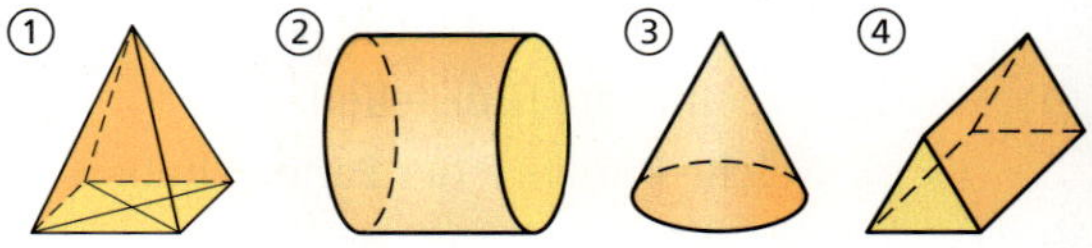

10 Gib die Scheitelpunktskoordinaten an.

a) $y = f(x) = x^2$ b) $y = g(x) = x^2 - 4$ c) $y = h(x) = (x - 4)^2$

11 Gib in den Dreiecken ① und ② jeweils die Größe des Winkels α an.

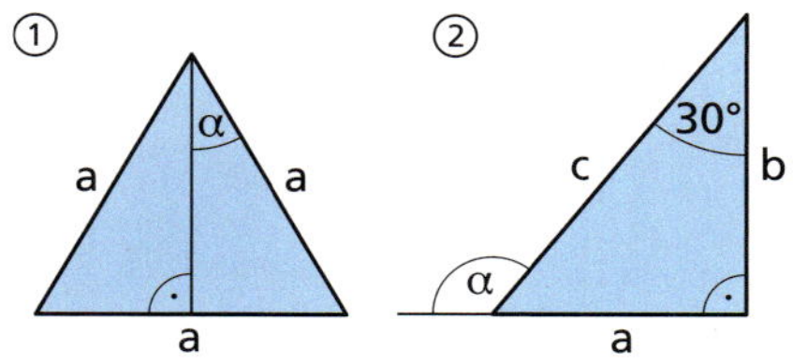

12 Entscheide, welche Formeln für die Berechnung des Volumens eines Quaders mit quadratischer Grundfläche zutreffen.

(A) $V = 2 \cdot a \cdot b$ (B) $V = a^2 \cdot b$ (C) $V = a \cdot a \cdot b$ (D) $V = a \cdot b \cdot b$

13 Forme um und vereinfache so weit wie möglich.

a) $8 - (2x + 4)$ b) $8 \cdot (2x + 4)$ c) $8 : (2x + 4)$

14 Berechne den Termwert für $x_1 = 5$ und für $x_2 = -0{,}5$.

a) $8 - (2x + 4)$ b) $8 \cdot (2x + 4)$ c) $8 : (2x + 4)$

15 Entscheide, welches Zahlenpaar die richtige Lösung für $x^2 - 4x = y$ ist.

A(0; 4) B(−4; 0)

C(0; −4) D(4; 0)

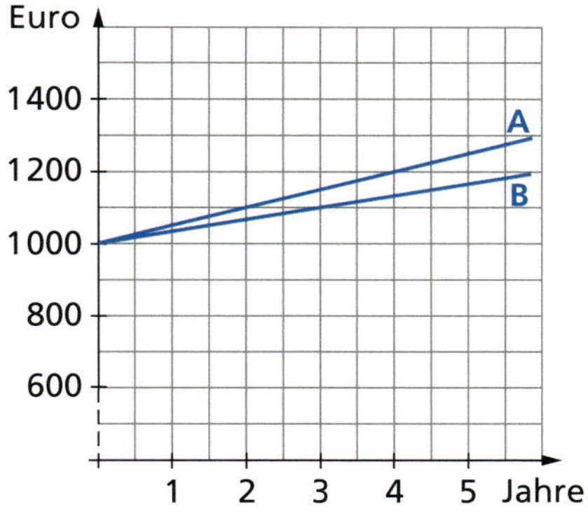

16 a) Lies ab, nach wie vielen Jahren das Kapital 1 100 € beträgt.

b) Entscheide und begründe, ob Sparvertrag A oder Sparvertrag B der günstigere Vertrag für den Sparer ist.

17 Für welche einstelligen natürlichen Zahlen a ist der Termwert von $\frac{a+6}{a-5}$ auch eine natürliche Zahl?

18 In einem Kartenspiel befinden sich die vier abgebildeten Karten.
Die Wahrscheinlichkeit, dass eine dieser Karten zufällig gezogen wird, beträgt $\frac{1}{8}$.
Aus wie vielen Karten besteht das Kartenspiel?

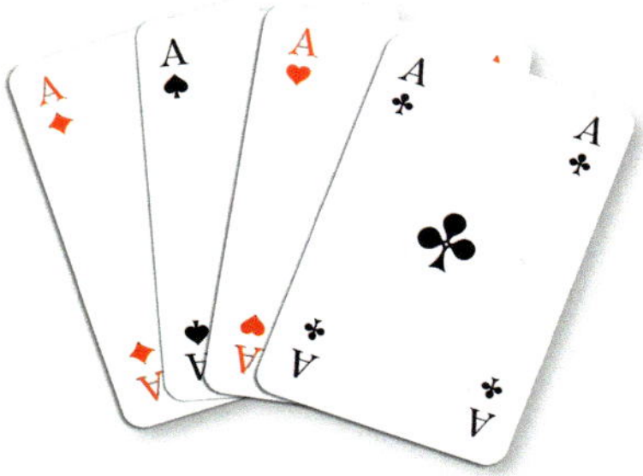

Trainiere mit Methode

Aufgaben zu verschiedenen Themen

1 Stelle jeweils eine Aufgabe auf und löse sie.

a) Bilde die Summe der Zahlen 3,6785; 40,98; 9 960,23; 78 ; 0,047.

b) Subtrahiere die Zahlen 5,788; 34,56; 709,85 und 22 von der Zahl 1 555.

c) Bilde das Quadrat vom Produkt der Zahlen 3,8 und 7,3.

d) Bilde den Quotienten der Zahlen 726,36 und 12.

2 Ein Lottogewinn in Höhe von 280 000 € wird nach dem Zurücklegen einer „Reserve“ von 500 € zu gleichen Teilen auf die fünf Teilnehmer einer Spielergemeinschaft ausgegeben. Einer der Spieler möchte seinen Anteil zu gleichen Teilen auf die Sparkonten seiner drei Enkelkinder einzahlen. Berechne, wie viel Euro er jeweils einzahlt.

3 Von einer 6,25 m langen Leiste werden zwei Teile mit jeweils einer Länge von 0,85 cm und vier Teile mit jeweils einer Länge von 0,95 cm abgeschnitten. Der Rest wird in drei gleich große Stücke zerteilt. Berechne, wie lang eines dieser drei „Reststücke“ ist.

4 Gegeben sind zwei Funktionen $y = f(x) = m \cdot x + n$ und $y = g(x) = x^2 + p \cdot x + q$. Der Funktionsgraph f hat die Nullstelle $x_0 = 3$ und schneidet die y-Achse im Punkt P(0; 3). Der Funktionsgraph g hat die Nullstellen $x_1 = x_2 = 3$.

a) Zeichne beide Funktionsgraphen im Intervall $-2 \leq x \leq 3$ in ein und dasselbe Koordinatensystem und lies die Schnittpunkte der beiden Funktionsgraphen ab.

b) Ermittle Zahlenwerte für m, n, p und q.
Gib dann jeweils die zugehörige Gleichung für jede Funktion an.

c) Berechne die Koordinaten des Schnittpunkts beider Funktionsgraphen im I. Quadranten.

5 Die Anzahl der Diagonalen d in einem Vieleck (n-Eck) ist von der Anzahl der Eckpunkte n abhängig. Es gilt folgende Formel: $d = \frac{n \cdot (n-3)}{2}$

a) Entscheide und begründe, ob die Formel auch für Dreiecke gilt.

b) Prüfe sowohl zeichnerisch als auch rechnerisch, ob ein Zwölfeck insgesamt 56 Diagonalen hat.

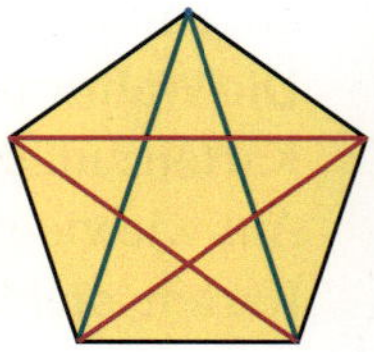

6 a) Der Preis von 15,00 € für einen Taschenrechner wurde zuerst um 20 % und dann noch einmal um 10 % gesenkt.

- Berechne, wie viel Euro der Taschenrechner nach der zweiten Preissenkung kostet.
- Entscheide und begründe, ob hier insgesamt eine dreißigprozentige Preissenkung vorliegt.

b) Zeichne ein Netz des abgebildeten Körpers, bei dem alle Seitenkanten die gleiche Länge a = 3,5 cm haben, und berechne seinen Oberflächeninhalt.

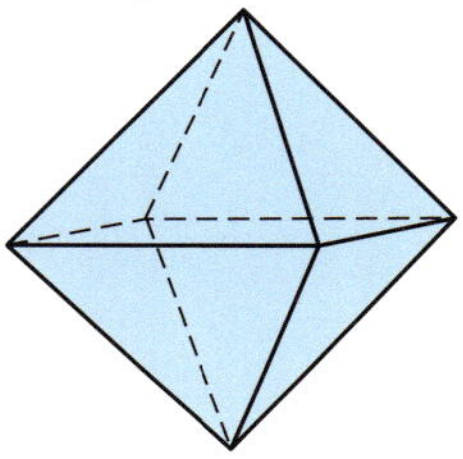

c) Die Tabelle zeigt Ergebnisse einer Befragung, die mit Formeln in einer Tabellenkalkulation (Spalte G und Zeile 3) ausgewertet wurden:

	A	B	C	D	E	F	G
1	Lieblingsfarbe	Blau	Gelb	Grün	Orange	Rot	Summe
2	Absolute Häufigkeit	7	3	3	2	5	20
3	Relative Häufigkeit	0,35	0,15	0,15	0,10	0,25	1,00

- Schreibe die Formeln für die Zellen G2 und B3 auf.
- Gib für Zelle G3 zwei unterschiedliche Formeln an.

d) Auf einem Schulfest wurden insgesamt 33,60 € beim Verkauf der abgebildeten Muffins eingenommen. Lucas meint, dass der Erlös um 10 % höher gewesen wäre, wenn der Stückpreis 0,33 € betragen hätte. Anna glaubt, dass dies auch bei einer Verringerung des Stückpreises um 10 % möglich gewesen wäre. Zeige, dass Lucas recht hat.

0,30 €

7 Ein Sandkegel hat einen Umfang von 42,5 m und eine Höhe von 6,50 m.

a) Prüfe und begründe, ob es mehr oder weniger als 250 m^3 Sand sind.

b) Berechne, wie groß der Böschungswinkel α des Sandhaufens ist.

c) Ein anderer Sandkegel mit der gleichen Grundfläche wie in der Zeichnung hat einen Böschungswinkel von etwa 45°. Berechne die Höhe von diesem Sandkegel und gib diese auf zwei Dezimalstellen gerundet an.

Trainiere mit Methode

8 In einer Küche werden täglich 15 kg Kartoffeln benötigt. Im Lager sind noch 220 kg davon vorhanden.

a) Stelle die Abnahme des Lagerbestandes an Kartoffeln in einem Koordinatensystem zeichnerisch dar.

b) Beschreibe den Sachverhalt durch eine Funktionsgleichung.

c) Gib an, wie viel Kilogramm Kartoffeln nach einer Woche (sieben Tage) noch im Lager sind.

d) Berechne, wie viel Tage der Lagerbestand reicht.
Gib an, wie viel Kilogramm dabei noch als Restbestand bleiben.

e) Berechne, wie viel Tage die Küche mit Kartoffeln versorgt werden könnte, wenn nach sieben Tagen zusätzlich 100 kg Kartoffeln zur Verfügung stehen würden.
Der Sachverhalt soll in einer Tabellenkalkulation bearbeitet werden.
Gib die Formeln für die Zellen B4, C4, D4 und E4 an.

	A	B	C	D	E
1	Anfangsbestand:	220			
2	Tägliche Abnahme:	15			
3	Anzahl der Tage	1	2	3	4
4	Lagerbestand	220			

9 Im Diagramm sind die Anteile der Ausgaben für Energie in einem Haushalt für den Monat September dargestellt.

a) Berechne, wie viel Euro für Heizung und Warmwasser insgesamt bei einem Gesamtbetrag von 138,00 € am Monatsende ausgegeben wurden.

b) Stelle die Ergebnisse auch in einem Prozentstreifen und in einem Säulendiagramm dar.

c) Erläutere an einer Beispielrechnung für den „Pkw-Anteil“, wie du mit den Angaben ein Kreisdiagramm erstellen kannst.

d) Lea meint, dass bei Verringerung der Kosten für Heizung, Warmwasser, Strom und Pkw jeweils um 1 % auch die Gesamtkosten um 1 % geringer wären. Tom entgegnet: „Dann sind es doch aber nur noch 96 %.“ Werte die Aussagen von Tom und Lea.

Wer hätte das gedacht?

Über **60 %** der Energiekosten im Haushalt entfallen auf Heizung und Warmwasser.

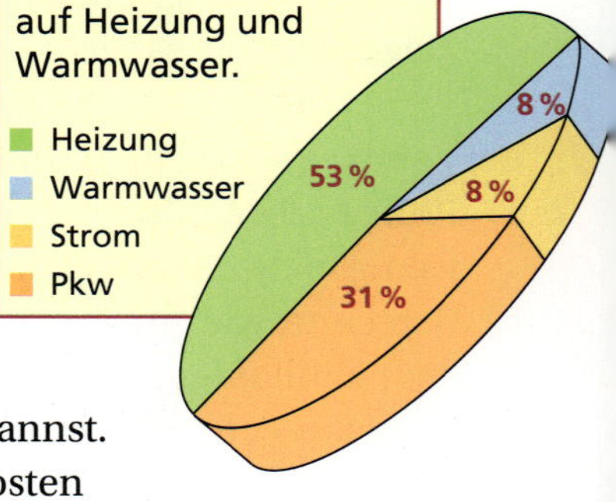

10 Stell dir vor, dass eine Spielgemeinschaft aus fünf Lottospielern einen Gewinn von einer Million Euro in 1-Cent-Stücken ausgezahlt bekommt.

a) Gib an, wie viele Münzen das insgesamt sind und berechne, wie hoch ein Turm aus all diesen Münzen wäre.

b) Prüfe und begründe, ob die fünf Personen das Geld in fünf Geldsäcken tragen könnten, wenn jeder maximal 75 kg anheben kann.

c) Ermittle, wie viel Kilogramm alle Schüler deiner Klasse auf die Waage bringen und entscheide, wievielmal schwerer der in 1-Cent-Stücken ausgezahlte Lottogewinn ist.

d) Berechne, wie viele Portionen Zuckerwatte verkauft werden müssten, um eine Million Euro einzunehmen, und wie viel Kilogramm Zucker dafür notwendig sind.

1 Cent
Durchmesser: 16,25 mm
Dicke: 1,67 mm
Masse: 2,30 g
Form: rund
Farbe: rot

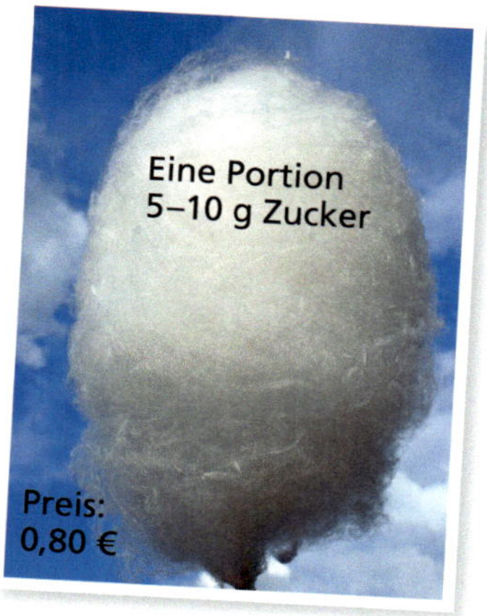

11 Gegeben ist folgende Konstruktionsbeschreibung:

① Zeichne eine Strecke $\overline{AD} = 10$ cm.

② Kennzeichne auf $\overline{AD}$ einen Punkt B, der 4 cm von A entfernt ist.

③ Zeichne über $\overline{AB}$ um A und um B jeweils einen Kreisbogen mit $r = \overline{AB}$ und nenne den Schnittpunkt C.

④ Zeichne über $\overline{BD}$ um B und um C jeweils Kreisbögen mit $r = \overline{BD}$ und nenne den Schnittpunkt E.

⑤ Verbinde den Punkt C mit den Punkten A und B und den Punkt E mit den Punkten B und D.

⑥ Verbinde sowohl die Punkte A und E als auch die Punkte C und D miteinander.

a) Führe die Konstruktion nach dieser Beschreibung aus.

b) Berechne den Umfang des Dreiecks ABC.

c) Berechne den Flächeninhalt des Dreiecks BDE.

d) Begründe, warum die Dreiecke ABC und BDE zueinander ähnlich sind.

Trainiere mit Methode

12 Bei der Produktion von 2 000 Taschenlampen entstehen Kosten von 12 460 €. Durch den Einsatz einer automatischen Lötanlage können die Produktionskosten pro Lampe um 0,50 € gesenkt werden. Für die Anschaffung und den Einbau der Lötanlage entstanden einmalige Kosten von 300 €.

a) Berechne die Produktionskosten für eine Lampe vor und nach dem Einbau der Lötanlage.

b) Um wie viel Prozent haben sich die Produktionskosten für 2 000 Taschenlampen durch den Einbau der Lötanlage verringert?

c) Entscheide und begründe, wie viele Taschenlampen mindestens produziert werden müssen, damit die Einsparung größer ist als die Anschaffungs- und Einbaukosten für die Lötanlage.

13 Noahs Bruder bekommt im zweiten Lehrjahr von seinen 580 € Lehrlingsgeld nur 342,20 € ausgezahlt, da er Versicherungsbeiträge zahlen muss.

a) Berechne, wie viel Prozent er für die Versicherungsbeiträge insgesamt zahlt.

b) Er zahlt für ein 16 m^2 großes Zimmer in einer Wohngemeinschaft monatlich 74,56 €. Berechne den Quadratmeterpreis.

c) Wie viel Euro bleiben vom Lehrlingsgeld übrig, wenn monatlich noch 45,00 € für Nebenkosten und 67,40 € für Fahrkosten dazukommen?

14 Aus 23 Baumstämmen mit jeweils einer Länge von 3,60 m wird die abgebildete Giebelwand eines Holzhauses gebaut. Die Höhen nebeneinanderstehender Teile unterscheiden sich jeweils um 0,10 m.

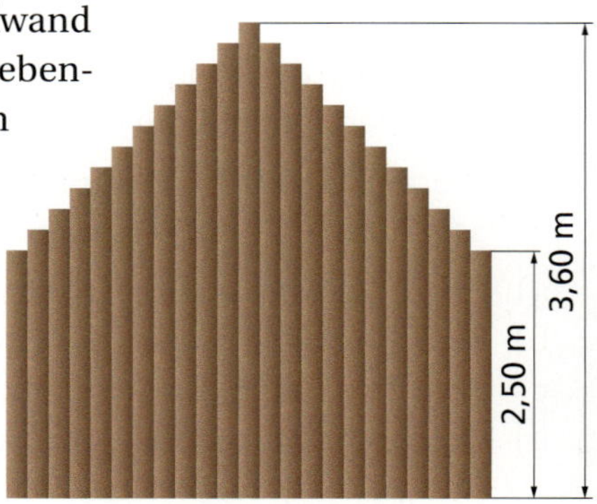

a) Berechne die Gesamtlänge der 23 Teile.

b) Entscheide und begründe, wie viele „Reststücke“ nach dem Zuschneiden übrigbleiben.

c) Gib die Gesamtlänge dieser „Reststücke“ an. Kontrolliere.

Prüfungsarbeiten zum Üben

Prüfungsarbeit 1

Aufgabe 1: Basisaufgaben *(12 Punkte)*

a) Lösen Sie die folgenden Aufgaben im Kopf:

① $1{,}5 + \frac{2}{5}$ ② $\frac{1}{2} - 0{,}75$ ③ $0{,}4^2$

b) Rechnen Sie in die angegebene Einheit um.

① 3,05 kg in Gramm ② 250 mm^2 in Quadratzentimeter

c) Übertragen Sie die Fläche in Ihr Heft und färben Sie 20 % davon.

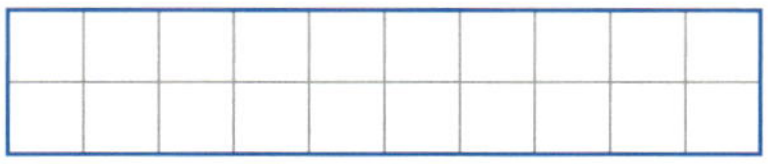

d) Entscheiden Sie, welcher Überschlag bei folgender Aufgabe zutrifft:
Aufgabe: 3 545,8 : 49,5

(A)	(B)	(C)	(D)
35	70	700	350

e) 5 kg einer Apfelsorte kosten 10 €. Berechnen Sie den Preis für 3 kg dieser Sorte.

f) Entscheiden und begründen Sie, an welcher Stelle beim Umformen der Gleichung ein Fehler gemacht wurde.

$$10(x - 1) = 4(2x + 3)$$
$$10x - 1 = 8x + 12$$
$$2x = 13$$
$$x = 6{,}5$$

g) Geben Sie den Scheitelpunkt des Funktionsgraphen von $y = x^2 - 4$ an.

h) $y = f(x) = 4x + 1$ beschreibt eine Gerade f im Koordinatensystem. Geben Sie eine andere Gleichung für eine Gerade g an, die zur Geraden f parallel ist.

i) Geben Sie eine Gleichung zur Berechnung von α an.

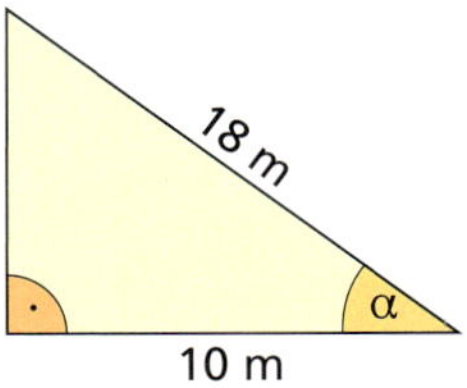

j) Berechnen Sie von den Zensuren 1; 3; 2; 1 und 2, die Lena in fünf Testarbeiten bekommen hat, den Zensurendurchschnitt.

k) Unter den 200 Losen in einer Lostrommel sind 20 Gewinnlose. Ermitteln Sie die Wahrscheinlichkeit, beim ersten Ziehen ein Gewinnlos zu bekommen.

l) Entscheiden Sie, welche der Abbildungen kein Würfelnetz ist.

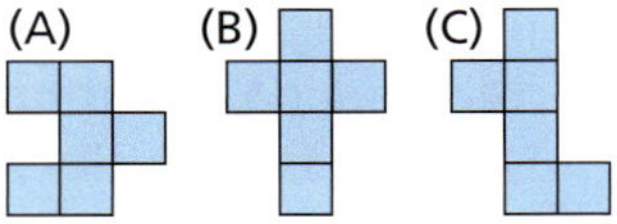

Trainiere mit Methode

Aufgabe 2: Rabatt *(2 Punkte)*
Ein Händler gibt auf alle Hosen 20 % Rabatt. Berechnen Sie, wie viel Euro eine Hose kostet, die ohne Rabatt 89,95 € gekostet hat.

Aufgabe 3: Maßstab *(1 Punkt)*
Auf einer Landkarte mit einem Maßstab 1 : 50 000 misst Tim die Breite eines Waldstücks mit 3,5 cm.
Berechnen Sie, wie breit das Waldstück wirklich ist.

Aufgabe 4: Körper *(3 Punkte)*
Hier ist ein zusammengesetzter Körper im Schrägbild dargestellt. Der Verzerrungswinkel beträgt $\alpha = 45°$ und das Verkürzungsverhältnis $q = \frac{1}{2}$.
Entnehmen Sie die Maße der Zeichnung und stellen Sie den Körper in einem Zweitafelbild dar.

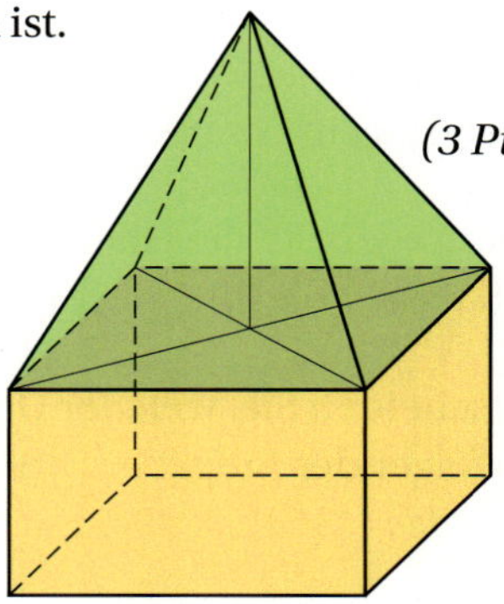

Aufgabe 5: Funktionen *(8 Punkte)*
Gegeben ist der Graph g einer linearen Funktion $y = g(x)$ durch die Punkte A(0; –3) und B(2; 0) und die Gleichung einer quadratischen Funktion $y = f(x) = x^2 - 2x - 3$.

a) Zeichnen Sie beide Funktionsgraphen mindestens im Intervall $-2 \leq x \leq 4$.
b) Geben Sie den Scheitelpunkt und die Nullstellen der Funktion $y = f(x)$ an.
c) Ermitteln Sie die Koordinaten der Schnittpunkte der beiden Funktionsgraphen rechnerisch.

Aufgabe 6: Dreieck *(6 Punkte)*
Gegeben ist ein Dreieck ABC durch seine (nicht maßstabsgerechte) Planfigur.

a) Berechnen Sie den Flächeninhalt des Dreiecks ABC.
b) Berechnen Sie den Umfang des Dreiecks ABC.
c) Begründen Sie, warum das Dreieck eindeutig konstruierbar ist.

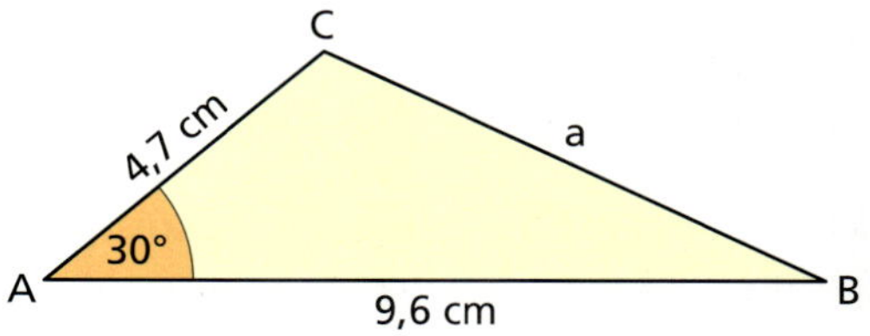

(Abbildung nicht maßstabsgerecht)

Aufgabe 7: Umfrage *(2 Punkte)*

Die Tabelle enthält Ergebnisse einer Umfrage. Stellen Sie die Ergebnisse in einem Kreisdiagramm dar.

Bus	Zu Fuß	Fahrrad	Auto
55 %	30 %	10 %	5 %

Aufgabe 8: Zinsen *(6 Punkte)*

Felix spart 500 € zu einem Zinssatz von 2,8 % für drei Jahre.
Die Zinsen werden am Jahresende jeweils immer mitverzinst.

a) Berechnen Sie, welchen Betrag Felix nach drei Jahren ausgezahlt bekommt.

b) Berechnen Sie, bei welchem Zinssatz sich die 500 € in drei Jahren auf das 1,2-Fache erhöhen würden.

Aufgabe 9: Tischtennis *(8 Punkte)*

Lina und Anna spielen oft Tischtennis gegeneinander.
Lina hat bisher 60 % aller Spiele gewonnen.

a) Zeichnen Sie ein Baumdiagramm für den Fall, dass Lina und Anna zweimal gegeneinander spielen. Schreiben Sie jeweils die zugehörigen Gewinnwahrscheinlichkeiten an die Äste des Baumdiagramms.

b) Berechnen Sie die Wahrscheinlichkeit dafür, dass
   (1) Anna beide Spiele gewinnt,
   (2) beide Spielerinnen jeweils genau ein Spiel gewinnen.

c) Nun soll Pia gegen Anna spielen und mit einer Wahrscheinlichkeit von 32,49 % gegen Anna zwei aufeinanderfolgende Spiele gewinnen.
Mit welcher Wahrscheinlichkeit gewinnt Pia eins der Spiele?

Aufgabe 10: Mauersteine *(8 Punkte)*

Ein Transportunternehmen soll quaderförmige Mauersteine aus Kalksandstein mit einer Dichte von $\varrho = 1{,}4\ \frac{\text{kg}}{\text{dm}^3}$ transportieren.
Jeder Stein hat zwei zylinderförmige Bohrungen.
Jede Bohrung hat einen Durchmesser von 40 mm.

a) Berechnen Sie das Volumen eines Mauersteins.

b) Berechnen Sie, wie oft ein Lkw mit einem maximalen Ladevermögen von 2,5 t mindestens fahren muss, um 500 solcher Mauersteine auf eine Baustelle zu bringen.
Begründen Sie Ihre Lösung.

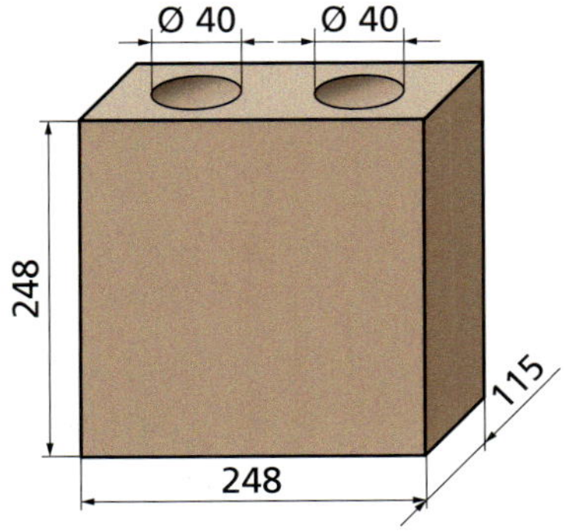

Maßangaben in Millimeter

Trainiere mit Methode

Prüfungsarbeit 2

Aufgabe 1: Basisaufgaben *(10 Punkte)*

a) Geben Sie einen gemeinen Bruch an, der zwischen 0,14 und $\frac{1}{4}$ liegt.

b) Ordnen Sie die folgenden Angaben der Größe nach, mit dem kleinsten Wert beginnend: 0,440 km; 444 m; 44 440 mm

c) Entscheiden Sie, welcher der folgenden Terme das Dreifache einer beliebigen Zahl vermindert um 4 beschreibt:
① $3 \cdot x - 4$ ② $3 \cdot (x - 4)$ ③ $4 \cdot x - 3$ ④ $4 - 3 \cdot x$

d) Entscheiden Sie, welche der folgenden vier Funktionsgleichungen die Gerade **I** und welche die Gerade **II** beschreibt:
① $y = -x + 2$ ② $y = \frac{1}{2}x + 2$
③ $y = 2x - 4$ ④ $2y = -4x$

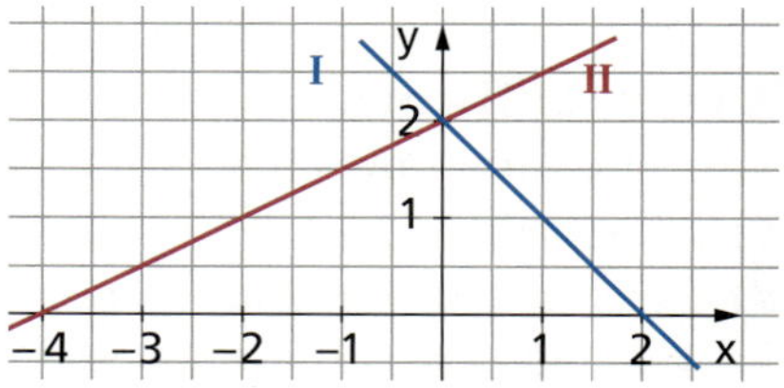

e) Geben Sie den abgebildeten Maßstab als Streckenverhältnis an:

f) Entscheiden Sie, ob ein Rechteck auch wie folgt bezeichnet werden kann:
① als spezielles Quadrat, ② als spezielles Trapez,
③ als spezielles Parallelogramm, ④ als spezielles Drachenviereck.

g) Berechnen Sie die Größe des Winkels γ im Dreieck ABC.

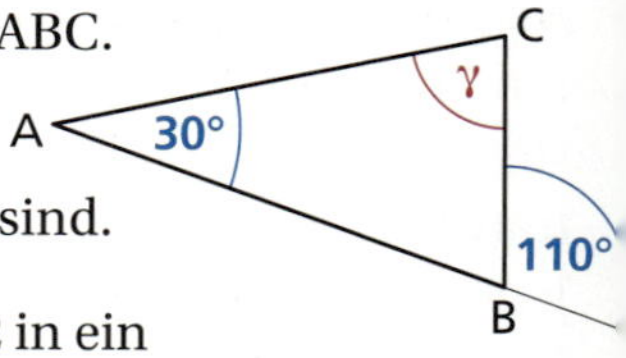

h) Skizzieren Sie das Zweitafelbild eines Kegels, dessen Durchmesser und dessen Höhe gleich groß sind.

i) Zeichnen Sie den Funktionsgraphen $y = f(x) = x^2 - 2$ in ein Koordinatensystem und geben Sie die Koordinaten des Scheitelpunkts und die Nullstellen an.

j) Im Fach Mathematik werden folgende Zensuren notiert:
1. Arbeit: 3; 2. Arbeit: 2; 3. Arbeit: 3; mündliche Kontrolle: 1
Berechnen Sie die Durchschnittszensur, wenn alle Zensuren gleichwertig sind.

Aufgabe 2: Kartenspiel *(2 Punkte)*

Elias soll aus den verdeckten Karten zweier Kartenstapel jeweils eine Karte ziehen.

1. Stapel: Karoass, Pikass, Herzass und Kreuzass

2. Stapel: Herzbube und Kreuzbube

Mit welcher Wahrscheinlichkeit zieht Elias das Herzass und den Herzbuben?

Stapel 1

Stapel 2

Aufgabe 3: Hochseilgarten *(3 Punkte)*

In einem Hochseilgarten soll ein Drahtseil zwischen zwei Bäumen über einen Fluss gespannt werden.

a) Ermitteln Sie die Seillänge zeichnerisch und rechnerisch.

b) Berechnen Sie, um wie viel Prozent die errechnete Länge von der zeichnerisch ermittelten Länge abweicht.

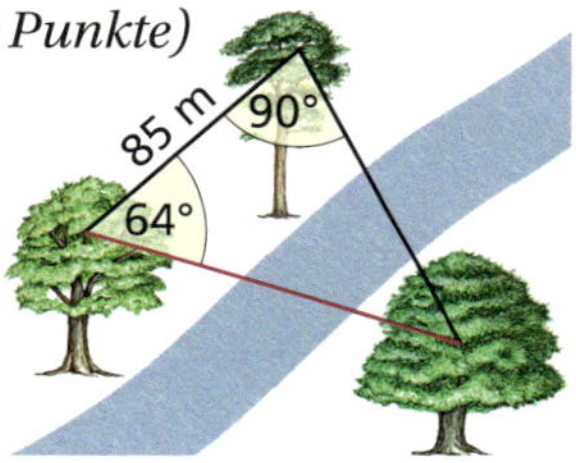

Aufgabe 4: Gleichungssystem *(2 Punkte)*

Lösen Sie das folgende Gleichungssystem rechnerisch:

I $y + 5 = 2x$

II $3y = 4x - 3$

Aufgabe 5: Kerzengesteck *(7 Punkte)*

Die Schülerfirma „Lichterglanz“ möchte Kerzen für Weihnachtsgestecke gießen. Aus 1 kg Granulat kann 1 *l* flüssiges Wachs gewonnen werden.

a) Berechnen Sie, wie viel Kilogramm Granulat für 120 der abgebildeten Kerzen notwendig sind.

b) Als Unterlage sollen quadratische Holzplatten dienen. Jede Kerze soll jeweils in der Mitte so angebracht werden, dass bis zum Rand der Platte 3 cm Abstand bleiben.
Untersuchen Sie, ob eine 2 m^2 große quadratische Holzplatte für 120 solcher Unterlagen ausreicht.

c) Es wurde wie folgt kalkuliert:

- *Kerzengranulat:* $6{,}70\,\frac{€}{kg}$
- *Holzplatten:* $20\,\frac{€}{m^2}$
- *Dekoration:* 1,50 € pro Kerze

Werten Sie den kalkulierten Preis von 7,50 € für ein Kerzengesteck.

Trainiere mit Methode

Aufgabe 6: Koordinatensystem *(8 Punkte)*

Die Punkte A, B und C liegen auf der Geraden f in einem rechtwinkligen Koordinatensystem. Der Punkt D liegt auf der x-Achse.

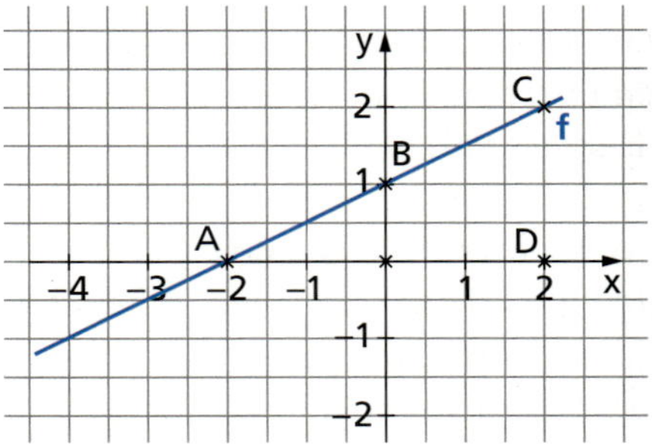

a) Die Gerade f schneidet die beiden Koordinatenachsen in den Punkten A und B.
Lesen Sie die Koordinaten der Punkte A und B ab.

b) Berechnen Sie die Länge von $\overline{AB}$.

c) Berechnen Sie die Größen der Innenwinkel des Dreiecks ADC.

d) Begründen Sie, warum die beiden Dreiecke AOB und ADC zueinander ähnlich sind.

e) Berechnen Sie, wie sich die Flächeninhalte der Dreiecke AOB und ADC zueinander verhalten.

Aufgabe 7: Trapez *(8 Punkte)*

Gegeben ist ein Trapez ABCD.

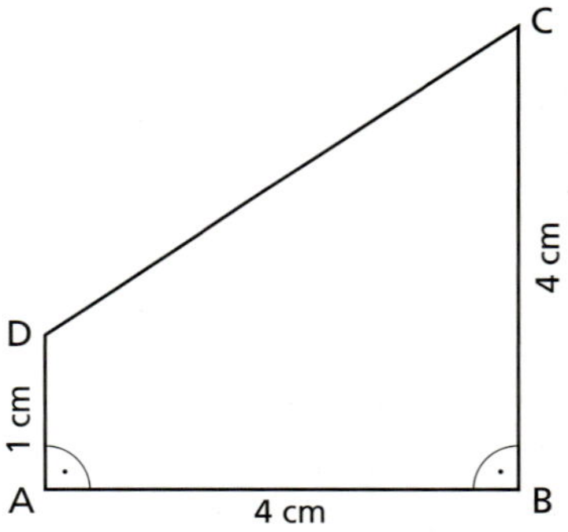

a) Konstruieren Sie das Trapez ABCD mit den vorgegebenen Maßen.

b) Beschreiben Sie, wie Sie beim Konstruieren vorgegangen sind.

c) Berechnen Sie den Flächeninhalt des Trapezes ABCD.

d) Berechnen Sie den Umfang des Trapezes ABCD.

e) Zeichnen Sie ein Rechteck EFGH, das den gleichen Flächeninhalt wie das Trapez ABCD hat.

f) Aus Streichhölzern wird das abgebildete Trapez gelegt.
Geben Sie den Umfang und den Flächeninhalt des Trapezes in Abhängigkeit von der Streichholzlänge s an.

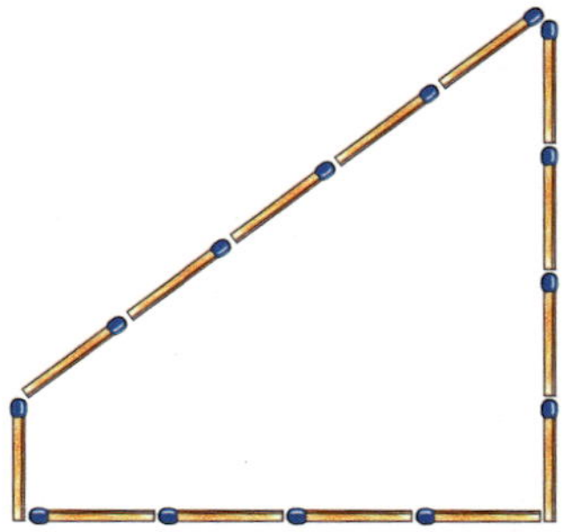

Aufgabe 8: Bauwerk *(8 Punkte)*

Das Gradierwerk in Schönebeck-Bad Salzelmen war früher das größte begehbare Bauwerk dieser Art. Die Skizze zeigt den (nicht maßstäblichen) Querschnitt eines Gestells, mit zwei schräg, zwei senkrecht und einem waagerecht verlaufenden Balken. Es werden 62 solcher Gestelle erneuert.

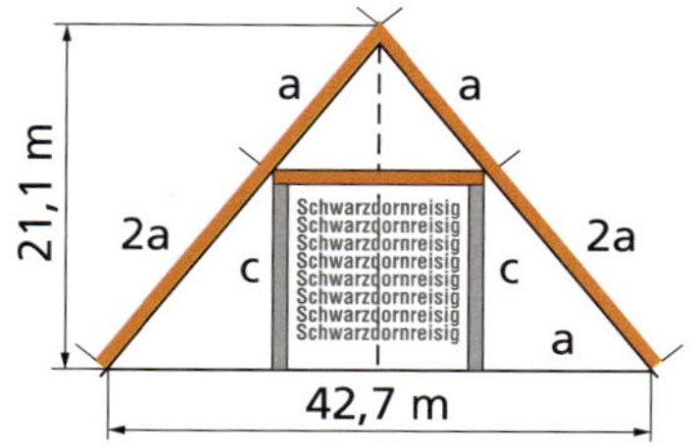

a) Berechnen Sie, wie groß der Neigungswinkel α bei dem Gestell ist.

b) Berechnen Sie die Länge eines Balkens jeder Sorte.

c) Schreiben Sie einen Bestellzettel für die Zimmerei, in dem die Stückzahlen für jede Balkensorte und deren Längen enthalten sind.

d) Das Gradierwerk ist heute noch 320 m lang. Der innen liegende Teil soll bis zur Höhe c mit neuem Schwarzdornreisig aufgefüllt werden. Für 90 m^3 dieser Füllung sind 600 € erforderlich. Die Lottogesellschaft wird $\frac{2}{5}$ der Gesamtkosten tragen. Entscheiden Sie, ob eine Viertelmillion Euro dafür ausreicht. Begründen Sie Ihre Entscheidung rechnerisch.

Aufgabe 9: Betriebskosten *(8 Punkte)*

In einem Betrieb soll die monatliche Produktion von 480 Motoren wegen gestiegener Nachfrage auf 1 000 Stück gesteigert werden.

a) Dazu werden alle Maschinen ausgetauscht. Die Anschaffungskosten betragen 64 000,00 €, die Transportkosten 8 500,00 € und die Einrichtungskosten 5 800,00 €. Diese Kosten sollen in acht Jahren wieder erwirtschaftet werden. Ermitteln Sie den jährlichen Abschreibungsbetrag, wenn dieser in allen acht Jahren gleich bleiben soll.

b) Der Betrieb kann den Kauf über einen langfristigen Kredit (Laufzeit: acht Jahre, fester Zinssatz pro Jahr: 4,5 %) oder über einen kurzfristigen Kredit (Laufzeit: 16 Monate, fester Zinssatz: 13,2 %) finanzieren. Entscheiden und begründen Sie, welcher Kredit günstiger ist.

c) Die Mitarbeiterzahl soll von gegenwärtig 320 auf 125 % steigen. Gleichzeitig soll die wöchentliche Arbeitszeit von 40 Stunden um 4 % sinken. In welchem Verhältnis müssen die Leistungen der alten und neuen Maschinen zueinander stehen, wenn alle Veränderungen berücksichtigt werden sollen?

Wusstest du schon?

Über das Umrechnen nichtdezimaler Einheiten

In vielen Situationen sind Vorstellungen über Größenangaben hilfreich. Das gilt u. a. beim Kauf einer Jeans, beim Einschätzen der Geschwindigkeit eines Fahrzeugs oder beim Umrechnen von Preisangaben, z. B. von Dollar in Euro und umgekehrt.

Wie du die Größe deiner Jeans berechnen kannst, zeigt das Rechenbeispiel. Die Zahl 2,54 ist nicht willkürlich gewählt. Sie ist die Umrechnungszahl zum Umrechnen von Längenangaben von *inch* in *Zentimeter.*

Es gilt: 1 inch = 2,54 cm

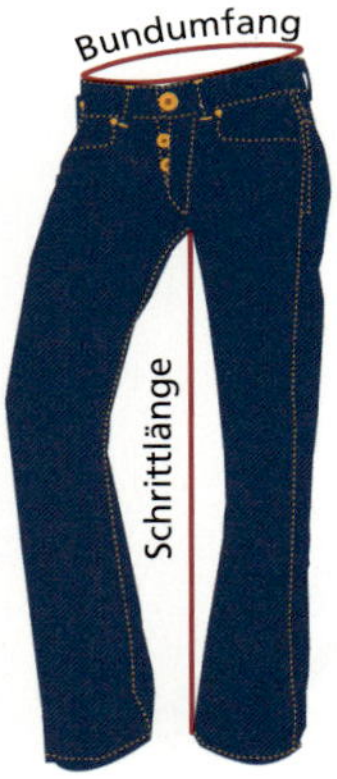

Viele **nichtdezimale Umrechnungszahlen** sind historisch bedingt. Solche Umrechnungen hast du schon beim Umrechnen von Zeit- und Winkelangaben verwendet.

Zeit	min	1 min = 60 s
	h	1 h = 60 min
	d	1 d = 24 h

Das Umrechnen nichtdezimaler Einheiten ist beispielsweise bei alten und ausländischen Maßangaben erforderlich:

- Zählmaße (Dutzend, Schock, Gros, Mandel)
- Längenmaße (Foot, Seemeile, Werst)
- Flächenmaße (Acre, Morgen, Desjatine)
- Raummaße (Registertonne, Barrel, Gallon)
- Massemaße (Zentner, Unze, Karat)

Sprichwörter und Lebensweisheiten

1 Informiere dich im Internet und in Nachschlagewerken über die genannten nichtdezimalen Umrechnungen und rechne die folgenden Angaben in bekannte (deutsche) Einheiten um:
3 Dutzend; 5 Schock; 15 Gros; 2 Mandel; 2,5 ft; 1,5 sm; 0,5 Werst; 3 Acre; 8 Morgen; 15 Desjatine; 200 Rt; 20 Barrel; 25 gal; 2,5 Ztr.; 8 Karat

2 Finde Formeln zum Umrechnen von Temperaturangaben in andere Einheiten (Grad Celsius, Grad Fahrenheit, Kelvin). Formuliere Aufgaben für solche Umrechnungen und lasse diese von einer anderen Person lösen.

Mehrfache Umformungen in einer Aufgabe stellen eine besondere Anforderung dar. Solche Anforderungen treten z. B. auf, wenn unterschiedliche Währungs- und Masseeinheiten im internationalen Handel benutzt werden.

Beispiel

Berechne den Wert des Goldes einer Münze in Euro.
Die Münze hat eine Masse von 48 g. Sie wurde aus einer Legierung hergestellt, in der sich in einem Kilogramm genau 980 g reines Gold befunden haben.
Die Unze Gold hat einen Wert von 306 $.
Verwende folgende Angaben zum Rechnen:
1 Unze = 31,10 g
1 $ = 0,73 €

1 Beginne mit der gesuchten Größe.

2 Schreibe so, dass auf den linken Seiten immer die gleiche Einheit steht wie auf der rechten Seite der vorherigen Zeile.

x €	48 g
1 000 g	980 g
31,10 g	306 $
1 $	0,73 €

3 Berechne x als Quotient der Produkte der rechten Seiten und der Produkte der linken Seiten (außer x).

$$x = \frac{48\,\text{g} \cdot 980\,\text{g} \cdot 306\,\$ \cdot 0{,}73\,€}{1\,000\,\text{g} \cdot 31{,}10\,\text{g} \cdot 1\,\$}$$

4 Gib das Ergebnis an.

$x = 337{,}87$ €

Solche „Kettensatz-Rechnungen" treten im kaufmännischen Rechnen auf.

1 Berechne, wie viel Euro 100 m Stoff kosten, wenn der Preis von einem Yard dieses Stoffes mit 7,50 $ angegeben wird.
Rechne mit: 12 Yards = 11 m und 1 $ = 0,75 €

2 Es soll ermittelt werden, wie viel Euro 100 Lebensmitteltests insgesamt gekostet haben. Dazu wurden die zugehörigen Angaben in eine Tabellenkalkulation eingetragen.

a) Gib eine Formel zur Berechnung der Gesamtkosten in der Zelle D6 an.

b) Entscheide und begründe, ob es mehr als 900 € sind.

	A	B	C	D	E
1	x	Euro	=	100	Tests
2	15	Tests	=	5	Stunden
3	8	Stunden	=	1	Arbeitstag
4	6	Arbeitstage	=	1300	Euro
5					
6	Kosten für die Tests				

Schritt für Schritt – Aufgabenpraktikum

Das Ermitteln von Gemeinsamkeiten und von Unterschieden steht beim Finden von Zusammenhängen und beim Systematisieren von Sachverhalten im Mittelpunkt.

In der Biologie wird zwischen Nadelbäumen und Laubbäumen unterschieden.
Informiert euch in Büchern oder im Internet und erstellt eine Übersicht.

Hierarchien und ihre Auswirkungen
Ein Ordnungskriterium für Vierecke ist die Anzahl ihrer Symmetrieachsen. Erstellt eine ähnliche Übersicht für Funktionen.

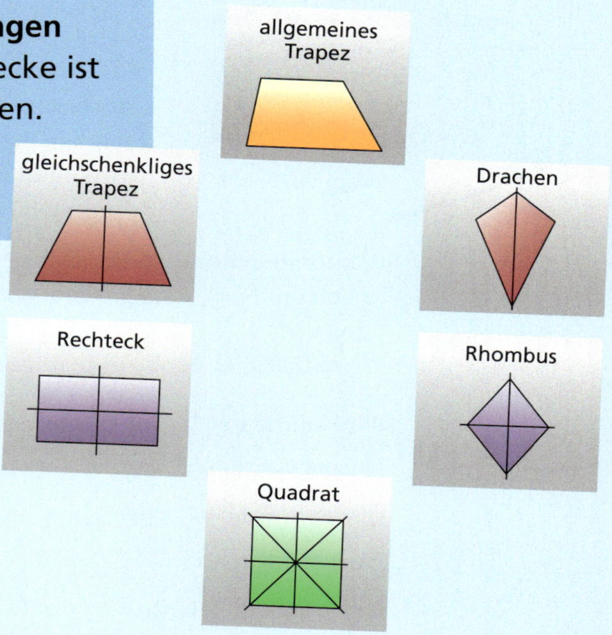

2	1	0	3	0	4	5	5
6	2	0	6	3	1	4	0
3	2	3	6	2	5	4	3
5	4	5	1	1	2	1	2
0	0	1	5	0	5	4	4
4	6	2	1	3	6	6	1
4	2	0	6	5	3	3	6

Regeln gibt es überall
Mit Dominosteinen könnt ihr auch Zahlenmuster legen. Alle 28 Dominosteine sollen so auf einem 7 × 8-Zahlenrechteck verteilt werden, dass kein Stein übrigbleibt.

So kannst du vorgehen

Was charakterisiert unterschiedliche Funktionsklassen in der Mathematik?

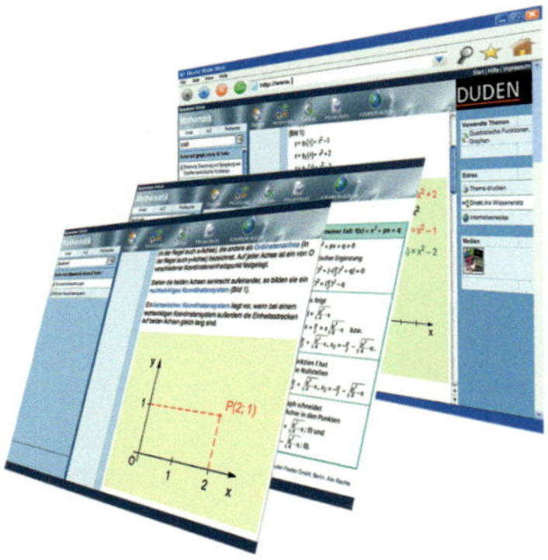

Bei allen bisher im Mathematikunterricht behandelten Funktionen wird einem Element **x (Argument)** aus dem **Definitionsbereich** D genau ein Element **y (Funktionswert)** aus dem **Wertebereich** W zugeordnet. Diese Funktionen können durch **Gleichungen** beschrieben und als **Wertepaare** in einer **Wertetabelle** oder als **Punkte** in einem **rechtwinkligen Koordinatensystem** dargestellt werden.

Funktionen einer Funktionsklasse haben charakteristische Eigenschaften, die sich am Funktionsgraphen gut veranschaulichen lassen.

► Funktionsklassen und Untersuchungskriterien

Funktionsklasse	Gleichung	Eigenschaften
Lineare Funktionen	$y = m \cdot x + n$	Definitions- und Wertebereich
Quadratische Funktionen	$y = x^2 + p \cdot x + q$	Nullstellen
Potenzfunktionen	$y = x^n \ (x \in \mathbb{N})$	Symmetrie- und Monotonieverhalten
Exponentialfunktionen	$y = a^x \ (a > 0;\ a \neq 1)$	Schnittpunkte der Graphen mit den Koordinatenachsen und
Winkelfunktionen	$y = \sin x$	gemeinsame Punkte der Graphen

► Beispiele für Funktionsgraphen

Gerade	Parabel	Hyperbel	Exponentialkurve
$y = 2x - 1$	$y = x^2 - 1$	$y = x^{-2}$	$y = 3^x$
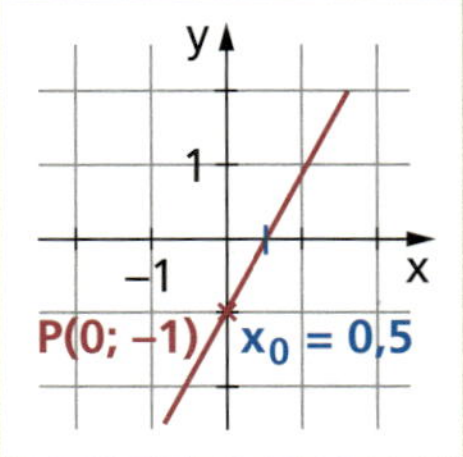	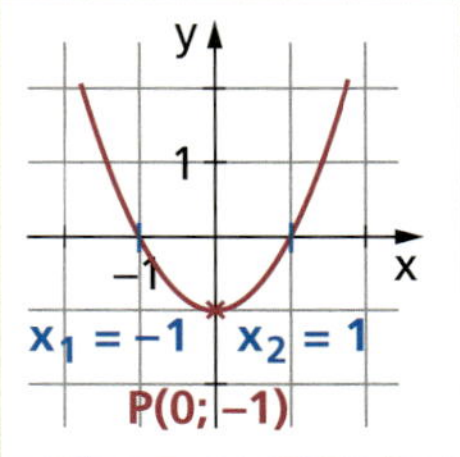	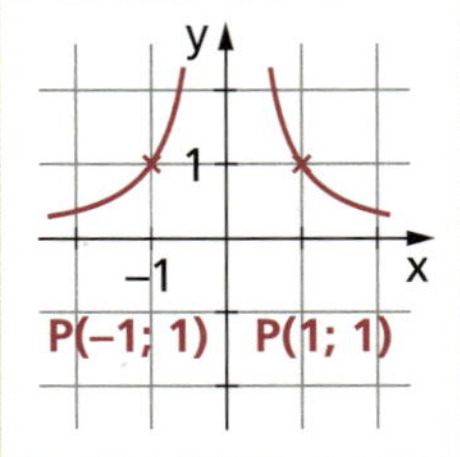	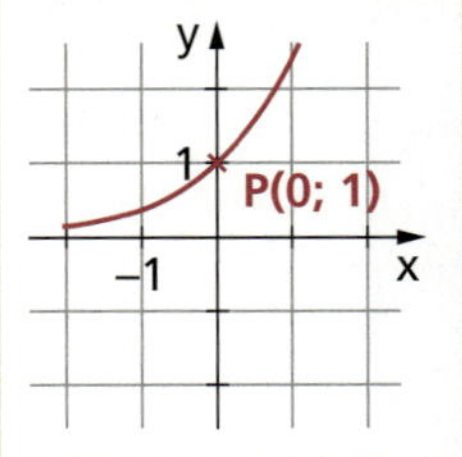

Beispiel

Untersuche die beiden Funktionen.

$y = f(x) = 0{,}5x + 2$
$y = g(x) = x^2 - 4x + 2$

a) Zeichne die Funktionsgraphen in ein und dasselbe Koordinatensystem und kennzeichne jeweils die Nullstellen.
b) Beschreibe den Verlauf der Funktionsgraphen. Gib die Schnittpunkte mit den Koordinatenachsen und gemeinsame Punkte an.

Die Funktion $y = 0{,}5x + 2$ ist eine lineare Funktion mit dem Anstieg $m = 0{,}5$.

Wertetabelle:

x	-3	-2	-1	0	1	2
y	0,5	1	1,5	2	2,5	3

Die Funktion $y = x^2 - 4x + 2$ ist eine qudratische Funktion in Normalform mit $p = -4$ und $q = 2$.

Wertetabelle:

x	-2	-1	0	1	2	3
y	14	7	2	-1	-2	-1

Funktionsgraphen mit Nullstellen und Schnittpunkten

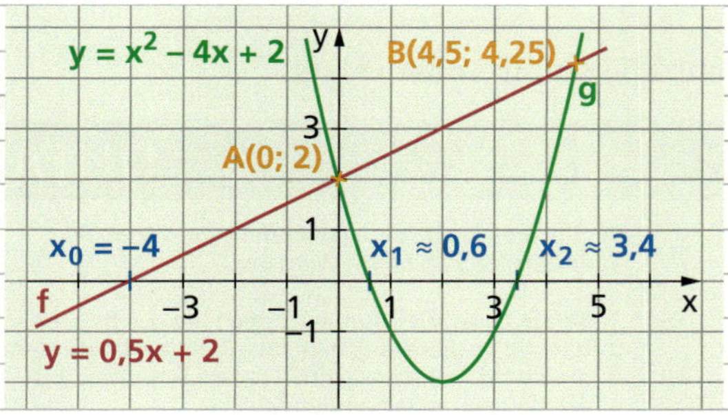

Die Gerade f schneidet die x-Achse im Punkt (-4; 0) und die y-Achse im Punkt (0; 2). Sie ist monoton steigend.
Die Parabel g schneidet die x-Achse näherungsweise in den Punkten (0,6; 0) und (3,4; 0) und die y-Achse im Punkt (0; 2).
Beide Kurven haben die Punkte A(0; 2) und B(4,5; 4,25) gemeinsam.

So kannst du vorgehen

Was ist beim Lösen von Textaufgaben zu beachten?

- Lies jede Textaufgabe gründlich durch. Stell dir den Sachverhalt genau vor und erfasse das Wesentliche. Vergleiche mit Aufgaben, die du schon einmal gelöst hast. Veranschauliche Gesuchtes und Gegebenes. Verwende auch Planfiguren und Tabellen. Schreibe sauber und kontrolliere deine Ergebnisse.

Orientiere dich an folgenden Hinweisen, dann wird es einfacher:

1 ► **Lies gründlich, wenn nötig auch mehrmals.**
Suche passende Themenbereiche und **unterstreiche Wörter,** die zu diesem **Themenbereich** gehören. Verwende Nachschlagewerke (z. B. Formelsammlungen) oder das Internet (z. B. www.schuelerlexikon.de). Nutze auch das Register und die Zusammenfassungen in deinem Mathematikbuch.

2 ► **Suche wesentliche Angaben heraus.**
Schreibe **Gesuchtes** und **Gegebenes** auf. Gesuchtes erkennst du an **Fragen** und **Aufträgen**, Gegebenes oft an **Größenangaben** und **Beschreibungen.**

3 ► **Plane einen Lösungsweg.**
Suche Zusammenhänge zwischen dem Gesuchten und dem Gegebenen. Finde **Gleichungen** oder **Formeln,** in denen die gesuchten bzw. gegebenen Größen auftreten. **Skizzen, Tabellen** und **Diagramme** können dir dabei helfen. Manchmal führt auch **Probieren** zum Ziel.

4 ► **Arbeite deinen Lösungsplan ab.**
Schätze oder **überschlage** vor dem Rechnen dein Ergebnis. Arbeite **schrittweise** und achte dabei auf die verwendeten **Einheiten.**

5 ► **Prüfe dein Ergebnis am Text und beantworte die Frage.**
Kontrolliere genau und schreibe einen **Antwortsatz.**

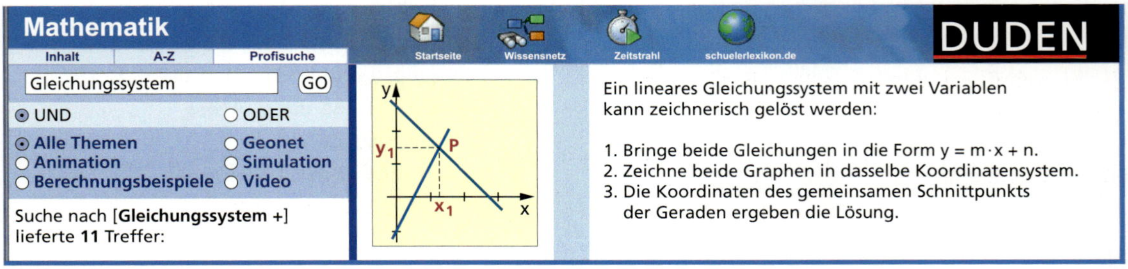

Beispiel

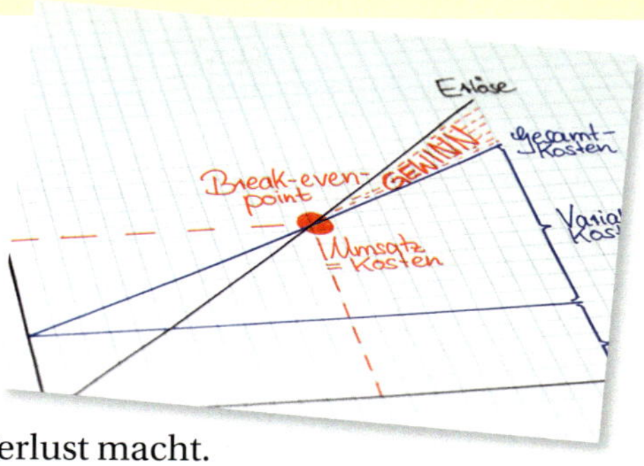

Eine Tischlerei möchte Tische zu einem Stückpreis von 63 € verkaufen. Die Kosten für die Herstellung eines Tisches betragen 21 €.
Das einmalige Einrichten der Maschinen kostet 800 €.
Berechne, wie viele Tische die Tischlerei mindestens verkaufen muss, damit sie keinen Verlust macht.

Überlegungen	Ergebnis
1 Worum geht es?	Es geht um Herstellungskosten und Verkaufspreise.
2 Was ist gesucht? Was ist gegeben?	*Gesucht:* Anzahl der Tische x, bei der die Herstellungskosten K und der Erlös E übereinstimmen. („Break-even-Point" = „Gewinnschwelle")  *Gegeben:* Herstellungskosten für einen Tisch: $k = 21$ (Euro) Verkaufspreis für einen Tisch: $p = 63$ (Euro) Festkosten: $f = 800$ (Euro)
3 Welche Formeln gibt es?	$E(x) = p \cdot x = 63x$ $K(x) = k \cdot x + f = 21x + 800$
4 Ich orientiere mich an den Festkosten und überschlage.	Mit etwa 13 verkauften Tischen lassen sich die Festkosten „ausgleichen". Insgesamt sind es schätzungsweise 20 Tische.
5 Die Herstellungskosten müssen mit dem Erlös übereinstimmen.	*Es gilt:* $63x = 21x + 800 \quad \mid -21x$ $42x = 800 \quad \mid :42$ $x = 19{,}04\ldots$ (gerundet: 20)
6 Ich vergleiche mein Ergebnis mit den Angaben im Text und formuliere einen Antwortsatz.	Die Koordinaten des Schnittpunkts der beiden Funktionsgraphen dienen zu Kontrolle. *Antwort:* Es müssen mindestens 20 Tische verkauft werden, damit kein Verlust entsteht.

So kannst du vorgehen

Was ist bei mündlichen Tests zu beachten?

Ziel mündlicher Tests ist es herauszufinden, was bei einem vorgegebenen Thema beherrscht wird und welche Lücken noch vorhanden sind. Während mündlicher Tests sind insbesondere rhetorische Fähigkeiten (Redekunst) und Fähigkeiten zum überzeugenden Darstellen von Zusammenhängen wichtig.

Zeige im mündlichen Test alles, was du sicher beherrschst. Orientiere dich bei deiner Selbsteinschätzung an den folgenden Bewertungskriterien:

Bewertung	Leistung	Leistungen entsprechen den Anforderungen
sehr gut	vorbildlich	im besonderen Maße
gut	vollständig	umfassend
befriedigend	durchschnittlich	gerade noch
ausreichend	schwach	mit Mängeln
mangelhaft	sehr schwach	nicht (Grundlegendes ist aber vorhanden)
ungenügend	unzureichend	nicht (Grundlegendes ist äußerst lückenhaft)

Orientiere dich an folgenden Hinweisen:

► Zeige, was du weißt und was du kannst.

- Nenne Fakten, Begriffe, Eigenschaften, Zusammenhänge, Verfahren.
- Übertrage Kenntnisse, Fähigkeiten und Fertigkeiten auf andere Situationen. Erkläre und interpretiere Neues. Ordne Neues in Bekanntes ein.
- Untergliedere komplexe Zusammenhänge in einzelne Sachverhalte und bilde aus einzelnen Sachverhalten neue Zusammenhänge.
- Begründe Vorgehensweisen und bewerte Ergebnisse.

► Behalte den Überblick und vermeide Unsicherheiten

- Gehe schrittweise und übersichtlich vor. Kontrolliere Zwischen- und Endergebnisse.
- Bleibe ruhig, denke laut und frage nach, wenn du etwas nicht verstanden hast.
- Gestehe Lücken ein. Umschreibe Unvollständiges erneut mit anderen Worten. Resigniere nicht.

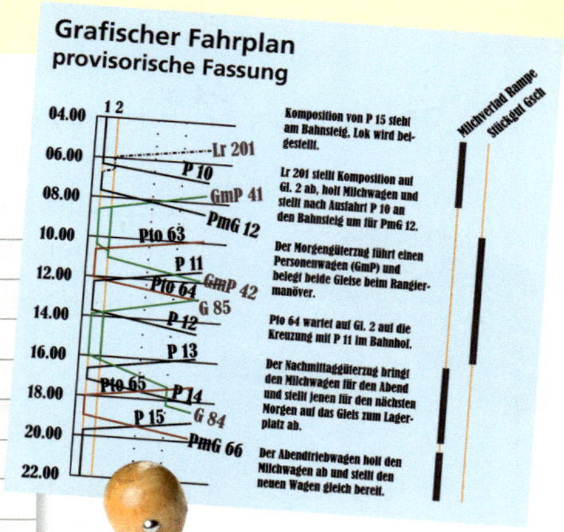

Beispiel für einen mündlichen Test

Thema: Lineare Gleichungssysteme

1. Sprich über lineare Gleichungssysteme und zeige an Beispielen, wie viele Lösungen ein Gleichungssystem haben kann.
2. Erläutere zwei unterschiedliche Lösungsverfahren für Gleichungssysteme.
3. Gib zwei unterschiedliche Gleichungssysteme mit den Variablen x und y an, für die gilt: $x = 1$ und $y = 1$

Merkzettel für Frage 1

- Begriff am Beispiel erklären. Dabei auf die Anzahl der Gleichungen und auf die Anzahl der Variablen eingehen.
- Art der Lösung: Wertepaar (x; y)
- Anzahl der Lösungen: keine; eine; unendlich viele
- Anwendungsbeispiele: Zahlenrätsel; Fahrpläne ...

Merkzettel für Frage 2

- Lösungsverfahren:
  (1) inhaltlich (Tabellenkalkulation)
  (2) rechnerisch (Einsetzungsverfahren)
  (3) grafisch (Funktionsgraphen)
- Kontrollmöglichkeiten:
  (1) anderes Verfahren wählen
  (2) Probe am Text (an Aufgabenstellung)

Merkzettel für Frage 3

Zwei Graphen linearer Funktionen (Geraden) haben den gemeinsamen Schnittpunkt A(1; 1). Die Anstiege der beiden Funktionsgraphen müssen unterschiedlich sein.
Es gibt unendlich viele Möglichkeiten.

Beispiellösung: I $y = x$ $(m = 1)$
II $y = -x + 2$ $(m = -1)$

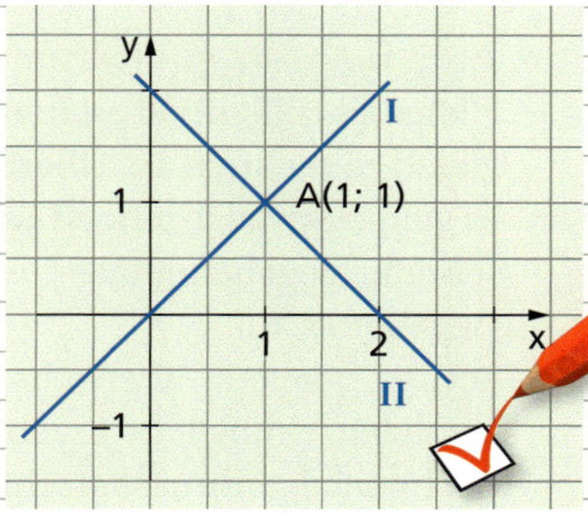

So kannst du vorgehen

Was ist bei schriftlichen Tests zu beachten?

Lies alles gründlich durch. Beginne mit für dich einfachen Aufgaben. Kennzeichne, was du erledigt hast.

Prüfe Lösungswege auf Vollständigkeit und Ergebnisse auf Richtigkeit. Schreibe sauber, übersichtlich und mathematisch sowie sprachlich korrekt. Achte auf die zur Verfügung stehende Zeit.

Verwende deinen Taschenrechner, deine Formelsammlung, deine Kurvenschablonen und Zeichengeräte (Zirkel, Lineal, Geodreieck) sinnvoll als Hilfsmittel.

Bereite dich langfristig vor und übe dabei solche Aufgaben, bei denen du noch Probleme hast. Schreibe erst dann, wenn du einen Lösungsplan gefunden hast. Nutze die Arbeitszeit vollständig, kontrolliere alles noch einmal.

- **Aufgaben mit vorgegebenen Antworten (Multiple-Choice-Aufgaben)**
  Hier sind Antworten zur Auswahl vorgegeben. Es können mehrere Antworten falsch oder richtig sein. Rate nicht, sondern löse die Aufgaben. Vergleiche dann deine Ergebnisse mit den Antwortmöglichkeiten. Häufig kommst du auch durch Vergleichen, Abschätzen und Überschlagen zum Ziel.

- **Aufgaben, die ohne Hilfsmittel zu lösen sind**
  Hier darfst du nur im Kopf oder schriftlich rechnen und lediglich skizzieren. Taschenrechner und Zeichengeräte sind nicht erlaubt.
  Du musst wichtige Begriffe, Arbeitsweisen und Rechenverfahren kennen und anwenden.

- **Aufgaben, die mit Hilfsmitteln zu lösen sind**
  Hier sind Hilfsmittel erlaubt. Fange nicht gleich zu rechnen an. Überlege zuerst, worum es geht, entwickle einen Lösungsplan, schreibe gegebenenfalls Gesuchtes und Gegebenes auf.
  Fertige Tabellen, Übersichten bzw. Skizzen an. Schätze mögliche Ergebnisse vor dem Rechnen ab, führe Überschläge durch und achte auf sinnvolle Genauigkeit.

Beispiel

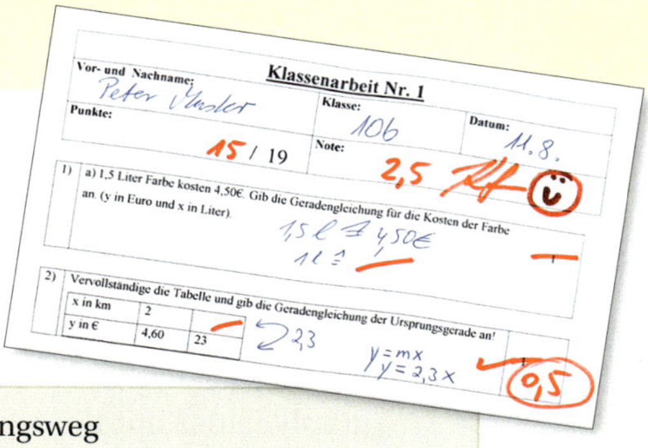

Löse folgende Aufgaben:

Aufgabe	Lösungsweg
Multiple-Choice-Aufgabe:	
1 Entscheide, welche Aussagen über g mit $y = g(x) = (x - 2)^2 + 1$ wahr sind. (A) g schneidet die x Achse bei $x = 2$. (B) g schneidet die y-Achse in $A(0; 5)$. (C) g hat den Scheitelpunkt $S(2; 1)$. (D) g liegt im I. und II. Quadranten.	*Entscheidung:* (B), (C), (D) *Begründung:* (A): Falsch, g hat keine Nullstellen. (B): Wahr, es gilt: $g(0) = 5$ (C): Wahr, für die y-Werte gilt: $y \geq 1$ (D): Wahr, für die y-Werte gilt: $y \geq 1$
Hier sind keine Hilfsmittel erlaubt:	
2 a) 1,5 *l* Farbe kosten 4,50 €. Gib eine Gleichung an, mit der du den Preis (y Euro) für eine beliebige Menge Farbe (x Liter) berechnen kannst. b) Berechne den fehlenden x-Wert. Erläutere, wie du vorgegangen bist. x: 2 km, **?** y: 4,60 €, 23 €	a) $\frac{1,5}{4,50} = \frac{x}{y} \quad \vert \cdot y$ $\frac{1,5}{4,50} \cdot y = x \quad \vert : \frac{1,5}{4,5}$ $y = \frac{4,50}{1,5} x = 3x$ b) Wenn 4,60 € einer Länge von 2 km entsprechen, dann entsprechen 2,30 € einer Länge von 1 km und 23 € einer Länge von 10 km. Der fehlende x-Wert beträgt 10 km.
Hier ist ein Taschenrechner erlaubt:	
3 Ein 20 m² großes Blumenbeet hat die Form eines Quadrats. Es soll mit Steinen eingefasst werden. Prüfe, ob 150 Steine dafür ausreichen, wenn für 1 m Einfassung genau zehn Steine erforderlich sind.	*Gesucht:* u (m) n (Anzahl der Steine) *Gegeben:* $A = a^2 = 20\ m^2$ *Lösung:* $a = \sqrt{20\ m^2}$ $u = 4 \cdot a = 4 \cdot \sqrt{20\ m^2}$ $u = 17,89...\ m$ *Antwort:* Die 150 Steine reichen nicht, da mindestens 179 Steine gebraucht werden.

Tabelle zu Aufgabe 2 b):

x	2 km	?
y	4,60 €	23 €

Trainiere mit Methode

Funktionen untersuchen

1 Vergleiche die vier Funktionen $f_1(x)$, $f_2(x)$, $f_3(x)$ und $f_4(x)$, ohne ihre Graphen zu zeichnen.

$y = f_1(x) = 2x + 3$
$y = f_2(x) = -2x - 3$
$y = f_3(x) = -2x$
$y = f_4(x) = 0{,}5x + 3$

a) Beschreibe den Verlauf der Funktionsgraphen im Koordinatensystem.
b) Gib die Schnittpunkte der Funktionsgraphen mit der y-Achse an.
c) Nenne weitere Gemeinsamkeiten und Unterschiede.

2 Die Punkte $A(-2; 3)$ und $B(4; -\frac{9}{2})$ bestimmen eine Gerade g.

a) Zeichne die Gerade g in ein Koordinatensystem.
b) Beschreibe den Verlauf der Geraden g mit Worten und gib eine Funktionsgleichung $y = g(x)$ an.
c) Lies die Nullstelle der Funktion $y = g(x)$ im Koordinatensystem ab.
d) Berechne die Nullstelle der Funktion $y = g(x)$ und vergleiche mit dem Ergebnis aus Aufgabe c.
e) Zeichne parallel zur Geraden g eine Gerade h durch den Punkt $C(3; 2{,}5)$ und gib für die Gerade h eine Funktionsgleichung $y = h(x)$ an.
f) Entscheide und begründe rechnerisch, ob der Punkt $D(-1{,}5; 8{,}5)$ zu beiden oder nur zu einer Geraden gehört.

3 Gegeben sind drei quadratische Funktionen.

$y = f(x) = x^2 - 2x + 3$
$y = g(x) = x^2 + 3x + \frac{5}{8}$
$y = h(x) = x^2 + 3x + \frac{11}{2}$

a) Erstelle jeweils eine Wertetabelle und zeichne den Funktionsgraphen.
b) Ermittle jeweils den Scheitelpunkt. Erläutere dein Vorgehen.
c) Berechne jeweils die Schnittpunkte mit den Koordinatenachsen.

4 Gegeben sind drei quadratische Funktionen.

$y = f(x) = (x - 4)^2 - 3$
$y = g(x) = -(x + 3)^2 + 5$
$y = h(x) = (x + 1)^2 - 3$

a) Erstelle für jede der Funktionen eine Wertetabelle und zeichne jeweils den Funktionsgraphen.
b) Gib jeweils den Scheitelpunkt und den Wertebereich an.
c) Beschreibe das Monotonieverhalten der Funktionen.

5 Franz verfügt im Monat über ein Guthaben von 25,00 € zum Telefonieren. Jedes Telefongespräch kostet 39 ct pro Minute. Übertrage die Tabelle in dein Heft und fülle sie aus. Die Variable t beschreibt die Gesprächszeit in Minuten und G(t) das noch vorhandene Restguthaben in Euro nach t Minuten.

t in min	G(t) in €
0	25
1	
2	
5	
10	
50	

a) Gib eine Funktionsgleichung für G(t) an.
b) Entscheide und begründe, nach wie viel Minuten Gesprächszeit nur noch das halbe Guthaben vorhanden ist.
c) Berechne, wie lange Franz im Monat telefonieren könnte, wenn er zusätzlich noch 30 SMS zu jeweils 9 ct verschicken würde.

6 In eine Vase wird Wasser gefüllt. Dabei fließt in gleichen Zeitabständen immer die gleiche Menge Wasser in die Vase.

Füllzeit in s	5	10	15	20	25	30	35
Wasserhöhe in cm	10	15	16	18	20	30	40

a) Übertrage die Werte in ein Koordinatensystem und zeichne den Graphen für den Sachverhalt.
b) Entscheide und begründe, in welchem Zeitraum das Wasser am schnellsten steigt.
c) Skizziere die Form der Vase und begründe, warum du gerade diese Form gewählt hast.
d) Skizziere eine andere Vasenform und stelle für diese eine Wertetabelle für das Befüllen auf. Zeichne den Graphen für diesen Sachverhalt.

7 Beim Start einer Rakete mit einer Startmasse von 800 t werden in den ersten zwei Minuten 612 t Treibstoff verbrannt. Dabei verbrennt in gleichen Zeitabschnitten immer die gleiche Menge Treibstoff.

a) Gib für jeden folgenden Zusammenhang eine Funktionsgleichung an:
   (1) die Masse der Rakete in Abhängigkeit von der Flugzeit,
   (2) die Flugzeit der Rakete in Abhängigkeit von der Masse.
b) Zeichne den Funktionsgraphen für (1) in ein Koordinatensystem. Lies am Funktionsgraphen ab:
   - die Masse der Rakete nach einer Minute Flugzeit,
   - die Flugzeit, bei die Rakete eine Masse von 500 t hat.

Trainiere mit Methode

Textaufgaben lösen

1 In einem See nimmt bei klarem Wasser die Lichtintensität alle fünf Meter um die Hälfte ab. An der Wasseroberfläche beträgt sie 100 %.

a) Erstelle eine Wertetabelle für die Abhängigkeit der Lichtintensität von der Wassertiefe. Wähle 5-Meter-Schritte bis zu einer Tiefe von 20 m.

b) Stelle die Werte in einem Diagramm dar und lies die Lichtintensität in einer Wassertiefe von 7,5 m ab.

c) Im nebenstehenden Diagramm ist die Abnahme der Lichtintensität in zwei Gewässern von der Wasseroberfläche bis zum Grund veranschaulicht. Vergleiche die Kurven und beschreibe den Unterschied beider Gewässer.

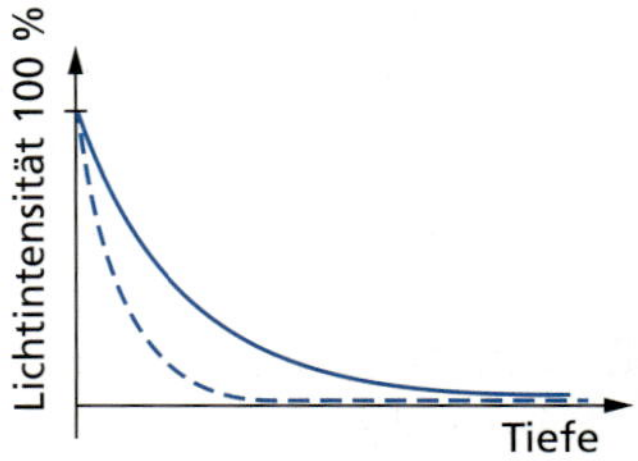

2 Ein Beamer, der mittig vor einer Projektionswand steht, hat am Objektiv einen Öffnungswinkel von 30°. Angler Rudi möchte seinen Rekordfang in Originalgröße von 90 cm Länge an die Wand projizieren.

a) Skizziere den Sachverhalt und markiere die gegebenen Größen.

b) Markiere den Abstand der Lichtquelle von der Projektionswand in der Skizze und berechne diesen. Gib das Ergebnis in Zentimeter an.

3 In einem quaderförmigen Plexiglasbehälter befindet sich Wasser, dessen Wasserspiegel beim Abpumpen in jeder Minute um 8 cm sinkt.

a) Erstelle eine Wertetabelle für die Abhängigkeit der Wasserhöhe von der Abpumpzeit, bis kein Wasser mehr im Behälter ist.

b) Fertige ein geeignetes Diagramm an.

c) Berechne, wie lange es dauert, bis der Wasserspiegel auf die Hälfte gesunken bzw. bis das Gefäß leer ist.

d) Gib den Wasserstand nach 10 min an.

e) Ermittle die Größe der Grundfläche des Behälters.

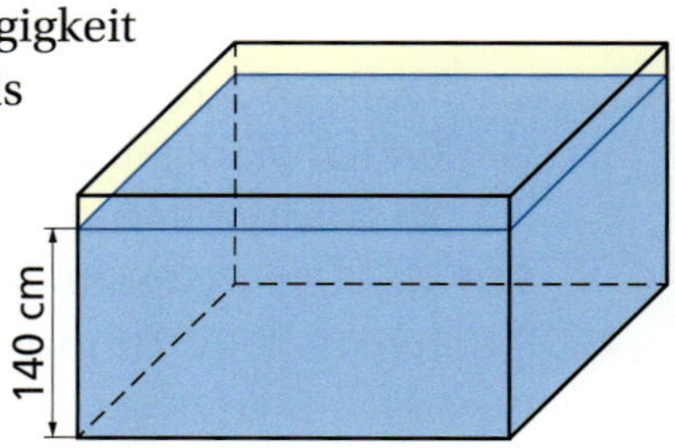

4 Bäume wachsen unterschiedlich.

a) Stelle die gegebenen Daten in einem geeigneten Diagramm grafisch dar.

b) Vergleiche die Wachstumskurven.

c) Informiere dich über „Rekordbäume", die
(1) besonders schnell wachsen,
(2) besonders alt werden,
(3) besonders hoch werden und
(4) deren Stamm besonders dick wird.
Schreibe die Angaben über diese Bäume auf und vergleiche mit den vorgegebenen Daten.

Alter in Jahre	Höhe in Meter		
	Tanne	Eiche	Zirbelkiefer
0	0	0	0
20	2,5	9,3	1,2
40	13,3	18,3	4,0
60	22,9	22,2	7,0
80	28,4	26,1	9,5
100	32,5	29,5	12,0
120	34,7	31,6	15,5
140	…	…	19,0

5 Anja und Annina wollen gemeinsam ein Konzert besuchen. Sie wohnen 40 km voneinander entfernt und fahren beide mit ihren Fahrrädern dorthin. Graph I beschreibt die Fahrt von Anja, die um 17:00 Uhr losgefahren ist und mit 10 $\frac{\text{km}}{\text{h}}$ ihrer Freundin entgegenfährt. Nach einer halben Stunde Fahrt muss sie halten, um ihr Fahrrad zu reparieren. Sie benötigt dazu 30 min und fährt anschließend mit doppelter Geschwindigkeit weiter. Annina fährt 30 min nach Anja los.

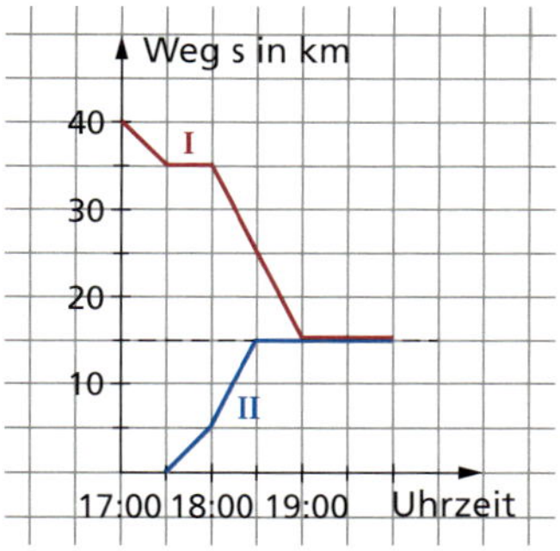

a) Beschreibe Anninas Fahrt, zu der Graph II gehört.

b) Entscheide und begründe, wer von beiden zuerst am Ziel ist.

c) Gib an, wie lange es dauert, bis das zweite Mädchen eintrifft.

d) Für die Veranstaltung wurden 130 Karten zum vollen Preis und 390 Karten mit Preisermäßgung verkauft. Insgesamt wurden 1 300 € eingenommen. Ein Wochenende später waren es 65 Karten zum vollen Preis und 390 Karten mit Ermäßigung, bei Gesamteinnahmen von 1 040 €. Berechne, wie viel Euro eine Karte von jeder Sorte gekostet hat.

6 Für Kraftfahrzeuge lässt sich der Anhalteweg y (in Meter) beim Bremsen aus der vorher gefahrenen Geschwindigkeit x (in Kilometer pro Stunde) näherungsweise berechnen.

Es gilt: (1) $y = 0{,}01x^2 + 0{,}3x$ (ohne Antiblockiersystem)
(2) $y = 0{,}0095x^2 + 0{,}3x$ (mit Antiblockiersystem)

a) Berechne für fünf Geschwindigkeiten die Anhaltewege. Erstelle damit zwei Wertetabellen und zeichne die zugehörigen Graphen.

b) Vergleiche beide Graphen miteinander.

Trainiere mit Methode

Aufgaben für mündliche Tests

1 Erläutere jeweils an einem Beispiel folgende Begriffe:
a) lineare Funktion b) quadratische Funktion c) Sinusfunktion
d) Definitionsbereich e) Wertebereich f) Nullstelle

2 Skizziere jeweils Funktionsgraphen in einem Koordinatensystem und gib die zugehörigen Funktionsgleichungen an.
a) Eine lineare Funktion mit dem Anstieg 0
b) Eine Funktion, die keine Nullstellen hat
c) Zwei Funktionen mit gleichen Nullstellen
d) Zwei Funktionen, deren Graphen einander schneiden

3 Entscheide und begründe, welche der folgenden Gleichungen den Graphen einer Funktion beschreibt:
a) $y = 0 \cdot x$ b) $y = x + 0$ c) $y = 3$
d) $x = 3$ e) $y = |3|$ f) $y = |-3|$

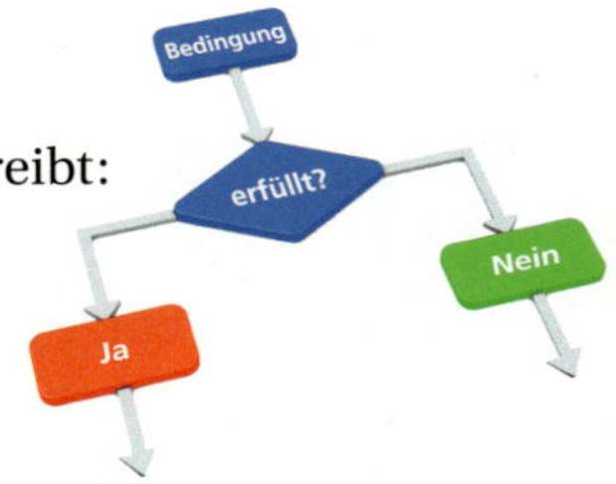

4 Der abgebildete Funktionsgraph ist eine Parabel mit dem Scheitelpunkt S. Der Punkt A liegt auf der Parabel.
a) Erkläre, welche Bedeutung der Punkt S für die Funktionsgleichung, für den Wertebereich, für die Nullstellen und für das Monotonieverhalten der Funktion hat.
b) Zeichne den Funktionsgraphen einer quadratischen Funktion, die keine Nullstellen hat. Erläutere, wie die zugehörige Funktionsgleichung ermittelt werden kann.

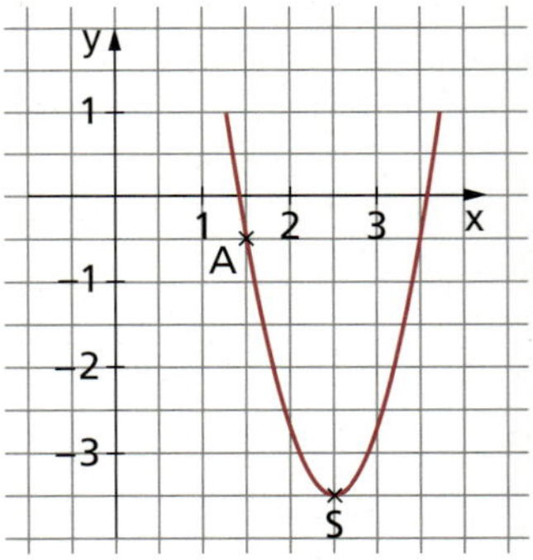

5 Paula erklärt, dass sie bei einer linearen Funktion $y = f(x) = m \cdot x + n$ für $m = \frac{3}{7}$ ein Anstiegsdreieck am Funktionsgraphen verdeutlichen kann, indem sie von einem beliebigen Punkt der Geraden *sieben* Einheiten nach *rechts* und *drei* Einheiten nach *oben* geht.
Paul meint, dass er dann für $m = -\frac{2}{5}$ auch *fünf* Einheiten nach *links* und *zwei* Einheiten nach *unten* gehen kann.
a) Nimm zu beiden Vorschlägen Stellung.
b) Verdeutliche deine Argumentation an selbst gewählten Beispielen.

Aufgaben für schriftliche Tests

1 Entscheide und begründe, ob in der Wertetabelle ein funktionaler Zusammenhang dargestellt ist.

x	1	2	3	1	5	2
y	9	7	–1	9	2	7

2 Gegeben sind die folgenden sechs Funktionsgleichungen:

$y = f_1(x) = \frac{2}{5}x$ $y = f_2(x) = -\frac{3}{4}x$ $y = f_3(x) = 3x - 2$

$y = f_4(x) = -0{,}4x + 2$ $y = f_5(x) = -\frac{2}{3}x + 1$ $y = f_6(x) = -x$

a) Zeichne die Funktionsgraphen und beschreibe deren Verläufe.
b) Lies die Schnittpunktskoordinaten mit der y-Achse und die Nullstellen an den Funktionsgraphen ab.
c) Berechne die Nullstellen. Vergleiche mit deinen Angaben aus Aufgabe b.

3 Zeichne die Graphen der beiden Funktionen in ein rechtwinkliges Koordinatensystem. Lies die Koordinaten der Scheitelpunkte ab und berechne die Nullstellen.

$y = f(x) = \frac{3}{2}x^2$
$y = g(x) = x^2 - 3x - 3$

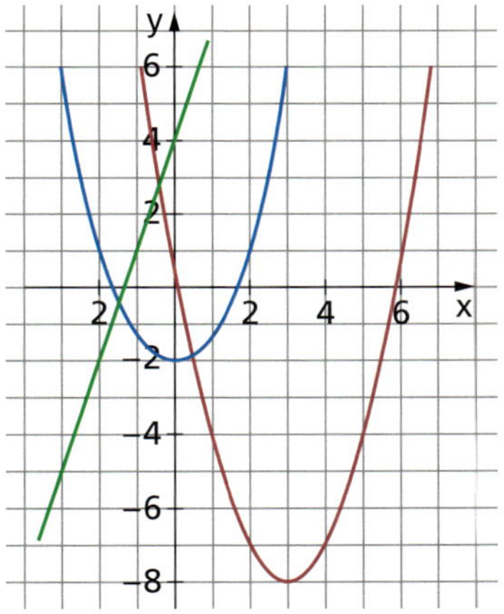

4 Gegeben sind drei Funktionsgraphen.
a) Prüfe und begründe, zu welchem Graphen die Gleichung $y = x^2 - 6x + 1$ gehört.
b) Berechne die Schnittpunktskoordinaten der Geraden mit den Parabeln.
Achtung! Es sind jeweils zwei Schnittpunkte.
c) Spiegele beide Parabeln an der x-Achse und gib zu jedem Spiegelbild eine Funktionsgleichung an.

5 Die Anzahl der Diagonalen d in einem Vieleck (n-Eck) ist von der Anzahl der Eckpunkte n abhängig.
Es gilt die Gleichung: $d = \frac{n \cdot (n-3)}{2}$

a) Übertrage folgende Wertetabelle in dein Heft und fülle sie aus:

n	4	5	6	7	8	9	10	11
d	2							

b) Stelle die Daten in einem Koordinatensystem dar.
c) Prüfe, ob hier ein funktionaler Zusammenhang vorliegt.
d) Entscheide und begründe, ob die Gleichung auch für Dreiecke gilt.
e) Prüfe, ob ein Zwölfeck insgesamt 56 Diagonalen hat.

A Anhang

Dynamische Geometriesoftware als Hilfsmittel

Im dynamischen Geometrieprogramm GeoGebra lassen sich Fadenbilder als Kurvenscharen erzeugen. Mehrere Geraden bilden dabei interessante Kurven.

Beispiel 1:

Der Punkt A liegt auf der y-Achse. Der Punkt B liegt auf der x-Achse. Die Mittelsenkrechte der Strecke $\overline{AB}$ bildet die abgebildete Kurvenschar.

Hinweis:

1 Die Spur der Gerade $\overline{AB}$ muss eingeschaltet sein.

2 Der Punkt B muss markiert und bewegt werden.

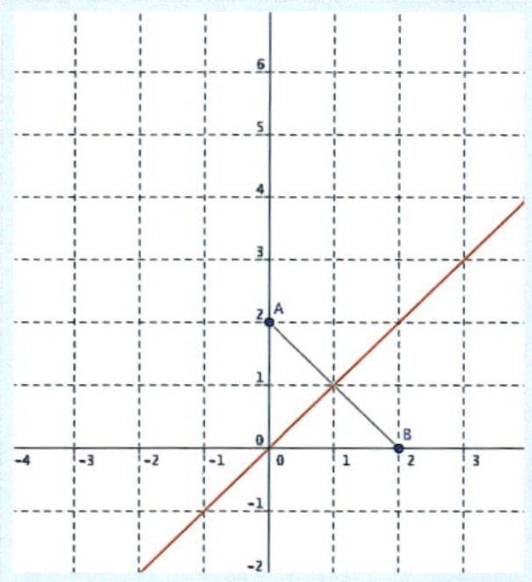

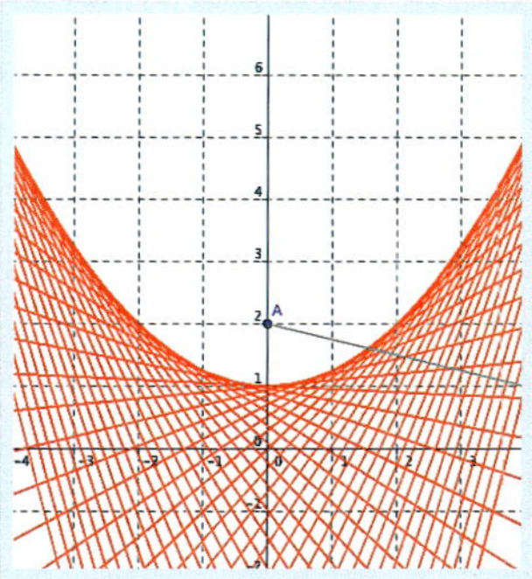

Beispiel 2:

Der Punkt A ist der Koordinatenursprung. Der Punkt B liegt auf einem Kreis. Die Mittelsenkrechte der Strecke $\overline{AB}$ bildet die abgebildete Kurvenschar.

Hinweis:

1 Die Spur der Gerade $\overline{AB}$ muss eingeschaltet sein.

2 Der Punkt B muss markiert und bewegt werden.

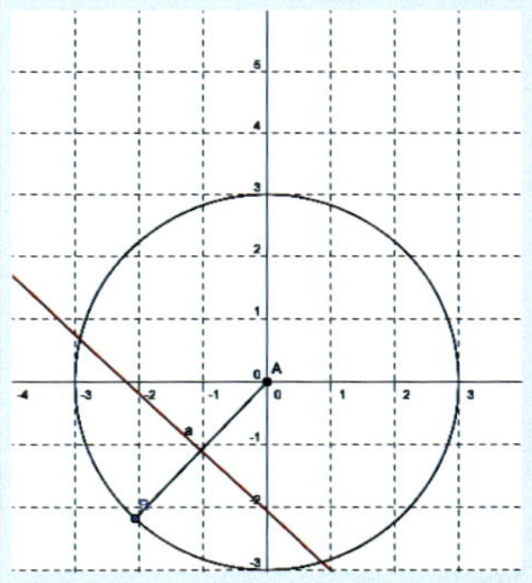

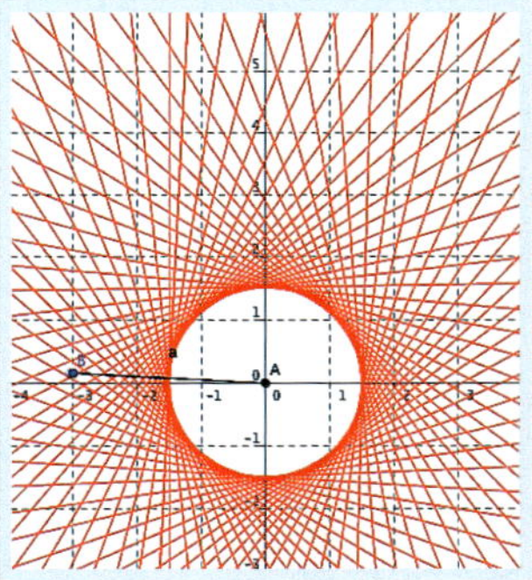

Beispiel 3:

Der Punkt A liegt auf der x-Achse und ist Mittelpunkt eines Kreises mit r = 2. Die Punkte B und C sind die Schnittpunkte des Kreises mit der y-Achse. Die Strecken $\overline{AB}$ und $\overline{BC}$ bilden die abgebildete Kurvenschar.

Hinweis:

1 Die Spuren der Strecken $\overline{AB}$ und $\overline{BC}$ müssen eingeschaltet sein.

2 Der Punkt B muss markiert und bewegt werden.

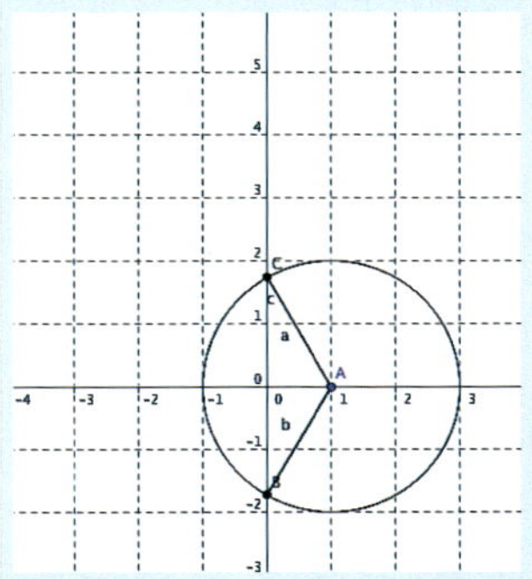

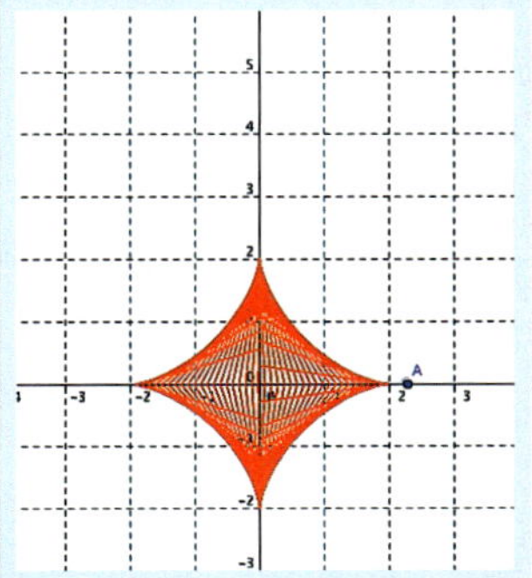

Lösungen – „Teste dich selbst"

Wachstumsprozesse untersuchen (↗ S. 39)

1 Es gilt $2^{-3} = \frac{1}{2^3} = \frac{1}{8}$.

Der Punkt A gehört nicht zum Graphen der Funktion $y = 2^x$.

2

x	0	3
$y = f(x) = 3^x$	1	27
$y = g(x) = 0{,}8^x$	1	0,512

3

x	−4	−2	−1	0	1	2
$y = f(x) = 0{,}5^x$	16	4	2	1	0,5	0,25

4 a)

x	−2	−1	0	1	2	3
$y = f(x) = 2^x$	$\frac{1}{4}$	$\frac{1}{2}$	1	2	4	8
$y = g(x) = 0{,}1^x$	100	10	1	0,1	0,01	0,001

b)

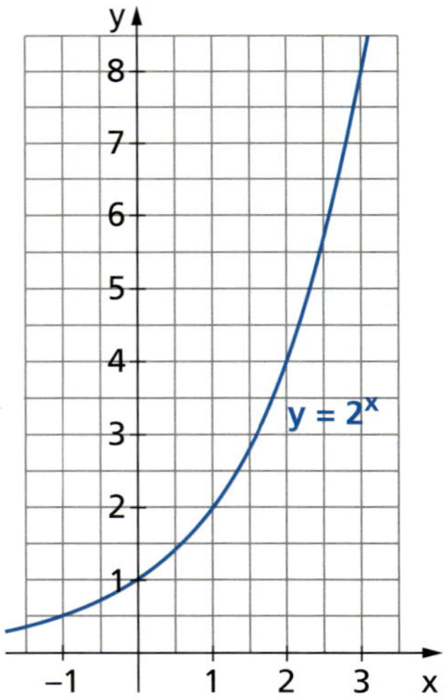

c) Wertebereich der Funktion $y = f(x) = 2^x$: $0{,}25 \le y \le 8$
Wertebereich der Funktion $y = g(x) = 0{,}1^x$: $0{,}001 \le y \le 100$

d) Der Graph der Funktion $y = f(x) = 2^x$ ist monoton steigend, der Graph der Funktion $y = g(x) = 0{,}1^x$ ist monoton fallend.

5 Für $x > 0$ hat die Funktion $y = f(x) = 4^x$ größere Funktionswerte als die Funktion $y = g(x) = 2^x$.

6

2009	$19 \frac{t}{h_a}$
2011	$25{,}5 \frac{t}{h_a}$

$$\frac{19}{100} = \frac{25{,}5}{x} \quad \rightarrow \quad x = \frac{25{,}5 \cdot 100}{19} = 134{,}2$$

Die Produktion konnte um 34,2 % gesteigert werden.
Der Wachstumsfaktor beträgt etwa 1,342.

7 a) Lineares Wachstum
b) Exponentielles Wachstum

8 G = 5 000 €; p = 2,8 %
a) $5\,000\ € \cdot 1{,}028^4 = 5\,583{,}96\ €$ (nach 4 Jahren)
$5\,000\ € \cdot 1{,}028^8 = 6\,236{,}13\ €$ (nach 8 Jahren)
b) Es handelt sich um exponentielles Wachstum, weil sich das Guthaben jährlich um den gleichen Faktor vergrößert.
c) B6 = \$B\$1 · 1,028^A6

Trigonometrische Berechnungen durchführen (↗ S. 67)

1 a) $\sin 30° = 0{,}5$
$\sin 150° = 0{,}5$

b) $\cos 45° = \frac{1}{2}\sqrt{2}$
$\cos 315° = \frac{1}{2}\sqrt{2} \approx 0{,}7071$

c) $\sin 30° = 0{,}5$
$\cos 60 = 0{,}5$

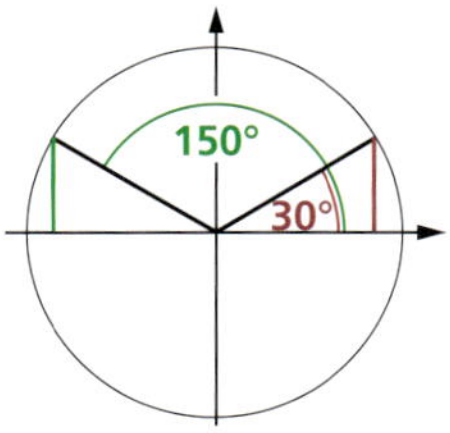

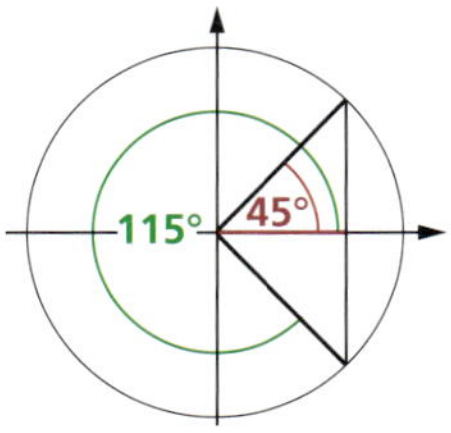

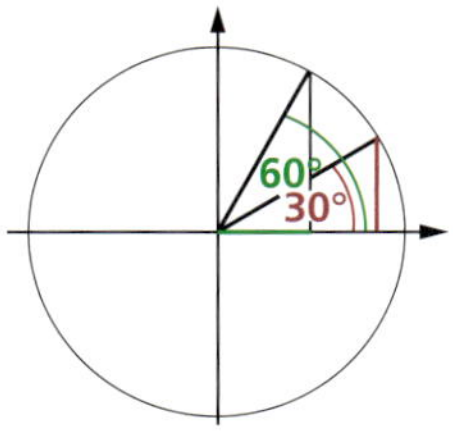

2 a) Wahr b) Wahr c) Falsch d) Wahr

3 a) $\sin 135° = \frac{1}{2}\sqrt{2} = 0{,}7071...$
$\cos 300° = \frac{1}{2} = 0{,}5$

b) $\sin 240° = -\frac{1}{2}\sqrt{3} = -0{,}8660...$
$\cos 135° = -\frac{1}{2}\sqrt{2} = -0{,}7071...$

4 a) 30° und 150° b) 60° c) Etwa 26,6°

5 8 % Steigung bedeuten 8 m Höhenunterschied auf einer waagerechten Strecke von 100 m.

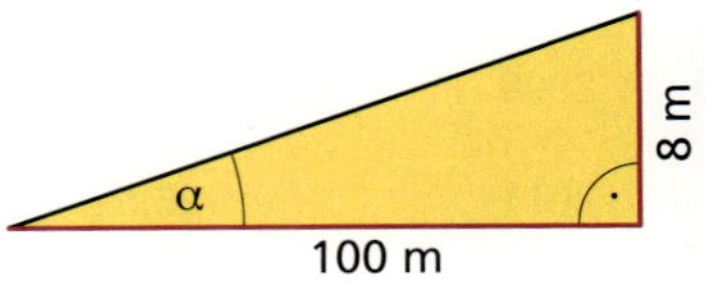

Es gilt: $\tan\alpha = \frac{8}{100}$

$\tan\alpha = 0{,}08$

Die Straße hat einen Steigungswinkel von etwa 4,6°.

Hinweis: Eine Steigung von 100 % entspricht einem Steigungswinkel von 45°.

6 a) Die Innenwinkelsumme gleichseitiger Dreiecke beträgt 180°. Alle Innenwinkel sind gleich groß.

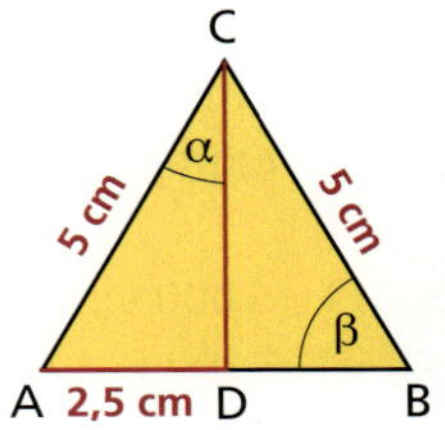

b) *Es gilt:* $\beta = 60°$ und $\alpha = 30°$

c) *Es gilt:* $\tan\alpha = \frac{\overline{AD}}{\overline{DC}}$

$\overline{DC} = \frac{\overline{AD}}{\tan\alpha} = \frac{2{,}5\text{ cm}}{\tan 30°} = 4{,}3301\ldots\text{ cm}$

$\overline{DC} \approx 4{,}3\text{ cm}$

7 *Gesucht:* $\alpha, \gamma, \overline{AC}$

Gegeben: $\triangle ABC = 90°, \overline{AB} = 8\text{ cm}, \overline{BC} = 5\text{ cm}$

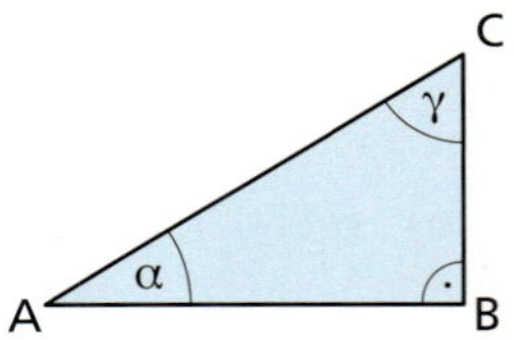

Lösung: $\tan\alpha = \frac{\overline{BC}}{\overline{AB}} = \frac{5}{8} = 0{,}625$

$\alpha \approx 32°$

$\gamma = 90° - \alpha \approx 58°$

$\overline{AC} = \sqrt{\overline{AB}^2 + \overline{BC}^2} = \sqrt{64\text{ cm}^2 + 25\text{ cm}^2} = \sqrt{89\text{ cm}^2} \approx 9{,}4\text{ cm}$

8 a) Die Länge des Tunnels beträgt etwa 3100 m.

b) *Es gilt:*

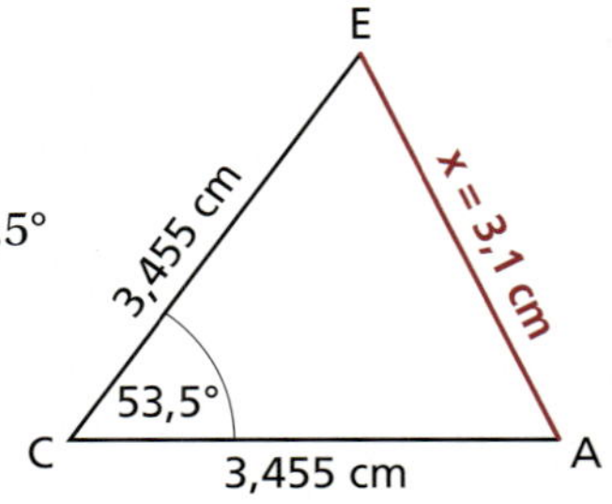

$\overline{EA}^2 = \overline{CA}^2 + \overline{CE}^2 - 2\cdot\overline{CA}\cdot\overline{CE}\cdot\cos 53{,}5°$

$\overline{EA}^2 = 2\cdot(3{,}455\text{ cm})^2 - 2\cdot(3{,}455\text{ cm})^2\cdot\cos 53{,}5°$

$\overline{EA}^2 = 2\cdot(3{,}455\text{ cm})^2\cdot(1 - \cos 53{,}5°)$

$\overline{EA}^2 = 2\cdot(3{,}455\text{ cm})^2\cdot(1 - 0{,}5948\ldots)$

$\overline{EA} \approx 3{,}11018\ldots\text{ km}$

Die Länge des Tunnels beträgt etwa 3110 m.

Winkelfunktionen untersuchen (↗ S. 91)

1

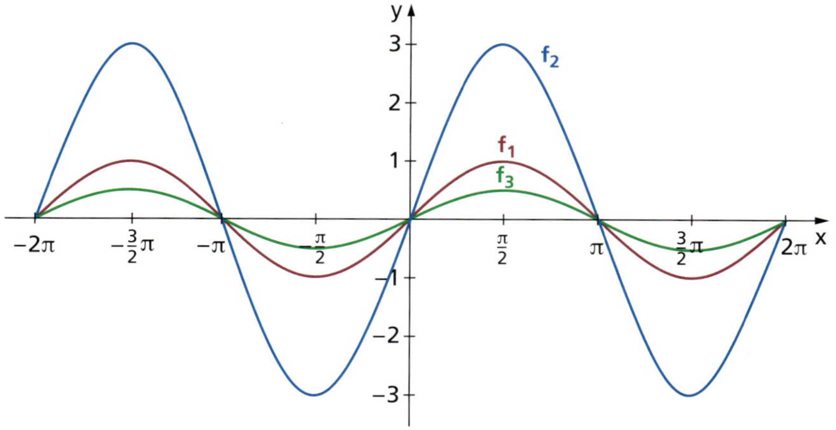

2

Gradmaß	−270°	−180°	−45°	0°	30°	45°	60°	90°	120°	270°	360°
Bogenmaß	$-\frac{3}{2}\pi$	$-\pi$	$-\frac{\pi}{4}$	0	$\frac{\pi}{6}$	$\frac{\pi}{4}$	$\frac{\pi}{3}$	$\frac{\pi}{2}$	$\frac{2}{3}\pi$	$\frac{3}{2}\pi$	2π

3 a) Die Nullstellen der Funktion $y = \sin x$ im Intervall $-\pi \le x \le 3\pi$ sind: $-\pi, 0, \pi, 2\pi, 3\pi$

b) Die Punkte $A(\frac{\pi}{6}; 0{,}5)$ und $B(3; 0{,}1411...)$ des Funktionsgraphen $y = \sin x$ liegen beispielsweise im I. Quadranten.

c) Der Funktionswert 1,2 liegt außerhalb des Wertebereichs der Funktion $y = \sin x$. *Für die y-Werte gilt:* $-1 \le y \le 1$

4 a) $f(x_1) = f(2) \approx 1{,}4$ $f(x_2) = f(\pi) = 0$ $f(x_3) = f(-\frac{\pi}{2}) = -1$

b) $f(\frac{\pi}{2}) = 1{,}5$ $f(-\frac{\pi}{2}) = -1{,}5$ $f(-\pi) = 0;\ f(0) = 0;\ f(\pi) = 0$

c) $y = 1{,}5 \sin x$

5 a) (1) $\sin 45° \approx 0{,}7071$ (2) $\sin 75° \approx 0{,}9659$ (3) $\sin 110° \approx 0{,}9397$
(4) $\sin 170° \approx 0{,}1736$ (5) $\sin 180° = 0$ (6) $\sin 200° \approx -0{,}3420$
(6) < (5) < (4) < (1) < (3) < (2)
$\sin 200° < \sin 180° < \sin 170° < \sin 45° < \sin 110° < \sin 75°$

b) (1) $\cos 120° \approx -0{,}3090$ (2) $\cos 30° \approx 0{,}8910$ (3) $\cos 90° \approx 0{,}1564$
(4) $\cos 180° \approx -0{,}9510$ (5) $\cos 200° \approx -1$ (6) $\cos 45° \approx 0{,}7604$
(5) < (4) < (1) < (3) < (6) < (2)
$\cos 200° < \cos 180° < \cos 120° < \cos 90° < \cos 45° < \cos 30°$

6 a) $\sin\alpha = \sin 17° = 0{,}29237...$ → $\alpha_1 = 17°;\ \alpha_2 = 163°$

b) $\sin\alpha = -\sin 45° = -0{,}7071...$ → $\alpha_1 = 225°;\ \alpha_2 = 315°$

c) $\sin\alpha = \sin 210° = -0{,}5$ → $\alpha_1 = 210°;\ \alpha_2 = 330°$

7 a)

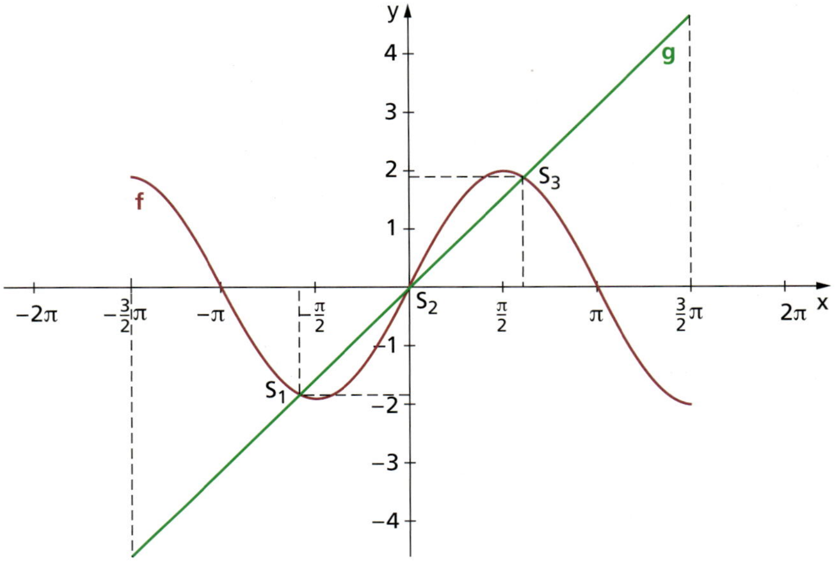

b) Die Funktionsgraphen schneiden einander etwa in den drei Punkten: $S_1(-1{,}9;\ -1{,}9)$; $S_2(0;\ 0)$; $S_3(1{,}9;\ 1{,}9)$

c) Wertebereich für $y = f(x)$: $y \in \mathbb{R}$ mit $-2 \le y \le 2$

Wertebereich für $y = g(x)$: $y \in \mathbb{R}$, mit $-4{,}71... \le y \le 4{,}71...$

Kugeln und zusammengesetzte Körper berechnen und darstellen (↗ S. 117)

1 ① fünfseitiges Prisma (Quader, dreiseitiges Prisma)
② Kegel und abgeschnittener Kegel
③ Kugel

2 Schrägbild

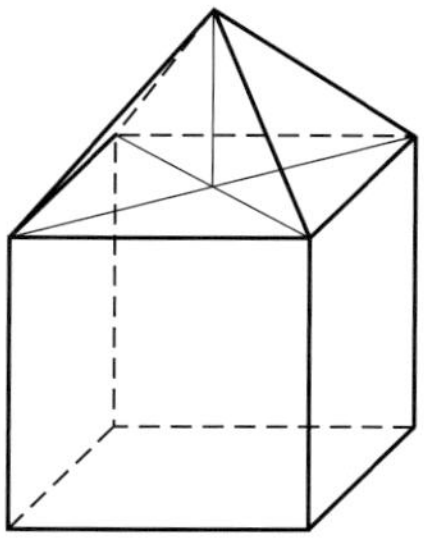

Zweitafelbild

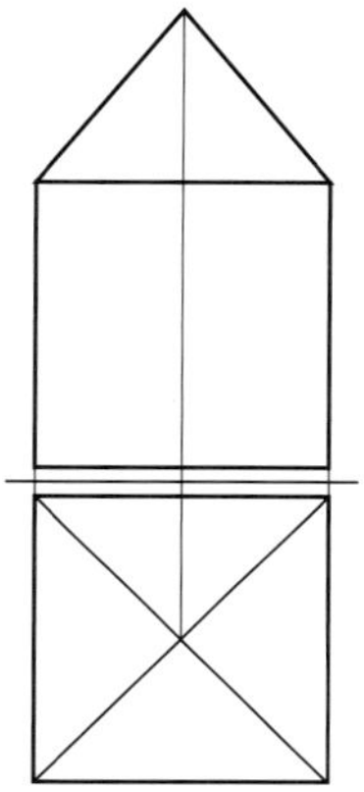

3 $m = \varrho \cdot V$; $V = \frac{\pi}{6} \cdot d^3$; $\varrho = 10\,\frac{g}{cm^3}$

a) $m = 10\,\frac{g}{cm^3} \cdot \frac{\pi}{6} \cdot 1\,000\ cm^3 = \frac{\pi}{6} \cdot 10\,000\ g = \frac{\pi}{6} \cdot 10\ kg$

b) $m = 2{,}8\,\frac{g}{cm^3} \cdot \frac{\pi}{6} \cdot 8\,000\ cm^3 = \frac{\pi}{6} \cdot 22\,400\ g = \frac{\pi}{6} \cdot 22{,}4\ kg$

c) $m = 0{,}9\,\frac{g}{cm^3} \cdot \frac{\pi}{6} \cdot 216\,000\ cm^3 = \frac{\pi}{6} \cdot 194\,400\ g = \frac{\pi}{6} \cdot 194{,}4\ kg$

Die Holzkugel ist am schwersten.

4

Zeltdach	Walmdach	Krüppelwalmdach	Mansardendach
ist eine quadratische Pyramide	besteht aus einem dreiseitigen Prisma und zwei halben Pyramiden	besteht aus einem vierseitigen Prisma (Trapezsäule) und einem dreiseitigen Prisma, von dem zwei dreiseitige Pyramiden abgeschnitten wurden	besteht aus einem vierseitigen Prisma (Trapezsäule) und aus einem dreiseitigen Prisma

5 Großer Kegel (V_1)

Gegeben: r = 4 cm; h = 6 cm

$V = \frac{\pi}{3} \cdot r^2 \cdot h$

$V_1 = \frac{\pi}{3} \cdot 16\ \text{cm}^2 \cdot 6\ \text{cm}$

$V_1 = 100{,}5\ \text{cm}^3$

Kleiner Kegel (V_2)

Gegeben: r = 2 cm; h = 3 cm

$V = \frac{\pi}{3} \cdot r^2 \cdot h$

$V_2 = \frac{\pi}{3} \cdot 4\ \text{cm}^2 \cdot 3\ \text{cm}$

$V_2 = 12{,}6\ \text{cm}^3$

$V_{\text{Restkörper}} = V_1 - V_2$

$V_{\text{Restkörper}} = 100{,}5\ \text{cm}^3 - 12{,}6\ \text{cm}^3$

$V_{\text{Restkörper}} = 87{,}9\ \text{cm}^3$

6 a) Der Körper besteht aus:

Kegel (V_1)
r = 1,5 cm
h = 2 cm

$V_1 = \frac{\pi}{3} \cdot r^2 \cdot h$

$V_1 = \frac{\pi}{3} \cdot (1{,}5\ \text{cm})^2 \cdot 2\ \text{cm}$

$V_1 = 4{,}71\ \text{cm}^3$

Zylinder (V_2)
r = 1,5 cm
h = 3,5 cm

$V_2 = \pi \cdot r^2 \cdot h$

$V_2 = \pi \cdot (1{,}5\ \text{cm})^2 \cdot 3{,}5\ \text{cm}$

$V_2 = 24{,}7\ \text{cm}^3$

Halbkugel (V_3)
r = 1,5 cm

$V_3 = \frac{1}{2} \cdot \frac{4}{3} \cdot \pi \cdot r^3$

$V_3 = \frac{4}{6}\pi \cdot (1{,}5\ \text{cm})^3$

$V_3 = 7{,}07\ \text{cm}^3$

$V_{\text{Gesamt}} = V_1 + V_2 + V_3$

$V_{\text{Gesamt}} = 4{,}71\ \text{cm}^3 + 24{,}7\ \text{cm}^3 + 7{,}07\ \text{cm}^3$

$V_{\text{Gesamt}} = 36{,}48\ \text{cm}^3$

$\varrho = \frac{m}{V} \quad \rightarrow \quad m = \varrho \cdot V$

$m = 7{,}85\ \frac{\text{g}}{\text{cm}^3} \cdot 36{,}48\ \text{cm}^3$

$m \approx 286\ \text{g}$

Ein Werkstück hat eine Masse von etwa 286 g.

b) Einhundert solche Werkstücke wiegen dann etwa:
$100 \cdot 286\ \text{g} = 28\,600\ \text{g} = 28{,}6\ \text{kg}$
Mit der Kiste zusammen sind das etwa 30 kg.
Die Kiste kann ein Schüler der 10. Klasse heben.

Lösungen – „Nachgefragt"

Wachstumsprozesse untersuchen (↗ S. 31)

1 a)
$$\begin{aligned} 4\cdot(x-4) &= 4 \quad &|\ :4\\ x-4 &= 1 &|\ +4\\ x &= 5 \end{aligned}$$

b)
$$\begin{aligned} 4+(x+4) &= 16 \quad &|\ -4\\ x+4 &= 12 &|\ -4\\ x &= 8 \end{aligned}$$

c)
$$\begin{aligned} 4+\frac{x}{4} &= 4 \quad &|\ \cdot 4\\ 16+x &= 16 &|\ -16\\ x &= 0 \end{aligned}$$

2 1; 4; 9; 16; 25; 36; 49 … Bildungsvorschrift: n^2

n	1	2	3	…	100
n^2	1	4	9	…	$100^2 = 10\,000$

Wachstumsprozesse untersuchen (↗ S. 34)

1 a) Das Wertepaar (5; 243) gehört zur Funktion $y = 3^x$:
$3^5 = 3\cdot3\cdot3\cdot3\cdot3 = 243$

b) Das Wertepaar (–2; 6,25) gehört zur Funktion $y = 0{,}4^x$:
$0{,}4^{-2} = \left(\frac{4}{10}\right)^{-2} = \left(\frac{10}{4}\right)^{2} = 2{,}5^2 = 6{,}25$

c) Das Wertepaar (–2; 0,01) gehört zur Funktion $y = 10^x$:
$10^{-2} = \frac{1}{10^2} = \frac{1}{100} = 0{,}01$

2 *Beispiellösungen:*
a) $y = 3^x$ b) $y = 2{,}5^x$ c) $y = 10^x$ d) $y = 0{,}5^x$

3 $y = 2{,}2^x$

Definitionsbereich: $x \in \mathbb{R}$
Wertebereich: $y \in \mathbb{R};\ y > 0$
Monotonie: steigend
Schnittpunkt mit der y-Achse: $P_y(0; 1)$

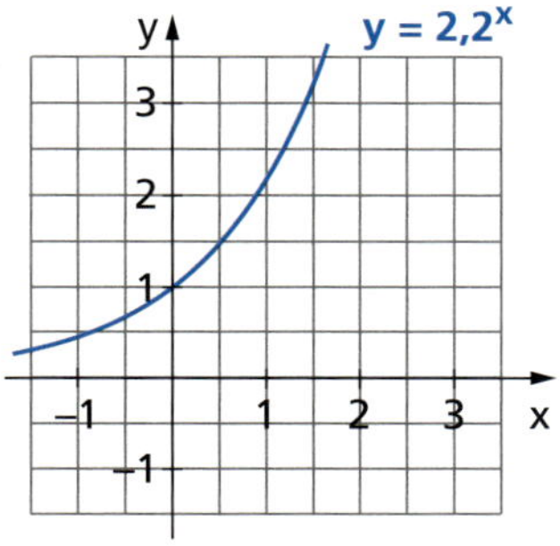

x	0	1	2	3	…
y	1	2,2	4,84	10,684	…

Trigonometrische Berechnungen durchführen (↗ S. 47)

1 Die Basiswinkel α und β eines gleichschenkligen Dreiecks sind gleich groß. Der dritte Innenwinkel γ beträgt 90°.
Es gilt der Innenwinkelsatz:
$\alpha + \beta + \gamma = 180° \rightarrow \alpha + \alpha + 90° = 180° \rightarrow 2\alpha = 90° \rightarrow \alpha = 45°$
Die drei Innenwinkel eines gleichschenklig-rechtwinkligen Dreiecks betragen 90°, 45° und 45°.

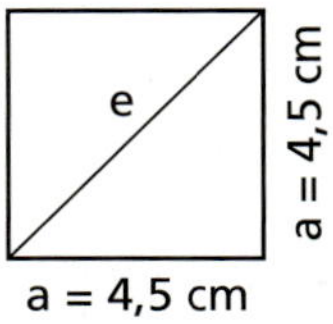

2 *Es gilt:* $e^2 = a^2 + a^2$
$e = a\sqrt{2}$
$e = 6{,}3639\ldots$ cm
Die Diagonale hat etwa eine Länge von 6,4 cm.

3 Bei einem rechtwinkligen Dreieck ABC ist die Summe der Kathetenquadrate genauso groß wie das Quadrat der Hypotenuse ($a^2 + b^2 = c^2$).
Beispiel: a = 3 cm, b = 4 cm, c = 5 cm
$9\,cm^2 + 16\,cm^2 = 25\,cm^2$
Umgekehrt folgt aus der Gültigkeit $a^2 + b^2 = c^2$ für ein Dreieck ABC, dass es rechtwinklig mit dem rechten Winkel im Punkt C ist.

Trigonometrische Berechnungen durchführen (↗ S. 53)

1 In jedem Viereck beträgt die Innenwinkelsumme 360°.
Begründung: Jedes Viereck kann durch Einzeichnen einer Diagonale in zwei Teildreiecke zerlegt werden. In jedem der zwei Teildreiecke beträgt die Innenwinkelsumme 180° (Innenwinkelsatz für Dreiecke).
180° + 180° = 360°

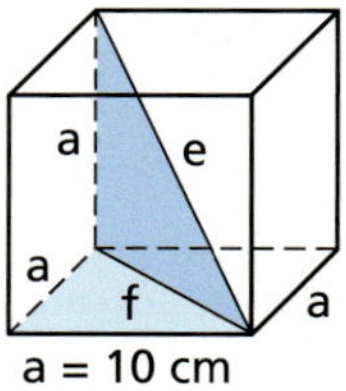

2 *Es gilt:* $f^2 = a^2 + a^2$
$e^2 = f^2 + a^2$
$e^2 = a^2 + a^2 + a^2$
$e = a\sqrt{3} = 17{,}3205\ldots$ cm
Die Raumdiagonale hat etwa eine Länge von 17,3 cm.

3

α	30°	45°	80°
$\sin\alpha$	0,5	0,7071	0,98481
$\cos\alpha$	0,8660	0,7071	0,17365
$\frac{\sin\alpha}{\cos\alpha}$	0,5774	1	5,6712
$\tan\alpha$	0,5774	1	5,6713

Für die drei Beispielwinkel ist die Gleichung $\tan\alpha = \frac{\sin\alpha}{\cos\alpha}$ für (gerundete Ergebnisse) wahr.

Trigonometrische Berechnungen durchführen (↗ S. 57)

1 a) 0°, 180°, 360° b) 90°, 270°

2 a) 0,6004 b) 0,6833 c) 0,7997 d) −0,7302

3 *Für beliebige Dreiecke gilt:* $c^2 = a^2 + b^2 - 2ab \cdot \cos \sphericalangle ACB$ (Kosinussatz)
Da der Kosinus eines rechten Winkels gleich 0 ist, gilt für rechtwinklige Dreiecke ABC mit $\sphericalangle ACB = 90°$:
$c^2 = a^2 + b^2$ (Satz des Pythagoras)
Der Satz des Pythagoras ist ein Sonderfall vom Kosinussatz.

Winkelfunktionen untersuchen (↗ S. 77)

1 a) 1 440° b) 900°

2 a) 1,7321 b) 0,4430 c) 1 d) 0,25
e) 0,7854 f) 2,0944 g) 2,3562 h) 7,8540

Winkelfunktionen untersuchen (↗ S. 85)

1 Definitionsbereich: $x \in \mathbb{R}$ (alle reellen Zahlen)
Wertebereich: $y \in \mathbb{R}$, $-1 \leq y \leq 1$ (alle reellen Zahlen von −1 bis 1)

2 Kleinste Periode: 2π (360°)

3 Folgende Grad- und Bogenmaße entsprechen einander:

Gradmaß	540°	90°	60°	−360°	−45°	−1080°	450°
Bogenmaß	3π	$\frac{\pi}{2}$	$\frac{\pi}{3}$	-2π	$-\frac{\pi}{4}$	-6π	$\frac{5}{2}\pi$

4 $-2\pi, -\pi, 0, \pi, 2\pi, 3\pi$

5 $\sin 50° \approx 0{,}7660$ $\sin 130° \approx 0{,}7660$ $\sin 170° \approx 0{,}1736$ $\sin 10° \approx 0{,}1736$
Es gilt: $\sin 50° = \sin 130°$ und $\sin 170° = \sin 10°$
Die Sinuswerte zweier Winkel stimmen überein, wenn ihre Summe 180° ist.
Es gilt: $\sin \alpha = \sin (180° - \alpha)$

Kugeln und zusammengesetzte Körper berechnen und darstellen (↗ S. 103)

1 a) Maßstab 1 : 2

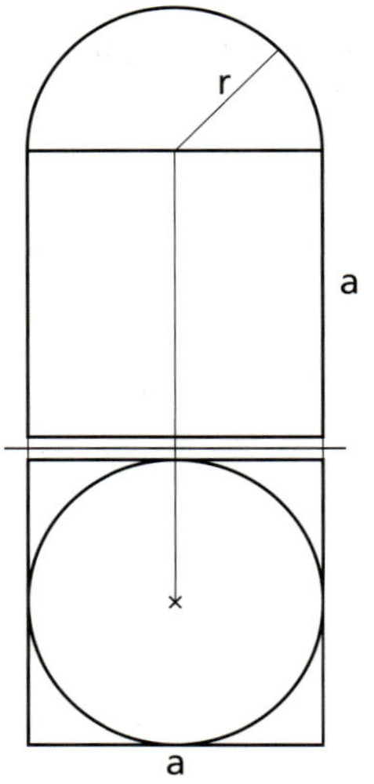

b) Gesucht: V (cm^3)

Gegeben: a = 5 cm
r = 2,5 cm

Lösung:

$V = V_W + V_K$

$V = a^3 + \frac{1}{2} \cdot \frac{4}{3}\pi \cdot r^3$

$V = 125\ cm^3 + \frac{4}{6}\pi \cdot 15{,}625\ cm^3$

$V = 125\ cm^3 + 32{,}7\ cm^3$

$V = 157{,}7\ cm^3$

2 a) Zylinder

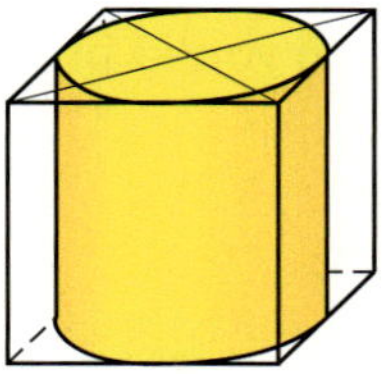

b) Quadratische Pyramide

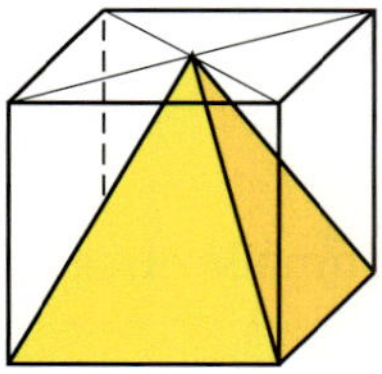

c) Kegel

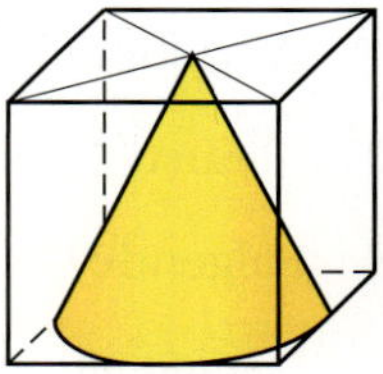

Kugeln und zusammengesetzte Körper berechnen und darstellen (↗ S. 111)

1 $A_O = 4 \cdot A_D$

$A_O = 4 \cdot \frac{a^2 \cdot \sqrt{3}}{4}$

$A_O = a^2 \cdot \sqrt{3}$

$A_O = (2\ cm)^2 \cdot \sqrt{3}$

$A_O = 6{,}9\ cm^2$

2 ①

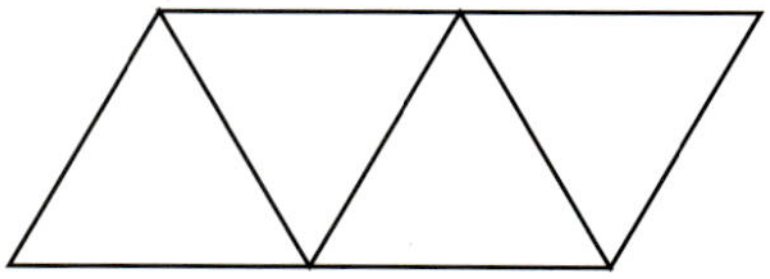

②

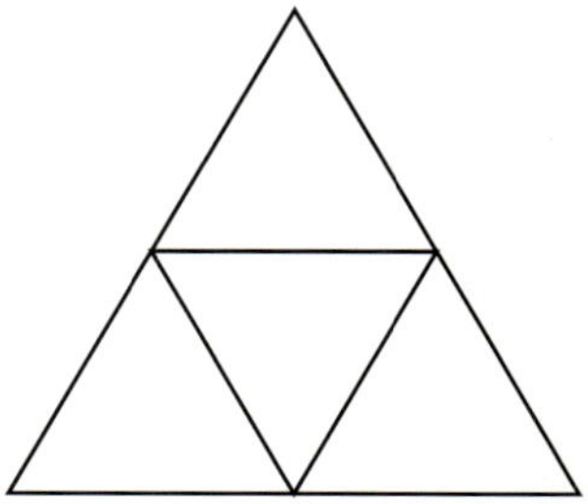

3

	Tetraeder	Oktaeder
Anzahl der Ecken	4	6
Anzahl der Kanten	6	12
Form der Begrenzungsflächen	gleichseitige Dreiecke	gleichseitige Dreiecke

Beide Körper sind regelmäßige Polyeder.

Lösungen und Punktverteilung – „Prüfungsarbeit 1“

(Seite 167 bis 169)

Aufgabe		Lösung	Punkte
1	a)	① 1,9 ② −0,25 ③ 0,16	1
	b)	① 3 050 g ② 2,5 cm^2	1
	c)	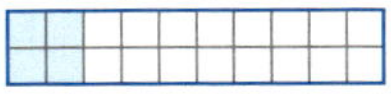	1
	d)	70 (B)	1
	e)	6 €	1
	f)	$10x - \mathbf{1} = 8x + 12$; Begründung: $\mathbf{10 \cdot 1 = 10}$	1
	g)	S(0; −4)	1
	h)	*Beispiel:* $y = g(x) = 4x$	1
	i)	$\cos \alpha = \frac{10}{18}$	1
	j)	$9 : 5 = 1{,}8$	1
	k)	$p = \frac{20}{200} = 0{,}1$	1
	l)	(A) ist kein Würfelnetz.	1
		Summe	12

Aufgabe	Lösung	Punkte
2	0,8 · 89,95 € = 71,96 €	2
3	b = 3,5 cm · 50 000 = 175 000 cm = 1,75 km	1
4	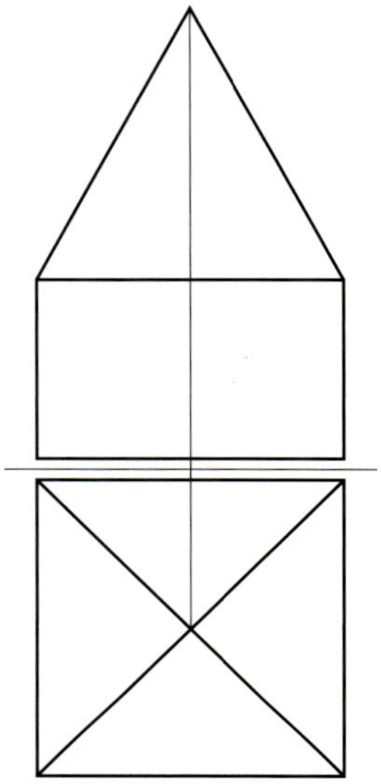	3

Aufgabe	Lösung	Punkte
5 a)	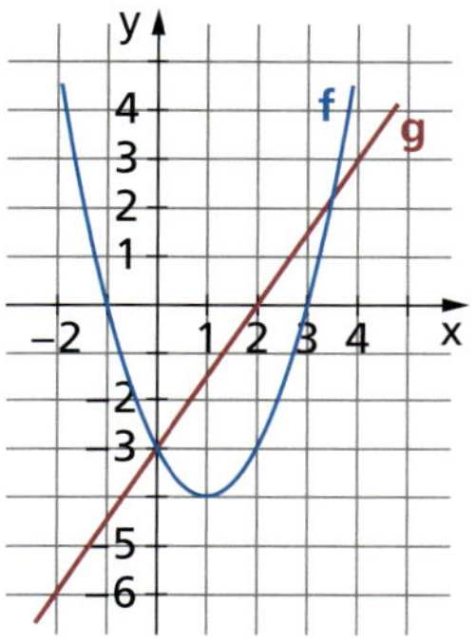	3
b)	$S(1; -4)$; $x_1 = -1$; $x_2 = 3$	2
c)	$S_1(0; -3)$ und $S_2(3{,}5; 2{,}2)$	3
	Summe	8

Aufgabe	Lösung	Punkte
6 a)	$A \approx 11{,}28\ cm^2$	2
b)	$a \approx 6$ cm; $u \approx 20{,}3$ cm	3
c)	Das Dreieck ist nach dem Kongruenzsatz sws eindeutig konstruierbar.	1
	Summe	6

Aufgabe	Lösung	Punkte
7	(siehe Tabelle und Diagramm unten)	2

Bus	Zu Fuß	Fahrrad	Auto
198°	108°	36°	18°

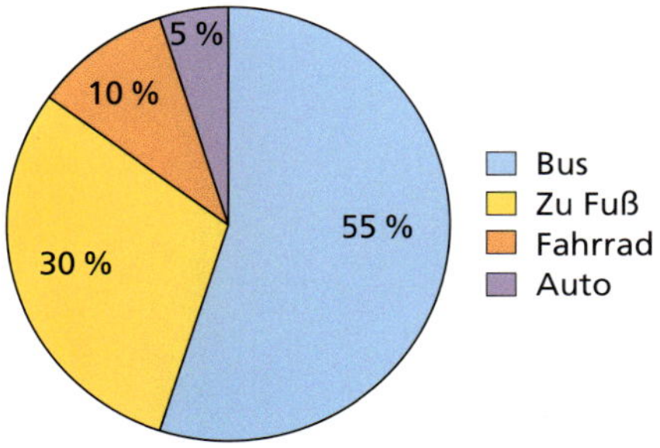

Aufgabe	Lösung	Punkte
8 a)	$500\ € \cdot 1{,}028^3 = 543{,}18\ €$	3
b)	$500\ € \cdot 1{,}2 = 600\ €$; $500\ € \cdot x^3 = 600\ €$ $x = \sqrt[3]{1{,}2} \approx 1{,}063$; Zinssatz: 6,3 %	3
	Summe	6

Aufgabe	Lösung	Punkte
9 a)	Li – Lina gewinnt; An – Anna gewinnt 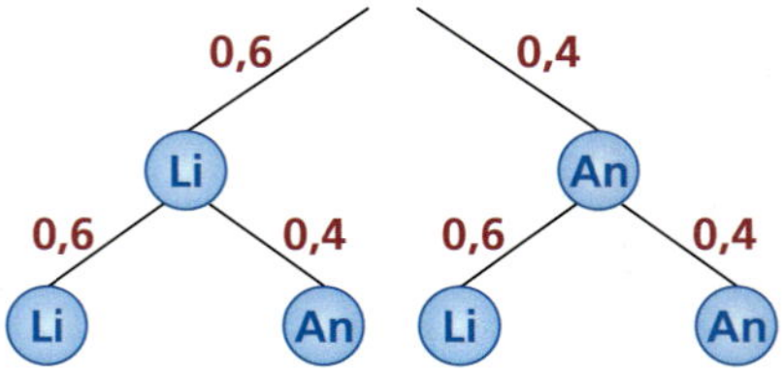 	3
b)	(1) $p = 0{,}4 \cdot 0{,}4 = 0{,}16$ (2) $p = 0{,}6 \cdot 0{,}4 + 0{,}4 \cdot 0{,}6 = 0{,}48$	3
c)	$p^2 = 0{,}3249 \quad \rightarrow \quad p = 0{,}57$	2
	Summe	8

Aufgabe	Lösung	Punkte
10 a)	$V = 2{,}48^2 \cdot 1{,}15\ \text{dm}^3 - 2 \cdot \pi \cdot 0{,}2^2 \cdot 2{,}48\ \text{dm}^3$ $V \approx 7{,}073\ \text{dm}^3 - 0{,}623\ \text{dm}^3$ $V \approx 6{,}45\ \text{dm}^3$	4
b)	$m = 500 \cdot 6{,}45\ \text{dm}^3 \cdot 1{,}4\ \frac{\text{kg}}{\text{dm}^3}$ $m = 4\,515\ \text{kg} = 4{,}515\ \text{t}$ Bei einem Ladevermögen von 2,5 t muss das Transportfahrzeug mindestens zweimal fahren. *Es gilt:* $2{,}5\ \text{t} < 4{,}515\ \text{t} < 5\ \text{t}$	4
	Summe	8

Lösungen und Punktverteilung – „Prüfungsarbeit 2"

(Seite 170 bis 173)

Aufgabe	Lösung	Punkte
1 a)	Beispiel: $\frac{1}{5}$	1
b)	44,440 m < 440 m < 444 m	1
c)	Antwort (1)	1
d)	**I** $y = -x + 2$ **II** $y = \frac{1}{2}x + 2$	1
e)	$\frac{10\text{ cm}}{40\,000\text{ cm}} = \frac{1}{4\,000}$ Es ist ein Maßstab von 1 : 4 000.	1
f)	Antworten (2) und (3)	1
g)	$\gamma = 180° - 30° - 70° = 80°$	1
h)	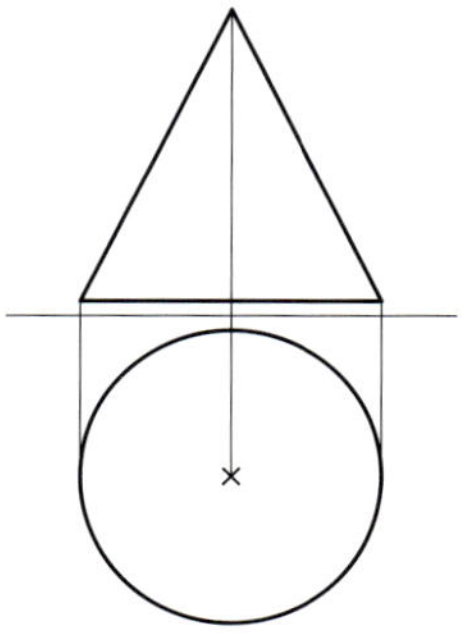	1
i)	S(0; –2) $x_1 = \sqrt{2}$ $x_2 = -\sqrt{2}$ 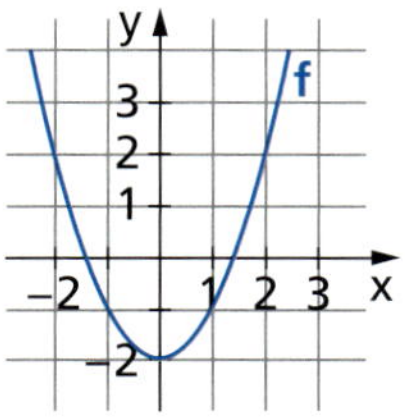 	1
j)	$\bar{x} = \frac{3+2+3+1}{4} = \frac{9}{4} = 2{,}25$	1
	Summe	10

Aufgabe	Lösung	Punkte
2	P(Herzass) = 0,25; P(Herzbube) = 0,5 P(Herzass und Herzbube) = $0{,}25 \cdot 0{,}5 = 0{,}125$	2
3	Dreieckskonstruktion und Messwert für Drahtseil Berechnung der Seillänge (Sinussatz): 81,4 m Angabe der prozentualer Abweichung	3
4	$x = 6$; $y = 7$	2

Aufgabe		Lösung	Punkte
5	a)	$V = 92{,}4\ \text{dm}^3$; *Folgerung:* 92,4 kg Granulat	2
	b)	Die Holzplatte muss mindestens 2,03 m^2 haben. Die 2 m^2 reichen nicht aus.	2
	c)	$(6{,}70\ € \cdot 93 + 2{,}03 \cdot 20\ € + 1{,}50\ € \cdot 120) : 120 = 7{,}03\ €$ *Wertung:* 7,50 € decken die Kosten. Es wird ein geringer Überschuss erwirtschaftet.	3
		Summe	7

Aufgabe		Lösung	Punkte
6	a)	A(−2; 0), B(0; 1)	1
	b)	$\overline{AB} = \sqrt{2^2 + 1^2} = \sqrt{5} \approx 2{,}2$	1
	c)	$\tan\alpha = \frac{2}{4} = \frac{1}{2}$; $\alpha \approx 26{,}5°$; $\gamma \approx 63{,}5°$; $\delta = 90°$	2
	d)	In beiden Dreiecken tritt α auf. Es sind zwei rechtwinklige Dreiecke und damit nach dem Hauptähnlichkeitssatz zueinander ähnlich.	2
	e)	$\triangle$ AOB: $A = 0{,}5 \cdot 1\ \text{cm} \cdot 2\ \text{cm} = 1\ \text{cm}^2$ $\triangle$ ADC: $A = 0{,}5 \cdot 4\ \text{cm} \cdot 2\ \text{cm} = 4\ \text{cm}^2$ Verhältnis der Flächeninhalte zueinander wie 1 : 4.	2
		Summe	8

Aufgabe		Lösung	Punkte
7	a)	Trapez konstruieren	1
	b)	*Beispiel:* (1) $\overline{AB} = 4$ cm zeichnen. (2) Senkrechten in A und B zu $\overline{AB}$ errichten. (3) $\overline{AD}$ am freien Schenkel von A abtragen. (4) $\overline{BC}$ am freien Schenkel von B abtragen. (5) $\overline{CD}$ verbinden.	2
	c)	$A = 0{,}5 \cdot (4\text{ cm} + 1\text{ cm}) \cdot 4\text{ cm} = 10\text{ cm}^2$	1
	d)	$u = 9\text{ cm} + \sqrt{(4\text{ cm} - 1\text{ cm})^2 + (4\text{ cm})^2} = 14\text{ cm}$	1
	e)	*Beispiel:* Rechteck mit a = 5 cm und b = 2 cm	1
	f)	$u = 14 \cdot s = 14s$ und $A = \frac{s + 4s}{2} \cdot 4s = 10\,s^2$	2
		Summe	8

Aufgabe		Lösung	Punkte
8	a)	$\tan\alpha = \frac{21{,}1\text{ cm}}{21{,}35\text{ cm}} \approx 0{,}9883 \rightarrow \alpha \approx 44{,}7°$	1
	b)	$3a = 30$ m (Satz des Pythagoras) $\rightarrow a = 10$ m $\frac{c}{21{,}1\text{ m}} = \frac{2a}{3a} \rightarrow c = \frac{2}{3} \cdot 21{,}1\text{ m} \rightarrow c = 14\text{ m}$ $\frac{b}{42{,}7\text{ m}} = \frac{a}{3a} \rightarrow b = \frac{1}{3} \cdot 42{,}7\text{ m} \rightarrow b = 14{,}2\text{ m}$	3
	c)	Anzahl: 124, 124, 62 Länge: 30 m, 14 m, 14,2 m	1
	d)	*Volumen:* $14{,}2\text{ m} \cdot 14\text{ m} \cdot 320\text{ m} = 63\,616\text{ m}^3$ *Kosten:* $\frac{x}{63\,616\text{ m}^3} = \frac{600\text{ €}}{90\text{ m}^3} \rightarrow x = 424\,106{,}67\text{€}$ $\frac{2}{5}$ von 424 106,67 € sind 169 642,67 €. *Entscheidung:* 169 642,67 € < 250 000 € Die Viertelmillion reicht aus.	3
		Summe	8

Aufgabe		Lösung	Punkte
9	a)	(64 000 € + 8 500 € + 5 800 €) : 8 = 9 787,50 €	1
	b)	**Langfristiges Darlehen** *Darlehen:* 64 000 € + 8 500 € + 5 800 € = 78 300 € *Jährliche Zinsen:* 523,50 € *Gesamtzinsen:* 8 · 3 523,50 € = 28 188 € *Gesamtkosten:* 78 300 € + 28 188 € = 106 488 € **Kurzfristiger Kredit** *Darlehen:* 64 000 € + 8 500 € + 5 800 € = 78 300 € *Jährliche Zinsen:* 10 335,60 € *Zinsen (16 Monate):* $\frac{16}{12} \cdot 10\,335{,}60$ € = 13 780,80 € *Gesamtkosten:* 78 300 € + 13 780,80 € = 92 080,80 € Der kurzfristige Kredit ist günstiger.	4
	c)	*Anzahl der Motoren:* (Anstieg von 480 auf 1000) *Anzahl der Mitarbeiter:* (Anstieg von 320 auf 320 · 1,25 = 400) *Arbeitszeit:* (Absinken von 40 h auf 40 h · 0,96 = 38,4 h) *Verhältnis der Leistungen:* $\frac{480 \cdot 320 \cdot 40}{1000 \cdot 400 \cdot 38{,}4} = 0{,}4 = \frac{4}{10}$ Die Leistung der alten Maschinen muss zur Leistung der neuen Maschinen im Verhältnis 1 : 2,5 stehen. (Die neuen Maschinen müssen also eine um das 2,5-Fache bessere Leistung haben als die alten Maschinen.)	3
		Summe	8

Register

Bildquellenverzeichnis

A1PIX/Your Photo Today: 101/3; Aedesass/Terassa, Barcelona: 93/2; BackArts GmbH: 118/5; Bibliographisches Institut GmbH, Mannheim: 35/1; Cornelsen Verlagsarchiv: 98/3, 102/9, 113/2; Duden Paetec GmbH: 31/1; Duden Verlagsarchiv: 74/1; Europapark Rust/Lifthill.net: 110/1; Europapark Rust/Pressebild: 110/2; Rainer Fischer: 100/1; Fotolia: 22/2, 106/2, 117/1, 117/2, ag visuell: 58/2, 138/1, Alex White: 98/4, Alexander Raths: 32/1, amalia: 93/1, Andy Grimm: 82/3, Ansebach: 110/3, arhan: 124/2, arsdigital: 89/3, Artur Synenko: 166/1, babimu: 34/2, beermedia: 126/1, 152/1, 181/3, 182/1, 190/1, Birgit Reitz-Hoffmann: 165/2, by-studio: 150/1, ChaotiC-PhotographY: 174/4, Christian Schwier: 105/1, Christof Lippmann: 84/2, cimmerian: 159/2, clearviewstock: 69/1, Cobalt: 41/2, ctacik: 192/1, CYCLONPROJECT: 26/1, Dagmar Richardt: 51/3, Daniel Kühne: 120/1, Danny Elskamp: 69/3, Denis Babenko: 174/2, Denis Junker: 105/5, diez-artwork: 98/3, Dimitrij Kosterev: 188/1, Dirk Löffelbein: 175/1, Doc RaBe: 41/4, Elena Baryshkina: 85/1, Elena Schweitzer: 64/2, 104/2, elxeneize: 101/1; EtiAmmos: 119/1, eyetronic: 51/1, Feng Yu: 95/6, flip fine: 98/2, FM2: 118/1, FotoFrank: 37/1, FotoMike1976: 119/2, Franjo: 22/1, 33/1, Frank Boston: 104/1, Frank Boston 4: 106/1, Frank-Peter Funke: 95/3, FX Berlin: 63/1, Galina Andruschko: 109/2, hapa 7: 184/1, haveseen: 20/1, Haywire Media: 178/1, Helder Almeida: 58/1, ilro: 41/3, Jan Will: 48/1, Jean Kobben: 25/1, Jeanette Dietl: 181/1, Jiri Hera: 163/2, Joachim Wendler: 69/2, Jonathan Werner: 54/2, 60/3, José Hernaiz: 109/1, julian tromeur: 69/4, Kaarsten: 82/2, Kalim: 179/1, Kimsonel: 105/3, Kiril Zdorov: 158/1, Klaus Eppele: 60/2, 82/1, Koya79: 144/1, Kruse: 152/2, laguna35: 165/1, Liane M: 94/1, lightpoet: 40/1, luchshen: 86/1, Marianne Mayer: 171/4, Mark Ross: 176/2, marog-pixcells: 159/1, matthias21: 185/2, Matthias Haas: 109/3, Max Wo: 147/1, Maxim_Kazmin: 120/2, Maxim Loskutnikov: 96/2, MH: 166/2, michanolimit: 72/1, mipan: 183/2, mm-Photo: 52/1, momanuma: 23/2, Monkey Business: 143/1, monregard: 105/6, mopsgrafik: 129/1, mrritkin: 164/1, N-media Images: 147/2, 182/2, 183/1, Nikolai Sorokin: 84/3, Paolo Frangiolli: 151/1, pdesign: 23/3, PeJo: 95/2, Phoenixpix: 138/2, photocrew: 125/2, photolars: 60/1, 67/1, piai: 9/3, Picture P.: 158/2, 163/1, Pixel: 28/1, pixel dreams: 177/1, 9/2, Pjotr Sikora: 95/4, pressmaster: 41/1, 124/1, pterwort: 52/3, Rafal Glebowski: 31/2, Restyler: 105/2, robynmac: 72/2, Rolf Klebsattel: 130/1, Roman Milert: 95/5, Russi&Morelli: 27/1, Scanrail: 99/3, schneemann: 23/4, Sebastian Kaulitzki: 72/3, senoldo: 18/3, shoot4u: 10/1, shootingankauf: 185/1, Silberblatt: 18/1, spinetta: 48/2, Stefan Redel: 18/2, Stephen Richards: 144/3, so 47: 34/1, teracreonte: 82/4, Tina 7 si: 176/1, Tobias Kaltenbach: 23/1, tournee: 15/1, valdis torms: 142/1, Vanessa: 174/5, vege: 148/1, 149/1, 173/1, virtua73.: 52/2, visualtektur.: 55/1, VRD: 119/3, Werner Gölzer: 68/1, Wo Gi: 11/1, 144/2, womue: 105/4, Xuejun li: 54/1, Yuri Arcurs: 8/1, zentilia: 44/1, 178/2, 181/2; Getty Images: 89/1; Gottschlich, Christiane: 39/1; Harzlife.de: 101/6; Hemera Photo Objects: 74/2, 117/3, 171/5; http://www.lampe7.de/Pressebild: 56/1; iStockphoto: 28/2, 89/2, bioraven: 30/1; Christopher Pattbe: 15/2, jepf: 174/3, John Tomaselli: 118/2; Lattke G.: 87/1; G. Liesenberg: 14/1, 14/2, 14/3, 14/4, 14/5, 14/6, 14/7, 14/8, 14/9, 14/10, 17/1, 20/3, 20/4, 20/5, 64/4, 65/2, 65/3, 76/1, 88/2, 93/3, 97/1, 100/3, 102/1, 102/2, 102/3, 102/4, 102/5, 102/6, 102/7, 102/8, 106/3, 107/2, 108/2, 111/5, 112/4, 112/5, 114/1, 115/1, 118/3, 118/4, 161/1, 171/1, 171/2; NASA: 92/1; OTTO Versand/Presse: 96/3, 96/4, 96/5; Panoramio/Hannes Zeise: 101/7; picture-alliance/akg-images: 88/1; picture-alliance/Mary Evans Picture Library: 64/1; picture-alliance/dpa/Helga Lade Fotoagentur/Frank Ihlow 101/5; Scoutdoor GmbH/Konstanz: 104/3; Dirk Tonn, Bovenden: 99/2; Siemens AG/München: 78/1; Ullstein bild/Seitz: 101/2; Wikipedia/Pikaluk(UK)/academic.ru/CC 2.0 by: 64/3; www.lehrmittel-reinhold.de: 13/1

Mathematik

Na klar!

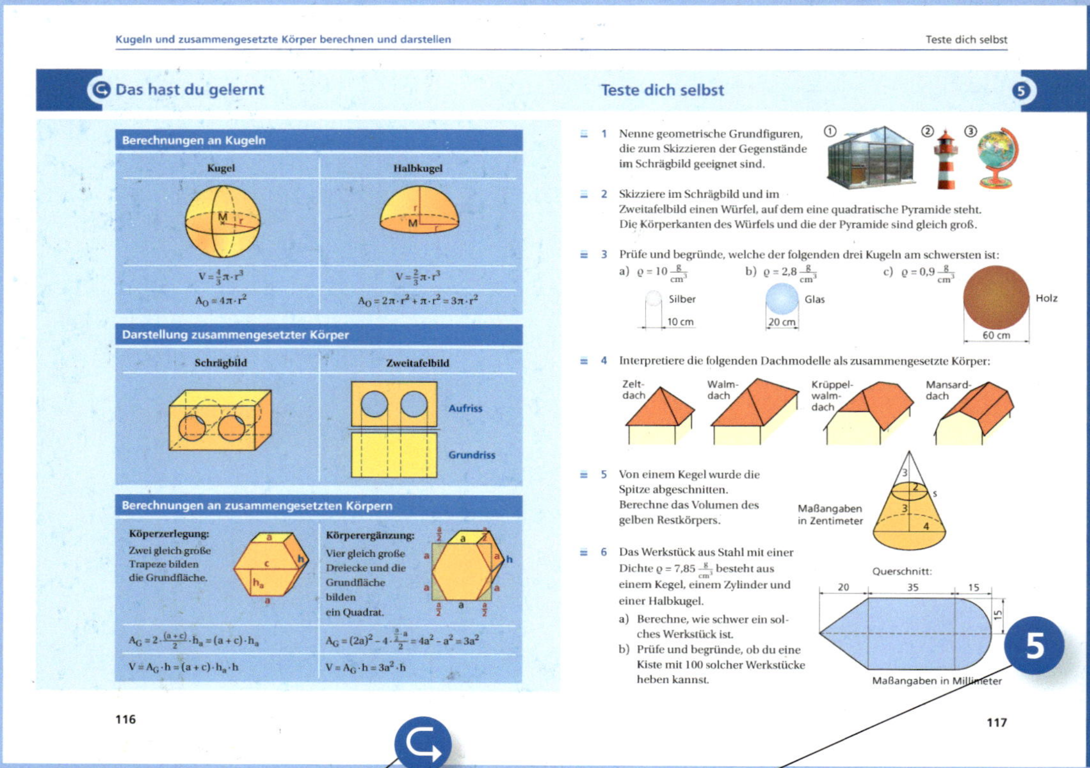

Das hast du gelernt

Berechnungen an Kugeln

Kugel	Halbkugel
$V = \frac{4}{3}\pi \cdot r^3$	$V = \frac{2}{3}\pi \cdot r^3$
$A_O = 4\pi \cdot r^2$	$A_O = 2\pi \cdot r^2 + \pi \cdot r^2 = 3\pi \cdot r^2$

Darstellung zusammengesetzter Körper

Schrägbild — Zweitafelbild (Aufriss, Grundriss)

Berechnungen an zusammengesetzten Körpern

Köperzerlegung: Zwei gleich große Trapeze bilden die Grundfläche.	Körperergänzung: Vier gleich große Dreiecke und die Grundfläche bilden ein Quadrat.
$A_G = 2 \cdot \frac{(a+c)}{2} \cdot h_a = (a+c) \cdot h_a$	$A_G = (2a)^2 - 4 \cdot \frac{\frac{a}{2} \cdot a}{2} = 4a^2 - a^2 = 3a^2$
$V = A_G \cdot h = (a+c) \cdot h_a \cdot h$	$V = A_G \cdot h = 3a^2 \cdot h$

Teste dich selbst

1 Nenne geometrische Grundfiguren, die zum Skizzieren der Gegenstände im Schrägbild geeignet sind.

2 Skizziere im Schrägbild und im Zweitafelbild einen Würfel, auf dem eine quadratische Pyramide steht. Die Körperkanten des Würfels und die der Pyramide sind gleich groß.

3 Prüfe und begründe, welche der folgenden drei Kugeln am schwersten ist:
a) $\varrho = 10\,\frac{g}{cm^3}$ b) $\varrho = 2{,}8\,\frac{g}{cm^3}$ c) $\varrho = 0{,}9\,\frac{g}{cm^3}$
Silber, 10 cm — Glas, 20 cm — Holz, 60 cm

4 Interpretiere die folgenden Dachmodelle als zusammengesetzte Körper:
Zeltdach, Walmdach, Krüppelwalmdach, Mansarddach

5 Von einem Kegel wurde die Spitze abgeschnitten. Berechne das Volumen des gelben Restkörpers.
Maßangaben in Zentimeter

6 Das Werkstück aus Stahl mit einer Dichte $\varrho = 7{,}85\,\frac{g}{cm^3}$ besteht aus einem Kegel, einem Zylinder und einer Halbkugel.
a) Berechne, wie schwer ein solches Werkstück ist.
b) Prüfe und begründe, ob du eine Kiste mit 100 solcher Werkstücke heben kannst.
Querschnitt: 20, 35, 15, 15 — Maßangaben in Millimeter

116 — 117

Zusammenfassungsseiten (Das hast du gelernt)
enthalten das Wichtigste im Überblick.

Testseiten
enthalten Aufgaben zum Überprüfen der Fortschritte. Lösungen dieser Aufgaben befinden sich im Anhang.

Informationsseiten (Wusstest du schon?)
enthalten Interessantes und Wissenswertes.

Wusstest du schon?

Das London Eye – größtes Riesenrad Europas

Das größte Riesenrad Europas steht am Südufer der Themse in London. Es wird auch „Millennium Wheel" genannt, da es im Jahr 2000 erstmals in Betrieb genommen wurde. Die 32 Kabinen sollen die 32 Stadtbezirke Londons symbolisieren. Jede Kabine bietet bis zu 25 Personen Platz. Bei guten Wetterverhältnissen beträgt die Sichtweite aus den Kabinen bis zu 40 km.

Technische Daten: Durchmesser: 135 m; Gesamtgewicht: 1900 t; Umdrehungsgeschwindigkeit der Gondeln: 0,26 m/s; Dauer einer Umdrehung: 30 min

1 Gebt an, wie viele Personen höchstens mit dem Riesenrad fahren dürfen.

2 Ermittelt die Geschwindigkeit der Kabinen in Kilometer pro Stunde.

3 Berechnet den zurückgelegten Weg einer Kabine bei einer Umdrehung.

4 Berechnet die Drehwinkel für folgende Zeiten und gebt sie sowohl im Grad- als auch im Bogenmaß an:
5 min, 10 min, 15 min, 20 min, 30 min, 45 min, 1 h

5 Stellt den Zusammenhang zwischen dem Drehwinkel und der Kabinenhöhe in einem Koordinatensystem dar.
a) Zeichnet den Kurvenverlauf für zwei Umdrehungen.
b) Beschreibt den Kurvenverlauf mit Worten.
c) Gebt den Wertebereich und die Periode an.

Informiert euch über das größte transportable Riesenrad der Welt.

6 Ermittelt die technischen Daten dieses Riesenrads.

7 Stellt auch für dieses Riesenrad den Zusammenhang zwischen dem Drehwinkel und der Kabinenhöhe in einem Koordinatensystem dar.